张笑川 主编

中国社会史导论

序

  张笑川教授的学术研究涉足城市、地域、生活等社会史领域，并多年开设社会史课程。鉴于中国社会史课程教材建设相对滞后的状况，他决心联合学界同仁，编撰一部展现社会史最新研究成果、适合本科和研究生教学需求的教材。经过三年努力，新编教材终于完成，并得到学界专家高度肯定。如今，笑川教授索序于我，我正可以先睹为快，又可将读后感受与读者分享，或许对同学们使用本书有所帮助。何乐而不为呢？因而慨然应允。

  我觉得所谓"导论"，就是要将读者引入一个学术领域，应当对于该领域基本面貌有提纲挈领的概述，应当对基本问题有较深入的介绍，引导读者产生兴趣，萌发进一步深入某学术问题的愿望。笑川教授主编的《中国社会史导论》也正是从这两方面着手的。本书前五章为上编，总论社会史的概念、特征与旨趣，中国社会史的发展历程和趋势，社会史与人类学、地理环境的关系，中国社会演变诸阶段；后五章是下编，分论宋代以降的赋役制度与基层社会，宋代儿童观念与童蒙教育，明清江南市镇的空间形塑与城乡关系的转变，明清时期的医疗与社会，民俗变迁与近代社会转型。上下编均重视理论思维，博采众长，形成自家特色。

  社会史的概念有"狭义""广义"之分，或作为专门史与整体史。本书准确地把握国内外的相关论述，并归纳出社会史研究的特点：从国家的历史到人的历史，整体史的理念，跨学科的视野，开放性与包容性。本书强调了20世纪90年代中国社会史研究的成长和壮大，指出进入21世纪社会生活史逐渐向日常生活史发展，区域社会史发展为历史人类学，新一代学者的社会史向社会文化史寻求突破；指出结构史和生活史可以看作社会史的两极，应整合这两者的研究，以保持社会史的统一性，不致出现分裂和碎片化。本书还特别呈现了德国社会史家于尔根·科卡的思考，供大家借鉴。对于入门的同学们来说，我以为是精准的引导，可以避免迷失于微观与宏观孰是孰非的争论之中。

中国社会史学界近年来与地理学、人类学的交叉渗透较为突出。社会史发生一定的人类学转向,对此,朱小田教授指出,受人类学的影响,生活空间、普通民众和日常事件成为社会史学者普遍关注的新维度。他检讨了历史人类学的基本问题,确定了历史人类学转向中的史学方位,以助力社会史跨学科的、跨国界的学术交流;讨论了如何避免"碎片化",以及如何处理好社会文化史与社会结构史的关系。关于社会史与地理学的关系,笑川教授阐述了地理环境对中国社会历史的影响及中国历史中的地理变化,综合性地介绍了海内外相关学术理论,有助于打开同学们的研究视野。

中国社会的阶段性演变问题其实是社会史的重头戏,以往讨论很多,出新不易。笑川教授广泛综合海内外诸家学说,提出中国社会的演进历程可以分为四大阶段,即夏商周时期的"封建贵族社会"、秦汉至隋唐五代时期的"帝国士族社会"、宋元明清时期的"帝国四民社会"和民国以来的"近代工业社会"。每一个社会阶段的区分标准主要依据政治形式和社会结构两个要素,从经济基础、政治形式、思想文化和社会秩序四个方面分析每个社会阶段,其视野宏阔而又不失归宿。

作者对中国社会演变诸阶段的论述包含了自身的深入思考,新见迭出。在论述"封建贵族社会"时,既吸收了传统经典研究的精华,如王国维的《殷周制度论》;更吸收了海内外最新的研究成果,国外如罗泰的《宗子维城:从考古材料的角度看公元前1000年至前250年的中国社会》,国内如宋镇豪的《夏商社会生活史》。书中借用了一些重要概念,如杨希枚提出的"姓族"、何怀宏提出的"世袭社会"。特别是提出了这样的重要观点:"张光直在《中国青铜时代》一书有关中国文明和国家起源的研究中,提出了宗族分支是中国文明早期社会与经济分层的一种表现和手段。如果以此为基础推衍,则似乎可以认为中国在国家形成过程中宗族的延续,其实是中国国家形成的一种途径。很有可能正是国家形成的需要,使宗族强化并发展。因此,宗族不是氏族社会的残余,而是新的国家社会的必要结构。比如,吉本道雅通过对先秦时期王朝和诸侯国'国制'的考察,指出一直被视为'氏族制'遗存的'族'的结合并非仅仅是所谓'遗存'而已,更是在各时代的历史条件下再生产的产物……张光直用'连续的文明'的概念来概括中国文明的起源,钱穆也用没有转韵的诗来概括中国文明的连续性。宗族的长期存在,表现了中国文明的连续性,但不是停滞性。在中国,很多旧的东西一直存在,但是它的内涵一直在变。而且可能正是这些旧的东西的复兴,体现了新的时代精神。"这一看法是发人深省的。

再看"帝国士族社会"。帝国体制离不开讨论"编户齐民",作者吸收了较早的杜正胜《"编户齐民论"的剖析》的研究,也注意到刘敏《秦汉编户民问题研究——以与吏民、爵制、皇权关系为重点》新的探讨。刘敏指出,"编户齐民"并非如杜正胜所说"习见于汉人的著作",在先秦时期的文献中基本不见"编户齐民"的合称,能够看到的仅仅是"齐民"。作者也注意到美国学者姜士彬《中古中国的寡头政治》中的观点:六朝至隋唐时期的"族",是氏族,不是"宗族";"是模糊不清但又强烈的认同意识,即他们是一个氏族,这种意识就蕴含在氏族的谱牒之中。较之后世大型的、组织有序的宗族所具备的条件而言,中古时期氏族存在的唯一要素就是谱牒"。该书也介绍了牟发松教授在《汉唐历史变迁中的社会与国家》中提出的"社会的国家化"概念,即指国家统合、主导社会资源乃至全面干预社会生活的过程,在这个过程中,社会与国家的区别意识不明显,二者常常混融为一。

"帝国四民社会"作为宋元明清时期的社会形态,回归到社会结构的基本形态职业结构展开论述,我觉得比较稳妥。这一部分论述了"专制"的国家与"自治"的社会,尤其值得关注;其中论述了赋税制度的变革及其影响、国家与社会的一体化、精英阶层的地方转向、清代皇权的多面性,都是近年来大家比较感兴趣的问题。费孝通在《乡土重建》中曾描述过吏役、乡约地保、乡绅群体三个系统之间的关系,由此将中国社会的权力运作过程称为"双轨政治",即自上而下的皇权和自下而上的绅权所构成。对此,仍然值得继续深入探讨。

"近代工业社会"采用了新的历史划分方法。中国近代史的开端通常设定为1840年,这种看法是基于对外力冲击的重视。本书则将中国近代史的开端提前到1800年左右,将1800—1949年的历史分为四个阶段。第一阶段,1800—1864年。从19世纪开始,清朝进入了叛乱的频发期并以太平天国运动为其顶点,显示出清王朝衰败和没落的征兆。第二阶段,1865—1911年。19世纪60年代中期国内的叛乱被平定,随着外国侵略的加深,发展和革新成为主线,从洋务运动、戊戌变法到"新政",改革和发展一直在深化。第三阶段,1912—1930年。辛亥革命的爆发导致清王朝灭亡和中华民国建立,表明历史已经转向现代民族国家的轨道,社会处于转型之中。第四阶段,1931—1949年。中国进入内外战争时期,社会进一步重组和整合,1949年中华人民共和国的成立标志着社会转型的初步完成。

下编的分论作者都学有专攻,学术特色鲜明。宋代以降的赋役制度与基层社会部分展示出社会经济史的特色,指出了各地在一条鞭法实施过程中,相关基层行政组织发生怎样的变化是一个更加复杂的问题,它涉及明后期以来里甲制的运行实态,里甲与保甲的关系等方面,且与各地复杂多样的聚落分布形态及社会结合方式的多样化选择密切相关;而且,本书不把清代地方政府的编审活动局限在人丁编审方面,不将人丁编审的取消视作里甲组织功能完结的标志,进而探讨清代基层行政组织形成的原因。

社会结构应当将人类年龄与性别的人口结构包括进来,因为自然的人口结构也蕴含着社会性。就年龄结构来说,儿童、青少年、壮年、老年各种群体也是应当考虑的。本书为儿童专列一章,显示出社会文化史的学术特色。作者辨析了儿童史专家熊秉真提出的"幼教文化两大路线",在知识社会史视野下观察蒙书的出现和兴盛,认为皆出于历代社会需求的驱动;还选择功能视角,将宋代蒙书分为识字、科考、伦理、专门四大类型。这些都颇具新意。

明清江南市镇的空间形塑与城乡关系的转变,具有社会经济史与地理学结合的特色。这一部分不仅考虑空间层面,还涉及人群的流动和制度问题。作者反思原有市镇研究范式,根据自身的研究心得,探索市镇空间形塑机制的路径,特别是以南翔镇为例,探讨"因寺成镇"问题,给人以诸多启示。

明清时期的医疗与社会,展示的是社会史与医学的跨学科探讨。作者梳理了近百年明清医疗史研究概况,力图在国际医史研究的脉络中审思其历程、特征以及意义与趋向,打通学科壁垒,以跨学科的视野和理念发现、思考和解决问题;具体研究了医病关系这一颇具活力和挖掘意义的医史议题,呈现了明清普通民众日常应对疾病、择医延医的样貌。

民俗变迁与近代社会转型,将日常生活的变动与历史变迁相结合,从社会史与人类学的视角给予说明。作者论述了全球化与近代民俗变迁,涉及饮茶习惯的"洋场化"与物质文化、致意礼的近代转型与身体语言等,提出了近代民俗变迁中全球化与民族主义的冲突与纠缠问题。作者还以国民政府的婚俗改良和相见礼规训为例,探查了这一时期民俗改良的社会启蒙意义及收效。

综上所述，本书从理论到实践都带来了海内外中国社会史研究的丰富信息，表达了作者对于中国社会史深入思考后的见解。这些社会史学者取精用宏，不仅授人以鱼，而且授人以渔，注意从方法论上引导读者进入社会史的学术领域。鉴于导论的性质，我也介绍该书的巧思与亮点，权作《中国社会史导论》之"导论"。

一隅之见，遗漏或多，还是请读者开卷阅读吧。

常建华

2020年3月于津门

目录

前言 ... 1

上编

第一章 社会史的概念、特征与旨趣 ... 3
- 第一节 "社会"的概念 ... 3
- 第二节 "社会史"的概念 ... 5
- 第三节 社会史的特征与旨趣 ... 9

第二章 中国社会史的发展历程和趋势 ... 15
- 第一节 中国社会史的研究历程 ... 15
- 第二节 中国社会史研究的新趋势 ... 23
- 第三节 社会史研究中的"碎片化"问题 ... 38

第三章 社会史与人类学 ... 46
- 第一节 社会史的人类学转向 ... 46
- 第二节 社会史的新维度 ... 52
- 第三节 对历史人类学问题的检讨 ... 62

第四章 地理环境与中国社会历史 ... 71
- 第一节 地理与历史 ... 71
- 第二节 地理环境对中国社会历史的影响 ... 73
- 第三节 中国社会历史对地理环境的塑造 ... 92

第五章 中国社会演变诸阶段 ... 98
- 第一节 关于中国历史分期问题的讨论 ... 98

第二节　夏商周时期的封建贵族社会 ... 113
第三节　秦汉至隋唐五代的帝国士族社会 ... 135
第四节　宋元明清的帝国四民社会 ... 172
第五节　迈向近代工业社会 ... 208

下编

第六章　宋代以降的赋役制度与基层社会 ... 229
第一节　秦汉以来村制的形成 ... 229
第二节　宋代差役改革与都保乡役体系的形成 ... 231
第三节　明清赋役制度改革与基层社会 ... 256

第七章　宋代儿童观念与童蒙教育 ... 270
第一节　宋人的儿童观 ... 271
第二节　从蒙书看宋代童蒙教育 ... 288

第八章　明清江南市镇的空间形塑与城乡关系的转变 ... 300
第一节　市镇研究范式反思 ... 300
第二节　探索市镇空间形塑机制的路径 ... 305
第三节　南翔之"因寺成镇"——江南市镇形塑的一个例子 ... 308

第九章　明清时期的医疗与社会 ... 314
第一节　明清医疗史的趋势 ... 314
第二节　明清时期的医病关系 ... 327

第十章　民俗变迁与近代社会转型 ... 345
第一节　全球化与近代民俗变迁 ... 345
第二节　民俗改良与社会启蒙 ... 368

参考阅读书目 ... 390
跋 ... 395

前言

中国社会史研究兴起于20世纪20年代,80年代以来渐成史学研究的热点和亮点。随着中国社会史研究日益兴盛,各大学相继开设相关课程,但中国社会史课程的教材建设相对滞后。

目前,大陆通行的大学中国社会史课程教材是冯尔康的《中国社会史概论》(高等教育出版社2004年)。该书具有发凡起例之功,但因重点致力于学科理论建设——理论研究占据全书一半篇幅——导致对中国社会史史实的叙述受到很大限制;同时由于该书出版于十余年前,因而未能展现近年来中国社会史的最新研究成果。2009年出版的池子华、吴建华主编的《中国社会史教程》(安徽人民出版社2009年),是一部研究生教材,该书有专题深度而缺乏系统性。2016年,大陆引进了台湾学者梁庚尧的《中国社会史》(东方出版中心2016年),该书由作者在台湾地区大学讲授中国社会史的讲稿编辑而成,对中国社会史史实的叙述较多,可以弥补冯著《中国社会史概论》之不足,但该书以专题叙述为框架,缺乏对中国社会演变的整体描述。此外,周积明、宋德金主编的《中国社会史论》(湖北教育出版社2000年)邀集社会史领域专家合撰而成。该书具有系统性,论述具有深度,但篇幅过大,而且完成时间较早,无法体现近20年的研究进展,作为教材,亦差强人意。总之,目前缺乏一部体例完备、展现社会史最新研究成果、能满足本科和研究生教学需求的中国社会史教材。

苏州科技大学历史学科渊源于1981年创建的苏州铁道师范学院历史系,是中国社会史学会创始会员单位,并一直以中国社会史为特色研究方向;本科生开设中国社会史课程已有十余年,中国社会史方向的研究生点设立亦已达十年之久,因此在师资队伍和研究成果上有较深厚的积累。2015年苏州科技大学历史学专业获批江苏省品牌专业建设点,在筹划课程建设方案之时,将中国社会史课程作为重点建设项目。2017年,历史学专业将中国社会史教材建设列入品牌专业建设计划,由苏州科技大学张笑川教授担任主编,聘请南开大学余新忠教授、中山大学吴滔教授、苏州大学朱小田教授、南开大学陈思言博士以及苏州科技大学周扬波教授、沈骅副教授、侯鹏副教授、许哲娜副教授组成编写团队。2017年4月,该项目获批苏州科技大学"本科教学工程"教学改革与研究立项项目。2017年11月,苏州科技大学召开了"中国社会史教材的写法"学术研讨会,来自南开大学、中山大学、复旦大学、中国人民大学及日本一桥大学等近20位专家,对教材的体例、内容进行了讨论和细化。2018年4月,编写团队就本教材的编写方案,咨询中国社会史学会会长、南开大学常建华教授,他给予充分肯定,并称其"计划很好,学界所需,参编队伍强大"。2019年,教材成为"十三五"江苏省高等学校重点教材建设立项项目,并通过专家评审,作为"江苏省高等学校重点教材"之一予以出版。

  本书在编撰思路上力图创新和体现特色。首先,是内容上的创新。具体的做法包括:充分吸收海内外中国社会史研究成果,达到内容的前沿性;通过经济、政治、文化与社会四个领域的综合叙述,以国家与社会关系为主线,关注社会要素之间的互动,达到社会史研究所追求的整体性;以封建贵族社会、帝国士族社会、帝国四民社会、近代工业社会四个阶段描述中国社会的演变,达到中国社会结构叙述的系统性;以专题分论,显示中国社会史研究领域的广泛性。其次,是体例上的创新。全书分为上、下两编。上编对中国社会史的基本问题进行阐述,使读者对中国社会演变趋势和阶段性及社会史的基本理论有系统的了解;下编对中国社会史的前沿领域进行深入剖析,以启发读者思考和进一步研究的兴趣。上编属通论,偏重社会结构和社会变迁的勾勒,以综合前人研究成果为主;下编为专题研究,偏重社会文化与社会生活,以展现前沿领域为重。上编重在知识的整理与呈现,下编重在研究方法的示例。第三,是编写团队的创新。本书编撰队伍以苏州科技大学历史系教师为基础,邀请一流专家参与编写,形成一流编写团队,力求展现中国社会史研究水平。总之,本书以总分结合、条块结合的方式,力图在全面勾勒中国社会史基本面貌的基础上,展现中国社会史研究的前沿成果。

  本书由张笑川任主编,负责内容和体例设计以及全书统稿,并撰写第一、二、四章,第五章第一、二、三、四节,与沈骅合作撰写第五章第五节。第三章由朱小田撰写,第六章由侯鹏撰写,第七章由周扬波撰写,第八章由吴滔撰写,第九章由余新忠、陈思言撰写,第十章由许哲娜撰写。

中国社会史内容广泛,撰写难度大。本书虽然力求展现中国社会史的丰富性和系统性,但并不是一部中国社会的全面史,因为社会史追求的是"整体史",并非"全面史"。本书在叙述基本史实的同时,更注重对于这些史实的阐释和理解,故名《中国社会史导论》。在撰写过程中,体现了我们的一些新想法,也吸收了大量前人的研究成果。希望本书不仅可以作为入门者的教材,也能对研究者有一定的参考价值。

中国社会史研究和中国社会史的学科建设是一项长期的事业,唯愿此书能为这一事业添砖加瓦,也希望学界同仁不吝指出本书的错误和不足,以便我们修订和改正。

编者
2020年2月

上编

第一章　社会史的概念、特征与旨趣

第一节　"社会"的概念

顾名思义,社会史研究的是"社会"的历史。因此,阐明什么是社会史的问题,首先要从"社会"说起。

"社"在周秦时代为土地神,《公羊传注》称"社者,土地之主",《孝经纬》称"社者,土地之神",《白虎通》则云"人非土不立,非谷不食,土地广博,不可遍敬也……故封土立社"。古汉语中的"社会"一词最早出现于南朝时期的《荆楚岁时记》一书,特指社祭之后的乡里聚会。记载宋代临安城市风貌民俗的《都城纪胜》一书分14门,其中有"社会"一节,记载当时各式各样的"社"与"会",指的是各种民间社团组织。近代以来,西学东渐,日本人用来自中文的组合词"社会"翻译英语中的"society"概念,并随后流传到中国,成为当时的流行词语之一。与此同时,中国学者严复则用"群"一词来翻译英文中的"society"概念。后来"社会"一词在与"群"一词的竞争中脱颖而出,并被沿用至今。

从目前现代汉语的惯常使用中,我们可以看出"社会"一词存在着广义和狭义两种概念。广义的社会(society)是指人们以共同物质生产活动为基础,按照一定的行为规范相互联系而结成的有机总体。例如我们在说"人类社会"时,大致就是使用"社会"的广义概念,它指的是人类所构成的一个有机的整体。构成社会的基本要素是自然环境、人口和文化。布罗代尔(F. Braudel)在《文明史纲》中指出:"社会与文明永远不可分离(而且反之亦然):两个概念指的是同样的一个现实。"①法国历史学家谢和耐(J. Gernet)所著《中国社会史》,就是一部中国通史。显然,他们使用的是广义的"社会"概念。

狭义的"社会"则是与政治、经济、文化等并列的概念。当我们说"这

---

① [法]布罗代尔著:《文明史纲》,肖昶译,广西师范大学出版社2003年,第35页。

不是一个政治问题,也不是一个经济问题,而是一个社会问题"时,我们大致使用的就是狭义的"社会"概念。"社会"是一个近代才流行起来的外来词,在中国的传统语境中,国人似乎更多用"风俗"一词来指代相类的事物。夏曾佑在《论变法必以历史为根本》①一文中说过这样的话:

> 凡合一群之人同立一国,其国中必有要质数端,若其无之不成为国。一其国之地形也,二其国之生计也,三其国之风俗也,四其国之宗教也,五其国之政治也。此五者甲可生乙丙丁戊,乙亦可生丙丁戊甲,如循环之无端,如帝纲之无尽,无一定母子宾主之可言。若强而言之,则国土者其种之始祖从迁徙择居而得之者也,是为最初生计者,因乎土地而有者也;当次之风俗者,因乎生计而成者也;再次之宗教,因乎风俗而创者也;又次之政治者,因乎宗教而立者也,是为最后。夫政治既居最后,则当肇有政治之始其四者之建设久矣。是四者为因,政治为果也。

夏曾佑所谓的"地形",我们现在通常称为"地理环境";"生计"一词,我们通常称为"经济";"风俗"则与现在所通常使用的"社会"一词接近。夏曾佑所使用的"宗教"概念应作广义理解,大致相当于我们今天所称的"思想文化"领域。

那么狭义的社会概念的具体内涵是什么呢?这却不那么清晰可见。按照冯尔康的看法,狭义的"社会"概念的具体所指应是人类结成群体所产生的一系列现象,大致可以简化为"生活之道"。人类是群居动物,必然要结成一定的群体。有了群体,就会产生群体内部各个部分之间的关系,我们称之为社会结构。有了群体,就会产生与其他群体不同的生活方式,这可以称为社会生活。

当然,"社会"一词在西方的语境里,还有着与"国家"二元对立的意思。哈耶克(F. A. Hayek)曾如此分析"社会"的概念:

> 人们逐渐认识到存在着一些完全不受人的愿望支配的力量,它们的作用加在一起,造成了一些对个人努力有促进作用的结构,尽管它

---

① 夏曾佑:《论变法必以历史为根本》,《东方杂志》第2卷第8期,1905年。

们并不是为了这个目的而被设计出来的。正是这种认识,使人们采用了"社会"这个概念,以把它同国家这种特意建立并受人领导的组织区别开来。①

"社会"的这样一种含义,我们也会经常使用,比如人们常说的,"国家强,社会弱""强社会,弱国家"等。

同时,我们也可以将这种二元对立的模式补充以"社会"一词的广义概念来思考国家与社会的关系,正像《剑桥中华民国史,1912—1949年》作者所说的,"社会与政府是整体与部分的关系,也许可以比作细胞与细胞核"。②

第二节 "社会史"的概念

就像"社会"的概念存在着广义与狭义的张力一样,"社会史"的概念也存在着定义的分歧。关于这个议题,已经有了很多文献,也有很多观点,学界通常将其概括为专史说、通史说、范式说三种定义。但在我们看来,这里面的争议可以更简略地概括为"专门史"与"整体史"两种观点。在20世纪80年代社会史复兴的初期,多数学者将社会史视作历史学的一个专门史,90年代以后,认为社会史应该是一种"整体史"的看法逐渐流行。至今这两种观点在互相激荡中,日趋接近,但仍存在着一定的分歧。

在我们看来,这两者的分歧并不是根本性的,而更多是策略上的。多数被冠以"社会史学者"或自认为是"社会史学者"的研究者,在基本目标上是一致的,但在如何达到这个目标的步骤和手段上存在细微差别。在本教材的开头,介绍这一争议是有益的,因为它可以展现嵌入社会史这一领域的内在的张力,也可以彰显社会史的可贵追求和魅力所在。

让我们首先来看看争议的一极——认为社会史是历史学的一个专门史的观点。这一观点的最早也是最主要的代表人物是冯尔康。所谓社会史,按照其定义,它是:

---

① [英]哈耶克:《何谓"社会的",它是什么意思?》,载氏著《经济、科学与政治——哈耶克论文演讲集》,冯克利译,江苏人民出版社2003年,291页。
② [美]费正清、费维恺编:《剑桥中华民国史,1912—1949年》下卷,刘敬坤等译,中国社会科学出版社1994年,第51页。

研究历史上社会结构与日常社会生活及其所反映的社会意识的运动体系,它以社会群体、社会组织、社会等级、阶级、社区、人口的社会构成,以及上述成分所形成的社会结构及其变动,构成社会结构的人群的日常生活行为、变化及其观念,产生变化的自然环境与社会环境的因素为研究范畴,揭示其在历史上的发展变化及在历史进程中的作用和地位;它是历史学的一门专史,并将其研究置于整体史范围之内,处理好两者关系,以便促进历史学全面系统地说明历史进程和可能认知的发展规律;它与社会学、文化人类学、经济学、政治学等等自然科学、工程科学、社会科学、人文学科的许多学科有交叉的研究内容,具有多学科研究的性质与方法,是历史学同其他学科联系的桥梁。①

这一定义是在"整体史"观点的激荡下,逐渐修订、发展、完善起来的,从早期的《中国社会史研究概述》(天津教育出版社1988年),到《社会史研究的探索精神与开放的研究领域》(载周积明、宋德全主编《中国社会史论》),再到在《中国社会史概论》,我们可以看到社会史的概念逐渐扩展、修订的过程,同时他对社会史作为"专门史"的学科属性的坚持也清晰可见。

在冯尔康看来,"社会生活""社会结构""社会意识"共同构成社会史研究的基本对象,是社会史研究的三大组成部分。关于"社会结构",他解释道:"社会结构是关于社会构成、社会基础的理论,它是广义的社会组织的组成方式,是具有各种社会身份的人及其群体的联结方式,这种方式是各种社会组织的有序排列,呈现相对稳定状态即形成社会结构的模式;社会结构要素之间的冲突,使其内部产生变化的动力,并最终造成社会结构的变迁。"关于"社会生活",冯尔康加上了"日常"的定语,这是因为"社会生活"一词有广义和狭义之分。广义的概念可以表示人类的社会活动,可以把社会结构也包括在内,而"用'日常'这个形容词来限制它,使其成为狭义的,即人群在生产、政治活动之外的物质与文化生活,这样使社会结构与日常社会生活两大部分都突出了"。至于"社会意识",是"反映人们的观念、意识、潜意识、信仰,即主导人们社会行为的意识形态的种种内涵"。这三大组成部分又是如何贯通起来的呢?冯尔康认为是"群体关系"将三

---

① 冯尔康:《中国社会史概论》,高等教育出版社2004年,第117页。

者联结在一起,换句话说,群体关系渗透到三大部分所包含的所有研究内容之中。

那么,又如何来理解"群体关系"呢?冯尔康指出:"群体关系,或者说人际关系,表达的是这一部分人与那一部分人的社会关系。任何一个生活在社会里的人,都不是自然的人,是社会的人。人们因生态环境、经济利害、血缘关系、婚姻关系、地缘关系、业缘关系、政治观念、生活习俗、意识形态、信仰关系等分成不同的民族、阶级、等级、宗族、家庭及与生活相联系的社团、政治派别、宗教派别等,即一个个有形或无形的社会群体。在群体内部和群体之间发生错综复杂的联系,这种联系的性质可以归结为冲突与协调的关系,影响社会结构、日常社会生活和社会意识的变动。研究社会史,抓住群体关系,可以起提纲挈领的作用。"

冯尔康自己总结这个定义有四个特点:第一个特点是将社会史视为历史学的一个专门史而不认为是整体史,第二个特点是以人际关系、群体关系为全部内容的中心环节,第三个特点是主张对社会史进行动态的研讨,第四个特点是强调了社会史的跨学科性。①

在冯尔康看来,社会史首先是一种专门史,但同时它和一般的专门史不同,它还要"将其研究置于整体史范围之内,处理好两者关系,以便促进历史学全面系统地说明历史进程和可能认知的发展规律"。这个说法是在综合了争议的另一端——认为社会史是整体史的意见而提出的,这也表明"专门史"说认同于"整体史"说的理念,两者在最终目标上是一致的,只是在取径上有所不同。

社会史是"整体史"的观点认为,社会史不应该是一种专门史,而是一种新的史学研究范式或方法,或者可以称之为一种"新史学"。这种新史学或新视角、新范式的实质是,强调要从整体的观点、综合的观点来研究历史。其在理论上的主要代表人物是赵世瑜。按照其说法,社会史在本质上是整体史,它所力图纠正的是以前将历史分块割裂的研究方法,从整体的观点来考察历史,从而深化对于历史的认识。

赵世瑜在《再论社会史的概念问题》一文中集中表达了这一观点。他指出:"社会史之所以必然是整体的、综合的历史研究,主要是由其研究对象所决定的。……我们不能不承认'社会'这个词的涵盖面要比政治、经

---

① 冯尔康:《中国社会史概论》,高等教育出版社 2004 年,第 119—120 页。

济等等大得多。""我们在做具体研究时,'社会'一词可以有多种狭义的指向。但必须指出,即使在微观研究使用'社会'一词时,也往往只是相对'国家(state)'而用的,大多数情况下也是综合了政治、经济、文化等因素在内,比如我们说'乡村社会',或者'城市社会',或者'基层社会',或者'中国宗族社会'等,都应该是一个综合的概念。"①在这里,赵世瑜强调的是狭义的"社会"概念与广义的"社会"概念之间难以区分的紧密关系,或者说狭义的"社会"领域本来就是由各种力量所塑造的领域,它与作为整体的"社会"的影响密不可分。但是,如果我们接受冯尔康关于狭义的"社会"的实质即"群体关系"的论断,我们就可以清楚划出狭义的"社会"的确切领域,同时,我们也可以发现"群体关系"这一狭义的"社会"的领域又不是一个自足的领域,它是政治、经济、文化以及其他因素共同作用的结果,因此对它的完满解释就必然需要整体和综合的视角。如此来说,专门史说和整体史说就可以融合,只是侧重点不同罢了。

总体来说,专门史说强调"社会"的狭义概念,整体史说则强调"社会"的广义概念。而狭义"社会"概念与广义"社会"概念中共同存在的强调整体和综合的特性,将两者紧密地联系起来,或许这也是不管是狭义的"社会"还是广义的"社会"都使用"社会"这同一词汇的原因。因此,专门史说与整体史说各有所见,合则双美,离则两伤。整体史说提出整体史的目标,这是社会史研究的必然要求,其志可嘉,但陈义过高,实际操作起来难度很大,且如果忽略对狭义"社会"领域的深入探讨,亦很难达到其最终目标。专史说立足于狭义"社会"这个特殊领域,进可攻、退可守,易于着手,但也会存在限于一隅、落入传统研究窠臼的危险。如冯尔康所说,两者兼顾,立足专史,指向整体史,是很好的想法,将作为本书的一个操作概念。

关于"狭义"的社会概念和"广义"的社会概念,或作为专门史的社会史与作为整体史的社会史的关系问题,我们还可以参考英国著名马克思主义史学家、社会史的领军人物埃里克·霍布斯鲍姆(Eric Hobsbawm)的论述。霍布斯鲍姆的《从社会史到社会的历史》一文,一直是倡导社会史的整体史说或视角说、范式说所频繁征引的文献,霍布斯鲍姆也成为提倡社会史作为整体史的标志性人物。他在该文中固然提出:"社会史从来就不能像经济史或其他用连字号连接的历史那样专门化,因为它的研究课题无

---

① 赵世瑜:《再论社会史的概念问题》,《历史研究》1999年第2期。

法割裂开来。"① 但在该文中列举"过去10年到15年来社会史中比较有意义的研究"所集中的课题或综合问题时,他罗列了六项:①人口统计和亲属关系;②属于我们学科的城市研究;③阶级和社会群体;④人类学范畴的"心态"或群体意识史,以及"文化史";⑤社会变革(如现代化或工业化);⑥社会运动及社会抗议现象。② 这些问题其实也主要集中在狭义"社会"的领域。因此,作为专门史的社会史与作为整体史的社会史并非完全对立,作为整体史的社会史必然要以狭义的社会史为核心,而狭义的社会史也必然要以作为整体的社会史为目标。③

第三节　社会史的特征与旨趣

社会史的概念既明,接下来我们要考察的是为什么历史学家要从事社会史研究,或者说,社会史研究的背后体现了历史学怎样的目标与追求。要回答这个问题并不简单,它牵涉到整部史学史的演进。在详细阐述这个问题之前,我们可以先简单地说,社会史体现了历史学家对于传统史学所存在的缺陷的批判,体现了历史学家革新历史学研究的愿望和尝试,也体现了社会科学对于历史学的影响。

或许将社会史与传统的、"正宗"的历史学加以对比,可以更好地理解社会史研究背后所体现的历史研究的新精神。大致来说,多数学者都同意,社会史研究具有以下不同于以往历史研究的特点:

1. 从国家的历史到人的历史

不论是西方自希罗多德、修昔底德以来的历史学,还是中国从司马迁以来的历史学,都主要是为社会的精英阶层、统治阶层服务的。用司马光的话说,史学的主要功能是"资治",我们或许可以把它们概括为"国家史

---

① [英]埃里克·霍布斯鲍姆:《从社会史到社会的历史》,载氏著《史学家:历史神话的终结者》,马俊亚、郭英剑译,上海人民出版社2002年,第84页。
② [英]埃里克·霍布斯鲍姆:《从社会史到社会的历史》,载氏著《史学家:历史神话的终结者》,马俊亚、郭英剑译,上海人民出版社2002年,第93—94页。
③ 关于"专史说"与"范式说"的关系,行龙曾有所论述,可以参考。他认为:"从具体研究对象和内容的学科意义上来讲,社会史可以说是一种专门史。另一方面,从史学研究的方法和视角来讲,社会史以其鲜明的总体性追求,自下而上的视角与跨学科的研究方法,为陈旧的史学带来翻天覆地的变化,它又是一种新的'范式'。两者都是社会史蕴含的本质内容。"(行龙:《二十年中国近代社会史研究之反思》,载氏著《走向田野与社会》,生活·读书·新知三联书店2007年,第13页)

学"。这样的历史学有一个基本的预设,即影响历史进程的决定力量是精英人物的作为,在这样的一种精英史观的指导之下,历史学所记载的主要内容就是"帝王将相""王朝兴衰""典章制度"等所谓"国家大事"。随着历史的演进、社会思潮的变迁,人们越来越发现,社会和历史演进的动力并不局限于国家的作用和精英人物的作为,普通群众的所思所想、所作所为作为一种深层力量在制约着社会的演进和历史的发展。"社会"一词逐渐流行起来,就与人们认识到在国家、政府等传统精英活动领域之外,还存在着一种制约历史的力量,有密切关系。这样的历史观和社会观逐渐流行,有很多社会科学思想作出了贡献,其中马克思主义的贡献最大。

当历史学家们意识到普通民众的历史之时,他们研究历史的视角就逐渐从自上而下的"国家"视野转移到了自下而上的"社会"视野(或"基层"视野)。可以说,社会史的兴起,其最初的原动力之一,就是要挖掘和展现被传统史学所忽视的普通民众的历史力量,从而对社会的发展和历史的变迁提供一种新的解释。这一点在英国马克思主义学派的社会史研究中体现得最为清楚。

由于从传统史学到社会史存在着从自上而下到自下而上的视角转换,也就出现了上层的历史与下层的历史、精英的历史与民众的历史、朝廷的历史与百姓的历史这样的二元区分,这种区分当然体现了社会史的崭新追求,但还不是社会史与传统史学最本质的区别。正像刘志伟所提出的,从"国家的历史"到"人的历史"才是社会史与传统史学最本质的区别。因为,上层与下层、精英与民众、朝廷与百姓,这样的区分仍然局限于国家历史的框架之下,潜在的逻辑是仍然以国家作为历史的主体。当我们转到从人的行为及其交往关系出发去建立历史解释的逻辑,即以人为主体的历史,"国家""社会""政府组织""民间组织"等都不过是"由人的行为在人的交往过程中形构出来的组织化、制度化单元",在根本上都是人的历史活动的产物和工具。从这个意义上来说,无论是研究精英还是民众,研究国家体系还是民间社会,研究高雅思想还是底层文化,都不是社会史与传统史学的本质区别,社会史或新史学最本质的特征与追求在于以人为历史的主体,从人出发构建历史解释。① 马克·布洛赫(Marc Bloch)所提出的历

---

① 刘志伟、孙歌:《在历史中寻找中国:关于区域史研究认识论的对话》,东方出版中心2016年,第14—21页。

史学是一门"人的科学"的理念,或许可以从这个角度去理解。

2. 整体史的理念

如何构建以人为主体的历史呢?"整体"的视野应该是其本质的要求。历史学与社会学、人类学在学科性质上非常接近,它们在学科本质上都是一种整体性的社会科学。但是从中西史学史可以看出,长期以来,历史学把政治史作为考察的主要对象,这一点在19世纪历史学科学化的过程中更为变本加厉,以致政治史甚至成为历史学的代名词。

在政治史一统天下之时,很多历史学家开始意识到仅仅立足于政治的历史解释是一种不完全的、单向度的历史解释。在经济学的启发之下,经济史首先向居于统治地位的政治史发起冲击,之后社会史、文化史相继加入了战团。在挑战传统政治史的过程中,历史学家逐渐发现历史发展中多重因素交织互动的作用,"整体史"的方法就呼之欲出了。"整体史"(total history)的概念与法国年鉴学派紧密相连,这一概念的提出也是法国年鉴学派对历史学的一个最主要贡献。那么,"整体史"的概念到底如何理解呢?首先,它并不是要写出无所不包的总体的历史,实际上,这也是不可能的。那么,"整体史"到底何所指呢?它其实指的是以"整体"的视野展开研究。这种"整体"的视野认为,经济、社会、政治、文化等人类诸领域、诸现象都是相互联系的,因此对其中任何一个领域、任何一个现象都不能孤立地研究,而是要关注这一领域、这一现象与其他领域、其他现象之间的互动与联系。法国年鉴学派史学家勒高夫(Jacques Le Goff)这样描述社会史:"这里所要求的历史不仅是政治史、军事史和外交史,而且还是经济史、人口史、技术史和习俗史;不仅是君主和伟人的历史,而且是所有人的历史;是结构的历史,不只是事件的历史;是有进化的、变革的运动着的历史,不是停滞的、图表式的历史;是分析的、有说明的历史,不是纯叙述性的历史;总之是无所不包的历史。"[①]

在历史学逐渐科学化的过程之中,内部逐渐分化出政治史、经济史、文化史等专门领域,这种学科内部的细分,当然有其合理性,因为日益壮大的历史学与单个历史学家的能力之间存在矛盾,通过学科内部细分,可以让单个历史学家集中精力专注于某一领域的研究。但是这种细分,随着学科

[①] [法]J·勒高夫:《新史学》,载J·勒高夫等主编《新史学》,姚蒙编译,上海译文出版社1989年,第19页。

边界的僵化和学科壁垒的产生,导致了历史解释的破碎。"整体史"概念的提出,就是为了避免历史研究和历史解释偏执一隅的局面,通过关注各种历史因素的联系与互动,达到更全面合理的历史解释。王家范据此提出,社会史要接纳现代社会科学"整体研究"的新思维,从横断面上将中国传统社会看作一个具有整合机制的动态社会大系统,实行结构—功能主义的系统分析,抛弃经济单线决定论,从经济、政治、文化科技与生活等各个侧面去探寻中国传统社会是如何实现"整合"以及这种"整合"为什么难以打破。①

如何达到"整体史"呢？或"整体史"研究的具体方法是什么呢？从目前来看,其中一个主要的策略,是导入以前被忽略的历史因素来完善历史解释。比如布罗代尔的《菲利普二世时期的地中海和地中海世界》通过导入地理环境因素来阐释地中海地区的历史,从而给我们耳目一新之感。另外一个主要策略,是关注各种因素之间的影响与互动。但这要求历史学家对研究对象的多种因素有全面的把握,因此多数历史学家采取的策略是缩小研究的范围,也就是展开"区域"研究,以便历史学家可以充分考察该区域中各种因素之间的联系与互动。这也是"区域史"研究取向在今天越来越受到史家尤其是社会史家青睐的主要原因。

3. 跨学科的视野

从19世纪以来,社会学、经济学、政治学、人类学、地理学、心理学等各门社会科学逐渐发展壮大,它们不仅冲击着相对传统的历史学,同时也影响着历史学。在一个联系日益紧密的社会科学的共同体里面,不同学科的竞争,也改变着特定学科的面貌。历史学中"整体史"理念的提出,就受到社会学、人类学等学科的启发,而"整体史"要求关注历史和社会中各种因素之间的联系和互动,也就必然导致对其他社会科学的借鉴。可以说,社会史体现了社会科学对于历史学的影响和历史学社会科学化的潮流。

因为社会史要阐释政治、经济、社会、文化诸领域之间的联系与互动,它就不能不借鉴经济学、政治学、社会学、人类学等社会科学的相关理论和研究成果。因此,社会史研究必然具有跨学科的特点。

社会史对于社会科学方法的借鉴不仅局限于具体理论和研究成果的

---

① 王家范:《中国社会史学科建设刍议》,载氏著《中国历史通论》,华东师范大学出版社2000年,第417页。

应用,更体现在研究方法和研究理念上的借鉴。社会科学中普遍存在着构建模式、总结理论的研究方法,也深刻地影响了社会史研究。英国历史学家彼得·伯克(Peter Burke)在《历史学与社会理论》一书中集中阐释了这一问题。社会科学往往从某一问题展开,这一点也反映在社会史研究之中。法国年鉴学派大力提倡"问题史学",就是社会科学的影响所致。

如果说传统史学往往以时段为范畴,社会史则更多以问题切割自己的研究领域;如果说传统史学以叙事为主要手段,社会史则更强调分析与解释;如果说传统史学以讲故事为主,人文色彩较浓,社会史则更加理论化,与社会科学相近。此外,传统史学更多地采用历时性认识手段,社会史则充分吸取社会科学的共时性认识手段和比较方法,利用时间多元性的理论策略,实现模式构建与时间序列的统一。

4. 开放性与包容性

社会史之所以日益发展壮大,是因为它是历史学中最开放的领域,汇合了很多不同的学术趋向。对整体结构感兴趣的学者,可以在社会史中找到知己;对下层民众感兴趣的学者,也可以在社会史中找到知音;注重结构视野的社会学家发现他们与社会史家有共同的话题,注重文化阐释的人类学家也发现他们与社会史学家有共同的兴趣……所以,社会史不仅成为历史学内部不同领域之间交流探讨的平台,也成了一个不同学科之间交流探讨的平台。恰如陈春声所说的,"社会史研究的源源不断的活力,来自于它从不圈定自己的领地,始终保持边界的模糊性,而把注意力集中于揭示人类社会历史内部各要素和各组成部分的复杂互动关系,并尽力从文化层面进行阐释的学术传统"。① 我们从20世纪80年代以来文化史研究与社会史研究的消长上,或许可以更好地理解社会史的开放性和包容性。改革开放以来,文化史首先兴盛起来,并刺激了社会史研究的兴起。此后,文化史研究退潮,社会史则由附庸变为主流。在这个过程中,文化史研究者逐渐汇入日益兴盛的社会史研究队伍,并在社会史中形成了社会文化史的次领域。文化史与社会史的汇流与融合,既体现了文化史研究的深入,也促进了社会史的壮大。简而言之,正是社会史所强调的整体史理念和跨学科视野,导致了社会史的边界模糊性,也正是社会史的边界模糊性,带来了它的包容性和开放性。如果说当今人文社会科学的潮流是强调科际整合,从而

---

① 陈春声:《中国社会史研究必须重视田野调查》,《历史研究》1993年第2期。

构建更为全面、更有解释力的统一性人文社科学共同体,那么,社会史应该是历史学朝这一目标努力的重要途径。

总之,虽然社会史内部存在着理念与方法的争论,但是它们共同体现了历史学家革新历史学、构建更好地解释历史进程的"新史学"的追求。这也是20世纪中叶以来社会史成为历史学主流的基本原因。

第二章 中国社会史的发展历程和趋势

第一节 中国社会史的研究历程

正如历史研究对于社会发展具有启示和借鉴意义一样,史学史的研究对于历史学的发展也不可或缺。社会史研究的进程中时刻伴随着对自身学科发展历程的梳理与回顾,这些梳理与回顾可以使我们更好地理解社会史的性质和特征,也可以为社会史今后的发展提供借鉴和方向。

在 1988 年社会史研究复兴之初,冯尔康曾用"起步——停顿——恢复、发展"三个阶段来概括中国社会史研究的历程。① 此后,不断有学者跟踪研究进展,及时梳理、总结中国社会史的发展进程,其中常建华用力最深,赵世瑜、行龙等人的相关论述亦颇有见地。②

在参考借鉴以上诸学者研究的基础上,我们认为,中国社会史研究大致经历了 20 世纪上半叶的兴起、1949 年以后的停滞、20 世纪 80 年代的复兴以及 20 世纪 90 年代以来的成长和壮大四个阶段。下面具体阐述。

一、20 世纪上半叶中国社会史研究的兴起

以 1902 年梁启超发表《新史学》为标志,中国史学开始了从以王朝史、叙事史、考证方法为主要特征的传统史学向以群体史、应用社会科学方法为主要特征的现代史学的转变历程。社会史作为现代新史学的一部分也应运而生。

历史学家与当时刚刚确立的社会学家、民俗学家、经济学家、人类学家

---

① 冯尔康等编著:《中国社会史研究概述》,天津教育出版社 1988 年,第 28—30 页。
② 常建华:《中国社会史研究十年》,《历史研究》1997 年第 1 期;常建华等编著:《新时期中国社会史研究概述》,天津古籍出版社 2009 年;赵世瑜、邓庆平:《20 世纪中国社会史研究的回顾与思考》,《历史研究》2001 年第 6 期;常建华:《跨世纪的中国社会史研究》,《中国社会历史评论》第 8 卷,天津古籍出版社 2007 年;行龙、胡英泽:《三十而立:社会史研究在中国的实践》,《社会科学》2010 年第 1 期;常建华:《改革开放 40 年以来的中国社会史研究》,《中国史研究动态》2018 年第 2 期。2018 年,常建华将多年撰写的中国社会史理论探讨、研究回顾与综述文章汇集成《新时期中国社会史学》(天津人民出版社 2018 年)一书,尤便研讨。

一道开展社会史研究。据冯尔康考证,1911年出版的张亮采著《中国风俗史》是最早的中国社会史研究著作。至20年代后期和30年代前期社会史迎来了繁荣的局面,出现了很多传世之作。史学家中,有杨树达的《汉代婚丧礼俗考》、贾伸的《中华妇女缠足考》;社会学家中,有陈顾远的《中国古代婚姻史》、李安宅的《仪礼与礼记之社会学的研究》;民俗学家中,有罗绳武的《民俗学之社会史的研究》和顾颉刚的相关论文。也出现了不少系统性的论著,如陶希圣的《婚姻与家族》、郭沫若的《中国古代社会研究》、邓云特的《中国救荒史》、瞿同祖的《中国法律与中国社会》、潘光旦的《明清两代嘉兴的望族》、陈寅恪的《唐代政治史述论稿》等。这一时期的通史和断代史著作中,也包含了不少社会史的内容,如邓之诚的《中华二千年史》,吕思勉的《先秦史》《秦汉史》《两晋南北朝史》和《隋唐五代史》,张荫麟的《中国史纲》等。

这一时期的社会史研究成果形式多样,内容也非常广泛,但没有对社会史的理论问题进行探讨;"社会史"的概念虽然已经出现,但把它作为一个专门领域进行深入的理论探讨的自觉还没有出现。

这一时期社会史研究的兴起,一方面是历史学家自觉的创新追求所致,一方面是社会学、人类学、民俗学等新兴社会科学的推动所致,同时它也受到二三十年代"中国社会史论战"的刺激推动。"中国社会史论战"虽然主要是一次政治思想的讨论,其政治性大于学术性,但论战中提出中国社会性质的问题,"推动了史学界对中国社会结构、传统文化、家庭婚姻、伦理道德、风俗习惯、群体生活的进一步研究,促进了社会史的发展"。[①] 另外一个值得注意的现象是,这一时期西方史学亦在转型,法国的年鉴学派已经诞生,美国的鲁滨孙正在提倡新史学,它们共同的特征是批判以兰克学派为代表的西方传统史学,呼唤开展"新史学"研究。其中鲁滨孙的《新史学》在20年代由何炳松译成中文并对中国史学界产生影响,当时的中国历史学界与年鉴学派似乎没有直接的联系。但注重社会史、经济史并将两者相结合的趋势表明,中国史学的发展趋势与国际史学的大潮暗暗合拍。而且,如果我们从研究视野和问题意识的角度考察,可以发现这一时期的社会史研究具有关注社会变迁和眼光向下的特征。

[①] 刘志琴:《社会史的复兴与史学变革——兼论社会史和文化史的共生共荣》,《史学理论》1988年第3期。

二、1949年后中国社会史研究一度停滞

1949年中华人民共和国成立后,马克思主义史学在中国史学界居于统治地位。马克思主义史学注重社会形态的研究,对全球范围的社会史研究浪潮具有推动作用,对于中国社会史研究也同样如此,比如"中国社会史论战"即与当时马克思主义思潮的广泛流行密切相关。但是,马克思主义的社会史研究首先关注社会经济形态及其变迁的发展史,具有宏观社会史和通史的特点,也因关注生产方式发展史而具有社会经济史的特征,比较而言,对于社会生活、生活方式等方面缺乏论述。① 而且,1949年以后社会学、人类学、政治学被当作反动学科而取消,再加上受批判剥削经济生活方式的影响以及对历史是阶级斗争史的教条式的理解,致使社会生活史的内容成为禁区,严重影响了社会史研究的丰富性和多元性,研究处于扭曲和停滞状态。

20世纪50年代以后,历史学界有所谓"五朵金花",即汉民族形成、中国历史分期、封建土地所有制、农民战争和资本主义萌芽等研究课题,这些似都可以归结为社会形态与社会性质、社会关系和民众反叛等方面,从而与此前的社会史研究存在着连续性,并在一定程度上可以看作此前社会史研究的深化和发展。但是这一时期的相关研究是视野狭隘和受到束缚的,社会形态和社会性质的研究为五种社会形态的理论所束缚,多局限于所有制和生产关系;社会关系的研究局限于阶级关系,特别是地主与农民阶级的关系;民众反叛的研究则局限于阶级斗争或农民起义。以上研究不能不说与社会史所关注的问题有关,但其研究内容是干瘪的、有局限的,其研究目标是注释式的,其研究方法是远离社会科学理论与方法的。这是一种传统政治史范式下的社会史,是一种为政治服务的扭曲和狭隘的社会史。80年代社会史复兴之初,社会生活研究首先受到社会史学者的关注,其原因正在于对50年代以来只见骨骼、不见血肉的历史研究的修正。但同时我们也发现,当时幸存下来的民族学收容了很多社会学和人类学家,并且延续了30年代以来以田野调查为特点的基层社会研究传统,历史学里也仍然出现了少数的社会生活史研究,这些为80年代后社会史的发展提供了部分基础。②

---

① 常建华:《新时期中国社会史学》,天津人民出版社2018年,第3页。
② 赵世瑜、邓庆平:《20世纪中国社会史研究的回顾与思考》,《历史研究》2001年第6期。

三、20世纪80年代社会史的复兴

虽然在讨论社会史研究历程之时,多数学者将20世纪20年代的"中国社会史论战"作为中国社会史的源头。但80年代社会史研究的复兴,有其更为直接的现实根源,这就是80年代的"史学危机"。

中国的历史学在中华人民共和国成立后曾有长期的兴盛局面,但在这个过程中历史学也逐渐地政治化,被政治所扭曲。80年代改革开放后,这种历史学不能适应新的社会、文化和政治环境,从而出现了"史学危机"。这种危机主要由两方面原因导致:一是史学被政治所左右,二是史学被僵化的教条所束缚。因此,新时期的历史学有两个任务:一方面要突破为政治服务的目的,将学术研究的受众转向大众;一方面突破僵化教条的束缚,推动理论解释的多元化。80年代蔚然兴起的文化史研究以及稍后兴起的社会史研究是历史学界克服"史学危机"、为历史学重新定位的主要尝试。

文化史的兴起是社会史复兴的先导。马克思主义社会史具有经济社会史的特征。20世纪50年代以后社会经济史和农民战争史研究盛行,在揭示普通人民大众的经济生活方面取得不少成绩,但反映普通民众精神生活的著述甚少。或许是为了弥补以上缺陷,改革开放以后,文化史研究首先兴盛起来,并从1984年起进入高潮。文化史的研究因涉及作为人民大众文化的生活方式,引发对社会史的探讨。此后,文化史研究逐渐退潮,社会史研究日益兴盛起来。

1986年,冯尔康率先发表《开展社会史的研究》(《百科知识》1986年第1期),强调"恢复、开展社会史的研究,已是当今史学界一个刻不容缓的课题",认为"社会史的研究,能够给予历史研究以有血有肉的阐述,真正建立立体的史学,形象化的史学,科学的史学"。同年,乔志强借用社会学的概念和框架倡导社会史研究,在《中国社会史研究的对象和方法》(《光明日报》1986年8月13日)一文中提出,社会史主要研究社会构成、社会生活、社会职能。继之,王玉波发表《为社会史正名》(《光明日报》1986年9月10日),区别社会史和社会发展史,认为"社会史是以人的社会生活的历史演变过程和规律为基本内容","社会史可以说就是生活方式演进史",从而与作为哲学范畴的社会发展史相区别。

1986年10月,南开大学历史系、《历史研究》编辑部、天津人民出版社发起的"首届中国社会史研讨会"在天津举行,标志着新时期中国社会史研究的复兴。中国社会史研讨会此后每两年举行一次,成为推动社会史研

究的重要机制。中国社会史的研究机构亦逐步完善,1986年南开大学成立社会史研究室,1992年中国社会史学会成立,冯尔康出任会长。1996年7月中国社会史学会开始编辑《社会史研究通讯》。十年间,随着研究队伍的逐渐壮大,社会史开始挑战此前占据统治地位的政治史和经济史,吸引了更多的关注目光。

在中国社会史复兴的十年间,学界除对社会史的理论体系进行热烈讨论之外,研究上主要集中在三个方面:还历史以血肉的社会生活研究、揭示社会精神面貌的社会文化研究以及置社会史于地理空间的区域社会研究。① 比较而言,社会生活史是这一时期的研究重心。冯尔康在《开展社会史研究》(《历史研究》1987年第1期)中提出"中国社会史是研究历史上人们社会生活的运动体系",它"以人们的群体生活与生活方式为研究对象,以社会结构、社会组织、人口、社区、物质与精神生活习俗为研究范畴,揭示它本身在历史上的发展变化及其在历史过程中的作用和地位"。蔡少卿、孙江则认为,社会史主要应研究社会结构及其变迁,其广义定义是再现人类社会过去的历史,其狭义定义可以是研究社会结构变迁时普通人的经历,并指出:"由于社会的日常生活与经济状况、政治活动的密切关系,以及在社会结构中的重要性,人们有理由对其予以较多的关注。"② 在以上观点的指导下,冯尔康主持编纂了《中国社会史研究概述》(天津教育出版社1988年),对以往的学术史进行总结。社会生活史的著作大量出现,如冯尔康的《清人社会生活》(天津人民出版社1990年)、宋德金的《金代的社会生活》(陕西人民出版社1988年)等。此外,中国社会科学院历史研究所承担了1987年度国家社会科学基金资助项目"中国古代社会生活史"十卷本断代史丛书,并于当年6月召开了专题会议,就中国古代社会生活史的概念、范围、研究方法和理论框架进行讨论。该课题组成员彭卫出版了《汉代婚姻形态》(三秦出版社1988年),乔志强主编了新框架的《中国近代社会史》(人民出版社1992年)。

20世纪80年代复兴的社会史与20年代末以来的社会史研究有很大的不同,何兹全曾描述了这种差别:"中国社会史研究复兴了,但方向大有转变。辩证唯物史观少了,不见了,法国年鉴学派的理论、方法兴起了。社

---

① 常建华:《新时期中国社会史学》,天津人民出版社2018年,第47—63页。
② 蔡少卿、孙江:《回顾与前瞻——关于社会史研究的几个问题》,《历史研究》1989年第4期。

会史研究的内容,已不是社会结构、社会形态,而是衣食住行、风俗习惯、家庭、宗教等。内容、理论和 20 世纪 80 年代以前的社会史研究已是两代了。"①

四、20 世纪 90 年代以来中国社会史研究的成长与壮大

在 1997—2006 年这十年间,社会史学科的体制化建设进一步加强。1999 年,南开大学社会史研究室重新组建为社会史研究中心,成为教育部人文社会科学重点研究基地,并创办了学术辑刊《中国社会历史评论》。2001 年,中山大学历史人类学研究中心成立,后成为教育部人文社会科学重点研究基地,创办了《历史人类学学刊》。社会史与人类学结合,给社会史研究增添了新活力。

从 80 年代末开始一直到整个 90 年代,社会史学界对于中国社会史理论进行了持续的探讨,专史说、通史说、视角说、范式说、新学科说等纷纷出台,这些理论探讨深化了人们对于社会史学科的认识,为社会史研究注入活力,推动了社会史学科的发展。

在社会史概念纷争的背后,研究的视野和研究的方法不断更新,一些新的研究领域开始出现,日常生活史、社会文化史、区域社会史、历史人类学等不同的研究理念和研究领域争奇斗艳。跨学科研究日益受到重视,由从早期的社会学吸取营养发展到大量借鉴人类学方法;随着区域社会史的兴起,地理学深刻影响历史学。社会史理论探讨,也带来对社会史史料的新认识。冯尔康积极探索社会史史料学建设②;郑振满倡导民间历史文献,强调广泛搜集和充分利用民间文献,是新史学发展的前提条件和必由之路。③

2007—2017 年间,由社会经济史研究发展演变出来的历史人类学与区域社会史研究蔚然成风,社会生活史、社会文化史的研究发生了向日常生活史的转变,在新历史认识论影响下民间文献更加受到重视。民间文献、日常生活、历史人类学的交融,促进了社会史学科建设。④ 跨学科的艺

---

① 何兹全:《我所经历的 20 世纪中国社会史研究》,载氏著《中国社会史研究导论》,商务印书馆 2010 年,第 23 页。
② 冯尔康:《中国社会史概论》,高等教育出版社 2004 年,第 134 页。
③ 郑振满:《民间历史文献与文化传承研究》,《东南学术》2004 年增刊。
④ 常建华:《开放与多元:新世纪中国社会史理论探讨与学科建设》,《南京社会科学》2017 年第 2 期。

术社会史、医疗社会史、法制社会史取得了令人瞩目的成就。① 这一时期，各社会史研究机构出版了大量丛刊、辑刊以及资料，显示了社会史研究的繁荣局面。例如，中山大学历史人类学研究中心组织出版了"历史·田野丛书"和《清水江文书》；厦门大学民间历史文献研究中心自2009年起，每年举办一届论坛，并出版"民间历史文献论丛"，2013年起推出《族谱研究》《碑铭研究》《仪式文献研究》等辑刊；安徽大学徽学研究中心2005年起陆续推出《徽州文书》；上海师范大学中国近代社会研究中心自1997年起每年举办一届江南社会史国际学术前沿论坛，并于2009年创刊《江南社会历史评论》；上海社会科学院推出"上海城市社会生活史丛书"；首都师范大学历史学院中国近现代社会文化史研究中心重视社会生活史研究，已出版《社会生活探索》多辑及有关社会文化的访谈录、论丛等；山西大学中国社会史研究中心2012年起陆续推出"田野·社会丛书"，并编有《社会史研究》集刊；南开大学中国社会史研究中心推出《清嘉庆朝刑科题本社会史料辑刊》《清代宗族史料选辑》《中国近代铁路史资料选辑》等多种资料丛刊。

表1 中国社会史年会一览表

届数	年份	主题	主办或承办单位	地点
第一届	1986	首届中国社会史研讨会	南开大学历史系、《历史研究》编辑部、天津人民出版社	天津
第二届	1988	第二届中国社会史研讨会	南京大学	南京
第三届	1990	第三届中国社会史研讨会	四川大学	成都
第四届	1992	社会史研究与中国农村	沈阳师范学院	沈阳
第五届	1994	地域社会与传统中国	西北大学	西安
第六届	1996	区域社会比较研究，中国社会传统生活方式研究，社会史的研究对象与方法	重庆师范学院	重庆
第七届	1998	家庭·社区·大众心态变迁	苏州大学	苏州
第八届	2000	经济发展与社会变迁	华中师范大学	武汉

---

① 常建华：《社会史研究的最新趋势》，《安徽师范大学学报（人文社会科学版）》2014年第1期。

（续表）

届数	年份	主题	主办或承办单位	地点
第九届	2002	国家、地方、民众的互动与社会变迁	上海师范大学	上海
第十届	2004	礼仪、习俗与社会秩序	厦门大学	厦门
第十一届	2006	地域中国：民间文献的社会史解读	安徽大学	合肥
第十二届	2008	政治变动与日常生活	中山大学	珠海
第十三届	2010	区域、跨区域与文化整合	聊城大学	聊城
第十四届	2012	改革开放以来的中国社会史研究	山西大学	太原
第十五届	2014	生命、生计与生态	江西师范大学	南昌
第十六届	2016	中国历史上的国计民生	武汉大学、三峡大学	宜昌
第十七届	2018	中国历史上的职业与社会	安徽师范大学	芜湖

相对来说，20世纪80年代社会史复兴之初，还处于替代式研究阶段，受当时风靡的"现代化理论"的影响，力求突破从"生产形态"的角度理解历史演变的旧路子，而用新的描述取代老的分析——如用"社会分层"取代"阶级分析"，用"结构—功能"框架取代"社会发展阶段论"——但"社会"仍屈从于宏大叙事的压迫而没有机会进行细节的展现。90年代开始，才真正把"社会"当作一种分析单位，而不是屈从于"结构"束缚和成为现代化演变分析的附庸。① 中国社会史研究不仅越来越显示出自己独立的性格，而且研究理念、研究方法和研究内容也日益多元化，从而迎来了其成长与壮大的时期。

不应忽视的是，中国社会史的复兴与成长与中外史学的互动有着密切联系。在社会史研究复兴之初，彭卫、蔡少卿等学者即注重译介国外社会史研究理论。② 90年代以后，随着海外学术著作的大量翻译引进，海外史学思潮对中国社会史研究的影响越来越深入，中国的社会史研究动向与国

---

① 杨念群：《"感觉主义"的谱系：新史学十年的反思之旅》，北京大学出版社2012年，第242—243页。
② 彭卫、孟庆顺：《历史学的视野——当代史学方法概述》，陕西人民出版社1987年；蔡少卿主编：《再现过去：社会史的理论视野》，浙江人民出版社1988年。

际史学界的研究潮流有不可忽视的联系。

其中,作为国际社会史研究主要旗帜的法国年鉴学派,在中国社会史复兴之初似乎还不大为人所知,但 90 年代以后对中国社会史研究的影响日益增大,至今方兴未艾。"整体史"理念的流行,即与年鉴学派的学术研究成果越来越被人熟悉有关。相对来说,美国的中国史研究著作的译介更为迅捷,量也更大,对中国大陆社会史的发展具有更为直接的推动作用。其中的地方史研究和施坚雅(William Skinner)的城市体系理论,对中国的"区域社会史"取向有很大的启发作用。此外,在 20 世纪 80 年代中国社会史的复兴阶段,中国台湾学者的影响也不可忽视。70 年代以来,台湾史学在西方社会科学和历史学新趋势的影响下,强调社会史的研究,这对大陆学者有很大的启发和影响。①

总之,进入 90 年代以后,海外的社会史思潮、后现代思潮、新文化史理论、日常生活史理论以及人类学理论等几乎同时进入,这些理论与思潮对中国社会史研究都有或多或少的影响。进入 21 世纪以后,全球史的研究视角也为社会史提供了新的视野。

第二节 中国社会史研究的新趋势

常建华曾详细讨论过"社会史"的概念之争,他指出对于"社会史"的内涵,存在专史说、通史说、视角说三种观点。但其实,通史说影响较小,而且在逻辑上与"视角说"较为接近,都是以综合和整体为追求目标。所以,关于社会史的概念之争,似可归结为专史说与视角说(或范式说,笔者将其称为"整体史"说)两种倾向。

专史说和范式说对立的背后是侧重点的不同。专史说的背后是其对社会生活的关注,而范式说的背后则有着浓厚的法国年鉴学派和英国马克思主义史学的影子,其本土根源则是中国的社会经济史研究传统。

冯尔康和乔志强是专史说的主要倡导者,两者都将"社会生活"作为社会史研究的主要对象。冯尔康认为,"中国社会史是研究历史上人们社会生活的运动体系","以人们的群体生活与生活方式为研究对象,以社会结构、社会组织、人口、社区、物质与精神生活习俗为研究范畴,揭示它本身

---

① 冯尔康等编著:《中国社会史研究概述》,天津教育出版社 1988 年,第 38 页。

在历史上的发展变化及其在历史进程中的作用和地位;它是历史学的一个专门史"。① 乔志强提出,社会史的研究对象是社会生活,它是"不属于人类生活历史中政治、经济、文化生活的社会生活"。②

至于整体史说或视角说、范式说,如果我们看其主要倡导者赵世瑜的学术历程,就可以发现有浓厚的社会经济史和民俗学的影响。因此,大致说来,在20世纪80年代以来的中国社会史研究中,存在着两条较为清晰并影响较大的学术脉络,即社会生活史脉络和社会经济史脉络。社会生活史脉络与社会史研究中的专门史说具有亲和性,社会经济史脉络与社会史研究中的整体史说(或视角说、范式说)有很大的亲缘关系。而进入90年代以后尤其是21世纪以来,60年代以后出生的一代学者逐渐登上学术舞台,他们本身即在社会史的氛围中成长起来,虽与秉承社会生活史传统和社会经济史传统的前辈学者多有师承关系,但与海外思潮联系紧密,并以寻求变革为己任,从而显示出独特的个性。我们或者可以将他们的学术理路称为新社会史脉络。

进入21世纪,这三个脉络都在寻求变革。社会生活史逐渐向日常生活史发展,区域社会史发展为历史人类学,新一代学者的社会史则向社会文化史寻求突破。③

一、从社会生活史到日常生活史

冯尔康所开创的社会史"南开学派"虽然领域广阔、学者众多,并且存在代际转换和范型更新,但似乎可以看出其中具有一定的连贯性。这种连贯性或许可以用对"生活史"的重视来表达。

冯尔康自己的学术领域非常广阔,兼顾政治史、经济史、社会史、文化史诸多领域,他对于社会史的界定也兼顾"社会结构史"和"社会生活史"两大方面,但其在社会史研究中开掘的重心,实在于"社会生活史"方面。

"生活史"路径的产生,与1949年后史学研究的局限有关。就社会史

---

① 冯尔康等编著:《中国社会史研究概述》,天津教育出版社1988年,第2页。
② 乔志强主编:《中国近代社会史》,人民出版社1992年,第2页。
③ 20世纪80年代以来的社会史研究至今已经有近40年的时间,这中间大致经过了三代人的努力。如果疏略地说,出生于30年代的冯尔康、乔志强、蔡少卿、王家范等人属于第一代,出生于四五十年代的常建华、陈春声、刘志伟、赵世瑜、行龙、唐力行等人属于第二代,出生于60年代的杨念群、孙江、余新忠、吴滔等人属于第三代。第一代人开创了新时期的社会史研究,第二代属于继往开来并发扬光大的一代,而第三代是寻求变革的一代。本书区分出社会史研究的三个主要脉络,这样的说法并非否认或意图抹杀中国社会史研究中其他学术脉络和学术贡献的存在,而只是试图梳理出中国社会史研究中一些主要潮流。

所关注的内容来看,1949年后的史学研究中,经济史的内容、社会结构史尤其是阶级史有长期深入的研究,但生活史的内容相对来说处于空白。因此社会史研究在复兴之初偏重于"生活史"领域的发掘,力图还历史以血肉,具有相当的合理性。

此后,20世纪70年代以来在西方兴起的日常生活史逐渐为中国学者所知,为"生活史"研究提供了新的动力,并促使"社会生活史"向"日常生活史"转变。刘新成较早对西方日常生活史学派的兴起及其学术理念进行了介绍和评述,并倡导日常生活史的研究。① 在深入探讨了西方日常生活史理论与实践之后,他总结道:"如果说,传统史学的视线集中在少数精英、帝王将相身上,新史学把视野扩大到各个阶层,并以此为基础构建起一个宏观的社会架构,那么日常生活史则是将目光下移,深入'架构'之中,去捕捉生活于其间的个体,那些普通的然而活泼生动的人。"②

冯尔康荣退之后,常建华主持南开大学"中国社会史研究中心"的工作,在西方日常生活史研究的启发下,结合新文化史、人类学的发展趋势,将"日常生活史"作为重点研究方向。2008年12月于中山大学召开的第十二届中国社会史年会已经将"政治变动与日常生活"作为主题。2009年,南开大学中国社会史研究中心在新一轮的研究规划中,将中国日常生活史设计为该中心未来5—10年研究重点,计划推出一套多卷本的有别于传统社会生活史的中国日常生活通史;自2011年起,连续五年举行了以中国日常生活史为主题的研讨会,涉及日常生活的多样性、生命与健康、地方社会、民生问题、物质文化等内容。

从"社会生活"到"日常生活"的概念转换,体现了生活史研究侧重点的转变和认识论的深化。关于这一点,余新忠有很好的阐释,他说道:

> 日常生活史与社会生活史虽然在研究对象和内容上有很大的交集,实质上却有重要差异。首先,在研究内容上,日常生活史关注的是一定时空中具体的个人,是对个体生活的全面呈现,不仅包括社会生活,也包括情爱、消闲、家庭生活等私人生活。其次,在研究方法和理念上,虽然两者都通过将研究与整体、时代关联而避免陷入零散、琐碎

---

① 刘新成:《日常生活史与西欧中世纪日常生活》,《史学理论研究》2004年第1期;刘新成:《日常生活史:一个新的研究领域》,《光明日报》2006年2月14日。
② 刘新成:《日常生活史与西欧中世纪日常生活》,《史学理论研究》2004年第1期。

的窠臼,但与社会生活史认同的"整体史"(total history)路径即通过将具体细碎的生活放在整体的历史框架中来呈现不同,日常生活史追求的则是"全面史"(integral history)研究路径,即其叙述围绕着个人而展开,通过对个人生活方方面面的呈现,来分析概括出一个时代和地域中人们生活的"常识",并从"常识"来透视一个国家和地区时代风貌和特性。再次,日常生活史的论述尽可能围绕着具体的人来展开,力求避免社会生活史论著中常见的"见物不见人"的问题。而且,正如新文化史的兴起是对社会史研究过于浓厚的"结构主义"色彩及以追求普遍规律和科学解释为最终目标的反动,与社会生活史相比,日常生活史也更在意一定时空中个人的生活体验和感受,以及这些体验和感受的差异性和独特性。最后,作为在后现代思潮中兴起的一个史学流派,日常生活史对现代社会强烈的批判倾向不容忽视。与社会生活史研究中常见的以现代或西方为标准,对传统社会生活方式以及中国社会的所谓惰性展开批判的做法不同,日常生活史的研究希望进入历史的情境,凭借扎实、细致的资料梳理来呈现历史上人们的日常生活经验,并通过与现代生活方式的关照来省思"现代性"以及人类文明的走向。①

作为日常生活史的倡导者,常建华注重"日常生活史"理论的探讨。他认为,中国社会史研究需要从社会生活向日常生活转变,建立日常生活与历史变动的联系,挖掘日常生活领域的非日常生活因素,把握传统农业文明中的商业文明因素。② 社会生活史是以人的生活为核心联结社会各部分的历史,其最大价值是建立以人为中心的历史学。生活史立足于民众的日常活动,从镶嵌于社会组织、物质生活、岁时节日、生命周期、聚落形态等的生活方式上把握民众,并揭示民众生活与政权的关系以及历史变动带来的影响。注意社会分层,了解不同社会群体的生活,通过日常生活展现阶级阶层、等级身份,是生活史的特色,从而使其区别于探讨社会关系、社会结构为主的社会史。从上述立场出发,生活史研究有助于我们对社会生

---

① 余新忠、郝晓丽:《在具象而个性的日常生活中发现历史——清代日常生活史研究述评》,《中国社会科学评价》2017年第2期。
② 常建华:《从社会生活到日常生活——中国社会史研究的再出发》,《人民日报》2011年3月31日理论版。

活新的理解,从而推进历史研究。生活史的主要议题包括家庭和家族生活、消费生活、生命史、乡村生活、城市生活、民间信仰与宗教生活、民间结社等。生活史研究,由于确立了历史活动的主体为民众,带来了研究视角与方法的变化。首先是从习以为常中发现历史;其次是从日常生活中来看国家;再次是史料的突破;最后是从生活方式的转变考察民族关系,进行不同文明比较,阐述社会变迁。① 日常生活应当成为文化史、社会史、历史人类学研究的基础,应更加明确与自觉地把日常生活作为社会文化史研究的基本内容。② 目前看来,日常生活史的研究还处于探索阶段,其未来的发展还需要有分量的成果来检验。

二、从社会经济史到历史人类学

从20世纪90年代开始,以"华南学派"为代表的区域社会史研究盛极一时,并成为社会史研究中的一大亮点。关于区域史的盛行,保罗·利科(Paul Ricouer)从计量系列史发展的角度提供了解释:"通过把研究范围限制在某些地区,历史学家就可能使同类系列成倍增加,因而也有可能从新的角度研究费弗尔(Lucien Febvre)所提出的总体史。通过使可以重复的同系列史实大幅度增加,科学历史学使总体史变成了有限的概念,即负责尽可能把计量资料融合起来,进而变为可供研究的参数或变量。这个意义上的总体史已不是一个漫无边际的目标,而是进行综合的指南,而这种综合工作与构成相同系列所需的分析工作相得益彰。因此,对那些期望最大限度地发掘计量资料的研究者来说,地区史似乎是充满希望的研究框架。"③换句话说,区域史是实现"整体史"目标的一个具体途径。如果说法国年鉴学派的影响更多是理念上的,施坚雅的地区体系理论则提供了对中国社会进行区域研究的一个理论基础和思考框架。

但是,外来的影响对于区域社会史的盛行并不是最主要的,中国区域社会史研究有着自己的本土根源,这就是华南学派的社会经济史研究。

关于"华南学派",刘志伟在云南大学西南边疆少数民族研究中心所作题为"华南研究之路"的演讲中指出,"华南研究"关注的对象不仅仅局限于华南地区,它是"一个以华南地区为试验场,力图在研究兴趣和方法上

---

① 常建华:《中国社会生活史上生活的意义》,《历史教学》(下半月刊)2012年第2期。
② 常建华:《日常生活与社会文化史——"新文化史"观照下的中国社会文化史研究》,《史学理论研究》2012年第1期。
③ [法]保罗·利科:《法国史学对史学理论的贡献》,上海社会科学院出版社1992年,第61页。

超越学科界限的研究取向";这一学术群体是在"结合文献资料和田野考察"的坚实基础上,"建立新的研究范畴和视角",从而对中国历史、社会和文化作出具有深度和广度的新诠释。

关于华南研究的历程,刘志伟认为它经历了"前史"、热身、融合、发展四个阶段。华南研究的"前史"指的是20世纪五六十年代港台地区以及一些外国学者对于中国华南、台湾地区历史、社会、文化的相关研究,代表人物有罗香林、简又文、弗里德曼、华德英、华琛、李亦园、武雅士、孔迈腾等。"华南研究"是承接以上学术传统发展起来的。"华南研究"提法的正式出现是在1988年,"香港华南地域社会研究会"(后更名为"香港华南研究会")成立之时。研究会的成立标志着"华南研究"有了相对固定的学术群体、学术追求和取向。"香港华南研究会"的成立是中国大陆学者与香港学者合作进行华南研究的结晶。从20世纪80年代中期起,中山大学与厦门大学就开始和香港中文大学合作,开展了"华南传统社会文化形态研究计划"等大型研究,通过"田野工作坊"等形式促进了研究群体内部的整合和融合,形成了一种学术自觉。进入21世纪,"华南研究"发展更为迅速,比如2001年"中山大学历史人类学研究中心"成立,2004年《历史人类学刊》发行,2010年香港中文大学—中山大学历史人类学研究中心成立等。与此同时,"华南研究"的研究地域从华南扩展到了华北、华中和西南地区,这表明"华南研究"这一学术路径和取向越来越得到学术界的认可。

刘志伟指出,华南研究有四个主要学术渊源。其一,是20世纪20年代的"民俗学运动",这一运动提倡的民众视角正是华南研究所致力追求的。其二,是兴盛于20世纪前、中期有关中国的人类学研究,比如施坚雅的《中国农村的市场和社会结构》、弗里德曼有关中国宗族的研究、华德英关于"中国的想象"的相关论述等。其三,是中国社会经济史研究。中山大学梁方仲和厦门大学傅衣凌开创的明清社会经济史研究传统,具有社会科学的取向,因而需要相关的理论关怀,而且需要到民间扩充历史资料——这样又有许多新问题的提出——这样的学科特点推动社会经济史的研究同经济学、人类学、社会学等联系起来,最终形成走进田野、收集民间文献、注重地域研究、解构传统史观的历史人类学研究。其四,是西方学术背景下的中国研究。如魏斐德《大门口的陌生人》和孔飞力《中华帝国晚期的叛乱及其敌人》,从小事件和地方、民众出发来阐释中国近代史这样的大历史,并将之编织进世界历史的研究视野和方法中。

华南研究的基本视域主要包括时间与空间、结构与过程,个人与社会,身份认同的流动与身份标签的僵化,王朝制度与地方动力,文化多元与大一统,边缘的中心性,区域比较与跨区域的视角以及全球视野等。①

陈春声为"历史·田野丛书"写的总序《走向历史现场》对华南学派的研究理念,尤其是区域社会史的研究理念和方法论,进行了简明精练的阐释。他强调,在现阶段,各种试图从新角度解释中国传统社会历史的努力,都不应该过分追求具有宏大叙事风格的表面上的系统化,而是要尽量通过区域的、个案的、具体事件的研究表达出对历史整体的理解。深化传统中国社会经济区域研究的关键之一,是把握区域社会发展的内在脉络。要理解特定区域的社会经济发展,不是去归纳"特点",而是应该将精力放在揭示社会、经济和人的活动的"机制"上面。所谓"机制",就是"在历史上一定的时间和空间条件之下,人们经济和社会活动的最基本的行事方式,特别是要办成事时应该遵循的最基本的规矩"。

中国保存有数千年历史文献,关于历代王朝的典章制度记载相当完备,国家权力和使用文字的传统深入民间社会,具有极大差异的"地方社会"长期拥有共同的文化上的"根源",或者在朝廷的典章制度中发现其"合理性"的解释。区域社会的历史脉络,蕴含于对国家制度和国家"话语"的深刻理解之中。

传统中国区域社会研究的目的之一,是要了解由于漫长的历史文化过程而形成的社会生活的地域性特点,以及不同地区的百姓关于"中国"的正统性观念,如何在漫长的历史过程中,通过士大夫阶层的关键性中介,在"国家"与"地方"的长期互动中得以形成和发生变化的。在这个意义上,区域历史的内在脉络可视为国家意识形态在地域社会的各具特色的表达。同样,国家的历史也可以在区域性的社会经济发展中"全息"地展现出来。

在追寻区域社会历史的内在脉络时,要特别强调"地点感"和"时间序列"的重要性。在作区域社会历史的叙述时,只要对所引用资料、所描述地点保持敏锐的感觉,在明晰的"地点感"的基础上,严格按照事件发生的先后顺序重建历史的过程,距离历史本身的脉络也就不远了。在谈到地域社

---

① 刘志伟的演讲介绍载于云南大学西南边疆少数民族研究中心网站。另,关于华南学派的渊源和形成过程,可参见王传《华南学派史学理论溯源》,《文史哲》2018年第5期。

会的空间结构与时间序列的关系时,陈春声强调,研究者在某一"共时态"中见到的地域社会的相互关系及其特点,反映的不仅仅是特定地域支配关系的"空间结构",更重要的是要将其视为一个复杂的、互动的、长期的历史过程的"结晶"和"缩影"。"地域空间"实际上"全息"地反映了多重叠合的动态的社会经济变化的"时间历程"。对"地域空间"历时性的过程和场景的重建与"再现",常常更有助于对区域社会历史脉络的精妙之处的感悟与理解。

这样的研究需要运用把文献分析与实地调查相结合,"接触社会,认识社会","以民俗乡例证史,以实物碑刻证史,以民间文献证史",努力回到历史现场的研究方法。①

重视田野调查,是华南学派区域研究的鲜明特点。田野调查对于中国历史研究的意义,科大卫(David Faure)说得非常好:

> 问题不在于田野中有什么特别的资料去收集,问题在于怎样以田野的眼光来读文献。历史学者研究的文献,来源于田野;田野可以在乡村,也可以在达官贵人的官邸。文献怎样产生,怎样流传,什么文献保留下来,什么文献没有,都在某类田野经历过一定的时间。它活在田野之中,有的,仍然活着。历史学者若不能从文献看到田野,他或她只是一个抄袭的机器。从田野的角度读文献,文献的内容是一层一层的,原来某句话经历过解读,又放在了另一篇文献之内,如此转手多次,才到达历史学者的视野。您有兴趣知道的,是文献的哪一层的?您又有多少田野的幻想,帮助您看出其中的变化?我们这些城市长大,五谷不分的人,不跑田野,怎么可以有看透文献的想象力?②

2001年"中山大学历史人类学研究中心"的成立,标志着华南学派的区域社会史正式向历史人类学转向。由中山大学历史人类学研究中心联合其他高校相关研究机构举办的"历史人类学高级研修班"对历史人类学和华南学派的区域社会史研究的传播与推广起到了很大作用。2003年暑期,第一届历史人类学高级研修班在河北蔚县举办,到2018年暑期在浙江

---

① 陈春声:《走向历史现场——"历史·田野丛书"总序》,载氏著《信仰与秩序:明清粤东与台湾民间神明崇拜研究》,中华书局2019年。
② 科大卫:《明清社会和礼仪》,北京师范大学出版社2016年,第323页。

遂昌举办的最近一期,共 12 期,培训学员总数达 300 人以上。"目前从事区域社会史研究的绝大多数骨干,都曾经是这个班的参与者"。① 另外,由郑振满教授在中山大学历史人类学研究中心举办的"民间历史文献高级研修班",2005—2007 年连续举办三届,也培养了大量的相关人才。

历史人类学是历史学和人类学相互融合、相互靠近、相互借鉴的产物。早在 20 世纪 50—60 年代,著名人类学家爱德华·埃文思-普理查德(Evans Pritchard)就大力强调人类学对于历史研究的重要性,并借用法律史学家梅兰特(F.W.Maitland)"人类学要么成为历史学,要么什么都不是"的名言,提出"社会人类学是一种史学"的论断,从而成为历史人类学的先驱。② 70—80 年代"历史人类学的研究风行一时"③,其中最具代表性的人物是美国人类学家马歇尔·萨林斯(M. Sahlins)。中国的人类学研究中也蔚然兴起了历史人类学的研究倾向,其中最有力的推动者是人类学者王铭铭,他呼吁新一代社会人类学者重视历史与文化之间的关系,并倡导"人类学的历史化"。④ 在国际历史学界,也出现了借鉴人类学的倾向。法国年鉴学派第三代的代表人物勒高夫就指出,史学应"优先与人类学对话"。他呼吁历史学、人类学和社会学这三门最接近的学科合并成一个新学科,并可以用"历史人类学"来命名它。⑤

在国内历史学家中,区域社会史的践行者、历史人类学的倡导者之一赵世瑜对历史学领域的历史人类学进行了系统的反思和理论梳理。他指出,历史学家倡导的历史人类学主要是借用人类学的关注视角和方法来改造历史学,来发现史学的一些新课题。比较而言,人类学家的历史人类学与历史学家的历史人类学在关注的问题方面存在着由学科本位所带来的差异。人类学家的历史人类学是意识到人类学问题的回答无法脱离历史,

---

① 赵世瑜:《在空间中理解时间——从区域社会史到历史人类学》,北京大学出版社 2017 年,第 570 页。
② [英]爱德华·埃文思-普理查德:《论社会人类学》,冷彩凤译,世界图书出版公司 2010 年,第 43、108 页。
③ 西佛曼(M.Silverman)、格里福(P. H. Gulliver)编:《走进历史田野——历史人类学的爱尔兰史个案研究》,麦田出版股份有限公司 1999 年,第 21 页。
④ 王铭铭:《逝去的繁荣——一座老城的历史人类学考察》,浙江人民出版社 1999 年,第 11 页。另,关于中国人类学者对历史人类学的理论思考,可以参考张佩国《作为整体社会科学的历史人类学》,《西南民族大学学报(人文社会科学版)》,2013 年第 4 期。
⑤ [法]J·勒高夫:《新史学》,载 J·勒高夫等主编《新史学》,姚蒙编译,上海译文出版社 1989 年,第 36、40 页。

而史学家的历史人类学是意识到史学问题的回答无法脱离个人的生活、具体的经验感知和情景。人类学可能更关心文化是怎样的,而史学更关心文化是怎么来的;人类学更关心文化的构造,史学则更关心文化(或者生活)的历程。换句话说,历史学家的历史人类学与人类学家的历史人类学的"差别在于它们提出的是共时性问题还是历时性问题"。①

中国学者所实践的区域社会史和历史人类学又有怎样的方法论特征呢?赵世瑜、刘志伟、郑振满等人曾提出用三个关键词来描述他们研究中的核心概念工具——结构过程、礼仪标识、逆推顺述。②

"结构过程"这一概念最早由萧凤霞在2001年提出,后刘志伟通过珠江三角洲的具体实践加以解释。③"结构过程"指的是"个人透过他们有目的的行动,织造了关系和意义(结构)的网络,这个网络又进一步帮助或限制他们作出某些行动,这是一个永无止境的过程"。赵世瑜认为,"结构过程"是人类学与历史学结合而总结出来的概念,人类学大多数注意结构,而历史学注意过程;"结构过程"这一术语将结构的静态性、共时性与历时性、过程性有机结合,可以作为不同区域历史研究共同的核心概念之一,也可以作为多学科区域历史比较的理论平台。同时,他补充道,一个大规模深度开发较早的区域,不仅可以存在一次结构过程,还可能存在多次"再结构过程"。"区别某区域的结构过程和再结构过程,要看构成原有结构的过程是否中断;判断这一过程是否中断,则要看特定的区域人群是否在继续编织那个'关系和意义的网络'。同时,当历史发生重大变化的时候,原有人群或新的人群是否开始努力编织新的网络,从而开始一个新的'结构过程'"。④

"礼仪标识"概念由科大卫提出,指的是地方社会成员认为最重要的礼仪传统的标志物,这些标志物是可以客观地加以观察的,大致可分为称谓、拜祭对象、不同形式的建筑物、不同的宗教传统、控产合股、社会组织

---

① 赵世瑜:《在空间中理解时间——从区域社会史到历史人类学》,北京大学出版社2017年,第3、5页。
② 赵世瑜:《结构过程·礼仪标识·逆推顺述——中国历史人类学研究的三个概念》,《清华大学学报(哲学社会科学版)》2018年第1期。
③ 萧凤霞:《廿载华南研究之旅》,《清华社会学评论》2001年第1期;刘志伟:《地域社会与文化的结构过程——珠江三角洲研究的历史学与人类学对话》,《历史研究》2003年第1期。
④ 赵世瑜:《在空间中理解时间——从区域社会史到历史人类学》,北京大学出版社2017年,第6—7页。

等。礼仪标识不仅限于地方社会的创造,也可由国家或在国家意志下建造,其关键在于地方社会的成员是否认可。从礼仪标识中可以窥见地方与国家之间发生的千丝万缕的联系。① 因此,赵世瑜认为,"礼仪标识"可以成为不同区域研究的共同抓手。关于"礼仪标签",科大卫《明清社会和礼仪》一书封页的一段介绍,似可帮助我们理解:"本书客观地记录了一些可以观察的地方礼仪传统的表达(也可称之为'有意义的礼仪标签'),这些标签包括同地方宗教和祖先祭祀紧密联系的文字传统、地方神祇的故事、村民自己或和尚道士所演绎的仪式、建筑的特征等,并重构了这些礼仪所应用的地方制度的历史。"②

"逆推顺述"是由赵世瑜提出的。如果说结构过程是研究的对象,礼仪标识是研究的切入点,逆推顺述则是一种研究方式或技术。它指的是,当研究者看到结构要素时,首先应该思考这些结构要素的创造时间和创造者,并将它们逆推到有史可证的历史起点,又从这个起点依时间顺序——向下讲述,形成一个完整的研究过程。

近期,赵世瑜还提出了"在空间中理解时间"的理念。不同的人们在相同的物理时间会经历不同的"文化时间",这是因为他们处在不同意义的空间之中。区域社会史既是一种对区域社会的"结构过程"的研究,也是一种对社会—文化结构的"空间过程"的研究。前者强调的是某一社会—文化复合体的形成过程,后者强调的是某一空间或者区域的形成过程。事实上,这两者是合一的或同步的,"结构"是"空间"的核,"空间"是"结构"的场。在核形成的时候,场也就形成了;场变化的时候,核也在变化。当核心概念"结构"被改造为"结构过程"的时候,人类学就成为历史人类学;而当"空间"被改造为"空间过程"的时候,地理学也应就是历史地理学。在这个意义上,历史人类学和历史地理学都可以成为区域社会史研究的方法论。③

华南学派的历史人类学长期以来是以乡村社会为研究对象,近期,这样的研究方法也逐渐在城市史研究中推广。2018年7月14—19日,华东

---

① 科大卫:《历史人类学者走向田野要做什么》,程美宝译,《东方早报·上海书评》2015年10月11日。
② 科大卫:《明清社会和礼仪》,北京师范大学出版社2016年,封页"关于本书"。
③ 赵世瑜:《在空间中理解时间——从区域社会史到历史人类学》,北京大学出版社2017年,第11页。

师范大学历史系、民间记忆与地方文献研究中心和香港中文大学—中山大学历史人类学研究中心联合主办第一届"城市的历史人类学"研习营,试图将历史人类学的旨趣和关怀带入城市,探索如何在城市开展历史人类学的研究。①

三、从"新社会史"到"新史学"

20世纪60年代以后出生的新一代学者在其进入学术界之初,就已经经受了社会史的洗礼,或者说不管他们具体的研究内容如何,总是会有社会史的影子。他们多数是在社会史基础之上出发的一代学者。但同时,他们对80年代以来的中国社会史研究存在着一定程度的不满,从而寻求变革,并在回应全球历史学所出现的"认识论的回转"的语境之下,提出了"新社会史"的理念。②

"新社会史"的概念是杨念群首先提出的。他认为"新社会史"有两个特点。首先,"新型社会史不存在一个范式转换的要求,但也不是一个简单的类分范围的概念,而应是与本土语境相契合的'中层理论'的建构范畴……划定范围当然重要,但更为重要的是厘清与传统研究方法不同的规范性概念和解释思路。这些界限的划定不一定具有范式突破的意义,却一定代表着不与以往框架重复的实际操作含义,否则大量史料的发现与阐释有可能不过是为解读旧有框架服务的工具而已"。其次,"所谓'新社会史'就是要在由传统经济史出发建构的整体论式的架构笼罩之外,寻求以更微观的单位深描诠释基层社会文化的可能性"。③从以上论述可知,杨念群的"新社会史",主要是对社会史仍然笼罩在传统解释框架不满,并试图通过契合本土语境的"中层理论"的建构来寻求实际研究操作和解释的突破。相对来说,"新社会史"的另一个鼓吹者孙江更为激烈,他认为杨念群所设定的"新社会史"路线是一种"亦新亦旧"的"新社会史",存在着内在矛盾,并提出"新史学的再生必须以清算自身的旧历史即放弃结构的整体史的叙述和正面回答后现代的挑战为起点,这是建设中国新社会史的关键所在"。具体来说,他所勾画的"新社会史"有三方面的进路。一是放弃

---

① 《第一届"城市的历史人类学研究"研习营招生启事》,载华东师范大学历史系网站。
② 参见孙江《编后语》,载孙江主编《事件·记忆·叙述》,浙江人民出版社2004年。
③ 杨念群:《导论:东西方思想交汇下的中国社会史研究——一个"问题史"的追溯》,载杨念群主编《空间·记忆·社会转型——"新社会史"研究论文精选集》,上海人民出版社2001年,第55—56页。

构建整体史的野心，反抗"旧"社会史的僵化模式，在"边缘性"问题上入手展开研究。这些边缘性问题是指被近代主导叙事所排斥的东西，比如人群——包括民族、少数集团、性、阶级和年龄等以及主流社会所忽视的人的集团、心性等，即属于后现代主义所关心的对象。二是实现历史认识论的转变。对语言学的转变所引起的认识论危机认真对待，接受后现代主义/后结构主义关于解读文本的观念和方法，但决不把文本与产生文本的语境割裂开来。三是摆脱以美国中国学为中心的中国研究，把美国中国学的文本与产生文本的现实语境结合起来，放在全球范围内重新认识和对待。①

虽然在"新社会史"倡导者内部存在着一定的观点差异，但共同寻求突破的追求将他们团结在一起。2002年由杨念群等人发起的"中国需要什么样的新史学——纪念梁启超《新史学》发表100周年学术研讨会"的召开是这种努力的一次预演。② 此前，杨念群主编了《空间·记忆·社会转型——"新社会史"研究论文精选集》（上海人民出版社2001年）。2002年会议之后，他们开始筹划《新社会史》丛刊，并于2004推出了孙江主编的第一辑《事件·记忆·叙述》（浙江人民出版社）、2005年推出了黄东兰主编的第二辑《身体·心性·权力》（浙江人民出版社）、2006年推出了王笛主编的第三辑《时间·空间·书写》（浙江人民出版社）。2007年，主办者们转移了阵地，开始编辑《新史学》辑刊，至2019年已出版了11卷。据编者所言，《新史学》的创办是因为"我们蓦然发现'新社会史'的理念远不能涵盖我们对历史学的整体思考"。可以说《新史学》的创刊标志着"新社会史"理念的发展，也是其跨学科追求的内在要求，同时也代表着这一学术群体的扩大。

从这一学术群体所创办的一系列刊物及其发表的文章来看，体现出强调跨学科对话的追求，同时也体现出浓厚的后现代思潮和西方"新文化史"研究的影响，具有求新求变的特点，对于社会史开掘新的领域、发展新的解释，具有很好的推动作用。这一点，在个别成员的学术历程上也体现出来。例如，杨念群的第一部专著《儒学地域化的近代形态：三大知识群体互动的比较研究》（三联书店1997年）似乎是一个典型的思想史研究题

---

① 孙江：《阅读沉默：后现代主义、新史学与中国语境》，载孙江主编《事件·记忆·叙述》，浙江人民出版社2004年。
② 该次会议的论文后收入杨念群、黄兴涛、毛丹主编《新史学：多学科对话的图景》，中国人民大学出版社2003年。

目,但作者关注的是思想和社会互动的主题,因此同时也是一个成功的社会史著述。此后,受到西方"新文化史"或"社会文化史"思潮的影响,他敏锐地转向医疗社会史的研究,出版《再造"病人":中西医冲突下的空间政治(1832—1985)》(中国人民大学出版社 2006 年)一书,对医疗社会史的发展贡献甚大。

另一个例子是余新忠。余新忠成长于南开大学浓厚的社会史环境中,其博士论文研究的是清代江南的瘟疫与社会。① 这样的选题已经显示出社会史寻求变革的努力,虽然当时他还是用相当传统的方法来处理这一议题。此后,在西方"新文化史"的启发下,逐渐在其"医疗社会史"研究中更明确地引入新文化史的方法,并在反思医疗史研究的基础上,倡导从身体史出发开展文化史取向的医疗史研究。② 此后,他更明确倡导在疾病医疗史研究中引入新文化史理念与方法,开展医疗社会文化史研究。③ 由于此时南开大学正在推进"日常生活史"研究,所以他也探讨"社会文化史"与"日常生活史"的关系问题。从某种程度上说,日常生活史研究在逻辑上与"新文化史"或"社会文化史"具有很大的亲和性。他发现,如果让史学回到人间,更多地注目于"人",关心他们的日常经验和常识,则会更加凸显疾病、医疗和卫生的重要意义,而且"日常生活史研究,不仅与新文化史有着十分密切的关联,在中国的学术语境中,我们甚至可以将其视为社会文化史研究的具体方面。借此,我们不仅可以很好地贯彻新文化史的理念和方法,而且也有利于将文化与具体的社会关联起来,避免文化研究过于注重意义的追寻而丧失真正人的个性和经验的问题"。正是有鉴于此,他提出,融通社会文化史和日常生活史研究,从社会文化史和日常生活史的双重角度出发来探究中国历史上的生命与健康,对未来中国医疗史的研究来说,不失为一条可行的路径。④ 他还以清代医疗史为例,开列了医疗社会文化史的相关议题,包括卫生及其现代性,性别、身体与医疗,疾病与社会文化,医生、病人与医病关系,医药的全球史与物质文化史,医学知识的

---

① 余新忠:《清代江南的瘟疫与社会:一项医疗社会史的研究》,中国人民大学出版社 2003 年。
② 余新忠:《从社会到生命——中国疾病、医疗生活史探索的过去、现实与可能》,载杨念群、黄兴涛、毛丹主编《新史学:多学科对话的图景》,中国人民大学出版社 2003 年。
③ 余新忠主编:《清以来的疾病、医疗和卫生——以社会文化史为视角的探索》,生活·读书·新知三联书店 2009 年,"前言"。
④ 余新忠:《回到人间 聚焦健康——新世纪中国医疗史研究刍议》,《历史教学》2012 年第 22 期。

建构、传承与传播,医疗组织、行为与日常生活等。① 近期,他又推出新著《清代卫生防疫机制及其近代演变》,意图打破社会史与文化史研究的藩篱,在较为清晰系统地呈现相关历史经验的基础上,省思卫生的现代性。②

与杨念群类似,更为年轻的张仲民也是思想文化史出身,但其思想文化史研究深受西方"新文化史"的影响。③ 如果我们将西方"新文化史"的出现理解为西方社会史研究的深入和转型,是一种"社会文化史"或"文化社会史",张仲民的相关研究也体现了同样的趋势。同时我们也可以看到,"新文化史"或"社会文化史"的出现为社会史研究与思想文化史研究搭建了沟通交融的平台。

综上所述,我们区别出中国社会史研究中的三个脉络。其中,年轻一代直接从社会史出发的学者们以"新社会史"为起点构建了"新史学"的目标,并在后现代思潮和西方新文化史的影响下重点向社会文化史发展。而社会生活史和社会经济史这两个更为长远的传统,进入21世纪以后,也出现了新的发展趋势,社会生活史的研究在西方新文化史以及日常生活史的影响之下向"日常生活史"和社会文化史发展,社会经济史研究则在法国年鉴学派、人类学、民俗学的影响之下,向区域社会史和历史人类学发展。三者虽有不同的渊源与流变,但都体现了社会史研究不断探索的创新精神。比较而言,华南学派的区域社会史和历史人类学在持续重视经济、制度、地理等要素的基础上,在研究思路和主题上充分借鉴人类学方法,通过田野调查、民间文献解读和区域比较,试图达到构建整体史的目标;从社会生活史研究演化而来的日常生活史研究则强调对西方新文化史理论与方法的借鉴,以丰富和完善对于社会整体的理解。因为都深受人类学的影响,两者存在着很多融合的可能性,比如日常生活史的倡导者就强调中国的历史人类学研究应该从日常生活史出发。④ "新社会史"所发展出来的"新史学"则受到后现代思潮和西方新文化史的强烈影响,重视认识论层面的转换,将破除宏大叙事的束缚和反思现代性的局限作为自己的主要独

---

① 余新忠、陈思言:《医学与社会文化之间——百年来清代医疗史研究述评》,《华中师范大学学报(人文社会科学版)》2017年第3期。
② 余新忠:《清代卫生防疫机制及其近代演变》,北京师范大学出版社2016年。
③ 张仲民:《出版与文化政治:晚清的"卫生"书籍研究》,上海书店出版社2009年;《种瓜得豆:清末民初的阅读文化与接受政治》,社会科学文献出版社2016年。
④ 常建华:《历史人类学应从日常生活史出发》,《青海民族研究》2013年第4期。

立目标。社会史中的三股潮流将在互相激荡中发展,可以期待它们将共同促进构建历史学作为"人的科学"的目标。

第三节 社会史研究中的"碎片化"问题

"碎片化"是法国学者弗朗索瓦·多斯(Francois Dosse)所提出的概念。他在1987年出版的《碎片化的历史学:从〈年鉴〉到"新史学"》一书中,用这一概念来描述和批评法国年鉴学派第三代所倡导的"新史学"中所存在的一些趋势与弊端。具体来说,多斯认为,年鉴第三代所实践的历史学在三个方面与年鉴第一、二代所倡导的历史学之间存在断裂。首先,人类不再是历史研究的着眼点,随着人类被边缘化,研究变化的历史学变成了"几乎一成不变"或"永恒"的历史;其次,过去、现在、未来之间的辩证关系被彻底放弃,历史不再被看作对今人的启示;最后,最重要的是对历史知识的解构,对整体观念的放弃,从而使历史从单数变成了复数。"年鉴学派的鼻祖马克·布洛赫和吕西安·费弗尔曾特别强调他们对全面历史的依恋;而如今的年鉴学派却乐此不疲地大谈多样化的研究对象和方法。在以布罗代尔为代表的阶段,时间性从单数变为复数后,历史也被分解成一摊碎屑。"当然,多斯也同时指出,"并非所有年鉴派史学家都赞同瓦解史学领域,其内部也出现了与上述演变背道而驰的研究成果。这些成果表明,吸收其他社会科学的方法并不一定要机械地照搬,历史学完全可以坚持自己的雄心:综合与贯通多层面的现实,揭示短时段与长时段的辩证关系"。①

与国际史学潮流大致同步,进入21世纪以后,中国社会史研究中同样出现了所谓"碎片化"问题,并引起学界的讨论。其中,《近代史研究》曾在2012年第4、第5期,连续发表多篇相关笔谈,可以作为相关讨论的代表。② 从相关讨论可以看出,中国历史研究中出现的"碎片化"现象,与多斯所指出的法国年鉴史学第三代所存在的"碎片化"现象并不完全相同。年鉴学派第三代史学研究中的"碎片化"现象更多源于受后现代思潮影响

---

① [法]弗朗索瓦·多斯:《碎片化的历史学:从〈年鉴〉到"新史学"》,马胜利译,北京大学出版社2008年,第234页。
② 关于讨论的具体介绍和评论,可参见赵庆云《近十年来中国近代史理论问题综述》,《兰州学刊》2017年第10期。

而导致的对历史整体观念的主动放弃，其背后体现了对于历史认识论和史学价值的重新定位。而在中国史学研究中，似乎没有人公开强调放弃历史的整体观念，"以小见大"仍是历史学的基本追求，因此，"碎片化"更多是一个方法论的问题，即如何在研究主题和方法日益多样化的同时达至对历史的整体理解的问题。

研究对象的拓展和研究方法的多样化一直是社会史所倡导的。从目前中国社会史研究的实际来说，所谓"碎片化"问题的实质多数是研究能力或理论能力的问题。当一个学者缺乏理论的建构能力、仅以惯常的构架排比史料之时，便只能"以小见小"，在社会史研究不断推动主题多样化的今天，确实让人感觉到呈现出来的往往是一系列互不联系的历史"碎片"。但我们并不能因研究能力和理论能力不足所导致的"碎片化"而去限制主题的多样化。恰如罗志田所说，历史学本是以碎片为基础的学问，"非碎无以立通"。① 一定程度上，由主题多样化所导致的"碎片化"体现了社会史研究的深入，并且应该还会继续发展下去。但同时，它也将进一步综合并聚焦的任务提上了日程。现在的任务是，一方面开掘各种多样化的主题，一方面需要提出更具有统括性的概念框架，以统领、规范各种多样化的研究主题。社会史研究必然在这种辩证的过程中发展壮大，从而达到更新历史研究的目的。

社会史在不断开拓历史学领域的同时又如何聚焦呢？这成为20世纪后半期以来很多社会史研究者思考的问题。或许考察一下海外著名社会史学者的思考会不无裨益。让我们看看英国著名社会史家霍布斯鲍姆的看法。

霍布斯鲍姆在其名文《从社会史到社会的历史》中提出："各类社会的历史要求我们，如果不提出一种定型的和精致的结构模型，那么至少也要提出一种大致的研究前提及有效假设的通则，其内容是：究竟什么构成了我们研究课题的中心连接点或是课题的复杂联系，当然，其中自然包含了一种模型。"那么他心中的理想模型是什么样子呢？他解释道：

> 历史学家中一种心照不宣的默契似乎已对此确立了一种以不同

---

① 罗志田：《非碎无以立通——简论以碎片为基础的史学》，载氏著《近代中国史学述论》，北京师范大学出版社2015年。

变体出现的有效的模型。有人从物质环境和历史背景着手,接着研究生产力和生产技术(有时插入人口统计),研究随之产生的经济结构——劳动分工、交换、积累、过剩的分配,等等——以及从这些经济联系中产生的社会关系。随后可能出现的是社会习俗、社会概念及构成这些关系基础的社会职能。社会结构的外形就这样确立起来,其具体特征和它们从其他源头衍生的细节,极有可能被比较研究所验证。在其特定背景中,实践就这样从社会生产过程向外和向上发生作用。我一向认为历史学家可能会选择一种特定的关系或关系体系作为研究中的社会(或社会类型)主要的和具体的问题,然后对其相关问题加以组织整理——如布洛赫在他的《封建社会》一书中所说的"相互依赖关系",或者那些从工业生产中兴起的可能在工业社会以资本主义形式存在的关系就是如此。一旦这种结构建立起来,它必然会在其历史运动中显现。在法语中,"结构"被看成存在于"连接"中,尽管这个词汇绝不能被用来排除其他历史变迁的形式,相反,甚至可能与之相关联。将广义上的经济活动视为这种分析基础的趋势再次出现。对于在历史变迁过程中社会所显现的紧张状态要求历史学家加以揭示的问题,一是社会结构同时进行的逐渐丧失与重建其平衡的机理,二是社会史学家关注的传统课题这些现象,如集体意识、社会运动及知识和文化变迁的社会范畴。……简言之,如果作为社会历史学家——为了所有社会科学的利益——我们将有助于创造社会历史动力有效的模型。①

此后,他在《历史学有进步吗?》一文中,针对"在现阶段人们越来越把主要历史刊物变成类似古玩市场上的那些东西。这些刊物的各部分内容全部来自过去,除此之外,相互之间则没有什么联系"的现象,提出了未来历史学发展的可能取向:

第一,讨论人类变革这个人类历史的关键问题。还可以附带地提出这样一个问题:为什么只有一个地区而没有在其他地区完成从狩

---

① [英]埃里克·霍布斯鲍姆:《从社会史到社会的历史》,载氏著《史学家:历史神话的终结者》,上海人民出版社 2002 年,第 92—93 页。

猎—采集到现代工业社会的全部行程？这个问题的关键部分即资本主义的历史起源和发展。第二，关于事物如何相互融合的问题。它是指人类生活不同方面相互作用的方式，如在经济、政治活动，家庭及性关系，广义或狭义范畴的文化或感觉之间相互作用的方式。……第三，这一组问题与历史学家的传统兴趣更为密切。具体的历史经验、历史事件和历史背景造成了哪些区别或者没有造成哪些区别呢？……这些问题与其说是研究性质的问题——尽管它可能也存在这方面的问题——倒不如说是方法学的问题：即比较研究和反事实研究这类惹人注目的问题。……有迹象表明，目前许多历史学家已真正对比较研究与反事实研究发生了兴趣，但我可以肯定，我们尚未对此进行更加深入的研究。①

显然，霍布斯鲍姆试图通过为社会史家设定共同的理论模式和集中的问题意识，从而使各种多样化的内容和主题联系起来，以避免研究中类似古玩陈列的"碎片化"现象。这启示我们，在研究中应尽可能贯穿社会科学所必需的理论思考，增强"以小见大"的能力。在中国史学界，杨念群也有同样的思考，他指出社会史可以从"政治合法性"的建立与"政治治理能力"实施等角度，去探测历史演变的态势和特征，从而化解社会史研究中"区域"与"整体"的矛盾，达到整合、聚焦社会史研究的目的。②

另一方面，当"微观史"盛行并试图以之否定历史具有统一性之时，也确实提出了需要慎重对待的理论问题。从国际范围来说，社会史在兴起之初注重对结构史与进程史的研究，对日常生活世界和个人或群体的经历较为忽视，以致出现了号称重视"人"的社会史却没有"人"的现象。日常生活史和经历史的兴起正是对这一倾向的纠偏。我国学者衣俊卿曾对日常生活与非日常生活做了区分："一般来说，所谓日常生活，总是同个体生命的延续，即个体生存直接相关，它是旨在维持个体生存和再生的各种活动的总称。与此相关，我们同时可以获得非日常活动的概念。非日常活动总是同社会整体或人类的存在相关，它是旨在维持社会再生产或人类的再生

---

① ［英］埃里克·霍布斯鲍姆：《历史学有进步吗？》，载氏著《史学家：历史神话的终结者》，上海人民出版社2002年。
② 杨念群：《"感觉主义"的谱系：新史学十年的反思之旅》，北京大学出版社2012年，"自序"第4页。

产的各种活动的总称。"① 按照这样的逻辑,日常生活研究关注的是具体的人,而非抽象的人类社会。这一点在以"微观史学"面貌出现的日常生活史研究中有极端的体现,这种研究"既不希望我们的历史见物不见人,也反对制作只有结构甚至文化的历史,而倡导让历史回到'人间',致力于展现具体历史情境中的人的经验、行为、体验以及认知等,即把人自身的感知,而非物质或制度放在历史的中心位置,一方面让历史变得更加生动,另一方面也借此批判和反省背离人自身的发展的现代性"。② 从这样的论述中,可以发现日常生活史在某种程度上是作为传统社会史主流的结构史的对立面出现的。

日常生活史以及与之往往联系在一起的新文化史的兴起,也许要对历史学的"碎片化"负有较大的责任。更重要的是,日常生活史的兴起也提出了结构史与生活史如何整合的问题,社会史如何保持其整体性和统一性的问题。结构史和生活史可以看作社会史的两级,如何整合这两者的研究,以保持社会史的统一性,避免分裂和碎片化,是确实需要郑重思考的问题。

也许德国社会史家于尔根·科卡(Jurgen Kocka)的思考可以为我们提供借鉴。按照于尔根·科卡的解释,结构史是一种可以适用于所有领域的历史现实的历史学观察方法,既可以用于社会领域,又可以用于政治领域;既可用于经济发展方面,又可用于思想与文化领域。对于这一观察方法来说,处于首要位置的应该是"形势"与"局势",即超越个人的发展与进程,而不是单个事件与人物。它将人们的眼光引向历史上人们经历与行动的条件、活动余地与可能性,而不是引向个人的经历、打算、决策与行动本身;它研究的现实范围需要描写与解释,而不大适合用注释学的意义理解法来开发。它首先对较长期的、"坚固的"、很难改变的现象,而不是对变化迅速的、对变化冲击抵抗力不强的现实领域感兴趣。最后,这一观察方法常常力求掌握广泛的关联,掌握处于同时代与历时代关联中的整个历史进程。

"结构"与"进程"相联系,而区别于"事件""行为"与"经历"。所谓

---

① 衣俊卿:《现代化与日常生活批判:人自身现代化的文化透视》,人民出版社 2005 年,第 12—13 页。
② 余新忠:《回到人间 聚焦健康——新世纪中国医疗史研究刍议》,《历史教学》2012 年第 22 期。

"事件",是可由当事人(在时间先后范围内的)经历的,意义完整的,因此也可由历史学家按时间的先后顺序、在完整意义上进行叙述的一系列情况。事件的特点在于,它们不跨越当事人的(有明确的时间界限的)经历范围,由具体的主人(人物)发起或被人物经受到;事件会受到结构的影响,但不能完全从结构中推论出来。而所谓"结构",是指不可按时间先后顺序被人们经历到的关联与条件,也不能在完整的意义上经历它。在时间上,结构不能在先后发生的、可经历到的事件上充分表现出来,因而我们也不能对它们(像对事件、行为与经历那样)进行叙述;它们在时间上不先于事件与经历,它们(尽管不完全)渗入事件与经历,因而只能局部表现在事件与经历中。

由此可见,结构与进程不只是经历的总和,它们常常在经历中没有得到反映或只是得到歪曲性的反映。反过来,经历不是完全取决于结构与进程。现实的这两个领域不是相合关系而是相交关系。社会史如果没有经历史,可以说是片面的、不完整的。反过来,社会史作为结构史与进程史,不能在经历史中得到充分展现,它是远远大于经历史的。

针对有人要求社会史向经历史与文化史转向与扩展的意见,科卡指出,不能在文化史与经历史之间画等号,再现历史上的文化也要使用结构史方法。"文化"与"结构"既不互相对立也不互相矛盾。文化史与经历史不是一回事。正确的文化史研究无疑要包括经历史,它十分接近当时人们的观察、经历与行为,这也是经历史目前具有吸引力的原因。但文化史研究也需要结构史方法,而且在这一关联下也需要理论。它的方向并不一定是作日常生活经历的描写(更不用说不是"来自内部"的描写)。如果不注意当时人们的文化解释模式,我们当然不能描写其经历。但如果对其经历只作注释学的理解性描写,我们还远远不能理解其文化。

谁要是只局限于结构史与进程史的研究,那么就遗忘了一个基本知识,即:历史结构,特别在其产生阶段,是出于个人与集体的、受经历指导的、目的明确的行为。它们一再受到人们行为的影响、巩固或改变,尽管它们同时能够产生自动力,反过来深深地影响人们的经历与行为,尽管它们很少与人们的行为、动机或经历相符合。关键在于将结构以及过程与行为以及经历之间的关系理解为在历史上变化的、相互折射但不相互吻合的关系,不能否认或忽视这一关系。否认这种关系,在方法论上就意味着:不是将现实客观主义地缩短为结构与过程,就是将它主观主义地误解为只是行为与经历的关联。

长期以来,社会史研究注重掌握结构与过程,只是附带地涉及当时人们的行为与经历,没有处处做到结构与经历、进程与行为相结合。日常史强调了本来无可非议但没有得到充分重视的,认真对待与描述以往人们的经历、态度与行为的必要性,不仅开拓了新的、过去不大被重视的课题与现实领域,而且有助于对一个历史现象与历史时期的总图画作仔细的纠正性的描绘。

最后,科卡提出:

> 问题的关键在于成功地、恰当地做好经历、观察、态度、行为与结构、进程的结合。通过在研究中对文化的结构与进程的进一步重视,我们可以将(关于被分析的结构与过程是如何被当时的人们观察、经历、理解、接受或拒绝的问题)研究融入结构史与进程史的方法中去。这方面我们将需要民俗学、民族学与社会人类学的帮助。它们对社会史的作用正在增长。历史学家可以力求在对行为、先后事件与生活经历的叙述中来说明大规模的结构与进程。因为——在某种程度上,并带有某些折射——历史结构与过程总是存在于人们的经历与行为中,可以通过它们表现出来。一个历史学家只有掌握了结构史与进程史,在这一背景下来解释经历史、行为史与日常史的现象,才能精通这一技巧。我们必须寻求既适合研究制度史又适合研究生活世界的理论以及综合理论。而社会史两者兼备:它既是结构史又是经历史。只有通过两者的结合,它才能得到完全的实现。①

此外,美国历史学家彭慕兰(K. Pomeranz)的思考也可提供借鉴。他在接受采访时说:

> 我们确实希望从宏大的历史发展维度出发,发现一些特定模式。有另一个极端观点认为,日常生活的小范围维度才是最基本的,因为每一事件都取决于人们当天做的决定,于是历史学家开始聚焦于极其

---

① [德]于尔根·科卡:《社会史既是结构史又是经历史》,载氏著《社会史:理论与实践》,景德译,上海人民出版社 2006 年。

短暂的时间维度中。但如果沿着这种极端发展下去,历史就会变成极其微观层面上的一连串突发事故,就会陷入无边无际的混乱之中。虽然面对的具体历史问题不同,但我们历史学家需要解决的是,思考各种历史动力在不同的时空维度内是如何相互影响的,这些关系直接影响到我们应如何阐述连贯的历史。①

总结来说,因研究能力和理论能力所产生的所谓的"碎片化"并不是真正的碎片化,它可以通过理论能力的提升和研究能力的提升得到解决。相反,隐藏在"微观史"和"日常史"背后的意图否定历史统一性的历史哲学确实可能导致历史的"碎片化",这需要我们将结构史和经历史结合起来,思考各种历史动力在不同时空维度内如何相互影响,从而阐释连贯的历史。具有开放性和包容性的社会史似乎正适合去达到这一目标。

---

① 陈黄蕊:《全球史视野下的中国史研究——彭慕兰教授访谈录》,《史学理论研究》2017 年第 1 期。

第三章 社会史与人类学

随着社会史研究的深入,学界越来越关注一个引人注目的现象:历史学开始了人类学转向,而这种转向基本上发生在社会史当中。这自然是社会史与人类学进行对话的结果。社会史的人类学转向被约定俗成地冠以"历史人类学"。①

第一节 社会史的人类学转向

尽管有西方学者将社会史的人类学转向追溯至20世纪20年代②,但根据英国史家彼得·伯克更一般的意见,历史学向人类学的明显转向出现于20世纪60年代到90年代。伯克自陈,从60年代早期以来,他就阅读了大量的人类学论著,包括许多来自世界不同地方的田野工作报告。之所以爱读这些叙述,"部分是因为它们清楚地表明了人类生活方式、习俗、态

---

① 不同学科对历史人类学的理解不同,"历史学有自己的历史人类学,人类学有自己的历史人类学"(赵世瑜、梁勇:《政治史·社会史·历史人类学——赵世瑜教授访谈》,《学术月刊》2005年第12期),或者说有"历史人类学的史学形态"和"历史人类学的人类学形态"之分(周秋良、胡鸿保:《历史人类学:史学还是人类学》,《求索》2010年第2期)。仅就史学而言,无论从事实本身,还是从语词结构上说,"历史人类学"的表述都欠准确。英国学者伯克在《什么是文化史》(蔡玉辉译,北京大学出版社2009年,第34页)中说,将历史学的人类学转向称作"人类学历史"也许"更合适一些";在另外一本著作《文化史的风景》(丰华琴、刘艳译,北京大学出版社2013年,第214页)中,伯克建议称其为"'人类学'类型的历史学"。美国学者达恩顿在《屠猫记:法国文化史钩沉》(吕健忠译,新星出版社2006年,第285页)中提出过"人类学的史学"的概念。瑞士学者雅各布·坦纳(Jakob Tanner)在《历史人类学导论》(白锡堃译,北京大学出版社2008年,第74页)中引马克·奥热的话称,"历史人类学"这个称谓更具迷惑性,相比之下,"人类学历史"这个称谓"听起来倒是更为合适些"。
② 雅各布·坦纳称,20世纪50年代法国年鉴学派就尝试着朝历史人类学方向扩充史学,而且"历史人类学"这个称谓就是他们提出来的。追根溯源,该学派的第一代代表人物布洛赫在1924年出版的《创造奇迹的国王们》,"堪称实践这一建议的第一本典范之作"。在后来数十年中,年鉴学派提出的结构、心态、长时段和时代错置等概念、构想,都"显示出它们跟一种人类学传统拥有种种接触点"。见雅各布·坦纳《历史人类学导论》,白锡堃译,北京大学出版社2008年,第16、53—58页。

度或心理的多样性"。① 这些方面,都被囊括在人类学(日常生活是其关注的焦点)的"文化"概念中,日常文化因而成了相关研究的核心,特别是其中的日常规则或惯例。② 由此可以看出,历史学的人类学转向主要发生在社会—文化史中。学界有时也将这一转向称作史学的文化转向,所谓"新文化史"。③

一、倍受社会史重视的解释人类学

是什么原因导致了社会史的人类学转向? 伯克指出,"学科之间的碰撞,就像文化之间的碰撞一样,往往会遵循和谐与趋同的原理。吸引某种文化中的人们对另一种文化产生兴趣的东西,往往是与自己的观念或习俗相类似的观念和习俗,在十分熟悉的同时又那么陌生"。新的社会文化史就是对历史学和人类学的"碰撞"作出的反应:"显微镜成为取代望远镜的一种有吸引力的选择,它使得具体的个人或地方性的经历重新走进了历史学。"一旦对大众生活及其文化感兴趣,社会史家便意识到,"人类学与他们有着更密切的关系",因为人类学家已经"抛弃了过去那种居高临下的主张,亦即认为他们所研究的那些民族并不理解自己的文化"。④ 基于此,一部分社会—文化史家从20世纪70年代开始追随着人类学家的脚步,在关注民众社会文化的同时,其旨趣也发生了"从社会结构到意义"的转变⑤,即热衷于对民众文化意义的理解。

对社会—文化史家影响较大的人类学家主要有,擅长研究礼物的马塞尔·莫斯(Marcel Mauss),研究巫术的爱德华·埃文思-普里查德(Edward Evans-Prichard),研究"纯净"的玛丽·道格拉斯(Mary Douglas),以及研究象征意义的克利福德·格尔兹(Clifford Geertz)。20世纪60年代和70年代,列维-斯特劳斯(Lévi-strauss)的名声如日中天,当时就有一些历史学家被他的结构主义方法所吸引。其中,"给予大多数上一代文化史家以灵感

---

① [英]玛丽亚·露西娅·帕拉蕾丝-伯克(Maria Lúcia Pallares-Burke)编:《新史学:自白与对话》,彭刚译,北京大学出版社2006年,第161页。
② [英]彼得·伯克:《文化史的风景》,丰华琴、刘艳译,北京大学出版社2013年,第218页。
③ 伯克指出,"社会文化史也常以历史人类学著称"([英]彼得·伯克:《西方新社会文化史》,《历史教学问题》2000年第4期);一般认为,作为历史学主流之"文化转向"标志的,是1989年美国学者林·亨特(Lynn Hunt)编的《新文化史》(姜进译,华东师范大学出版社2011年,"总序"第4页)。
④ [英]彼得·伯克:《什么是文化史》,蔡玉辉译,北京大学出版社2009年,第45—50页。
⑤ [英]奈杰尔·拉波特(Nigel Rapport)、乔安娜·奥弗林(Joanna Overing):《社会文化人类学的关键概念》,鲍雯妍、张亚辉译,华夏出版社2005年,第304页。

的"是格尔兹。① 因为在文化史的意义上,格尔兹阐释的人类学"比之无论是结构主义还是结构—功能主义都更加接近于通常的历史学。"②

在人类学中,格尔兹以对意义的阐释而闻名。他在20世纪70年代初发表的《深层的游戏:关于巴厘岛斗鸡的记述》(1972)和《深描:迈向文化的阐释理论》(1973)成为阐释人类学的核心文本。格尔兹借用哲学家吉尔伯特·赖尔(Gilbert Rule)的"深描"概念来阐释个体行为象征的文化意义。在格尔兹看来,文化是指"从历史沿袭下来的体现于象征符号中的意义模式,是由象征符号体系表达的传承概念体系,人们以此达到沟通、延存和发展他们对生活的知识和态度"。③ 一般而言,人类学家对概念的抽象"以小范围的细节为基础",格尔兹的深描即以巴厘人的斗鸡为例证。他主张,大部分巴厘文化都"表现"在斗鸡场上,而斗鸡是一种流行的(有时不合法)魔魇,对它的解读能够对作为一名巴厘人这到底意味着什么提供重要的洞察。④

美国学者罗伯特·达恩顿(Robert Darnton)的著作《屠猫记:法国文化史钩沉》(1984)是"大胆应用'深描'技术的示范研究"⑤,从中可以看到人类学(特别是阐释人类学)对史学家的深刻影响。《屠猫记》的故事非常简单:1730年前后,巴黎一家印刷作坊的学徒工屠宰了几只猫。以此作为史学的题材,作者说,它"可以让我们看到,人类学的理论怎样才能有助历史学家分析历史问题"。⑥

当然,伯克指出,如果仅仅从史学史去说明人类学的转向,"那就目光短浅了"。与思想界的日常生活转向(也称为"日常生活批判")一样,这些历史学家,无论是有意识还是无意识,他们的人类学转向其实是"对一个更

---

① [英]彼得·伯克:《什么是文化史》,蔡玉辉译,北京大学出版社2009年,第38—41页;[瑞士]雅各布·坦纳:《历史人类学导论》,白锡堃译,北京大学出版社2008年,第62、64—65页。
② [英]玛丽亚·露西娅·帕拉蕾丝-伯克编:《新史学:自白与对话》,彭刚译,北京大学出版社2006年,第162页。
③ [美]克利福德·格尔兹:《文化的解释》,纳日碧力戈等译,上海人民出版社1999年,第103页。
④ [英]奈杰尔·拉波特、乔安娜·奥弗林:《社会文化人类学的关键概念》,鲍雯妍、张亚辉译,华夏出版社2005年,第306页。
⑤ [英]约翰·托什(John Tosh):《史学导论》,吴英译,北京大学出版社2007年,第250页。
⑥ [美]罗伯特·达恩顿:《拉莫莱特之吻:有关文化史的思考》,萧知纬译,华东师范大学出版社2011年,第304页。

为广阔的世界里所发生的变化……所作出的反应"①,其中包括进步信念的丧失、反殖民主义运动和女权主义思潮等。也就是说,史学的人类学转向其实是整个社会变革的一个有机组成部分。

二、社会史史料的多重来源

达恩顿承认,《屠猫记:法国文化史钩沉》得到的人类学帮助首先在史料方面。杀猫这件事是作者从一个参与其事的人那里知道的,这个人叫康塔德,他在事件发生几年后把它写了下来。这种文字在当时的印刷工人中很流行,属于劳工阶层特有的一种自传体,有一种"诉苦"的传统,"专门讲某些行业的工人日子过得怎么艰辛"。对于这种记述,达恩顿认为,"不能够把它当作忠实反映实际发生的事情。我们应该把它当作是一桩事件的孔塔(即康塔德)版本,我们从中读到他讲故事的用心所在"。② 两年后,作者说明了他解读这种文献的特殊方法:

> 理解一个人或一篇作品取决于大家共享的意义系统。所以,我们读康塔德的记述时,不必去细究事件当中的具体人物、怎么回事、在哪里发生和什么时候发生的,等等;相反,我们要知道的是这件事对于当事人有什么含义。……通过对文本"入乎其内,出乎其外"的阅读,我们就能够弄清楚它们的社会意义。③

作者强调,阅读这类史料,务必牢记人类学的关键理念:"别人的思考方式与我们不一样。"以历史学家处理史料的观点来看,这句话听来可能只是老生常谈,无非是告诫我们别犯"时代误置"的毛病,但这话还是值得重复申明,"因为稍一不慎就可能指鹿为马还觉得心安理得,误以为两个世纪以前欧洲人就像我们今天一样思考与感受,误以为差别只在于他们头戴假发、脚穿木鞋。我们(——历史学家)有必要不断摆脱看过去觉得眼熟这样的错觉,有必要持续服用治疗文化震撼的药剂"。④事实上,不仅仅在文

---

① [英]彼得·伯克:《什么是文化史》,蔡玉辉译,北京大学出版社2009年,第50页。
② [美]罗伯特·达恩顿:《屠猫记:法国文化史钩沉》,吕健忠译,新星出版社2006年,第80页。
③ [美]罗伯特·达恩顿:《拉莫莱特之吻:有关文化史的思考》,萧知纬译,华东师范大学出版社2011年,第305页。
④ [美]罗伯特·达恩顿:《屠猫记:法国文化史钩沉》,吕健忠译,新星出版社2006年,"序"第2页。

献的解读方面,从史料的类型上说,社会—文化史所做的,也让传统史学感到耳目一新。达恩顿在一篇总结20世纪70年代美国思想文化史的论文中提到:

> 如今流行的社会观念史讲究自下而上,学者们不但要读那些大思想家的有名作品,还要读很多名不见经传的小人物所写下的文字,因为要研究思想观念在社会上的传播和流行,就不能只停留在名家名作上,而必须做全方位的跟踪考察。光是体察大思想家的精神情怀是不够的,还要能体察草民百姓的内心世界才行。但大部分草民百姓都没有留下文字,这给后人的研究带来巨大困难。①

面对困难,社会—文化史努力开拓,当21世纪到来的时候,它们的史料范围空前扩展,从仪式、个人的口述史、小报、民间传说、戏剧、小说、绘画、流行歌曲到服饰,都可以成为史料。② 达恩顿对人类学的欣赏,很重要的一个理由就是其发现和处理史料的本事:"人类学家已经发现最不透光的地方似乎就是穿透异文化最理想的入口处。当你了解到对当地人特具意义,而你却不得其门而入的东西,不论是一个笑话、一句谚语或一种仪式,你就能够晓得从什么地方抓得到可以迎刃而解的一套素昧平生的意义系统。"由此,达恩顿自信地认为,有可能掌握"旧制度之下技工文化的要素"。③ 不难发现,人类学对史学施加的影响方式之一是,"为历史学家研究那些文字档案很少或者根本没有的有关地区……提供了工具"。④ 在这方面,明清史专家郑振满所受到的人类学影响非常明显。他指出,对于民间文献的解读,比较好的办法"是从区域社会的整体性出发,把它们跟区域社会的其他资料结合起来,放到区域社会的脉络里去解读"⑤,即借助人类学所谓的"地方性知识"来解释。陈春声也承认,人类学视角对社会史学

---

① [美]罗伯特·达恩顿:《拉莫莱特之吻:有关文化史的思考》,萧知纬译,华东师范大学出版社2011年,第186页。
② [美]林·亨特编:《新文化史》,姜进译,华东师范大学出版社2011年,"总序"第8页。
③ [美]罗伯特·达恩顿:《屠猫记:法国文化史钩沉》,吕健忠译,新星出版社2006年,第80页。
④ [英]杰弗里·巴勒克拉夫(G. Barraclough):《当代史学主要趋势》,杨豫译,上海译文出版社1987年,第80页。
⑤ 张小也:《历史人类学:如何走得更远》,《清华大学学报(哲学社会科学版)》2010年第1期。

者的主要价值在于,"在历史现场中发现理解历史文献的能力"。①

三、社会史论题的扩展

从屠猫这件事,达恩顿认为,它充分体现了两种生活方式的对立。史料提供者康塔德注意到,学徒杀猫这件事对老板和老板娘有不同的含义:对老板娘来说,学徒们百般凌辱她这只宠猫,其实就是对她的凌辱;对老板来说,学徒们这样做是为了坏他的名声。总之,达恩顿"通过此事来了解当时的工匠文化,并弄懂文化史中象征符号究竟是怎么发生作用的"。②应该说,这样的论题对于传统史学甚至成长中的社会史来说,别出新意;人类学在这里"从文化生活的底层征服了史学"。③

最近20多年来,社会史的论题范围有了奇异的扩展,这在很大程度上应该归功于人类学。社会史对日常生活的一些提问方式受人类学的影响非常明显。他们利用人类学所钟情的口述史料,开始关注孩子们和学生们的各种经历,考虑士兵的生活条件、娱乐和士气,思考赤贫人的救济及其"遭到拒绝以后如何存活下来"的问题,等等。④ 伯克认为,对历史学家而言,最有用的是人类学中或许可称为"日常人类学"的那种,它的论题接近于需要进行历史性的研究。⑤ 社会—文化史的旨趣因此而有所改进:它不再满足于描述下层人民生活的客观状况,而是"要了解文化体系是如何塑造了民众的身份认同、情感和日常生活的"。⑥ 为此,达恩顿颇为激动地写道:

> 最有创意的历史研究应该挖掘出事件背后我们的前人所经历和体验的人类的生存状况。这类研究有过不同的名字:心态史,社会思想史,历史人类学,或文化史(这是我的偏好)。不管什么标签儿,目的是一个,即理解生活的意义:不是去徒劳地寻找对这一伟大的哲学

---

① 徐桂兰:《历史学与人类学的互动》,《广西民族学院学报(哲学社会科学版)》2001年第6期。
② [美]罗伯特·达恩顿:《拉莫莱特之吻:有关文化史的思考》,萧知纬译,华东师范大学出版社2011年,第292、306页。
③ [法]安德烈·比于吉埃尔(A. Burguiere):《历史人类学》,载J·勒高夫等主编《新史学》,姚蒙编译,上海译文出版社1989年,第257页。
④ [英]保尔·汤普逊(P. Thompson):《过去的声音——口述史》,覃方明、渠东、张旅平译,辽宁教育出版社、牛津大学出版社2000年,第7页。
⑤ [英]玛丽亚·露西娅·帕拉蕾丝-伯克编:《新史学:自白与对话》,彭刚译,北京大学出版社2006年,第162页。
⑥ 姜进文,见林·亨特编《新文化史》,姜进译,华东师范大学出版社2011年,"总序"第8页。

之谜的终极答案,而是从前人的日常生活和思想观念中去探求和了解前人对此问题的回答。①

这些在论题维度上的问题意识确实启发了我们的思路:一是,应该关注"特定的群体在特定的时代和特定地点所持有的价值观";二是,"实践"(或称"经历")的口号:"应当研究宗教实践的历史而不是神学的历史,应当研究说话的历史而不是语言的历史,应当研究科学实验的历史而不是科学理论的历史。"②另外,社会—文化史家对于论题的自我反思也让我们在研究中有所警觉。达恩顿指出,分析大众文化固然是社会—文化史家的强项,但大部分史学家都是东一榔头西一棒子,撞上什么就研究什么,而没有仔细想过大众文化是否能名正言顺地自成一个学术领域。③ 作为整体的大众文化,可以作为史学考察的对象,这应该是毫无疑义的。在这里,达恩顿意在告诫我们,不能只根据论题的碎片来进行社会史的拼图:

> 正如社会史有时会从一个群体转向另一个群体——如工人、妇女、儿童、族群、老人和青年等——却没能在课题之间找到联系性和互动性,由研究题目界定的文化史也会退化到只会无休止地探寻可供描述的新的文化实践,不管是嘉年华、屠猫,还是关于性无能的审判。④

这样的批评提醒我们,个别社会史论题的意义并不能独立地自我获得,而只能在整体生活框架中作为其中一个要素得以体现。

第二节 社会史的新维度

时空、人物和事件是历史建构的基本维度。历史学特别关注时间,对空间素来含糊。在古今中外汗牛充栋的史学论著中,冠以民族—国家的叙述大多是个虚幻的概念,没有多少人较真其空间所指。对此,人们熟视无

---

① [美]罗伯特·达恩顿:《拉莫莱特之吻:有关文化史的思考》,萧知纬译,华东师范大学出版社2011年,"导论"第6—7页。
② [英]彼得·伯克:《什么是文化史》,蔡玉辉译,北京大学出版社2009年,第2、67页。
③ [美]罗伯特·达恩顿:《拉莫莱特之吻:有关文化史的思考》,萧知纬译,华东师范大学出版社2011年,第188—189页。
④ [美]林·亨特编:《新文化史》,姜进译,华东师范大学出版社2011年,"导论"第9页。

睹,习以为常,认为不值一提。而人类学家把社会文化的差异视为研究前提,沿着他们的视线,多姿多彩的生活在直接互动的地方生活共同体中得到淋漓尽致的展现。与地点的选择相一致,在主流人类学那里,越是地方,越是民众的事件,地位越高。受人类学的影响,生活空间、普通民众和日常事件成为社会史学者普遍关注的新维度。

一、具象的生活空间

最初,人类学家并没有说一定要去哪儿才能实现自己的学术目标,只是一般地感觉,那应该是异域,但后来发现,他们的田野似乎有了一个约定俗成。

首先,那是一个与"家乡"不同的地方。研究者的"家乡"被认为是文化雷同之地,不易觉察出差异,因而不适合做人类学的研究;最好是国外,对于西方学者来说,太平洋上的群岛、非洲的部落、亚马孙丛林……在这些与世隔绝的社区做田野研究更符合人类学的原型。不难看出,人类学专注的空间具有等级性,而这一特征是以特定空间与研究者之间的距离远近为标准的:越是不熟悉的、异样的、他乡的、文化简单的社会,越受到人类学者的青睐。说到底,那些地方之所以受到重视,是因为那是"异类"所在地,所谓"他者",形象地传达了研究者与被研究者之间的疏离感。

疏离感意识在传统史学那里是淡漠的。正像最近有学者指出的,到目前为止,研究本国史的学者"创造"历史的现象仍屡见不鲜:比如我们对晚清政府的判析,比如我们对近代革命运动的研究,都常常有这种感觉。这是因为,我们没有与历史产生疏离感。①

其次,人类学专注于可以直接互动的空间。在这样的空间里,人们之间存在着亲密的、面对面的交往和合作关系。很明显,这只能是规模较小的空间。所以,人类学总是倾向于认为,田野最合适的地点是那些小型社区,这种观点基于文化和社会结构在小型社区可以最好地被观察的信念。②

当社会史的眼光转向底层,人类学家便将其视为基本研究单位的社区,推荐给了历史家。1935年,英国结构功能主义大师拉德克里夫-布朗(A.R.R-Brown)来到中国。他特别指出,对于(复杂文明的)中国社会,可以尝试功能主义方法:最好择定一个小社区,应用如人类学家考察初民社

---

① 黄国信、温春来、吴滔:《历史人类学与近代区域社会史研究》,《近代史研究》2006年第5期。
② [美]德思·策尼(Mary Des Chene):《定位过去》,载古塔(A. Gupta)、弗格森(J. Ferguson)《人类学定位:田野科学的界限与基础》,骆建建等译,华夏出版社2005年,第73页。

会的方法而考察这社区。① 像中国,最好从"户"的研究开始。② 仅仅从时间维度上说,当时人类学研究的内容就是民国史的一部分。为什么民国史研究也要关注社区?原因可能会很多,但这是肯定的:社区的历史是具体的直接交往的历史,而不是抽象的间接牵扯的历史。由此,我们可以明白,社会史为什么特别强调"身体在场"。常态的身体在场,只能在社区中实现。这一点,英国学者吉登斯(A.Giddens)给了我们一个历史社会学的解释:

> 在所有的文化中,仅仅在几百年前,具有较高在场可得性的社区还都是由彼此身体密切接近的个人构成的聚集体。导致这种较高的在场可得性的原因有这么三点:行动者的肉体存在;他在各种日常活动的绵延构成的轨迹中的身体活动所受到的限制;空间的物理性质。在这种情况下,沟通媒介也就相当于交通媒介。即使采用了快马、船只和长距离强行军等方式,空间上的长距离总还是意味着时间上的长距离。③

这就是历史社区,史学家当然也可以去,当代史学者尤其有可能。可是,大多数历史学者能去的其实是一个去历史化的物理空间。那么,我们为何还要坚持进入田野呢?简单地说,田野是激发历史学家想象力的空间:"我们在衡量自己解释的说服力时所必须依据的,不是大量未经阐释的原始材料,不是极其浅薄的描述,而是把我们带去接触陌生人生活的科学想象力。"④想象力也是史家应当具备的一种能力;"历史想象并不是一触即发的,它要靠很多的条件",要有引发想象力的媒介,其中之一是物证的刺激。⑤ 田野当是一种物证。这样,历史学家尽管去吧,去田野面对社区,自

---

① 林耀华:《从人类学的观点考察中国宗族乡村》,载凌纯声、林耀华等《20世纪中国人类学研究方法与方法论》,民族出版社2004年,第86页。
② [英]拉德克里夫-布朗:《社会人类学方法》,夏建中译,华夏出版社2002年,第182页。
③ [英]安东尼·吉登斯:《社会的构成:结构化理论大纲》,李康、李猛译,生活·读书·新知三联书店1998年,第211页;其中,"身体活动所受到的限制"指:人的身体的不可分性、"向死而生"的自然生命规律、时空的容纳能力、完成任务的时间绵延性等。因此,身体在场的首属空间仍然是传统社会(当然也是区域中国社会)绝大多数人活动的具体空间。
④ [美]克利福德·格尔兹:《文化的解释》,纳日碧力戈等译,上海人民出版社1999年,第18页。
⑤ 杜维运:《史学方法论》,北京大学出版社2006年,第154页。

然地进入一个有限的空间,但无论如何不能首先在书斋里纠缠于社区的概念。

其三,在理论上,人类学的社区富有弹性。社区的弹性在"社区"概念的发明者斐迪南·滕尼斯(Ferdinand Tonnies)那里就是存在的:可以是一个家庭、一个望族、一个部族,也可以是一个邻里、一个村庄、一个市镇。① 前者侧重于社会关系空间的规模,后者侧重于物理空间的规模。无论哪种情况,它们都可以向外延伸。费孝通在不同的场合曾经就两种延伸分别进行过分析。前者的延伸,以社区内的"分子"(个人)为核心:

> 社区是通过社会关系结合起来的群体,在这种人文世界里谋取生活的个人已不是空间上的一个点,而是不断在扩大中的一堆堆集体的成员,就是在幅员可伸可缩的一堆堆集体中游离的分子。②

而物理空间规模的拓展以社区节点为中心,表现为社区腹地的膨胀,超过市镇层级时,社区的概念常常被区域所取代。从经济成长的过程看就是:

> 社会发展到了小农经济阶段,若干以亲属为基础形成的农户,聚居在一地形成了村落,进行类似的采集、农耕和副业的生产活动,互通有无的交易还是极为有限的。社会分工的发展,使各村各户有了交换不同产品的需要,于是发生了日出而集、日入而散、"日中为市"的临时市场,也就是至今在我们内地还可以看到的赶场或赶集。又经过了一段历程,才发生作为农副产品集散和销售工业制造品中心的市镇,它们各自拥有为其服务的若干农村,在我家乡(按:江苏吴江)称作乡脚,即市镇的腹地。经济继续发展,有些市镇上升为城市,有些小城市上升为中、大城市,直到特大城市。③

如果是身体在场的直接联系,经济关系也好,社会关系也好,市镇及其腹地

---

① [德]斐迪南·滕尼斯:《共同体与社会》,林荣远译,商务印书馆1999年,第75—76页。这里的"市镇",原文用的是"城市":"从外表上看,它无非是一个大的村庄、众多相邻的村庄或者由一个围墙环绕的村庄";意指市镇。
② 费孝通:《重读〈江村经济·序言〉》,《北京大学学报(哲学社会科学版)》1996年第4期。
③ 费孝通:《从实求知录》,北京大学出版社1998年,第214页。

构成的"市镇社会"应该是传统中国人常态的生活空间,超过了这个空间,要么是偶发的,要么是抽象的。所以,区域社会史的考察,应以社区史的考察作为基础。美国学者施坚雅指出,"小农的实际活动范围,并不是狭隘的村落,而是一个基层集市所及的整个地区。"① 根据江南的情形,小田称之为"乡镇社会"。②

其四,是整体性。作为功能学派的两位大师,马凌诺斯基(B. Malinowski)与布朗虽说在功能意义上的理解等方面有差异,但都承认社区的整体性。以理论见长的布朗说,特定社区生活的各个方面,"均系密切地相互关联着,或为一个统一的整体,或体系中的部分"。③ 擅长于田野观测的马凌诺斯基强调,"这些方面是如此错综复杂,以致不把所有方面考虑进来就不可能理解其中的一个方面"。④ 所以他"力辟历史学派对于文化断章取义之惯技,而主张在一具体社区作全盘精密之实地观察",基本理由就是:"从生活本身来认识文化之意义及生活之有其整体性,在研究方法上,自必从文化之整体入手。"⑤

社区的整体性一方面让我们认识到社会史的社区个案解剖意义,从而缓解"鸡毛蒜皮的小事"⑥被质疑所带来的压力,另一方面,促使我们反思传统史学的所谓整体性。史学研究中曾有这样一种做法:从各个不同地方断章取义地摘取一些"要素",冠以"中国"或更大范围的字样,似乎就建立了某种要素之间的历史联系,表面看起来颇成一体,但那是一个虚拟的整体、抽象的整体。⑦ 对于"社区整体"怀有自觉意识的人类学家不能容忍这种做法。英国人类学家弗雷泽(J.G.Frazer)曾经被同行讥讽道:"如《金枝》那种文化研究及通常的比较民族学论著,都是对特质的分析性讨论,并且忽视了文化整合的所有方面。婚配或死亡习俗是根据从极不相同的文化中不加区别地选择出来的细小行为予以论证的,这种讨论建造了一个机械的弗兰肯斯泰因式的庞然怪物:斐济的右眼;欧洲的左眼;一只腿来自火地

---

① 黄宗智:《华北的小农经济与社会变迁》,中华书局1986年,第22页。
② 小田:《江南乡镇社会的近代转型》,中国商业出版社1997年。
③ [英]拉德克里夫-布朗:《社会人类学方法》,夏建中译,华夏出版社2002年,第181页。
④ [英]马凌诺斯基:《西太平洋的航海者》,梁永佳等译,华夏出版社2002年,第2页。
⑤ [英]马凌诺斯基:《文化论》,费孝通译,华夏出版社2002年,"译序"。
⑥ 这里的小事应当指作为社区结构的要素的小事;如果纯粹是漫无边际的琐事列举,应该被质疑。
⑦ 小田:《乡村史研究的"社群"视野》,《中国农史》2003年第2期。

岛;另一只腿来自塔希提;所有的手指,脚趾也来自不同的地区。"①在历史学面前,人类学简直是小巫见大巫了。事实上,在传统社会中,民族—国家更多地体现为意识形态意义上的思想共同体,而非实体的存在(社区),而意识形态共同体作为一般思想意识的集合,常常通过曲折的途径映射于实际社区中,它的一般性需要从特殊社区的亚文化中抽象出来,而不能将亚文化群体中某个要素直接当作宏大的意识形态共同体的要素,随意捏合成一个整体怪物。由此可以看出,实态社区案例的剖析理应成为一个基础,以展示社会生活实态为基本职责的社会史必须夯实这一基础。

二、普通民众的世界

在具象的生活空间里,绝大多数是普通民众,他们是民间文化的持有者,创造历史的主体。在传统历史观下,地域研究热衷于为地方名人立传:先是选择具有世界影响或全国影响的人物,等而次之者至少是个地域名人。有幸被选中的人物,有些只是一时为官于某地域,颇具政声;有些很早就离开此地,主要成长、生活于其他地域,只是因为他成了名人才将其拉扯过来,这样的名人与特定地域社会的关系实在牵强。特别是那些政治或科技精英,他们的作为基本上是专业性活动,与地域社会几无直接关系。即使涉及地域土著人物,也着眼于他的名气。总之,重视的是社会精英。以民国苏州人物研究为例,内容的取舍依据往往就是某某人物的重要程度,而所谓"重要"者,意指他(她)在整个民国史上的地位很重要。传统史学界之所以很关注"七君子事件",是因为其在20世纪30年代前期的中国抗日救亡运动中影响很大,而苏州曾经是关押"七君子"的地方。"七君子"之所以被关押在苏州,是因为这里有一个江苏省高等法院和江苏第三监狱。事实上,"七君子"的主要活动并不在苏州,他们之所以被关注,完全是因为他们的抗日救国主张,并不是因为被羁押在苏州。换言之,与羁押地点没有太大的关系。但许多人认为,"七君子"就是苏州人物。

这是故常的通史思维:以抽象的社会而不是具象的地域或社区作为人物的存在环境;进入通史的人物主要视其社会影响力,至于其存在环境,总是淡化为类如民族国家这样的想象共同体。通史作这样的处理,有其合理性,因为它是以抽象的社会空间作为活动背景的。如果社会史也这样做,便无以区别于通史。社会史是以实际空间作为基本特征的,由具体的社区

---

① [美]露丝·本尼迪克:《文化模式》,何锡章、黄欢译,华夏出版社1987年,第38页。

组合而成。不同类型社区中的人物如果说有名气,那是因为其作为文化持有者具有典型性:在社区文化结构中的处于要害地位,扮演重要角色,构成关键要素。这样的人物往往处于社会结构的底层,因为其承载着社区文化,显现出强烈的民间色彩,这是人类学最为关注的基本对象。与人类学的思路相一致,在某种程度上也受到人类学的影响。社会史要求的历史也开始重视他们:"不仅是君主和大人物的历史,而且还是所有人的历史。"① 要"认识整个的社会",便要求历史学家"探检各种民众的生活、民众的欲求"。②

从一般道理上说,谁也无法规定社会史研究的人物层次,但如果注意到人类学的存在理由,又希望从人类学那里得到某些启示,那么,我们便会对地域社会中的普通民众肃然起敬。人类学特别强调,"从研究某一人群或某一文明得出的结论,必须与其他人群或文明的证据加以对照检验。……从人类学的观点看,所有的民族和文化都同样是值得研究的"。③ 这种"研究价值同等观"是与地域社会平等观联系在一起的:在整个人类社会结构中,各个地域社会之所以具有同等研究价值,是因为他们的生活方式各具特色,在人类经验整体中具有独特地位。在具体的地域特色文化建构中,个体——无论是默默无闻的,还是声名卓著的——在社会结构中的位置都是唯一的,因而也是平等的。在这种结构性价值评判观念中,个体的作用着眼于其独特性,而非根据强势法则获得的重要性。这样,地域—社区中的普通民众因其在社会文化整体中的独特性取得与所谓地域名人同等的地位。正是在对社会文化特色的特别重视中,著名人类学家米德(Mead)对另一位人类学家本尼迪克(Benedict)的如下观点给予重点介绍:一种文化,无论它多么微小、多么原始,或多么巨大、多么复杂,人们都可以认为,它是从人类潜能巨大的弧圈中选择了某些特征,并以比任何个人毕生所能做的一切更强大的力量给予了精心建构。④ 从这一意义上说,任何一种地域社会,如果是独具特色的,它就是作为整体的地域社会"从人类潜能巨大的弧圈中选择了某些特征"共同进行"精心建构"的产

---

① [法]J·勒高夫:《新史学》,载 J·勒高夫等主编《新史学》,姚蒙编译,上海译文出版社 1989 年,第 19 页。
② 《〈民俗〉发刊词》,《民俗周刊》1928 年 3 月。
③ [美]马文·哈里斯(M. Harris):《文化人类学》,李培茱等译,东方出版社 1988 年,第 4 页。
④ [美]露丝·本尼迪克:《文化模式》,何锡章、黄欢译,华夏出版社 1987 年,"序言"。

物,所谓名人在其中没有炫耀的资本。钟敬文因此希望将民俗研究转换成民众关注,呼吁:"我们研究历史的人,受着时势的激荡,建立明白的意志:要打破以贵族为中心的历史,打破以圣贤为固定的生活方式的历史,而在揭示全民众的历史。"①

其实,在现代社会思潮中,平民性几乎是所有人文社会科学追求的目标。这种特征充分证明了唯物史观的生命力:

> 自从阶级产生以来,从来没有过一个时期社会上可以没有劳动阶级而存在的。这个阶级的名称、社会地位改变了,农奴代替了奴隶,而他自己又被自由工人所代替……但是有一件事是很明显的,无论不从事生产的社会上层发生什么变化,没有一个生产者阶级,社会就不能生存。因此,这个阶级在任何情况下都是必要的,虽然会有一天它将不再是一个阶级,而是包括整个社会。②

这里的宏观阶级结构分析与上述地域文化结构相互印证,可以给出同样的结论:社会结构中的任何劳动者都是必要的组成部分,作为地域社会主体的普通百姓自有一席之地。

三、地方性的日常事件

一般说来,人类学关注地方权威,而忽略国家或者世界政治;热衷于家庭经济生活,而忽略国际金融。为此,他们需要在一个社区长期地参与观察,深度了解生活于其中的人的普通、日常的事务,强调对文化模式进行辨识和分类,包括社会组织的整体性原则、惯习实践、口述传统、身体法规,规则和禁忌系统。总之,理解那些经得起时间检验的现象。③

在这一点上,它与史学的兴趣明显不同。史学家们习惯于关注对历史产生重大影响的所谓"中心事件",对于地方性事件,特别是地方琐事,他们本能地怀疑它们的价值。人类学对此不以为然。比如,"普遍存在于世界各地的传统风俗,乃是大量琐细的行为……人们通常不把风俗视为任何

---

① 钟敬文:《圣贤文化与民众文化》,载氏著《钟敬文文集》(民俗学卷),安徽教育出版社2002年,第686页。
② 恩格斯:《必要的和多余的社会阶级》,《马克思恩格斯全集》第19卷,人民出版社1960年,第315页。
③ [美]马尔基(Malkki):《新闻与文化:瞬间现象与田野传统》,载古塔、弗格森《人类学定位:田野科学的界限与基础》,骆建建等译,华夏出版社2005年,第92页。

重大事件的起因",但本尼迪克认为,"它们与任何个人在个体活动中能形成的行为相比,都更能令人惊叹不已……头等重要的是,风俗在人类经验和信仰中起着的那种支配地位的角度,以及它可能表现出的极为巨大的多样性"。① 格尔兹将"地方小事"置于整个社会环境中进行比较、辩护,其结论更显说服力:

> 典型的人类学方法,是通过极其广泛地了解鸡毛蒜皮的小事,来着手进行这种广泛的阐释和比较抽象的分析。人类学家所面对的宏大现实,和其他人——历史学家、经济学家、政治学家、社会学家等——在更加决定性的环境中面对的宏大现实相同:权力、变化、信仰、压迫、工作、热情、权威、美感、暴力、爱、威信;但是人类学家面对这些现实的时候,置身偏僻乡里……这些司空见惯的人间常事,"那些让我们全都感到害怕的大话",在如此朴实无华的脉络中以朴实无华的形式表现出来。但这恰恰是优势所在。这个世界已经足够深奥。②

什么对历史的影响更大些,大事还是小事?在历史的因果关系上,人类学家与历史学家的分歧其实并不对立。法国年鉴学派史学家布罗代尔对于历史时段的区分有助于我们认识两者的不同。前者强调长时段中历史的深海暗流,而后者高度关注短时段:"一种短促和动荡的历史",是历史的"潮汐在其强有力的运动中激起的波涛"。③ 在布罗代尔看来,"暗流"和"波涛"共同构成了历史的海洋,构成总体的历史,亦即所谓社会史。由此看来,存在于地域社会中的"鸡毛蒜皮的小事"对于社会史来说同样重要。这是区别传统史学的区域史和社会史意义上的区域研究很重要的一个尺度。

对于事件所内含的意义,传统史学提供的常常是一种纵向因果关系的说明,而人类学,尤其是功能派人类学,倾向于在事件发生的横向结构中进行阐释。缘于对特定研究对象和地点的讲究,这样的阐释便成为一种所谓的对于"地方性知识"的解读:

---

① [美]露丝·本尼迪克:《文化模式》,何锡章、黄欢译,华夏出版社1987年,第2页。
② [美]克利福德·格尔兹:《文化的解释》,纳日碧力戈等译,上海人民出版社1999年,第24页。
③ [法]费尔南·布罗代尔:《菲利普二世时代的地中海和地中海世界》,唐家龙等译,商务印书馆1996年,"序"。

人类学知识体系的建构或许比其他任何学科都更依赖于地域专业化，学科中许多核心概念和争议都是在地域上有限的社区内产生的……人类学家通过长期居住在"田野点"来学习语言和地方性知识。地方性知识就这样被纳入人类学的研究。①

"地方性知识"之所以是地方的，因为它从属于这类知识存在的特殊空间，许多人类学将之喻为一张"由他们自己编织的意义之网"；知识的意义需要在那里获得解释："将他们置于他们自身的日常状态之中，使他们不再晦涩难解"。② 在这里，人类学强烈暗示，历史学应该"尊重过去人们的文化，并乐于通过他们的眼睛来观察世界"。③ 受此影响，一些社会史学者特别注意到研究者"自身所处文化与他研究对象所处文化之间的距离"④，并有意识地从当时人、当地人、当事人的角度观察问题，即所谓主位观。⑤ 在人类学中，它有许多相似的表达，如"从角色观点看问题""从文化持有者的立场观测事件""他者的看法"等，是为"方位感"。人类学家批评，在许多社会科学研究中，缺失的正是这种方位感；他们认为，"知识不可避免地具有'有关某处'和'来自某处'的特性，知识者的特定方位（location）和生活经历在某种程度上对于知识的产生类型是重要的"。⑥

应该说，传统史学并不忽视"知识者的特定方位"。精密的中国史料考证学，总是提醒人们注意史料"创造者"的身份、产生史料的环境，西方近代史学家常常谈及"投射""同情""移情"等，都是理解历史的方法。⑦ 但是，所有这些理解，并不强调史学家与"知识创造者"在一定历史时空内的视角一致性，从而重视"知识创造者"自身的看法，并检视这种看

---

① ［美］古塔、弗格森：《学科与实践：作为地点、方法和场所的人类学"田野"》，载古塔、弗格森《人类学定位：田野科学的界限与基础》，骆建建等译，华夏出版社2005年，第10页。
② ［美］克利福德·格尔兹：《文化的解释》，纳日碧力戈等译，上海人民出版社1999年，第16页。
③ ［英］约翰·托什：《史学导论》，吴英译，北京大学出版社2007年，第251页。
④ ［法］安德烈·比尔吉埃尔：《历史人类学》，载 J·勒高夫等主编《新史学》，姚蒙编译，上海译文出版社1989年，第237页。
⑤ 主位观（emic approach）和客位观（etic approach）是观察文化的两种不同方法。前者指研究者努力习得被研究者所具有的地方性知识和世界观，置于被研究者的立场上，去了解、理解和研究问题，它强调能用本地人的观点来理解当地人的文化；后者是以研究者本身的立场为出发点来理解文化。麻国庆：《走进他者的世界》，学苑出版社2001年，第34页。
⑥ ［美］古塔、弗格森：《学科与实践：作为地点、方法和场所的人类学"田野"》，载古塔、弗格森《人类学定位：田野科学的界限与基础》，骆建建等译，华夏出版社2005年，第43页。
⑦ 杜维运：《史学方法论》，北京大学出版社2006年，第125—126、145—146页。

法的存在理由和历史合理性。与人类学家明显不同的是,"考证史料时,史学家像法官。……根据广泛搜集的证据以下考证的结论"。①"地方性知识"在史学家那里仅是被拷问的对象,"当地人"永远成不了历史的主角。当我们意识到社区—地域是社会史不可或缺的空间维度时,"地方性知识"应该得到应有的尊重。

在人类学的影响下,一些历史学者将目光投向日常生活领域,专注于普遍民众的日常事件,因为那是主位观的所在。然而客位观之获得却不能止步于此,而只有进入宏阔的社会结构之中。唯其如此,微观写作才能体现普遍价值,从而触及人类生活的普遍意义。

需要明确的是,人类学并不一味依赖"主位观"和"地方性知识",而是认为,从主位和客观"两种角度都可以作出科学、客观的评价"。② 如此看来,人类学并没有放弃研究者的裁量,它与传统史学所不同的,是更加重视在裁量中的被裁量者的权利。注意到这一点,社会史没有理由放弃富有特色的法官角色,而且,因为掌握了确定"知识者的特定方位"的行之有效的"主位观",而获得了更多的认识往昔的维度。正是这些维度的进入以及与旧维度的融通,更新了传统史学,产生了整体的社会史。

第三节 对历史人类学问题的检讨

对于历史学者来说,人类学毕竟是个"他者",在与他者的对话过程中,采取怎样的拿来主义,是一个需要检讨的问题。这里我们通过全面梳理,着眼于基本问题的检讨,以期确定历史人类学转向中的史学方位,从而助力社会史跨学科的、跨国界的学术交流。

一、关于历史人类学的论题

反顾整个史学史脉络不难看出,新的社会文化史原初标新立异的思路,随着一部分人的热捧和影响的扩散,开始自我膨胀,自限门户,趋于狭隘。这从社会文化史对语言等象征符号的特别青睐中可见一斑。早在20世纪70年代初,法国一些历史学家就预言:"语言学从今以后将成为社

---

① 杜维运:《史学方法论》,北京大学出版社2006年,第119页。
② [美]马文·哈里斯:《文化人类学》,李培茱等译,东方出版社1988年,第16页。

科学的王后。"①经过一段时间的拓殖,至 90 年代上半叶,"对以语言为中心的这种强调,已经渗入到……很大一部分政治史、社会史、文化史和思想史的学术研究之中",一部分"非常之激进的理论"把"历史学归结为符号学",另一部分史家"则把语言看作是研究社会文化现实的一种工具"。② 在此基础上,一些文化史学者在所谓"后现代主义"旗帜下,将语言符号在史学中的地位进一步抬高:

> 语言所构成的意义世界绝非其所处客观世界的镜像,反而是形塑人们感知客观世界的滤镜。简而言之,存在并不一定决定意识,而意识反过来却一定有塑造存在的功效。这就打破了形形色色的决定论,包括马克思主义的经济决定论或年鉴学派的地理环境决定论。只有人类才拥有的语言及其抽象能力被看作塑造人类生存状态的特殊重要的力量,从而成为史学研究的出发点。史学研究也从调查人类社会的客观状态转而探寻文化体系是如何塑造和改变人类生存状态的,也就是说语言是如何通过知识的生产去形塑和改变社会、政治、经济的权力结构的。③

本来,知识(通过语言符号等)形塑和改变日常生活应该是日常史研究的题中应有之义。然而,完全脱离生态环境和社会生活基础等"长时段"因素的日常史研究,不但失去了社会史既已形成的特色,也只能煞有介事地给人们展示生活的海市蜃楼。对此,法国著名日常史学家拉迪里(Emmanuel Leroy Ladurie)婉转地表示了他的批评:

> 我个人的纯粹爱好将我引向用更少的时间去对待词语本身,而用更多的时间去关心这些词语所指称的事物,尤其是当这些从档案中反映出来的"事物"至少是以集体的形式表现出来的时候,因为它们具

---

① [法]伊曼纽尔·勒鲁瓦·拉迪里:《历史学家的思想和方法》,杨豫等译,上海人民出版社 2002 年,第 4 页。
② [英]伊格尔斯:《二十世纪的历史学》,何兆武译,辽宁教育出版社 2003 年,第 142—143 页。
③ 姜进文,见林·亨特编《新文化史》,姜进译,华东师范大学出版社 2011 年,"总序"第 5 页。

有现实中的基础,不能把这些事情简单地降为人们谈论事情的方式。①

关键的问题是,语言符号有其"现实中的基础",在某些特定情况下,这些基础未必是决定性的,但抽开这些基础而奢谈符号的"形塑和改变",不啻在进行一场语言符号的游戏。伊格尔斯(G. Lggers)正确地指出,历史叙述"哪怕使用的是紧密地以文学模型为范本的叙述形式,也还是要求勾绘或者重建一种真实的过去更有甚于只是文学想象的那种情况"。②

二、关于历史人类学的视角

近些年,社会史中的所谓"碎片化"现象令人关注。这是一部分社会—文化史学者太过强调日常生活维度的"专门"性的结果:

> 最古老的观点认为社会史是关于生活方式、闲暇状况和一系列社会活动的历史,这种历史所包含的内容不受政治制度、经济制度、军事制度和另一些制度的支配,因为这类制度是各种专门史所要研究的内容。这是把社会史视为政治活动、经济活动、军事活动以外的社会活动所构成的历史。伴随着这种观点而来的一个问题是,那些研究妇女、家庭、闲暇状况和教育的历史学家缩小了自己的研究范围,并把自己所研究的领域发展为一些专门的学科。③

在这里,专门史力图摆脱"制度的支配",而自绝于政治活动、经济活动和军事活动,缩小"自己的研究范围",自画"专门的学科"牢笼。一句话,"由于把政治、经济等各种观念排斥在研究的范围之外,结果使自身变得琐碎而浅薄"。④ 法国学者多斯也注意到,第三代年鉴学派与其第一代前辈之间出现了一定程度的断裂,最重要的断裂表现是对历史知识的解构,对整

---

① [法]伊曼纽埃尔·勒鲁瓦·拉迪里:《历史学家的思想和方法》,杨豫等译,上海人民出版社2002年,第4页。
② [英]伊格尔斯:《二十世纪的历史学》,何兆武译,辽宁教育出版社2003年,第153页。
③ [英]J·布雷维里:《何谓社会史》,见蔡少卿主编《再现过去:社会史的理论视野》,浙江人民出版社1988年,第145页。
④ [英]J·布雷维里:《何谓社会史》,见蔡少卿主编《再现过去:社会史的理论视野》,浙江人民出版社1988年,第145页。

体观念的放弃,如今的历史"被分解成一摊碎屑"。①

历史的否定注定要走过这一段:不向特定的日常史维度倾斜,无以区别于传统史学;与传统史学维度的过分离异又导致了史学的碎片化,而碎片的整理则最终有赖于日常史维度与传统史学维度的关联。纵观这一否定之否定过程,不难发现,其目标指向非常明确,那就是整体性:前一个否定为了构建整体性,后一个否定为了完善整体性。多斯对第三代年鉴学派的批评并非完全公平,因为在这一学派的内部,看法也是异质的。"被视为第三代年鉴学派核心人物"的J·勒高夫涉及整体史内涵时这样说:

> 这里所要求的历史不仅是政治史、军事史和外交史,而且还是经济史、人口史、技术史和习俗史;不仅是君主和大人物的历史,而且还是所有人的历史;这是结构的历史,而不仅仅是事件的历史;这是有演进的、变革的运动着的历史,不是停滞的、描述性的历史;是有分析的、有说明的历史,而不再是纯叙述性的历史;总之是一种总体的历史。②

勒高夫一直强调社会史与宏观社会结构的关联。按照这样的路数,历史的碎片将被摒弃。近些年来,国际社会史学界"立志提供一种社会结构史",代表的也是这种努力:

> "社会结构"的概念是一种使用起来方便、内涵模糊的社会学抽象,它被许多理论表象所掩盖。但它的本质是指社会中许多不同集团间的社会关系的总和。在马克思主义思想的影响下,阶级受到了最多的关注,但它绝非是唯一要考察的集团,还存在着年龄、性别、种族和职业的横向联系。③

如果不把社会结构作过分学科化(社会学)的理解,那么,这种意义上的社会文化史,正是我们所需要的:重视要素整合的结构,而非斤斤于散落的要

---

① [法]弗朗索瓦·多斯:《碎片化的历史学:从〈年鉴〉到"新史学"》,马胜利译,北京大学出版社 2008 年,第 234 页。
② [法]J·勒高夫:《新史学》,载 J·勒高夫等主编《新史学》,姚蒙编译,上海译文出版社 1989 年,第 19 页。
③ [英]约翰·托什:《史学导论》,吴英译,北京大学出版社 2007 年,第 114 页。

素;而且,这些要素从时空、主体、史观到方法都属于历史学。

总之,社会文化史应当体现整体的学术视野。自20世纪70年代以来,西方日常生活史学"似乎都受到一个法则的制约,即把学术思想的收获缩小为一种特定的研究方法。其中有一个大问题,就是分析社区与外部世界关系"。① 德国史家科卡提醒说,将众多"小人物"的观察史与经历史的方法绝对化的做法是不对的,"因为历史不仅仅是人们观察与经历到的事物。要对历史作整体性的了解与再造,只对过去的观察与经历(注释学的理解式)的描写是不够的"。他举例说,一个研究德国乡村反犹主义思潮的历史学家,如果仅限于再现那些身负重债、走投无路、承受着(常是犹太人的)债主与牲口贩子逼迫、因此有充分理由怀有反犹情绪的上黑森地区的农民的主观经历,那将是十分糟糕的:其后果将是对当时平民百姓的现实经历与偏见进行"完全不充分的重复性解释"。因此,一个历史学家虽然必须认真对待当事人的经历与态度,但他同时又必须联系当事人本身的(当事者不了解或不完全了解的)背景来理解。只有这样,他才能正确理解那些农民,认识历史真相。概言之,体现整体性的社会史应该两者兼备:"它既是结构史又是经历史。只有通过两者的结合,它才能得到完全的实现。"② 对此,主流日常生活史家的立场是非常明确的:"没有任何理由说,一部研究广阔的社会转型的史学著作和一部把注意力集中在个体生存上的史学著作就不能共存并且互相补充。历史学家的任务应该是探索历史经验在这两个层次之间的联系。"③ 这样的两个层次在具体的历史写作中可能有更为具体而丰富的表达,如社会结构与个体经历、日常生活与制度结构、地方社会与外部世界、微观生活与宏观制度、大传统与小传统,等等。总之,日常"绝非什么可以跟系统或制度机构分开的领域",而是"被理解为从一种考察视角形成的构造物,这种视角能够让我们拥有一种考察社会现象的特殊的眼光"。④ 应该说,这样的视角对日常生活史的写作非常有益,只是还需要在实际的写作中加以体现。

---

① [英]彼得·伯克:《什么是文化史》,蔡玉辉译,北京大学出版社2009年,第53页。
② [德]于尔根·科卡:《社会史:理论与实践》,景德译,上海人民出版社2006年,第81—87页。据该书第81页:德国乡村(如在上黑森地区)的反犹主义思潮活跃于19世纪80年代,而1890年以后就消失了。
③ [英]伊格尔斯:《二十世纪的历史学》,何兆武译,辽宁教育出版社2003年,第119页。
④ [瑞士]雅各布·坦纳:《历史人类学导论》,白锡堃译,北京大学出版社2008年,第88—89页。

三、关于历史人类学的旨趣

在目标指向上,一部分受解释人类影响颇深的社会史学家,直接将文化史界定为"诠释性的科学",以为社会—文化史的目标在于"寻求意义"——当时人"所铭记的意义"。① 不只是屠猫,事实上,达恩顿的文化史也有着一以贯之的旨趣。他试图陈明的,"不只是人们想些什么,而且包括他们怎么思考——也就是他们如何阐明这个世界,赋予意义,并且注入感情"。这与阐释人类学已经非常相似了。在此意义上,达恩顿将自己视为"民族志历史学家",主要的工作就是研究"寻常人如何理解这个世界",陈明他们"如何在心智上组织现实并且将之表现在行动中"。他得出的结论,简单地说就是,寻常人思考问题"不是根据逻辑命题,而是根据事物,或是他们自己的文化中唾手可得的任何其他事物,比如故事或仪式"。② 于是,文化史的中心任务变成了破解含义,而不是因果解释,正如格尔兹把破解含义认作人类学的中心任务一样。③ 这样的史学与人类学的目标指向开始趋同。客观地说,人类生活方式的差异性揭示应该成为历史学家的重要目标,或者也可以说,社会—文化史首先应该立足于特殊生活方式,然后才可能进行一般的因果解释。然而,一部分日常史家(主要是文化史领域)却将历史的因果解释完全抛到一边,因而遭致了西方史学史学者的批评。这些批评主要集中在:

一方面因为迷恋人类学的阐释,在某种程度上使历史研究陷入了不可知论的困境。作为人类学解释学派的创始人④,格尔兹认为,"人类学写作本身就是阐释",而且是第二层和第三层的阐释;第一层的阐释只有"当地人"才能作出,因为这是他的文化。直接地说,人类学著述就是小说;说它们是小说,意思是说它们是"虚构的事情"。⑤ 按照这种思路走下去的日常史几乎"就成为在重现过往的同时重新想象过往的一种尝试"。⑥ 由此,"冷静的分析是被一种难以言传的顿悟取而代之"。史学家

---

① [美]罗伯特·达恩顿:《屠猫记:法国文化史钩沉》,吕健忠译,新星出版社2006年,"序"第3—4页。
② [美]罗伯特·达恩顿:《屠猫记:法国文化史钩沉》,吕健忠译,新星出版社2006年,"序"第1—2页。
③ [美]林·亨特编:《新文化史》,姜进译,华东师范大学出版社2011年,第11页。
④ 王铭铭:《"格尔兹文化论丛"译序》,见克利福德·格尔兹《文化的解释》,"译序"第11页。
⑤ [美]克利福德·格尔兹:《文化的解释》,纳日碧力戈等译,上海人民出版社1999年,第17—18页。
⑥ [美]林·亨特编:《新文化史》,姜进译,华东师范大学出版社2011年,第73页。

完全无法接受:

> 这种人类学的研究路数也就是在向世界的客观性挑战。它把别人看作是需要加以阅读的文本,非常之像是阅读一篇文学的文本那样。然而,一个文本可以用各种各样的方式来阅读。这种研究路数的逻辑后果,将会是取消了事实与虚构之间的界限。①

另一方面因为迷恋人类学的"美学和谐结构",忽视了历史变迁。功能主义为现代人类学奠定了理论和方法的基础,在20世纪50年代盛行期"被尊为人类学研究的唯一科学方法"。该学派重视文化的共时性研究,将文化看成一个整合的体系,在此体系中,文化的每一要素都扮演着特定的角色,发挥着一定的功能。功能主义人类学对结构的重视,使其背负了非历史主义的冤名,长达半个世纪之久。事实上,功能主义祖师爷马凌诺斯基明确指出:"科学的"人类学"在任何意义上都不排斥或否认进化或历史研究的有效性",因为这样的研究可以给功能分析"提供一个科学的基础"。马氏弟子普里查德认为,该著代表了老师"最成熟的见解"。② 另外一位弟子费孝通,他的态度更明确:"所有文化都必须是积累的,没有积累,没有超越生死、时空的这种积累,文化就不可能存在……看文化,必须历史地看,只有在历史中,文化才显示出其真实的意义。"③

需要特别指出的是,作为功能主义的一代传人,费孝通尤其关注社会变迁。走进费孝通的学术世界,可以真切地看到,以1938年《江村经济》的问世为里程碑,功能派人类学已经将生活方式的变迁作为重要议题纳入研究范围。马凌诺斯基早在20世纪30年代末、40年代初就对此有过一些初步思考。费孝通的社会变迁研究几乎贯穿了他的整个学术生涯,其间所包含的历史观,包括对历史意识的否定之否定,与此前人类学和史学的异同,历史的日常生活形态,重构社会史的思路与方法等,特色鲜明,粲然可观。然而,这一切却如明珠暗藏,鲜为人知,只有一些中国历史学者零星地引用

---

① [英]伊格尔斯:《二十世纪的历史学》,何兆武译,辽宁教育出版社2003年,第134页。
② [英]马凌诺斯基:《科学的文化理论》,黄剑波等译,中央民族大学出版社1999年,第16—17、57页。
③ 费孝通:《费孝通在2003:世纪学人遗稿》,中国社会科学出版社2005年,第101—102页。

其田野工作文本①,或者借用其"差序格局""文化自觉"等概念理解各自学科的问题。② 至于西方人类学者,他们出现了选择性失忆:只记得马凌诺斯基的文化论,而不记得费孝通的变迁论;只记得西太平洋的特罗布里恩德群岛(Trobriands),而不记得东太湖的开弦弓;只记得早期功能主义的马凌—布朗时代,而不记得筑起功能主义新碑的费孝通时代。总之,他们只认识西方变化历程,不了解中国发展道路;只认同西方理论,不承认中国话语。质言之,这就是话语霸权。因此,重视功能主义中国学派的社会变迁理论,可以为社会史的理论建树提供思路。

事实上,人类学的负面影响还不止这些。对此,伊格尔斯曾经有过简单的概括:日常生活史学者大多关注前工业世界,或者是从前工业世界向工业化早期过渡的地方,这些地方大都是"相对而言是自我封闭的和自足自给的,哪怕它们不能完全逃避国家行政的和市场的冲击";因为着意于相对稳定的文化,他们就未能研究以迅速变化为其标志的近代和当代世界;因为太过专注于微观历史,他们就把历史学归结为对轶闻逸事的发思古之幽情,或者说,将以往的文化浪漫化了。③ 这些批评未必完全精准,但大体符合实际。

社会史与人类学的关系问题实际上是一个学科借鉴的方法问题。在笔者看来,在承认学科分野具有合理性的前提下,跨学科之间的对话主要是为了凸显自身的特色,而不是否认学科之间的差别。唯其如此,学科才有存在的理由,学术研究才有可能深化。史学的人类学借鉴也不应该例外。当历史学进行人类学借鉴时,一些人类学学者以专家自居,批评历史学:"从几个毫无联系的人类学流派中借用方法,而没有将自己置于某一特

---

① 如樊树志在《江南市镇:传统的变革》(复旦大学出版社 2005 年,第 427—428 页)中涉及费孝通对民间信仰的考察,小田在《江南乡镇社会的近代转型》(中国商业出版社 1997 年,第 190 页)中涉及费孝通在开弦弓调查过的"航船制度",冯贤亮著《太湖平原的环境刻画与城乡变迁(1368—1912)》(上海人民出版社 2008 年)和吴宏岐、郝红暖的《费孝通城乡社会研究的历史地理学视野》(《陕西师范大学学报(哲学社会科学版)》2010 年第 4 期),则从"历史地理学视野"采集了费孝通著作中的资料。

② 如,刘悦笛《儒家政治哲学当中的"情之本体"——从费孝通的"差序格局"谈起》(《中国文化研究》2010 年冬之卷),乐黛云《中国传统文化的一些特点及其对世界可能的贡献》(《浙江大学学报(人文社会科学版)》2007 年第 4 期),豫瑜《从费孝通的乡土理论看〈白鹿原〉的乡土特性》(《贵州社会科学》2005 年第 9 期)和苏力《费孝通、儒家文化和文化自觉》(《开放时代》2007 年第 4 期)等。

③ [英]伊格尔斯:《二十世纪的历史学》,何兆武译,辽宁教育出版社 2003 年,第 129—131 页。

定的学科(人类学)之中,由于没有经过坚实的理论训练,这种借鉴会陷入经验主义、机会主义或纯业余性质的歧途中。"对此,汤普森(E. P. Thompson)并没有因为历史学的"业余"而自惭形秽,而是旗帜鲜明地告诫学界:"对我们来说,人类学的冲击主要体现在找出新问题,用新方法看待旧问题,强调权力、控制和领导权的象征性表达方式,而不是建立模式。"①汤普森所捍卫的不仅仅是史学,而是所有学科。在跨学科的对话中,只有坚持学科本位的立场,才能在学科借鉴中发挥本学科的优势,而不致迷失自我。

---

① [英]汤普森:《民俗学、人类学与社会史》,见蔡少卿主编《再现过去:社会史的理论视野》,浙江人民出版社1988年,第184—185页。

第四章　地理环境与中国社会历史

第一节　地理与历史

人类总是在特定的时空中生存,历史总是在一定的空间中展演,因此地理环境与社会历史的关系,是探讨社会历史的一个非常基本的问题。

关于地理环境与社会历史的关系,地理学界有两派意见,一种是地理环境决定论,一种是地理环境可能论。地理环境决定论创始于德国地理学家拉采尔(Ratzel),这种学说强调地理环境对人类社会演进的决定性影响,因其论述有很多武断之处,而逐渐被学界所摒弃。但拉采尔学说将人类社会与地理环境的关系问题作为地理学中的核心议题,却成功地开启了地理学中一个新的研究领域——人文地理学,并激发了此后的研究。法国地理学派的开创者维达尔·德·拉白兰士(Vidal de la Blache)正是通过使用并批评拉采尔的思想,从而建立了人文地理学中"可能论"的概念。①

关于地理环境与人类历史之关系的"可能论"观点,法国历史学家和地理学家吕西安·费弗尔有详细阐述。他指出:"一个错误的结论是:地理学方面的四五种重大事件以严格而不变的影响给人类的主体历史造就重大作用;不过在每一历史时刻及人类存在的所有历史阶段,通过那极为灵活而持久的媒介亦即那些被赋予创造精神以及被称为人类的生命物(不管是孤立的还是群体的人)之作用,从而产生持久不断、经久不衰、多种多样的有时候又是相互对立的影响,这些影响来自那些土地、气候、植被的所有威力——除此之外还有其他影响力——这些力量构成和造就了自然环境的影响之力。"②在这里,他强调地理环境对人类社会历史的影响不是"严

---

①　[法]保罗·克拉瓦尔(Paul Claval)著:《地理学思想史》(第三版),郑胜华等译,北京大学出版社2007年,第97页。另外,克拉瓦尔认为地理学由三个主要主体组成,即人与环境的关系、景观分析、区域类型和结构的描述,对这些不同因素的关注构成了不同国家地理学派的差别。参阅同书第105页。

②　[法]吕西安·费弗尔著:《大地与人类演进:地理学视野下的史学引论》,高福进等译,上海三联书店2012年,第97页。

格不变",这种影响以人类的活动为媒介,人类本身是地理环境中的一个积极因素。关于这种可能性的作用机制,他用一个比喻加以说明:"事实上那些可能性因素交替作用,休眠、觉醒、再沉睡、再苏醒;它们无疑是固定常在的,但它们并非永久性地发挥作用,亦非同时造就影响——如同钢琴之琴键,若将一个手指放在键上,音锤立即敲击琴弦,不过我们不可能同时触动所有琴键,那样既不可能达到均衡,也没有这个必要;一些琴键会被频繁地弹击,始终发挥作用并且总是传回同样的乐声;有些琴键也在持续不断地被使用;然而也有些琴键长期闲置不用,它们始终'沉睡'在那里等待着被'唤醒'。这不仅仅是机会的问题,而且也归因于人类社会的活动。"①"当我们谈及由地理学分析所展现的自然环境对于主要的人类社会进行塑造之时,我们实际上而且应该将这种塑造视为经由人类劳作而产生的。"②"事实上,大自然并不直接对人类需求发生作用,而是人类从多种方式中选择两三种满足其需求者且始终不渝地坚持其选择方式而最终对自然界发挥影响。"③

通过以上分析,可以看到,地理环境与社会历史之间有着密切的互动关系,因此它必将成为社会史研究的核心议题之一。同时,以地理环境为研究对象的地理学与研究人类社会的历史学这两门学科之间也必然有着密切的联系。地理学观点的引入,对历史研究将起到强大更新和推动作用。当然,地理学科也将从历史学观点的借鉴中获益良多。

英国历史地理学家阿兰·贝克(Alan Baker)曾详细地剖析了地理学与历史学的关系,他指出地理学中有四种主要话语系统:区位、环境、景观和区域,并分别分析了区位地理学、环境地理学、景观地理学、区域地理学与历史学的关系,进而提出历史地理学本质上关注时间进程中的地理变化——它主要关注的是地点综合体,而不是空间分析,它突出特定地点的历史特性,历史地理学是地理学的核心,而非边缘。如此定位的历史地理学将对历史学家具有重要的参考作用,并促使地理学和历史学的交叉融合。这种趋势已经出现,恰如贝克所指出的,"历史学研究正在越来越地理

---

① [法]吕西安·费弗尔著:《大地与人类演进:地理学视野下的史学引论》,高福进等译,上海三联书店2012年,第202—203页。
② [法]吕西安·费弗尔著:《大地与人类演进:地理学视野下的史学引论》,高福进等译,上海三联书店2012年,第271页。
③ [法]吕西安·费弗尔著:《大地与人类演进:地理学视野下的史学引论》,高福进等译,上海三联书店2012年,第273页。

学化,因为历史学者不断将地理学观念结合到他们对其所研究的往日的阐述之中。同时,当代地理学正在越来越历史学化:对往日的地理研究正在被确认"。①

鲁西奇曾指出历史地理学实际上包括两方面内涵:一是历史的地理,或者表达为时间维度下的地理变化,也就是历史时期地理环境的演变;另一方面的含义是空间维度下的历史,也就是地理空间环境对历史发展的影响,或者说是用地理空间的观念分析历史发展进程。② 如果从这一角度来说,历史地理学就是个包容非常广泛的学科,它将历史学和地理学紧密地融合在一起,必将对历史学的历史解释产生重要影响。

接下来的章节将首先阐述地理环境对中国社会历史的影响,或者说从地理空间的角度分析中国社会历史;其次关注中国历史上的地理变化,重点是社会历史进程对中国地理环境的塑造。

第二节　地理环境对中国社会历史的影响

中国古人早就对地理环境的影响力有认识,并从地理环境的差异解释社会历史的差异。如《礼记·王制》所云:"广谷大川异制,民生其间者异俗。"同样,西方思想家如孟德斯鸠等人,也从地理环境解释人类社会的发展。

现代历史学家在研究中国社会历史的过程中对地理环境的作用也有很多阐述。比如,宁可在《中国封建社会的历史道路》一书中专门有一章探讨"中国历史发展的地理环境",强调中国的地理环境使中国古代历史发展具有早熟性、延续性、独立性,也使中国各族文化具有多样性而又带有共同性。③ 本节从位置的影响、区域的统一性和多样性、社会历史的时空结构三个方面,对该问题展开分析。

一、位置的影响

法国历史学家布罗代尔在《文明史纲》一书中指出:"文明,无论其范围广大还是狭小,在地图上总能找到它们的坐标。它们的本质特征取决于

---

① [英]阿兰·贝克著:《地理学与历史学——跨越楚河汉界》,阙维民译,商务印书馆2008年,第236页。
② 鲁西奇:《中国历史的空间结构》,广西师范大学出版社2014年,第471页。
③ 宁可:《中国封建社会的历史道路》,北京师范大学出版社2014年,第35—50页。

它们的地理位置所带来的局限或便利。"①因此,为理解中国社会及其文明的特点,首先应从其在地球上所处的位置谈起。

1. 相对封闭的地理环境与中国文化的连续性

在世界文明史上有所谓五大文明古国,即尼罗河流域的古埃及文明(出现于公元前4000年晚期),幼发拉底和底格里斯两河流域的苏美尔、阿卡德文明(出现于公元前3000年初期),印度河流域文明(出现于公元前2350年左右),爱琴海上的克里特文明(约与夏代同时开始),黄河流域的中国文明(公元前21世纪)。其中,古埃及文明、古苏美尔和阿卡德文明、克里特岛和古印度文明都在外来冲击之下出现了中断。在世界各文明古国中,中国是唯一的文明传统未曾中断的古国。中国文明的这一特色,与其所处的相对封闭的地理环境有密切关系。

打开世界地图,可以发现,文明古国中有三个成长于美索不达米亚、埃及和希腊这些紧密相连的地区。印度河流域文明与以上地区有一定的距离,但公元前327年亚历山大入侵印度河流域表明古代西方与印度之间早已有非常密切的接触。印度与两河流域间最早的直接海上交通,也可上溯至公元前1000年左右,在以后的若干世纪中沿海交通日益发展,在波斯王大流士(前524—前482)及埃及托勒密王朝时,波斯与埃及都有直航苏伊士湾与印度间的记录。② 以上四支古文明处于欧—亚—非联合大陆的核心地带,不仅彼此交往频繁,而且腹地相对狭小,在肥沃的河流冲积平原的不远处就是滋养游牧民族的草原或沙漠地带,因此很容易在游牧骑马民族的武力冲击和移民入侵之下出现文明的断绝。

中国位于亚欧大陆的东方,太平洋的西岸,离其他世界主要文明相对遥远。比较而言,处于中国北方的早期东亚文明的发源地比其他早期文明中心要孤立得多。一边是浩瀚无垠的太平洋,另一边是巍然耸立的巨大的亚洲中央山系——喜马拉雅山、海拔一万英尺以上的西藏高原以及从这一世界屋脊向四方辐射的高大山脉。山系以北横亘着广阔的沙漠和中亚草原,这些地方寒冷荒凉,早期人们只是在驯养了马和骆驼后才能从这里通过。山系以南,中国西南地区与东南亚的崎岖山地和丛林更是难以逾越的

---

① [法]费尔南·布罗代尔:《文明史纲》,肖昶等译,广西师范大学出版社2003年,第29页。
② 李东华:《梯山航海——海外贸易的发展》,载刘石吉主编《中国民生的开拓》,黄山书社2012年,第318页。

障碍,在古代从西伯利亚的北极地带到马来西亚的丛林,地形和气候造成的巨大障碍阻碍了人口的自由迁移。①

这种相对孤立的地理位置导致以中国文明为中心的东亚文明与其他世界主要文明之间的互动相对较少,从而有利于东亚文明形成自身的特色并保持其连续性。美国学者费正清(John King Fairbank)、赖肖尔(Edwin O. Reischauer)即认为,由于距离遥远以及难以逾越的高山沙漠阻隔,东亚发展了独特的文化类型。例如世界其他所有地区的现代文字系统归根结底都起源于西亚出现的一系列发明,只有在东亚,汉字这种文字才以完全不同的原则为造字基础。

余英时也具有和费正清等人类似的观点,他认为,中国成为一独立的历史文化单位与地理环境颇有关系。大体而言,对外交通并不方便,西北是大漠和崇山,东南是大海,所以关闭的时候多,只有唐代比较开放。虽然有丝绸之路(Silk Road)联络东西方,但它并不是一条安全、方便的道路。至于海运方面,发展迟缓,从南宋至元稍稍有点转机,但至明清又成自我封闭的局面,因此对外贸易除了极短时期外,一般不占重要地位。②刘超骅也认为,我国有较易于隔离的地形。东面临海,北有蒙古高原横亘,东北是森林,西北为沙漠,西南有青藏高原,南为山岭遍布的热带丛林,这些都是地理上的阻绝地带。加之周遭又无强大的文明国家,所以中国文化大体上是在本土独自酝酿成长。虽有外来文化由西域或海上传入,但绝非泰山压顶式的冲击,皆能雍容地消纳,因此文化发展稳定而富于自信,为东亚文明的中心。③

中国文明的连续性还与其广袤的疆土有关。世界上其他古文明地区,如尼罗河、两河、印度河流域,其外围被沙漠、山地、海洋包围,比不上中国黄河、长江流域的开阔宏伟,所以历史上强悍的游牧民族南侵,中国纵使丧失了首当其冲的黄河流域,仍有广阔退路可供迂回周旋。其他古文明地区沦亡于外族的入侵,即一蹶不振,独中国有容乃大,能对边族潜移默化,使

---

① [美]费正清、赖肖尔:《中国:传统与变革》,陈仲丹等译,江苏人民出版社1992年,第4页。
② 余英时:《关于中国历史特质的一些看法》,载氏著《文史传统与文化重建》,生活·读书·新知三联书店2004年,第145页。
③ 刘超骅:《山河岁月——疆域开拓与文化的地理环境》,载邢义田主编《中国文化源与流》,黄山书社2012年。

文明扩大,历史悠久绵延。①

2. 东亚世界

中国文明当然不是完全独立发展的,但它的影响主要局限于东亚世界,并通过东亚诸文明和民族的互动,形成了以中国文明为中心的东亚世界体系。"东亚世界"的概念是由日本学者西嶋定生最早提出的,他在《东亚世界的形成》中认为,在近代以前的世界历史中,存在着许多世界,它们都拥有已经完成自律性的历史,东亚世界是其中之一。东亚世界是以中国文明的发生及发展为基轴而形成的。在黄河中游地区诞生的中国文明,在质的发展过程中,从华北到华中、华南,不断扩大其领域,而及于中国全土。随着中国文明的发展,其影响进而到达周边诸民族,在那里形成以中国文明为中心,而自我完成的文化圈。这就是东亚世界,它是以中国为中心,包括其周边的朝鲜、日本、越南以及蒙古高原与西藏高原中间的河西走廊地区东部诸地域。它的领域是流动的,不是固定的。同属中国的周边地区,如北方的蒙古高原,西方的西藏高原,以及越过河西走廊地带的中亚诸地区,或者越过越南的东南亚等诸地区,通常不包括在此范围之内。构成这个历史的文化圈,即东亚世界的诸要素,大略可归纳为汉字文化、儒教、律令制和佛教等四项。其中律令制,是以皇帝为至高无上的支配体制,通过完备的法制加以实施,是在中国出现的政治体制。此一体制,被朝鲜、日本、越南等采用,东亚世界的政治体制有其共通的特征。②

东亚世界又是何时通过何种渠道形成的呢？如果从中国与外部世界的联系方面来看,汉代是一个发现、探索与军事扩张的时期,魏晋南北朝时期与之相反,异族大举进入中国北部地区,以佛教为代表的异域文化也随之而来,从而改变了中国人的生活。隋唐融合以上两个时期的特点,在向外拓展的同时也接纳了大量外族人民与他们的文化。因此,隋唐时期是东

---

① 刘超骅:《山河岁月——疆域开拓与文化的地理环境》,载邢义田主编《中国文化源与流》,黄山书社 2012 年。

② [日]西嶋定生:《东亚世界的形成》,载刘俊文主编《日本学者研究中国史论著选译》第二卷,中华书局 1993 年。按,中国台湾学者高明士也认同"东亚世界"的概念。参见高明士《光被四表——中国文化与东亚世界》,《中国文化源与流》,第 317、320 页。

亚世界形成的时期。① 陆威仪（M. E. Lewis）指出，在唐代，中国文化超越了国别，吸引了各独立国家中的精英，提供了一种文明生活的模式，其价值传遍了东亚。以礼来规范社会行为、确定家庭的中心地位、重视等级制度、辨别性别角色、强调基于文本的学习的重要性，这些价值连同中国的政治和法律体系，被传到了朝鲜、日本和其他东亚新兴国家。②

19世纪欧洲资本主义波及全球之时，东亚世界在政治、经济、文化上开始崩坏，但是其历史影响仍支配着这个地区人们的意识与行动形态。

如果说西嶋定生所描述的东亚世界主要是一个文化圈，日本学者滨下武志则强调它还是一个市场圈。他指出，在前近代存在着一个以中国和印度为轴心，以东南亚为媒介的亚洲区域市场。特别是15、16世纪以来，随着对中国的朝贡贸易及互市贸易等官营贸易的经营发展，民间的贸易也在扩大。以华侨、印侨为中心的帆船贸易和官营贸易一起，形成了亚洲区域内的多边贸易网。在此，以中国的茶、生丝、土布，日本的贵金属、海产品，泰国的米，印度的棉花以及菲律宾的砂糖等货物为中心，构成了多边的贸易网络。以中国为核心的、与亚洲全境密切联系的"朝贡关系"也是一种"朝贡贸易关系"，是亚洲而且只有亚洲才具有的唯一历史体系。③

中国和周边国家的朝贡体系从唐代起一直延续到清代，它不仅是一个政治的体系，也是一个经济的体系。也就是说，以东亚为中心，包括东南、东北、中央、西北的亚洲各部，以及同印度经济圈交错的地区，这些地区作为整体的朝贡贸易圈发挥了作用。朝贡体系在结构上具有以下特征：首先，朝贡体制虽然是朝贡—回赐这种和中国之间形成的两国关系中以中国为中心的呈放射状构成的体制，但是，这种关系并不排斥其他关系，还有处在中国周边位置上的、自成体系的卫星朝贡关系的存在，因此形成了既有包容关系又有竞争关系的立体复杂的地域圈；其次，朝贡的根本特征，在于它是以商业贸易行为进行的活动，也就是说，因朝贡关系而使得以朝贡贸易关系为基础的贸易网络得以形成；最后，这个体系对于与其外缘地区连

---

① [美]陆威仪：《世界性的帝国：唐朝》，张晓东、冯世明译，中信出版社2016年，第129页。同时作者指出，也正是在唐代，中国将中亚"输给"了伊斯兰文明，放弃了九个世纪以来对该地区政治控制的尝试。同时发生的东亚中国化和中亚伊斯兰化引起了中国与外部世界关系的一个永久的再平衡。参见同书，第130—131页。

② [美]陆威仪：《世界性的帝国：唐朝》，张晓东、冯世明译，中信出版社2016年，第140页。

③ [日]滨下武志：《近代中国的国际契机：朝贡贸易体系与近代亚洲经济圈》，中国社会科学出版社1999年。

接的其他贸易圈(印度、伊斯兰地区、欧洲等)而言,也持有与其内部连接的关节和桥梁。①

通常认为,历史上形成的东亚世界到了19世纪之后,在西方的冲击之下开始崩解,并被纳入以西方为主导的全球资本主义体系之中。而滨下武志认为,19世纪中叶以来由于西欧加入亚洲市场以及亚洲市场自身的变化,逐渐形成了近代亚洲市场。这个市场包含中日印三国间在茶叶出口上的竞争、亚洲白银本位圈的形成、劳工贸易和向本国汇兑网的形成等三项特征和标志,因此东亚历史上形成的政治经济体系在西方的冲击下并没有消亡。而且有学者进一步指出,"二战以来美国在东亚建立的体制,无意中复制了东亚历史上朝贡贸易体制的一些关键特征,比如存在于帝国与其臣属国之间的施惠于臣属国的'封赏'(gift)和贸易体制"。也有学者"把美国视为当今东亚的一个大买主,连接二者的灵活的产品网络体现了晚清中国曾存在过的'大买主'网络的一些原始特征"。② 这些都提示我们,历史上形成的东亚世界作为一个文化圈和贸易圈至今仍有其影响。

二、区域的统一性与多样性

让我们将视野从全球和亚洲转入中国内部。在中国内部,也可以发现区域统一性和多样性的辩证统一,并对中国的社会和历史发展形成长期影响。

1. 两大气候区共存与农业文明、游牧文明的冲突和互动

在中国版图上,有一条具有重大意义的地理分界线,即400毫米等降水量线。400毫米等降水量线,从大兴安岭西坡向西南延伸至雅鲁藏布江河谷。以该线为界,可将我国分为两部分,线以东明显受季风影响,属于湿润部分;线以西少受或不受季风影响,属于干旱部分。③ 400毫米等降水量线以东属于季风气候区,400毫米等降水量线以西属于大陆性气候区。温暖湿润的季风气候区是农业文明的沃壤,寒冷干旱的大陆性气候区则是游牧文明的滋养地。在中国,由于季风气候区和大陆性气候区并存,也导致农业文明和游牧文明两种生产生活方式的并存。这两种文明之间的冲突

---

① [日]滨下武志:《朝贡和条约——谈判时代的海洋性亚洲和条约口岸网络,1800—1900》,载乔万尼·阿里吉、滨下武志、马克·塞尔登主编《东亚的复兴——以500年、150年和50年为视角》,社会科学文献出版社2006年。

② [美]乔万尼·阿里吉、[日]滨下武志、[美]马克·塞尔登主编:《东亚的复兴——以500年、150年和50年为视角》,社会科学文献出版社2006年,"导言"。

③ 任美锷主编:《中国自然地理纲要》(修订第三版),商务印书馆2004年,第25页。

和互动是影响中国社会历史的基本元素。

(1) 季风气候与农业文明

季风气候区是由我国所处的海陆位置而形成的。由于海陆物理的热力学性质不同,引起海陆表面热状况差异,导致温压场变化,从而为我国季风环流的建立提供了基本条件。在冬季,东亚热力差异显著,蒙古高压势力强大,阿留申低压发育,冷高压几乎控制全国,气压梯度由大陆指向海洋,盛行偏北气流,是为冬季风。在夏季,海陆热力差异的作用方向和冬季相反,北太平洋高压势力大为增强,印度热低压最为发展,气压梯度由海洋指向大陆,盛行偏南气流,是为夏季风。春秋两季是冬夏大气活动中心更迭、相互消长的时期。上述四个活动中心的盛衰,中心势力的强弱,位置的年际变动,是制约我国气候季节变化的基本因素。①

美国学者罗兹·墨菲(Rhoads Murphey)提出了"季风亚洲"的概念,从地理条件的角度来突出东亚的同一性。② 季风亚洲是世界历史上最主要的农业文明繁荣地区,也是中国古代文明的主要发源地。费正清、赖肖尔曾将东亚与欧洲和西亚进行比较,可以让我们很好地了解东亚农业文明的特点。

他们指出,欧洲和西亚的天气主要受到大西洋制约,在较冷的月份里雨量充沛。其中,北欧日照量相对较少,而地中海地区和西亚的降雨量相对较少,结果导致欧洲和西亚的土地绝大部分耕作不够精细,通常每年只种一熟作物。东亚的气候与印度差不多,主要受亚洲大陆制约。在冬季,中亚上空的气流完全不受海洋调节,非常寒冷暴烈。冷气流向外移动,使大陆南部和东部边缘地带天气干冷。夏季情况正好相反,中亚上空的气流变暖上升,湿润的海洋气流侵入,给大陆边缘地区带来大量雨水。因为季风的影响,东亚大部分地方和印度许多地方在最适合作物生长的月份里降雨充沛,加以这些地区比欧洲南部在纬度上要向南得多,通常水量供给充足,日照充裕,所以能够精耕细作,许多地方一年收两熟作物。

这种独特的气候条件使东亚的农业类型与欧洲大不一样。东亚培育出许多主要谷物和家畜,著名的有稻米、大豆、鸡、水牛和猪;在西方,养牛业和养羊业成为经济的主要组成部分,但在农业更精耕细作的东亚,却是

---

① 任美锷主编:《中国自然地理纲要》(修订第三版),商务印书馆2004年,第25页。
② [美]罗兹·墨菲:《亚洲史》,黄磷译,海南出版社、三环出版社2004年。

家畜用得少,人力用得多。西方人食用的主要谷物一直是小麦,而东亚大部分地方和印度许多地方人们食用的主要谷物是稻米。稻米亩产量比小麦要高出许多,这就能在这块土地上养活较稠密的人口。正是由于农业的起点不同,使得东亚、印度与西亚、欧洲在人口和土地的比例上有明显不同。在近代,工业化已使欧洲人口剧增,而当时基本上仍处于前工业化社会的东亚和印度,人口要比欧洲稠密得多。①

由于气候和地理条件的不同,中国广阔的领土上形成了"三大经济带"。东部季风气候区以农耕为主,是中国历史上开发最早、人口最为集中、农业经济最为发达的经济区域。这一大区又大致以秦岭—淮河线为界(800毫米等降水量线),其北属暖温带季风气候,农耕经济以旱作为主,可以称为"旱作农业经济带";其南属亚热带或热带湿润气候,农耕经济以稻作为主,可以称为"稻作农业经济带"。西北干旱区和青藏高寒区以及属于东部季风气候区的北方草原和东北地区,在历史上虽然也有农耕经济发展,特别是在绿洲与河谷地带,但总的说来,均以游牧、畜牧经济为主,可以合称为"游畜牧经济带"。这三大经济地带构成了中国历史上的基本经济格局。

三大经济地带的分野很早即已出现。早在新石器时代中晚期,南方诸考古文化遗存所反映的经济生活方式即以稻作、渔猎经济为主,而中原仰韶、大汶口、龙山等文化遗存所反映的经济生活方式以旱作农业、畜养为主,北方草原地区则迟至春秋战国时期由狩猎经济转向游畜牧经济。到了春秋战国以至汉代,三大经济带的差别已经非常清晰。长城内外及匈奴、西域地区,以游畜牧经济为主,农耕经济为辅。黄河中下游地区,以旱作农业经济为主。秦岭—淮河线以南地区,稻作农业经济与渔猎经济并重。

在以后的两千年间,三大经济地带的具体内涵与其地理位置历有变动。总的趋势是:自汉末三国至宋元时期的一千年间,北方游畜牧经济带不断向南推进,北方与中原因素持续扩大对淮汉以南南方地区的影响;而自明清以迄近代,则主要是南方经济因素不断向北推进,长江流域的稻作经济因素不断影响黄河流域,而黄河流域的经济因素不断影响北方草原地带。到了近代,岭南、东南沿海的经济因素更持续向北方、西北方向推进,渐次给长江流域、黄河流域以至北方草原地带、西北内陆地区带来影响。

---

① [美]费正清、赖肖尔:《中国:传统与变革》,陈仲丹等译,江苏人民出版社1992年,第5页。

这种变动长期演进的结果,使中国的经济地理格局由古代大部分时间里的北方草原游畜牧经济带、黄河中下游旱作农业经济带与南方稻作经济带三大经济带基本呈东西向延伸,主要表现为南、北差异的面貌,逐渐演变为东部沿海地区、中部地区与西部地区三个基本为东南—西北向延伸,主要表现为东、西差异的面貌。

三大经济带的变动与气候变化的影响有密切的关系。魏晋南北朝时期与宋元时期,游畜牧经济带与旱作农业经济带渐次南移,而这两个时期气候在总体上正在向干、冷方向演化;15世纪北部农牧过渡带北界的内缩,则是气候向寒冷方面转化的直接反应。在南方地区,中唐以后特别是南宋以后长江中下游地区圩(垸)田农业的发展,与当时气温降低、降雨减少、平原地带河湖水位降低有关。同样,南宋时期旱作农业区域逐步在汉水、淮河流域扩大,也与降水量减少有某种关联。

在中国历史上,虽然社会经济历尽曲折,不同时期、不同地区的形态也有诸多变化,但总的说来,三大经济带的总体格局基本上相对稳定。除元朝、清朝这两个北方民族建立起的统一帝国以及其他几个北方民族建立的北方政权之外,中原王朝的疆域在大部分时间里并不包括北方草原游畜牧经济带,长城一线往往成为北方草原政权与中原王朝互相争夺、进退拉锯的分界线;中原王朝实际控制并能实行有效统治的地区往往局限于农耕区域与农牧兼营区域。而在南北对立格局下,秦岭—淮河一线又往往成为南北分立政权的天然分界线。①

(2) 欧亚内陆与骑马民族

400毫米等降水量线以西的大陆性气候区与欧亚内大陆相连。从西部的南俄草原一直延绵至东部的蒙古高原的欧亚内大陆属于干燥地带,这里缺乏降雨,温差很大,温暖季节很短,不易于农耕和狩猎,却是天然理想的大牧场。所以,住在这里的人们既非农民也非猎人,而是一直以牛马羊为主要家畜的游牧民。这些原始游牧民大约在公元前四千纪后半期开始从农耕部落分离出来,迁移至东起兴安岭、西至东欧草原的空旷而单调的环境中,一直和自己的畜群一起,过着朴素、孤独、单一的和平生活。但是,当进入公元前一千纪的时候,这些原始游牧民族突然变成了好战的骑马民族。这一切是在怎样的时机发生的呢?据日本人类学家江上波夫的研究,

---

① 鲁西奇:《中国历史的空间结构》,广西师范大学出版社2014年,第110—137页。

是两方面的因素促使他们由和平的游牧民族转变为好战的骑马民族。首先,从公元前三千纪到前两千纪,西起西南亚、地中海,南至印度西北,东至中国黄河流域,农耕经济的急剧发展和城市文明的建立,刺激了他们的物质欲望,并使他们了解了战争。其次,公元前一千纪初叶,青铜引擎技术的出现和骑马战术的发明,推动这些原始游牧民族将掠夺战争作为重要生存手段,而掠夺战争的需要推动他们走向集团化和组织化,从而形成了"骑马民族国家"。从此,他们抛弃了和平的牧民生活,开始以住地为根据地,专门向周围的民族实行侵寇和掠夺。① 因此,游牧民族向骑马民族的转变是由农耕文明的繁荣刺激而形成,并大量依靠掠夺农耕社会及与农耕社会的贸易而生存,骑马民族国家与其农耕邻居是一种相依存、相伴生的关系。

中国历史上以蒙古高原为中心活动的匈奴、鲜卑、突厥、契丹、女真、党项、蒙古等北方少数民族也可以作如是观,他们即属于江上波夫所谓的"骑马民族",他们所组建的政权即是"骑马民族国家"。在中国历史上,这些游牧骑马民族没有一个是纯粹依靠畜牧为生,他们始终从事着某种边地农业并进行大规模的贸易活动,从中得到一些畜牧业本身生产不出来的货物以作为生活的补充。早在西周时期,位于渭河盆地的中心地带就曾遭受半游牧民的入侵,这表明,这些游牧骑马民族并不是新来者或与中国社会体系完全无关的局外人,他们很久以来就已经是中国社会体系的一部分。中国历史上的北朝、辽、金、元、清等"征服王朝"的出现,可以视为从西周以来就存在的南方汉人政权与其邻居北方骑马民族政权长期冲突互动过程的一种形式。②

美国学者巴菲尔德(Thomas Barfield)进而对这种互动模式进行了考察。他指出,中国历史上存在着中原、蒙古、东北的三角关系体系。由黄河流域和长江流域构成的广义中原地区以农业文明为主体,蒙古地区是游牧民族的家园,东北地区最大的生态区域由茂密的森林构成,居住着畜牧与农耕混合经济的村民。③ 三者关系的周期取决于蒙古、东北以及华北的军事力量、政治组织、经济结构之间的相互作用。在这些地区,存在着两种基

---

① [日]江上波夫著:《骑马民族国家》,张承志译,光明日报出版社1988年,第3—11页。
② [德]傅海波、[英]崔瑞德编:《剑桥中国辽西夏金元史,907—1368年》,中国社会科学出版社1998年,第11页。
③ [美]巴菲尔德:《危险的边疆:游牧帝国与中国》,袁剑译,江苏人民出版社2011年,第21—25页。

本的互动类型。首先,当中原地区建立统一强盛的王朝时,草原地区也往往会出现统一的游牧帝国,在这种情况下,整个边疆都在两大强权之一的控制下,这种两极分化也使边缘国家无法产生。这两种庞大的政治体系存在着共生的关系。由于游牧帝国这种庞大的内陆亚洲政体无法依靠不进行分工的游牧经济而独存,因此统一的草原帝国就迅速转而投靠新的中原国家,因为中原国家的经济基础可以用来资助草原上的帝国统治。游牧力量使用其军事力量从中原获取奉供以及贸易收益。边疆将被划分为两种大型政体:诸如东北和甘肃这样的混合区域既被处于农业区域的中原王朝所统治,同时也处于游牧区域的游牧国家控制之下。由于草原帝国一旦离开与中原的联系就无法生存,草原帝国以及本土的中原王朝不仅共存,而且同时走向衰亡。比如汉朝和匈奴帝国的同时崛起与衰亡,隋—唐/突厥—回纥时期中原与草原同时重新统一和几乎同时陷入纷乱。在第二种类型中,草原与中原皆处于崩溃状态的时期,东北的弱小边地获得走向独立的时机。利用周边的混乱局面,东北的游牧力量建立起小国,并进一步占领华北,用以部落军队为靠山的汉人官僚的二元化组织加以管理。这些游牧集团的部落背景以及军事力量,也使他们有能力扰乱草原上的政治结构,使草原一直处于混乱局面之中。比如,在汉与匈奴同时衰落后,拓跋北魏征服了华北并打乱了柔然试图统一游牧力量的计划,开启了一个南北分治的时期;之后,代之而起的是占据华北的东北契丹和女真与统治南方的宋朝鼎力对峙的第二次分治时期。此后,随着这些来自东北的征服国家的衰落,中原重新统一以及草原重组开启了另一个循环周期。

在传统三角关系中,蒙古地区的草原部落一般来说并不试图成为中原王朝的征服者;而东北地区,由于其政治与生态因素,成为当中原王朝因为内乱而崩溃时外族王朝的滋生地。但此后蒙古帝国的崛起和征服中原王朝改变了此前的传统模式,开启了从元朝到清朝的另一种三角关系的新类型。① 但不管是旧类型还是新类型,这三个地区之间的三角互动关系都是中国历史的基本要素。

(3) 周边民族与汉族

北方骑马民族与南方王朝的长期互动,不仅影响着中国的政治形式,

---

① [美]巴菲尔德:《危险的边疆:游牧帝国与中国》,袁剑译,江苏人民出版社2011年,第293—294页。

也塑造着中国的民族构成。两者互动的一般趋势是北方少数民族随着征服或臣服而大量"内迁",并融合到今日被称为汉族的血统中。陆威仪认为,自汉朝后期开始直到唐代,非汉人移民占帝国总人口的7%,占北方人口的12%—14%。唐朝后期这一数字估计在10%—19%之间。① 有关我国不同民族和地域的免疫球蛋白同种异型分布的调查表明,中华民族起源于古代两个不同的群体,北纬30度线以北属于北方型,以南属于南方型。居住于北方的汉族和北方的少数民族在同一集群,居住在南方的汉族与南方的少数民族在同一集群,南方和北方汉族的差异远远大过汉族和当地少数民族的差异。生活在中国大地上的各少数民族和汉民族是血脉相连的。② 汉民族之所以成为中国的主体民族,与其不断融纳周边少数民族的血液有密切关系。

周边汉族融入汉族的过程与周边民族的内迁浪潮相联系。汉代以来周边民族内迁的浪潮,大致有两汉、魏晋、南北朝、隋唐五代、金、元和清初等几次。就内迁的人数而言,以前面三次为多,而这三次周边民族内迁浪潮,恰好和北方汉族的南迁浪潮相呼应。换言之,发生在西晋永嘉之乱以后、唐后期五代和宋代靖康之乱以后的我国历史上的三次北方人口南迁浪潮,也是周边民族移民大规模武装内迁的结果。就像南迁的北方人口,曾对南方汉族的形成和壮大起过重要作用一样,周边民族的内迁也对北方汉族的发展产生不可低估的影响。

2. 区域多样性

目前中国陆地面积约960万平方公里,这是中国各民族在长期的生长繁衍过程中所形成的领土面积,这是一个非常广大的地域。如果将中国的领土面积和整个欧洲进行比较,会更明了这一点。欧洲的面积约1000万平方公里,比中国的陆地面积略多,但是欧洲有40多个国家和地区,而在中国的广大地域上却形成了一个大一统的国家。这不能不说是一件不同寻常的事。其中一个主要的原因是,经过长期的互动过程,在中国这广大地域中活动的各族群形成了相对鲜明的统一性,从而为组成一个大一统国家奠定了社会和文化的基础。但同时,我们亦不可忽视,在鲜明的统一性

---

① [美]陆威仪:《世界性的帝国:唐朝》,张晓东、冯世明译,中信出版社2016年,第24页。
② 赵桐茂、张工梁等:《中国人免疫球蛋白同种异型的研究:中华民族起源的一个假说》,《遗传学报》1999年第2期。另参见叶文宪《论汉民族的形成》,《古代文明》第5卷第3期,2011年7月。

之下,中国的社会与文化还有着丰富的区域多样性。把握区域多样性,对于我们理解中国历史的走向和社会的特点不可或缺。关于中国社会与文化的区域多样性,鲁西奇有较为深入的理论性概括。

鲁西奇指出,区域多样性首先表现在景观的多样性上。景观的多样性又可细分为自然景观、文化景观与景观认知和意义的区域差异等方面。

自然景观的区域差异,主要表现在地形地貌和气候两方面。中国的地形西高东低,呈现三级阶梯:青藏高原是第一级阶梯,平均海拔4 000米以上,被称为"世界屋脊";第二级阶梯分布在青藏高原以东和以北,分布着宽广的高原和盆地,海拔大致在1 000—2 000米之间;大兴安岭、太行山、巫山、雪峰山一线以东,由平原和低山丘陵相间组成,海拔一般在500米以下。这种西高东低、面向大洋逐级下降的地形特点,有利于来自东南方向的暖湿海洋气流深入内地,对中国各地区的气候、植被、土壤和水文都产生深刻的影响,特别是形成了大致与之相对应的东部季风区、西北干旱半干旱区、青藏高寒区三大自然地理区。在东部季风气候区内,又以秦岭—淮河一线为界,分成南北方两个区域。

文化景观的多样性主要表现在居住人群与人口分布、密度的区域差异,土地利用方式与经济形态的区域差异,居住方式的区域差异,语言、信仰与风俗的差异等四个方面。不同区域在景观方面的差异在很大程度上是不同区域社会经济发展进程、生产生活方式演进乃至政治模式、文化形态诸方面差异的结果,这些差异可以概括为"历史进程与道路的多样性",它主要表现在历史进程的区域差异、历史道路的区域差异以及影响历史发展诸要素的区域差异三个方面。

"历史进程的区域差异",主要指不同区域社会经济与政治文化发展的起步早晚、速度快慢、道路曲直、水平高低之别。"历史道路的区域差异",指不同区域在历史发展各主要阶段的根本性差别。在中国历史上,塔里木盆地、青藏高原、蒙古草原与黄河中下游地区的历史发展道路有着根本性的差别,这种差别根源于其生存环境以及生存于其间的各种人群对其所处环境及其变化的"适应"与不同的应对方式。"影响历史发展诸要素的区域差异",指在不同区域的历史发展过程中,发挥关键性作用的各种因素并不相同;同样的因素,在不同地区的历史进程中,所发挥的作用也可能不同。

总而言之,在中国历史上,各地区走过的历史道路不尽相同。特别是蒙古草原、塔里木盆地、青藏高原地区,所走过的历史发展道路很可能与中原地区有很大区别;即便是走在同一条历史道路上的不同地区,在历史进程中也有差异。

区域多样性的视角与思想方法,促使我们更着意关注中国历史与文化的多元构成,强调中华帝国与中国文化的内部差异;使我们进一步认识到,中国历史的发展,并非一条单一的轨迹,不同的区域都可能有其自身的发展脉络;它还促使我们以一种更宏大、包容的态度,去对待在宏大的中国历史叙述中未能占据"一席之地"的各种区域性的历史与文化,尊重诸种形式的区域特性及其文化表现形态,承认并致力于揭示其在人类文明和中国历史发展中的价值与意义。①

正是因为中国社会与文化在具有统一性的同时也具有区域多样性,很多历史学家和地理学家致力于识别和区分这种多样性。比如,历史地理学者李孝聪即将中国划分为八大历史地理区域:西北地区(陕、甘、宁、青、新)、西南地区(川、渝、滇、黔、藏)、中原地区(陕、晋、冀、鲁、豫)、长江中下游地区(鄂、湘、赣、皖、苏)、东南沿海地带(浙、闽、台)、岭南地区(粤、桂、琼)、东北地区(辽、吉、黑)、北亚蒙古草原地区。他指出,在中国历史上,这八大区域不仅地理环境不同,而且社会历史进程和文化风貌都存在着鲜明的差异。② 中国文化与社会的区域性不仅在历史时期如此,在当今也明显表现出来。因此,很多人文地理学者将识别和描述区域差异作为重要的研究任务,比如有的人文地理教科书就将全国分为 7 个大区、25 个亚区,并对区域之间的差异进行描述和解析。③

作为中国古代文明发源地的中原地区的地理环境,也对中国文明的一些特色的形成产生影响。比如,许倬云将中国文化发源的中原地区与印度河、两河、尼罗河三个河域进行比较,发现中原地区比这三个大河流域加在一起都大,换句话说,中原的腹地很大。而且中原地区内部没有严重的交通阻碍——不像印度五天竺那样分割得支离破碎——于是新石器时代晚期龙山型的文化,从东到西,从北到南,交通良好,有利于彼此互相学习,因此每个临接地区的文化都有差不多的面貌。"一方面在同一块土地上有许多中心在相互挑战,另一方面在挑战比较中又互相学习,同与异辩证式地

---

① 鲁西奇:《中国历史的空间结构》,广西师范大学出版社 2014 年,第 35—65 页。
② 李孝聪:《中国区域历史地理》,北京大学出版社 2004 年。
③ 王恩涌等编著:《中国文化地理》,科学出版社 2008 年,第 275 页。

组合在一起。在这个地区活动的人类总数跟刚刚所讲的三个地区加起来差不多,其异样性也跟刚刚三个地区的异样性加起来差不多,而在异样性那么强的地区可以产生一致性那么高的现象,这是很特殊的。"①余英时则把中国文化的发源地黄河流域与两河流域和埃及的尼罗河流域进行比较。这两个地区的文明都产生于土地肥沃的大河下游地区,而黄河由于含沙量大,容易泛滥,河道流徙无偿,不适合人类定居和农业发展,因此中国古代文化的发展多依赖于汾、渭、伊、洛等黄河的支流。黄河中下游各支流的环境不如两河流域及尼罗河流域优越,所以"经济生活在起始便带有一种艰苦奋斗的意义。以仰韶文化的村落为例,便常有迁徙的情形,而且一地有经过多次居住的迹象。这一方面表示当时耕作技术需要如此做,另一方面也可能是由于土地不够肥沃的缘故"。② 陆威仪则指出,黄河和长江流域的灌溉盆地提供了足够平坦而湿润、适合农业的土地,但这些灌溉盆地周围多山,在美洲农作物引入之前,多数山地不适宜耕种,导致盆地人口高度集中,在铁路和飞机出现之前,大部分人处于相互隔绝的状态。有限的可耕地再被分隔成一些核心区——冲积平原、江河沿岸地区,以及内陆盆地——它们被峻峭的山脉或者高原阻隔,把中国的内陆腹地分隔成不同区域。③

中国的气候,也影响其文明的拓展方向。古代巴比伦、埃及、罗马、印度等文明,都发源于暖温带而逐渐向寒冷地带发展。中国由于季风气候的影响,雨量由东南至西北递减,雨量变化率越往北越大,农作物收获的丰歉变化也随之加大;再加上气温南暖北寒,农作物生长的季节南长北短。这些条件对农民垦殖有很大吸引力,所以人口南移、文化南进成为必然趋势。④

三、社会历史的时空结构

地理是人类活动的舞台,人类活动所形成的社会经济体系必然受到特定空间因素的制约,因此,人类的社会和历史不仅具有时间性,还有空间性。正是有鉴于此,很多学者将时间和空间或历史与地理联合起来考察,试图识别出中国社会演变的一些时空结构特征,从而达到对中国社会历史

---

① 许倬云:《中国文化与世界文化》,贵州人民出版社1991年,第26页。
② 余英时:《关于中国历史特质的一些看法》,载氏著《文史传统与文化重建》,生活·读书·新知三联书店2004年,第138页。
③ [美]陆威仪:《早期中华帝国:秦与汉》,王兴亮译,中信出版社2016年。
④ 刘超骅:《山河岁月——疆域开拓与文化的地理环境》,载邢义田主编《中国文化源与流》,黄山书社2012年,第85页。

的宏观解释。这些学说对于我们宏观把握中国社会史是有帮助的。

1. 区域体系及其发展周期性

美国学者施坚雅是一个研究中国社会的人类学家,他在中国进行田野研究的过程中发现区域差异性对于理解中国社会非常重要,并由此提出了区域体系理论。具体来说,他根据河流山川的走向识别出华北、西北、长江上游、长江中游、长江下游、云贵、岭南、东南沿海、东北等九个相对独立的自然地理大区,并指出,在每个大区之内形成了一个以城市的层级网络为节点的相对独立的区域社会经济体系。由于地理条件的制约,货物和服务在每一个大区内部的交换比与邻近区域之间的交换更为便捷和频繁。这种交换通过层层嵌套的市场进行,因此形成了一个经济中心地的层级体系,它们从低到高依次是:标准市镇、中间市镇、中心市镇、地方城市、较大城市、地区城市、地区都会和中心都会。最低级的市场,人口稀少,技术落后,商业化程度很低。它们与外界的贸易,主要是通过以物易物的方式出口原材料、粮食和奢侈品等。在市场体系的最高端是中心都会,它们拥有密集的人口,是大区中商业化最高的地区。最有技巧的工匠和最先进的技术集中在这里,主要生产奢侈品。它们用这些较为昂贵的产品交换原材料、食品和简单的手工艺产品。区域内部的交换模式是资源从市场结构中较低的层级向较高的层级流动,以及从区域边缘向中心都会流动。由此,较高的中心将它们相对的优势,包括技术上的、工艺上的和资源上的,转化为结构上的优势。最后,中心都会整合整个区域,将交换系统化。通过这种途径,整个区域都为中心都会的利益服务,并维持它的优势地位。①

施坚雅还进一步指出,以中心都会为核心的区域经济发展不仅具有独立性,而且具有周期性。比如,从公元8世纪到12世纪,是以开封为中心都会的华北区域的上升发展周期,可以称为"开封周期"。12世纪初,由于女真对华北的蹂躏,造成了开封周期的衰落;13世纪由于黄河决口、水运体系的彻底摧毁,开封周期降到最低点。蒙古军队在华北的肆虐和瘟疫的流行,使1232年后几十年间的华北处于饥饿、灾荒的困扰之中,开封人口由90万减少到9万,城市规模退回到6世纪前的唐代普通城市的水平。开封周期衰落后,继之而起的是以北京为中心都会的华北区域经济的高涨时期,因此可以称为"北京周期"。北京周期经历了两个发展阶段:第一个

---

① [美]施坚雅主编:《中华帝国晚期的城市》,叶光庭等译,中华书局2000年,第243页。

是15世纪的发展阶段,持续到17世纪40年代的饥馑、瘟疫、少数民族入主而中落;第二个是17世纪50年代至19世纪40年代两个世纪的发展阶段,当时北京人口接近100万,华北区域人口达到1.2亿。施坚雅认为,开封周期和明、清各以北京为中心的周期发展,类似于农业的长期波动,周期在150—300年间。

施坚雅同时指出,中国区域间的发展周期可能不同步。比如,当11世纪以开封为中心都会的华北区域经济开始衰落时,东南沿海区域正处于上升阶段:发展的主要标志是转向区域外贸易,该区的茶叶、糖、水果不仅行销相邻区域,而且在海外也有固定市场;发达的造船业成为区域的经济支柱;各种各样的专业化商人,或行商或坐贾经营于该区域之外。区域性大都市泉州于1087年成为全国最大的港口城市,并一度成为区域性中心大都会。这一周期盛极而衰的转折大约发生在1300年;1371年为驱逐倭寇和海盗,明朝实行严格的贸易限制政策,是泉州周期衰退的标志;1500年泉州周期进入低谷。自16世纪20年代起,泉州参与葡萄牙、日本与中国东南沿海的三角贸易,经济又呈抬头之势,开始了第二个发展周期。1571年西班牙人建立马尼拉城,发起了墨西哥银圆的船运业务。漳、泉二州商人在西班牙人和菲律宾土著之间充当中介人,海外投机贸易更形扩展,漳、泉二州农产品更形商品化,新的乡村集镇不断兴起。东南沿海区域第二个发展周期的转折点在明末清初。为切断郑成功以沿海岛屿为基地的抗清势力与内地的联系,清廷在东南沿海实行海禁政策,许多村庄、集镇、城市被夷为平地。1757年,清廷将广州定为唯一合法的对外贸易口岸,从此整个东南沿海区域的发展被遏制了近一个世纪之久。在泉州周期的衰退阶段,漳、泉二州的许多商人移居台湾和东南亚。东南沿海的"黑暗时期"直到19世纪40年代,福州和厦门开放为通商口岸时才告结束。

总之,在施坚雅看来,中国的社会历史存在着特定的时空结构,这个时空结构是一个由网络连接的地方史和区域史所组成的层次结构,它们的作用范围体现在人类相互关系的空间形式之中;在每一层次上,某一特定区域体系的关键时间结构都是连续不断的周期的"插曲"。这种周期的图像表达是不规则的曲线。①

---

① 参见李洵、赵毅《施坚雅教授中国城市史研究评介(代序)》,载施坚雅著《中国封建社会晚期城市研究——施坚雅模式》,王旭等译,吉林教育出版社1991年,第10—12页。

2. 核心与边缘结构

1936年,冀朝鼎用英文出版了专著《中国历史上的基本经济区与水利事业的发展》。在这本书中,他提出了"基本经济区"的概念。他认为,在中国历史上的每一个王朝都要依靠某个基本经济区来支撑自己的统治,因此王朝政权会以牺牲其他地区为代价将资源集中投入这个基本经济区,从而在王朝内部产生一种"核心—边缘"结构。① 这样的观察中国社会及其历史的视角启发了很多学者。比如,施坚雅的区域体系理论的重要基础之一就是"核心—边缘"结构学说。② 近期,鲁西奇在冀朝鼎和施坚雅等人的启发下,进一步深化了该问题的研究。③

施坚雅在指出每一地理大区都形成一个城市层级网络的同时,也指出这个网络可分为"核心"与"边缘"两大部分。例如,除云贵高原外,其他大区的核心部分都位于河谷或低地地带,边缘地带则位于区域周边的高地、沼泽、盐碱滩和绵亘的山区。自然地理条件的不同,促成了核心区与边缘地带的差异。首先,可耕地、人口、资金等资源集中于核心区,导致核心区的农业生产力远远超过边缘地带。其次,与边缘地带相比,核心区具有明显的交通优势,每一区域的运输网络和运输枢纽都集中在核心区。再次,核心区的商业化程度远远超过边缘地带,每一区域的主要城市都崛起于核心区或通向核心区的主要交通线上。每个大区的发展都是以"边缘"为"核心"、服务为代价的。

鲁西奇在冀朝鼎、施坚雅的启发下,将"核心区"的概念进一步扩大,添加政治、军事、文化等元素,提出在中华帝国的疆域内部存在多层的"核心—边缘"结构。大致存在五个层级的核心区,即王朝统治的核心区(全国性核心区)、大区的核心区、高层政区的核心区、中层政区的核心区以及低层政区(县)的核心区。所谓王朝统治的核心区,指的是在统一帝国疆域内,集中全国最重要的物力、财赋、人才资源并拥有统治全国之合法性的区域,是王朝统治者据以控制全国的根据地。所谓大区的核心区,指的是在超越高层政区的一些"大区"范围内所存在的类似的"核心区"。此外,

---

① 该书中译本由朱诗鳌翻译,1981年由中国社会科学出版社出版,书名是《中国历史上的基本经济区与水利事业的发展》。2014年由商务印书馆再版,书名改为《中国历史上的基本经济区》。
② 施坚雅的学说较为集中地体现在施坚雅著《中国封建社会晚期城市研究——施坚雅模式》,王旭等译,吉林教育出版社1991年。
③ 鲁西奇:《中国历史的空间结构》,广西师范大学出版社2014年,卷二"核心与边缘"。

每一政区亦存在自己的核心区。如此,中华帝国的政治空间就展现出这样的格局:在帝国疆域内,存在着大大小小、不同层级的核心区;在这些核心区之间,是王朝控制力相对薄弱的"内地的边缘";在这些核心区与"内地的边缘"的外围,是"帝国的边疆";帝国政府通过控制这些核心区,实现并强化对"内地的边缘"和"帝国的边疆"的控制。①

历代王朝皆有其统治的核心区,但历代王朝的统治核心区却不断转移。据鲁西奇的研究,中国历代王朝统治的核心区的转移,可分为三大阶段:第一阶段,秦汉魏晋南北朝以迄唐前期,各王朝的核心区基本稳定在关中、河洛与河东(太原)地区,长安、洛阳、晋阳构成核心区的三个基本点,不同朝代在这三个基本点之间有所变动;第二阶段,自中晚唐五代至北宋,政治军事重心逐渐东移,逐渐稳定在以开封、洛阳、大名、应天为中心的黄河中游两岸地区;第三阶段,金元明清时期,核心区主要是以今北京为中心的华北北部地区。中国历代王朝核心区的转移表现出由西北向东北、由关陇向幽燕移动的轨迹,元、清的核心区更是跨越长城,兼括草原与农耕地带。②

在各级核心区之外,存在很多边缘地带,它们相对于帝国的边疆,可以称为"内地的边缘"。这些地区一般具有四方面政治经济和社会文化特征。①国家权力相对缺失,政治控制相对薄弱,地方社会秩序的建立多有赖于土豪等地方势力;国家为达到控制此类地区之目的,多采取因地制宜的变通方式,充分利用地方各种势力,遂形成政治控制方式的多元化。②可耕地资源相对匮乏,且开发利用难度较大,而山林矿产资源相对丰富,从而使边缘区域民众采取多种多样的生计方式,并由此形成了经济形态的多样性。③人口来源复杂多样,很多为逸出于社会体系之外的流民、亡命等,属于所谓"边缘人群";其社会关系网络多凭借武力,或以利相聚,或以义相结,或以血缘、地缘相类,具有强烈的"边缘性"。④文化上的多元性,特别是异于正统意识形态的原始巫术、异端信仰与民间秘密宗教在边缘地域均有相当的影响,使这些地区在文化上表现出独特性。正是基于以上特点,"内地的边缘"区域往往成为古代中国诸种社会动乱的策源地,也有可能成为新生力量与新生因素的发源地。③

---

① 鲁西奇:《中国历史的空间结构》,广西师范大学出版社2014年,第164页。
② 鲁西奇:《中国历史的空间结构》,广西师范大学出版社2014年,第212页。
③ 鲁西奇:《中国历史的空间结构》,广西师范大学出版社2014年,第238—253页。

第三节 中国社会历史对地理环境的塑造

人类在地表上生存繁衍需要顺应和利用地理环境所提供的条件,同时人类也根据自己的需要对环境进行改造。这种改造过后的环境也会再次成为人类活动的基础。这是一个持续不断的人与环境相互作用的过程。关于人类活动对环境的塑造这一主题,在历史地理学、环境史以及生态学中有众多精彩的研究。本节仅选取两个问题做示例性的探讨:一个是政治与经济重心分离所产生的影响,一个是农业开发的环境影响。

一、政治、经济重心分离的影响

作为一个历史悠久的大国,中国的政治中心、经济重心长期存在着分离的情况。在隋唐以前,中国的政治中心主要在西北,而经济重心在河南、华北、山东所谓"关东"地区,因此,是一种东西对峙的局势。唐代以后,随着长江流域的开发,中国的经济重心转移到南方,而政治中心仍然留在北方,出现了南北对峙的局势。如果从积极方面来说,这样的一种形势促进了国内市场的形成和扩大,比如饮茶之风的北传对国内市场的形成具有很大的推动作用。另外,由于首都、军队、官僚集中于北方,就需要从南方调集粮食等物资运往北方,从而促进了南北的交流。南北交流在地理景观上最明显的标志是大运河的修建,而在社会、经济上的影响则无过于漕运。运河和漕运在沟通南北、促进经济文化交流的同时,也对环境带来了一定的消极影响。

1. 运河与漕运的环境影响

我国历史上所开凿的南北大运河,主要目的是将处于北方的政治中心与处于南方的经济重心联系起来。但据邹逸麟的研究,由于自然条件的原因,它并不是十分理想的航道。历代统治者投入大量人力物力,不时疏浚修筑,是为了保证王朝每年所需要数百万石漕粮的供应。其实这种漕运是对社会财富的极大浪费。至于发展商业贸易活动的民间商船要利用南北大运河,则由于社会、自然等因素,受到很大限制。除了押漕官吏挟带私货进行贩运,或有政治背景的"官商"用重金贿赂闸官私自放行,一般客商往来贩运甚是不便。因此,历史时期运河在社会商品流通方面所起的作用是有限的。

大运河在便利南北交通之时,对地理环境和农业生产产生很多不利的影响。我国东部平原水系因受西高东低地形的制约,大都自西向东流入大海。纵贯南北的运河,拦截了许多流向大海的河流。以后运河河床淤高,阻碍运河西部地区地面积水的排除,使运河以西地区经常遭受洪涝之灾,土壤逐渐盐渍化。

大运河河道用水和农业用水往往产生尖锐的矛盾。先秦至南北朝时期,各地区开凿的人工运河和农田灌溉渠道在职能上并无严格区别。虽然在秦汉中央集权统一国家形成以后,漕运成了运河的主要职能,但那时政治中心和经济重心都在黄河流域,漕运的行程不远,为时也短。因而在这个时期,运河的通航和农业用水尚未出现令人瞩目的矛盾。

隋唐两宋时期,政治中心在黄河流域,而经济重心却逐渐转移到了长江流域。漕运成为南北大运河的主要任务,历届政府也将保证漕运的畅通作为一项重要职责。由于漕运路程延长,漕航在运河中航行的时间也随之增加。几乎每年春上解冻到深秋禁运浚河的这段时间内,运河全被往返的漕船所占用,而两岸的农田此时也最需要灌溉,漕运和农业用水出现了矛盾。

到了元明清时代,运河的通航和农业用水的矛盾达到了十分尖锐的程度。元代开始兴建的南北大运河,在淮河以北各河段水源都很缺乏。元代通惠河全借白浮、一亩等泉以通漕运,水源原不充沛,沿途的寺观权家往往私决堤堰,浇灌稻田、水碾和园圃,妨碍了漕船的运行。元朝政府曾为此严下禁令。清代卫河水流细微,沿河农家往往私泄以为灌溉之用,使运河更浅,粮艘难行。康熙年间严禁民间放水灌田。但日久法弛,于是乾隆初又重申禁令。沿运的地方和水利官员以开发水源的多寡为升迁的标准之一,于是当途者"尽括泉源,千里焦烁"。汶泗流域的农业因灌溉缺水,每况愈下,甚至使农业人口大批逃亡。江淮运河虽贯串于诸湖之中,可是在界首一带,"放水灌田,则舟苦难行;蓄水行舟,则民苦无水"。可见,江淮运河沿线灌溉和漕运的矛盾一样是十分尖锐的。总之,元明清时代漕运和农业用水矛盾的最后解决,是牺牲沿运地区农业生产的利益,服从于中央政府漕运的需要。①

2. 饮茶之风北传的经济影响

茶与咖啡、可可并列,为当今世界最流行的三大非酒精饮料之一。中

---

① 本小节主要引述了邹逸麟的相关研究,参见邹逸麟《从地理环境角度考察我国运河的历史作用》,载氏著《椿庐史地论稿》,天津古籍出版社2005年。

国是茶的发源地,但饮茶成为全国普遍的习俗却存在着一个发展的过程。在西汉时期,饮茶食茶的习俗还只局限于巴蜀地区。两汉以降,吃茶饮茶之风逐渐传播到长江中下游各地。至六朝时期,成为南方常见的一种饮食生活习俗。经过相当长一段时间的浸染和传播,至中唐以后,随着南北交流的加强,华北地区饮茶日渐普及,并开始传往西北游牧地区,由此导致茶马贸易的出现,茶叶最终在全国范围内成为与酒并驾齐驱的另一大饮料。随着饮茶的逐渐风行和普及,在华北地区持续数千年之久的浆饮习俗逐渐衰落下去。

中唐以后,随着茶饮在古代经济文化中心区域——华北的风行,茗饮不断向社会生活与历史文化的其他领域广泛渗透,并在逐步融汇、凝结中国传统文化众多特质的过程中不断创新、不断更化,最终组合为一种由特殊器物、特殊操作规程、特殊象征意象、特殊品饮氛围和场景共同构成的复杂文化丛体,成为中国传统文化中一个极具特色风情的组成部分。

茶饮的北渐及其风行华北,对于中国古代经济发展也具有深刻而显著的影响。由于茶叶生产的地区性及由此而导致的生产与消费的地区不同位,当饮茶风行华北之后,茶叶成为古代重要的跨地区性的商业贸易品。同时,由于茶叶是饮食领域最具消费弹性和最能带来加工与贸易附加值的商品之一,可以创造很高的商业利润,因此,自唐代中期以后,茶叶贩运一直是中国古代最为活跃的一种跨地区商业贸易活动。大规模的跨地区茶叶贸易,不仅有利于古代南北经济联系的不断加强,促进全国统一性商品交换市场的孕育,也有利于促进茶叶产区农业生产乃至整个区域经济的结构性变化。

原本只是一种地域性饮食习俗的茶文化,从中古时期开始,在华北这一高度发达的经济文化区域经改造、丰富和升华之后,逐渐开始显现其世界性的意义。借助于大唐文化的强大声威,茶与饮茶习俗在中古后期开始东传日本和朝鲜半岛,并以茶马贸易为先导,通过华北传播到西北游牧地区,而后波浪式传播到中、西亚乃至欧洲,逐步形成庞大的饮茶文化圈。从此,茶作为一种物质媒介,在中外贸易和物质文化交流中长期发挥独特的作用。如果说汉帝国的强盛导致了举世闻名的"丝绸之路"的开辟,打开了古代中西物质文化交流通道的话,那么,唐文化的繁荣则为"丝绸之路"注入了更为丰富的内容,将中外物质文化交流推进到了一个新的历史阶段。从此,以丝绸贸易为主的物质文化输出逐步发展为以丝、茶输出并重,并一直持续到近代。①

二、农业开发与环境问题

中国长期是一个以农业文明为基础的社会,农业的开发固然为文明的发展提供了强大动力,但同时也导致景观的重大改变和不可忽视的环境问题。

1. 单一农作物取代多样的天然植物

与天然植物相比,农作物在人工培育之下往往拥有对于环境广域性的适应能力,即一些作物可以在北上南下中获得更大的生存空间,如冬小麦、谷子(粟)既是北方的优势作物,也在南方赢得了种植空间;盛行于南方的水稻,同样在北方获得了一席之地。农作物广域性的环境适应特点,通过同一作物不同品种而实现,并在对天然植被的取代中,形成同一的、辽远的种植空间。

农作物在取代天然植被的同时,也改造了环境,其显著之处在于:其一,天然植被是与复杂的自然环境对应的产物,就其种类而言包括乔木、灌木以及草本,而农作物多属于草本植物,且种类单一,由农作物取代天然植被最明显的环境改造是植物多样性的消失;其二,天然植被不存在因周期性破坏而出现的裸地,而农作物的播种、收获经历着一年内周期性的土地裸露,无论南北方,裸地的出现均带来明显的环境后果;其三,长年的连续耕作,必然出现土壤肥力降低、土壤结构改变、土壤退化的结果。②

2. 围湖造田与湖泊萎缩

圩田既是江浙水乡采取的重要土地利用形式,也是围湖造田的主要形式。这种田制创始于宋代,主要有圩田(主要是围江、湖造田)、涂田(开垦大陆和海岛的滨海滩涂地)、沙田(开垦江河的冲积沙滩)等几种形式。

围水造田对于解决人多地少的矛盾有巨大作用,但也造成了环境恶化、湖面减少的环境问题。比如,宋代是历史上围湖造田的第一个高潮期,这一时期江浙一带围湖造田量最大。其中,鉴湖本为越州境内蓄水、灌溉能力最强的湖泊,可以灌溉山阴、会稽两县境内9 000顷农田。北宋开始不断有人盗湖造田,导致官府的干预和禁止。但是南宋为了安置北方流民,被迫开禁,导致这一湖泊被全部开垦,湖面消失。明清两代南方围水造田

---

① 本小节主要引述王利华的相关研究,参见王利华《中古华北饮食文化的变迁》,中国社会科学出版社2000年,第285页。
② 韩茂莉:《中国历史地理十五讲》,北京大学出版社2015年,第88页。

的事例越来越多,大片湖泊随之消失。①

3. 山区开发与水土流失

从宋代开始出现了对山区环境有威胁的开发,到了明清则进入了一个新阶段。人口多、土地开垦范围大是明清时期山区开发的突出特点,由此而引起的水土流失量也更甚于前代。玉米、甘薯是当时山区开发的主要作物,但是这种作物"根入土深,使土不固,土松遇雨则泥沙随雨而下"。前往山区垦荒的棚户往往以三年为期,"种苞谷三年,则石骨尽露,山头无复有土矣,山地无土,则不能蓄水,泥随而下,沟渠皆满,水去泥留,港底填高,五月间梅雨大至,山头则一泄靡遗"。三年之后,由于水土流失,一处也不能开垦,"棚户又赁垦别山,而故所寄处,皆石山不毛矣"。同样,种植在山地的甘薯也会引起严重的水土流失。②

一个明显的例子是豫鄂川陕交界的山区。此地原为一片亚热带森林,唐宋时代秦岭大巴山依然植被覆盖良好,元以前人迹稀少。明宣德以后大批流民迁入林区,至明中叶,进入鄂西郧阳山区的流民达200万之多。清中叶又发生一次流民迁入浪潮。流民进入山区后,伐木造纸、烧炭,种植玉米、甘薯,甚至开辟梯田,多年老林,砍伐殆尽。到了19世纪,除了少数地区如神农架、镇坪、淅川等处尚有较多森林和竹林以外,荒山秃岭随处可见,水土流失十分严重。本区成为天然植被破坏较晚而程度极为严重的典型地区。③

4. 农业开垦与土壤沙化

农业的过度开发,不仅导致山区水土流失,还导致很多环境脆弱地区的土壤沙化。不少今天的沙漠地区,此前本是草原,是在人类垦殖下,变成了沙漠。比如科尔沁沙地,位于内蒙古西拉木伦河和西辽河流域,自然条件比较优越,原是一片以草原为主的地带,水草丰茂,牛羊遍地。10世纪时,契丹将在战争中俘掠来的汉人和迫迁来的渤海人约数十万人,安置在西拉木伦河和老哈河流域进行屯垦,开辟农田,使这一片地区成为农牧交错之地。部分地区因植被覆盖面减少,表土裸露,被风吹起沙。当时农作物都种在垄上,即为防止"吹沙所雍"。以后在蒙古贵族统治期间,没有更

---

① 韩茂莉:《中国历史地理十五讲》,北京大学出版社2015年,第89—91页。
② 韩茂莉:《中国历史地理十五讲》,北京大学出版社2015年,第91—92页。
③ 邹逸麟编著:《中国历史地理概述》,福建人民出版社1999年第2版,第17页。

大规模的开垦,草原植被有所恢复。清代又在此广设牧场,生息大批马驼牛羊。19世纪以后,清政府为了增加财源,将大片草原招民开垦。因土地贫瘠,经过两三年即因沙害而放弃,继而开垦新草地。在无植被覆盖的撂荒地上,干旱风季时沙层被吹扬而起,形成流动沙丘。这些沙丘先以点状出现,以后连成一片,使草原退化成沙漠化土地。①

又比如乌兰布和沙漠北部。乌兰布和沙漠在今内蒙古河套西部,原为黄河冲积平原。自晚更新世以来,黄河河道一再东移,至今在这一地区仍有三条古河道遗迹。在废弃的河道和低洼地,曾因河水浸溢积聚成湖。《汉书·地理志》《水经注》就记载了这地区有名为屠申泽的大湖。秦汉时代,为防御匈奴,从内地迁来大量汉民安置在河套一带进行屯垦戍边,并设置郡县。其中朔方郡最西的窳浑、临戎、三封三县就分布在今乌兰布和沙漠北部地区。现今故城废址已半被沙埋,周围一片沙丘,但当年却为新开发的农垦区。东汉以后,匈奴南进,边民内迁,垦区废弃,已被耕过的表土,受干旱气候和强烈风蚀,遂成流沙。10世纪末,宋使王延德出使高昌(今吐鲁番),途径乌兰布和沙漠北部。据他的记载,这一地区已是"沙深三尺,马不能行,行者皆乘橐驼。不育五谷,沙中生草名登相,收入以食"(《宋史·高昌传》)。登相即流动沙丘中的植物沙米。可见当时正是流沙初起的阶段。在17世纪末的记载中,该地尚有蒲草、红柳等在固定沙丘上生长的灌丛植物。晚清以来,由于滥行砍伐和过度放牧,又导致这一地区流沙再起。现从磴口以南直至乌达的黄河西岸,流沙已直抵河岸,南北陆路交通完全阻绝,包新铁路不得不改在黄河东岸铺设。②

---

① 邹逸麟编著:《中国历史地理概述》,福建人民出版社1999年第2版,第77页。
② 侯仁之:《乌兰布和沙漠北部的汉代垦区》《乌兰布和沙漠的考古发现和地理环境的变迁》,载氏著《历史地理学的理论与实践》,上海人民出版社1979年。

第五章 中国社会演变诸阶段

社会史研究的最终目标是从整体上把握中国的社会形态及其发展进程,历史分期无疑是其非常关键的核心问题。但是这个问题又极端复杂,至今难有定论。这个问题的困难性可以从以下几个方面加以剖析。

首先,这牵涉到人类社会发展是一元论还是多元论的问题。如果认为人类历史的进程是遵循同样的规律并按照大致相同的进程发展,则可称之为一元论或单线论;如果认为人类社会的发展历程可以遵循不同的模式和道路,则可称之为多元论或复线论。其次,对于一元论者来说,什么是人类历史的共同模式,又有不同的理解,由此导致对中国历史进程的认识也有所不同。再次,即使不同学者持相同的理论模式,也可能对中国历史转折期的认识有所不同,从而导致分期上的差异。

中国社会史的研究最终要对中国的历史分期问题有所贡献,而深入分析历史分期的讨论也可以为中国社会史的研究提供方向性的指引。由于历史分期问题是一个没有定论的开放性问题,所以本章将首先介绍相关的讨论,然后提出自己的分期方法。

第一节 关于中国历史分期问题的讨论

在中国传统史学中,自有一套关于中国历史分期的方法。中国传统纪传体正史基本按照王朝的变换来叙述中国历史的发展演变,概括而言,可称为"王朝史观"。随着20世纪初现代中国史学的建立,中外中国历史研究者的一个重要目标是突破传统王朝史观的限制,探索更能展现中国历史发展脉络的分期模式。

本节将首先介绍20世纪上半叶直至80年代之前中国学者关于中国历史分期的讨论,接下来介绍日本学者和西方学者的相关理论,最后介绍80年代以后中国学者的相关探索。这些探讨虽然多数以整个中国历史为范畴,但其共同的特征是突破政治史的局限,更多地从中国社会形态和社会结构的演变着眼,因此,对我们理解中国社会史的分期问题提供了重要的参考和讨论基础。

一、中国学者的论述——五种社会形态史观支配下的中国历史分期

从20世纪20年代后半叶直到30、40年代,中国有一场热烈的关于中国社会性质的论战,称之为"中国社会史论战"。这场论战从"当前中国革命是何种性质"这一实践性的课题出发,对中国社会的性质、发展规律和演进阶段展开探讨。

郭沫若的《中国古代社会研究》(1930)一书是最早试图论述中国史时代区分的著作,该书提出殷代以前为原始公社制,西周时代为奴隶制,春秋以后为封建制,最近百年为资本制。与此相应,中国有三次社会革命:第一次是殷周之际的奴隶制革命,第二次是周秦之际的封建制革命,第三次是清代末年的资本制革命。① 郭沫若《中国古代社会研究》一书突破了儒家的传统史观,开启了依据唯物史观和五种社会形态观点对中国社会史作有体系把握的先河。

此后,吕振羽《殷周时代的中国社会》(1936)在批判郭氏著作的基础上,提出自己对于中国社会史分期的见解。吕振羽依据殷墟卜辞等资料,指出殷代已存在着奴隶与奴隶所有者、支配者与被支配者的阶级社会,并非郭氏所说的原始共同体社会,而是奴隶社会。关于周代,以西周后期金文的记事,探求周室与诸侯间的册命礼仪,指出两者的关系是政治的封建关系;另一方面,关于郭氏所否定的井田制,则认为是以凿井灌溉耕地,其耕作组织是以诸侯的农奴也即农民为直接的生产者,属于庄园组织,是适应政治上的封建制而来的生产关系。因此,西周时代为封建社会。

吕氏的主张在40年代以后获得了多数人的赞同。吴泽《中国历史大系·古代史——殷代奴隶制社会史》(1944)、翦伯赞《中国史纲》第一卷(1946),以及以范文澜为中心而编纂的《中国通史简编》(1949)等,都认同吕氏的见解,并由此展开历史分期的论述。

郭沫若在1945年出版了《十批判书》,其中的第一篇论文《古代研究的自我批判》中,对自己的旧著《中国古代社会研究》作了自我批判,修正了许多论点。他一方面承认吕振羽等人以殷代为奴隶制的学说,另一方面仍认为西周时代是奴隶制社会。在1952年出版的《奴隶制时代》一书中,郭沫若再次确认殷周两时代均为奴隶制社会,但修改了《中国古代社会研

---

① 郭沫若:《中国古代社会研究(外二种)》,河北教育出版社2000年,第30页。

究》将奴隶制社会的下限置于西周末的见解,而将它延长至春秋末期。

1949年后,范文澜等人的西周封建说曾"独步天下",但"文化大革命"后期,郭沫若的"春秋战国之际封建说"代替了西周封建说,成为中国历史分期的主流。① 此后,中国大陆的教科书基本上按照战国封建说的思路来撰写。

在西周封建说和春秋战国之际封建说之外,何兹全最早提出了魏晋封建说。70年代末,他把它概括为"汉魏之际封建说",并在1991年出版的《中国古代社会》中总结性地表达了自己对中国社会史的看法。具体来说,有四个要点。①殷周以前是氏族部落时代。②殷(盘庚)周时代,氏族已在分解,有了氏族贵族和平民,也有奴隶、依附民,但氏族部落、部落联盟仍是社会的组成单位,是氏族部落向国家的过渡阶段,可称之为部落国家或早期国家。③战国秦汉时期,城市交换经济发展,农业生产也被卷入交换过程中来。交换经济进一步破坏了以血缘关系为基础的氏族组织,氏族成员解放为自由个体小农,小农经济构成古代社会的经济基础。交换经济进一步发展,商人兼并农民,农民破产流亡或沦为奴隶。这是城市支配农村的时代。④汉魏之际(三国西晋)社会由古代向中世纪转化,出现了三方面的变化:城乡经济的衰落、依附关系的发展、宗教的兴起。②

除了以马克思主义五种社会形态为基础的中国历史分期之外,也有学者提出不同的分期方法。比如,钱穆就提出了以士人为中心的中国社会演变论。钱穆明确提出并形成这一理论的话语体系是在20世纪50年代。1950年10—11月,钱穆在香港《民主评论》第8—9期上发表了《中国社会演变》一文,提出中国历史是一部社会演变的历史。以春秋时期为界标,此前是"封建社会",此后是"封建社会"的瓦解,从此开始了中国社会演变的时期,即由春秋以前的"封建社会"一变而为战国的"游士社会",再变而为两汉的"郎吏社会",三变而为魏晋南北朝的"门第社会",四变而为唐宋元明清的"科举社会",五变而为近代的"殖民化社会"。1955年11月,钱穆在日本东京大学做题为《中国历史上社会的时代划分》的讲演,进一步阐发了他的上述思想,并称以"士中心的社会"为"四民社会",即由"士、农、

---

① 何兹全:《我所经历的20世纪中国社会史研究》,载氏著《中国社会史研究导论》,商务印书馆2010年,第22页。

② 何兹全:《我所经历的20世纪中国社会史研究》,载氏著《中国社会史研究导论》,商务印书馆2010年,第37页。

工、商四行业不同的四民所组成"的社会。他重申了上述关于中国社会演变的划分,并对唐以后的"科举社会"作了更细的划分:唐宋为"前期科举社会",明清为"后期科举社会"。1977年,钱穆以《再论中国社会演变》为题,再次撰文阐发他的中国社会演变论。其要点有二。一是重申20世纪50年代关于中国社会演变的划分法,即春秋以前为"封建社会",战国以下为"四民社会"。四民社会又可细分为"游士社会"(战国)、"郎吏社会"(两汉)、"门第社会"(三国至唐)、"白衣社会"(两宋至清)。同时,又做了两点修正,即将"门第社会"由南北朝延至唐代,而原来由唐代开始的"科举社会"改从宋代始。又因"进士皆出自白衣",故改"科举社会"为"白衣社会"。① 但总体来说,五种社会形态之外的中国历史分期方法在大陆史学界不处于主流,也未引起足够的重视。

二、日本京都学派的中国史分期理论

除了中国学界之外,日本学界也对中国的历史分期有热烈的讨论,并一度成为日本中国史研究的热点问题。日本学界关于中国历史分期的讨论,可分成二战前和二战后两个阶段。二战之前,以京都大学和东京大学为中心,分别形成了中国史研究的两大流派,即京都学派和东京学派,他们对于中国历史有不同的阐释理路。以内藤湖南为中心的京都学派强调从中国文化自身的特色来认识中国历史,并大量吸取中国学者的治学方法;以白鸟库吉为首的东京学派则推崇德国兰克客观主义史学的治学方法,以文献学为中心,又被称为"东京文献学派"。战后日本关于中国历史分期的讨论曾兴盛一时,它和清算军国主义历史观、批判"中国历史停滞论"以及运用马克思主义史学理论紧密联系,基本上是从整体的历史进步史观开展研究的。历史分期的论争在80年代趋于沉寂,但取得的成就却相当显著,极大地促进了史学研究的进步,并内在地规范着今日的研究。②

以下首先介绍日本京都学派的中国史分期理论,其次介绍东京学派的中国史分期理论。需要注意的是,不论是京都学派还是东京学派,他们的中国史研究对中国学者和西方学者都有很大的影响。

1. 内藤湖南的中国史分期理论

内藤湖南是近代日本著名历史学家,日本"内藤史学"和"京都学派"

---

① 钱穆:《中国社会演变》《再论中国社会演变》,载氏著《国史新论》,生活·读书·新知三联书店2001年。
② 韩昇:《日本魏晋隋唐史研究的新成就》,《光明日报》2000年12月8日。

的创始人,他最有影响的就是其独特的中国史分期理论。内藤湖南早在20世纪20年代初在京都大学讲授中国古代史时,就提出东汉以前为"古代",五胡十六国至唐中叶为"中世",以后为"近世"的阶段论。该讲稿于作者逝世后,以《中国上古史》为名出版。

在《中国上古史》中,内藤湖南把中国史分为上古、中古(中世)和近世三个时期。第一时期是从开天辟地到后汉中期的上古时期。上古时期还可再分为前后两期,其中前期是中国文化的形成时代;后期是中国文化向外部发展,演变为所谓东洋史的时代。在第一期到第二期之间有一个过渡期,即所谓的第一过渡期,它从后汉的后半期到西晋,特点是中国文化暂时停止向外发展。第二期是从五胡十六国到唐中叶的中世时期。这一时期,外部种族在中国文化的刺激下觉醒,其文化力量在反弹作用下及于中国内部。之后,由唐末至五代为第二过渡期,这是来自外部的力量在中国达到顶点的时代。第三期宋元时代为近世前期,第四期明清时代为近世后期。但是,他对于近世时代前期和近世时代后期的划分依据和时代特点没有给予解释。① 内藤湖南的中国史分期,可简单列表(见表2):

表2 内藤湖南的中国史分期

分期	朝代	特点
上古时代	从开天辟地到后汉中期(100年左右)	中国文化的形成和向外部发展
第一过渡期	后汉的后半期到西晋(316年)	中国文化暂停向外发展
中世时代	五胡十六国到唐中期(9世纪初)	外部种族觉醒,其文化反作用于中国内部
第二过渡期	唐末至五代(960年)	外部力量在中国达到顶点
近世时代前期	宋元时代(1368年之前)	
近世时代后期	明清时代(1911年之前)	

内藤湖南中国历史分期理论有两大支柱,一是文化中心移动说和文化的作用与反作用的思想,二是唐宋变革说。② 他的中国史分期理论,更多

---

① [日]内藤湖南:《中国史通论》(上),夏应元等译,社会科学文献出版社2004年,第5—6页。
② 夏应元:《中国史通论》"编者前言",载内藤湖南《中国史通论》(上),夏应元等译,社会科学文献出版社2004年,第5页。

是从文化史着眼,并没有严密论证,却成为"京都学派"的主要标志,并被后学继续发展。

2. 宫崎市定的中国史分期理论

在京都学派关于中国史分期理论的建构中,宫崎市定具有承前启后的重要作用。宫崎市定在《九品官人法的研究》中提出,魏晋隋唐时代的基本特点是贵族政治。贵族门阀垄断了国家的铨选,决定了教育的性质和对象,其于地方乡里社会所拥有的实力,成为他们获得政治权力的保证,国家政权也不得不与之妥协,形成该时期国家政权的基本特色。在《中国古代史论》中,他进一步从社会基层组织演变的历史,揭示贵族制的社会起源及其权力基础,指出中国古代发生过从都邑国家到领土国家的演变,在魏晋时代,更出现由人为的行政村向自然村的过渡,以此证明该时代的确出现社会性质的转变。①

宫崎市定对于中国史的总体看法,体现在其于1977、1978年出版的《中国史》上下两册之中。该书2015年以《宫崎市定中国史》为名,在大陆翻译出版。② 此处即以该书论述介绍宫崎市定的中国历史分期论。

宫崎市定是从世界史的视野和文化一元论的立场来理解中国史的,他认为,"人类文化最基本的要素都在某一特定的地域发展起来,接着向世界各地传播后在各个地方形成了各有特色的文明。更直截了当地说,人类最古老的文明产生于西亚的叙利亚一带,向西传播后成为欧洲文明,向东传播成为印度文明和中国文明"。③ 因此,世界历史也有统一的发展道路,各个地域的文明都经历了古代、中世、近世、最近世(近代)四个发展阶段,中国史也不例外。"总之,不管我们使用什么方法,都必须绞尽脑汁不忘世界史,准备站在世界史的立场上对个别的历史进行最具体的研究。"④当然,虽然世界各地区都经历或必将经历世界历史的四个阶段,但各个阶段开始和停止的时间并不必然一致。总体来说,在西亚、欧洲、东洋(亚洲)三大文明中,西亚最早进入中世,东洋稍后,欧洲最晚;进入近世亦以西亚最早,东洋次之,欧洲最晚;最近世的到来最早从欧洲开始,东洋次之,西亚最晚。

---

① 韩昇:《日本魏晋隋唐史研究的新成就》,《光明日报》2000年12月8日。
② [日]宫崎市定:《宫崎市定中国史》,焦堃、瞿柘如译,浙江人民出版社2015年。
③ [日]宫崎市定:《宫崎市定中国史》,焦堃、瞿柘如译,浙江人民出版社2015年,第9页。
④ [日]宫崎市定:《宫崎市定中国史》,焦堃、瞿柘如译,浙江人民出版社2015年,第16页。

宫崎市定认为,从上古到汉末是中国历史上的古代。所谓古代,是"长期分散生活的人类逐渐因为向心倾向而迈向大一统的过程"。太古的人类成群地生活,进步之后,在产生家族等小单位的同时,也产生了由其集合而成的氏族、部族等团体。在部族要结合成更为强固的组织时,在历史悠久的地方通常会形成都市国家。这种现象最初始于西亚,向西传播后成为希腊、罗马的都市国家,向东传播后便成了印度、中国的都市国家。这种古代"都市国家"的实体,在原则上是将农民集中起来的城郭都市,是一种农业都市国家。

中国的都市国家被称作"邑""邦""国"等,周围环绕着城郭,人民居住在其中,耕地在城郭之外,农民每天出了城郭到耕地上劳动,傍晚回到城郭内的家中。因为这种都市国家是人类最初的国家形态,在一开始只能将以前的氏族制度原样带入其中,但在经过长期的都市国家生活后,氏族制度逐渐变得有名无实,终至消失。

都市国家一般是成群出现,彼此独立,因国与国之间的纷争,不可避免发生武力冲突。春秋时代的历史,就是已形成的强大都市国家间争霸的连续,其形势与希腊的雅典、斯巴达以及底比斯诸国争霸的过程颇为相似。都市国家争夺霸权的战争日趋激烈,导致以强大的都市国家为中心,形成了"领土国家"。在中国,进入战国时代,"战国七雄"都已成长为领土国家。领土国家的独立斗争,最终以其中一国将其他国家全部吞并而落幕。这种大一统的国家可称为"古代帝国",秦汉帝国就是这样的古代帝国。古代帝国的特色之一是规模极为庞大,其建立和维持,凝聚了人类长久以来进化的历史,尤其是建立在经济高速发展的基础之上。

但是,主要由于黄金的长期外流,汉代末年,迎来了经济上退步和恶化的时代,或者说不景气的时代。资本逐渐转向以更为安全的土地作为投资对象,导致大土地所有亦即庄园制的流行,以及以庄园这一世袭财产为背景的豪族势力的扩大。随后,这类豪族的官僚化、贵族化成为普遍现象,阶级制差别社会开始确立并发展。在社会的上层有着与庶民相隔绝、夸耀高贵门第的贵族,在下层则有着从庶民中落伍、被当作贱民的奴婢和部曲——部曲从三国时就出现,到了唐代固定下来——因而可以将中国中世视作身份制得到完全贯彻的时代。

古代是向心力强烈发挥作用而迈向统一的时代,而进入中世后,离心力开始占上风,分裂割据倾向逐渐显著。"中世的特色不应在封建制或贵族制本身中寻找,而应求之于本来是离心的、具有分裂割据倾向这一点中。"①

从宋代开始,中国进入近世社会。近世社会是作为中世社会的反命题出现的。中世身份制社会是凝固、低迷的社会,近世社会则打破沉滞,开始生机勃勃的活动,经济上迎来景气时代,并出现了"文艺复兴"。中世贵族没落,庶民阶层崛起,其上层形成了士大夫阶层,成为这一时代的新贵族。中世国家有很强的武力国家色彩,近世国家则财政国家的色彩日趋浓厚,以财养兵、以兵卫国的方针正式树立起来。近世社会也是一个趋向统一的时代,并且开始有很强的民族自觉。除了政治统一这种形式,更有内部的团结来支撑统一。

最近世不是近世的反命题,而是近世倾向的向前推进。最近世最主要的特点是工业革命文化,并迎来自然科学的时代。中国在中华民国建立后第一次采用了近代的国家形态,开始步入最近世。宫崎市定的中国史分期可以简单地列表(见表3):

表3 宫崎市定的中国史分期

分期	朝代	特点
古代	从上古至汉代	都市国家、领土国家、古代帝国
中世	自三国至唐末五代	贵族制与身份制
近世	自宋朝以后至清朝覆亡	贵族的没落与庶民阶级的崛起
最近世	中华民国以后	近代国家

3. 谷川道雄的"共同体"学说与中国的中世社会论述

在宫崎学说的影响下,川胜义雄和谷川道雄提出了六朝豪族说。他们从族群变迁的角度,认为中国古代是一部共同体演变史,由最初以血缘关系为中心的"氏族共同体"发展到以"父老"为中心的"里共同体";东汉帝国的崩溃,又促使"里共同体"转变为"豪族共同体"。

谷川道雄研究的领域主要是魏晋南北朝隋唐史,他关心的基本问题是"用怎样的方法和构想解释中国社会历史发展的问题"。② 他认为,六朝、隋唐时代是中国的中世,但是传统上"从中世即封建社会这一观念出发来

---

① [日]宫崎市定:《宫崎市定中国史》,焦堃、瞿柘如译,浙江人民出版社2015年,第41页。
② [日]谷川道雄:《中国中世社会与共同体》,马彪译,中华书局2002年,"前言"第1页。

认识中国社会发展,是不符合中国史的实际情况的",进而"试图提倡一种非封建构造的中世论",这就是共同体论。作为京都学派的传人,他遵循内藤湖南、宫崎市定以来以汉末以前为古代、以宋以前为中世的传统,但赋予了新的意涵。

首先,从民众的组织来说,殷周时期是一个"氏族共同体"时期,国家是氏族共同体的扩大,它的社会原理的特点在于,"它是由氏族制的血缘结合逐渐形成为政治的秩序体制的。这一原理中人的血缘位置也就是政治位置。政治上的主权者就是特定的氏族集团"。① 这样的一种社会原理在春秋战国之际崩溃了,由此形成了秦汉帝国。

谷川道雄认为,秦汉帝国明显地带有其继承殷周社会的特点。政治世界与自律世界一体化的殷周社会一旦解体,这两个世界也就分裂开来;而秦汉帝国的使命就是如何将其以新的形式重新结合起来。自律世界是以三族制家族为基本单位被继承的,其自身虽然并不具有政治上的自立性,然而将其界限一直延伸,就产生了以帝国为形式的政治世界。而后这两个世界在相互对立的同时,形成互补关系。

这种互补关系的线索是汉武帝创设的乡举里选制。这种乡举里选制的意义,在于它是政府依据民间舆论登用人才的办法。简而言之,这是一种官民合作的官吏登用方式。另外,就登用标准来说,能否成为孝廉,须考虑其在乡里的道德行为,而不是单纯看其行政能力如何。这种方式的作用,在于不仅把任用者,同时还将乡里社会纳入国家权力。这种举孝廉制,创造了政治世界与自律世界之间,在前者主宰之下的再次统一局面。这种统一不再是依据血缘主义身份制的二者直接的统一,而是打破身份制趋势之下的再结合。而完成这种再统一的主体是那些遵从儒家理念的汉代士大夫。周代的世界至此完成了一个更大的周期。

殷周社会是一个血缘秩序亦即政治秩序,换言之,是以一个道德与政治目的一致为原理而运作的历史社会。后来承其遗绪的秦汉社会,基本上仍未能超脱这一原理的框架,甚至可以说不过是同一结构的再编、扩大。但是随着历史的发展,这种社会原理最终丧失了原有的生命力。作为古代共同体的一种形态的乡里制社会的解体,又伴随着各种各样的私权化现象,诸如外戚、宦官等所造成的国家权力的私权化,还有大土地所有制的发

---

① [日]谷川道雄:《中国中世社会与共同体》,马彪译,中华书局2002年,第64页。

展,隶属民的产生、增加等现象。就文化方面而言,作为乡里制社会共同体形式的社的祭祀,性质变为个人之信仰,在社之外还出现了各种以个人祈祷为目的的民间信仰。

总之,原有的社会原理崩溃,新的共同体形式和社会原理逐渐形成。出自知识阶层的逸民人士们,拒绝来自政界的封官许愿;包括众多民众在内的道教信徒们,则为抑制私欲尽力公共而执行戒律。总之,这些人的志向在于,不是苟同私权化倾向,而是抵制并超越它,憧憬一种新型的超越血缘关系的、以伦理意识为媒介的人与人之间的协作关系。在当时所出现的坞集团,也是一个由各种非血缘要素组成的、以高尚道德的统帅者为中心的共同体集团。

作为新出现的道德共同体领袖的就是六朝贵族。与财产、权势的世俗欲望相对,是士大夫的自我抑制精神实现了家族、宗族、乡党,以及称为士大夫世界的人们的共同体的结合。而从这种精神的对象世界反馈的人格评论即乡论,又赋予士大夫以社会指导者的资格。六朝贵族的阶级地位,以这种乡论为基础而形成。正是这种乡论,才是他们得以超越王朝权力而获得自立的社会地位的根基。

隋唐帝国是由胡汉两族的共同体社会经相互渗透、合成,共同建设的新贵族主义国家。这是中世共同体的结晶,意味着中世国家的完成。而直接形成这一完成体的原型,就是西魏、北周。

谷川道雄极其重视文化与共同体的因素,试图从本源上深入理解中国社会的特殊性,克服以西方理论模式套用于中国史的缺陷。从内藤到谷川,可以看到研究的逐步深入与拓展,从一般性的历史发展阶段论,到社会史、制度史、文化史乃至文化人类学的考察,使人在清晰了解社会各个阶段的基本特点及其推演的同时,也对学术研究的历程了然于胸。①

三、日本东京学派的中国史分期理论

战前的东京学派的学者因以文献为中心,以疑古为特色,对宏观的中国史分期问题缺乏关注。战后,以前田直典、西嶋定生、堀敏一、周藤吉之等东京大学学者为中心成立了"历史研究会",标志着新一代东京学派的出现。以上学者因都从学于加藤繁、和田清等老一代"东京文献学派"学者,从而与之保持着内在的联系。但新一代东京学派学者以马克思主义为

---

① 韩昇:《日本魏晋隋唐史研究的新成就》,《光明日报》2000年12月8日。

主要的理论取向,使之与老一代东京文献学派学者存在着差异。新一代东京学派注重于中国历史分期问题的探讨,并在与京都学派的论争中发展出自身的理论。

东京学派与京都学派在中国历史分期上最明显的分歧是,前者认为古代奴隶制一直持续到10世纪的唐末,后者则认为魏晋之际是向中世的转移,而将宋以后视为近世。①

最初对内藤说提出批判的前田直典,学术上深受其师加藤繁的影响,提出古代到中世的演变发生于唐宋之间。因为从世界史的角度看,各国的发展有其一致的"时代格";从经济史的角度看,则从战国到唐末维持着奴隶劳动方式。此后,西嶋定生发展了唐末古代说,提出著名的"家父长的家内奴隶制"概念,认为到唐末仍是奴隶社会,豪族只是国家权力的附庸或压抑对象,而没有太多的自立性。西嶋定生还进一步提出秦汉皇帝的统治原理是"个别人身的支配",并对这种支配形式的产生进行了分析。②

此外,堀敏一出版了《均田制的研究》《中国古代的身份制》和《中国古代的家与集落》三部专著,建构了一个相当严密系统的学说。他把均田制、租庸调和地方乡村社会的管理视为一个系统,并说明魏晋时代主要的生产者是国家"个别人身支配"下的农民,并不是奴隶,也不是自由民。接着,他又从法的角度考察人的身份,阐明良贱制的起源、变化及其性质,明确地赋予其法制史上的地位。最后,从国家法律中儒家伦理加强的过程研究家族的存在形态,指出中国家长权力随国家权力的介入而加强,乡里虽然出现从行政村向自然村的演变,但其法律地位的确立要到宋代才完成,从而维护并发展了唐末古代说。③

四、西方学者关于中国社会形态演进的学说

在西方学术界,对中国社会形态演进的看法,长期受到马克斯·韦伯(Max Weber)学说的影响。韦伯在他的统治社会学中,区分出传统型统治、神圣或个人魅力型统治、合法型统治等三种类型。传统型统治以"家产制"和"封建制"为两级。"家长制的"(Patriarchal),按照韦伯自己的解释,

---

① [日]古贺登:《战国秦汉史总论》,载佐竹靖彦主编《殷周秦汉史学的基本问题》,中华书局2008年,第167页。
② [日]西嶋定生:《中国古代帝国的形成与结构——二十等爵制研究》,尚武清译,中华书局2004年。
③ 韩昇:《日本魏晋隋唐史研究的新成就》,《光明日报》2000年12月8日。

"是指以一礼仪上的最高祭司长来呈现世袭神性的父家长制"。① 韦伯认为,中国的先秦社会是"封建社会","在封建时代里,采邑制度是与世袭神性的等级层次相一致。分封制废止之后,俸禄制度则与取而代之的官僚行政相适应。在秦朝统治时期,就已经制定出俸禄的固定等级,汉朝按照秦朝的榜样,将俸禄分成授钱和授米等 16 个等级。这意味着封建主义的全面废除"。② 由此,中国进入了"家产官僚制的社会"。中国从秦汉到明清长达两千年的大规模统治基本上就是这种形态。③

韦伯的"官僚帝国社会"的解释模式,对西方学界有很深的影响。因为韦伯虽然认为中国社会经历了从"封建贵族社会"到"家产官僚帝国社会"的转化,但其统治类型依然是传统型的,由此与"东方社会停滞论"有不小的关联。比如,曾深受韦伯影响的魏特夫(K. A. Wittfogel)即将中国历代社会一概称为"水利社会"或"专制社会"。魏特夫认为古代中国社会是与西方不同类型的、特殊的"东方社会"。在东方农耕社会,为了实现大型农耕生产的灌溉水利,为了集中控制水源这一重要经济资源,建立了强大的专制君主的统一国家。中国古代社会就是掌握了治水权、对农民进行集中统治的亚洲专制体制。在中国古代社会的历史演进中,尽管由于治水官僚的离心运动而产生农业生产危机,甚至由此常常发生王朝崩溃,但是只要生产力的自然基础不变,通过国家控制水资源的必要制度就会长期存在,与王朝交替无关。因此,东方社会并非发展的社会,而是处在不断循环的运动法则中,是停滞性的社会。④ 另外,Eberhard 称中国古代社会为"绅士(gentry)社会"。⑤

社会学家艾森斯塔得(Eisenstadt, S. N.)继承并修正韦伯的学说,他将自汉至清的中华帝国与古埃及、巴比伦帝国、古罗马帝国、拜占庭帝国、阿拉伯哈里发帝国和从封建体系衰落时期到绝对专制时期的欧洲国家称为"中央集权的历史官僚帝国"或"历史官僚帝国"。这些帝国大部分产生于家产制的帝国,或封建制的社会,或者城邦国家,从社会分化的角度看,是

---

① [德]马克斯·韦伯:《儒教与道教》,洪天富译,江苏人民出版社 1997 年,第 48 页。
② [德]马克斯·韦伯:《儒教与道教》,洪天富译,江苏人民出版社 1997 年,第 46 页。
③ "家产官僚制"的英译名为"patrimonial bureaucracy"。何怀宏认为"patrimonial"是指"世袭君主",或理解为君主把王国视为其可代代相传的"家产",因此他将"家产官僚制"理解为"世袭君主下的官僚制"。
④ [德]魏特夫:《东方专制主义》,徐式谷译,中国社会科学出版社 1989 年。
⑤ 何怀宏:《世袭社会》,北京大学出版社 2011 年,第 71 页。

处于缺乏分化的传统社会(家产制或封建制的社会)和高度分化的现代社会(现代官僚社会)之间。①

韦伯所开启的从"封建贵族社会"到"官僚帝国社会"的解释模式主要着眼于国家和政治体制的变迁:"与其说是一个社会形态、社会学的概念,不如说是一个国家形态、政治学的概念……较能解释由春秋到战国秦汉这几百年的政治发展,却不易解释此后近两千年中国历史富有意义的社会变化,尤其不易显示出中国文化的固有特色。"②各种"专制社会"理论和"停滞论"也与其密切相关。

二战以来,西方历史学家开始积极批判"停滞论"和"东方专制主义"等陈腐理论,努力寻找中国历史发展的内在动力。其中,法国著名汉学家谢和耐的相关论著,大量吸取日本学者和中国学者的研究,颇能体现西方学者对于中国社会历史演进的新看法。谢和耐著有《中国社会史》一书,在西方学界有较大影响,其中他将中国社会史划分为五个阶段:上古时代(先秦时期)、军人(或尚武)帝国时代(秦至唐五代)、官僚帝国时代(宋至明)、近代(1644—1900)、当代(1900—)。这种分期,其标准是"中国社会中政治形态的相继变化"。③ 仔细分析起来,他是按照"社会—政治组织形态"来划分中国历史的发展阶段。谢和耐指出:"希望在整体上和于其存在的整个时期都把中国社会制度定性为帝制是一种严重的方法错误。因为政治制度是活的机体,它们要不断地适应社会和经济变化,以使之不至于在一段短时间内与这种变化处于矛盾状态。"④

五、近年来的新探索和本书的社会史分期

以上介绍了中国学者、日本学者、西方学者关于中国历史分期的讨论。虽然关于中国历史的分期各家有不同的学说,但其基本的看法是认为中国社会并非是一个停滞的社会,而是有其演进的历程。

进入20世纪80年代以来,中国学者努力突破原有框架,探索新的中国历史分期理论体系。如何怀宏用"世袭社会"(西周至春秋)和"选举社

---

① 艾森斯塔得:《帝国的政治体系》,阎步克译,贵州人民出版社1992年,第13、24—26页。
② 何怀宏:《选举社会》,北京大学出版社2011年,第18页。
③ [法]谢和耐:《中国社会史》,耿昇译,江苏人民出版社1995年,第19页。
④ [法]谢和耐:《中国社会史》,耿昇译,江苏人民出版社1995年,第19页。

会"(秦汉至晚清)来概括中国社会形态的演进。① 冯天瑜在深入分析"封建"概念和批判中国史研究中"泛化封建论"之后,提出中国历史分期可名之曰原始时代——封建时代——皇权时代——共和时代;秦至清的中国社会形态可称为"宗法地主专制时代",这一历史阶段可简称"皇权时代"。② 2010年,张金光尝试用中国自身的理论话语体系,来建构中国历史分期。他认为,全部中国历史的进程是以国家权力为中心运转的,国家权力决定并塑造了中国社会历史的基本面貌;中国国家的核心权力是土地国家所有权;周至清间社会形态可分为四个递进相续的时期:邑社时代(西周春秋)、官社时代(战国秦)、半官社时代(汉唐间)、国家个体小农时代(宋清间)。③

以上对于中国历史的分期仍聚焦于"社会形态"。许倬云则另辟蹊径,从中国文化发展的角度将中国历史分成古代以前、中国文化的黎明(前16—前3世纪)、中国的中国(前3—公元2世纪)、东亚的中国(2—10世纪)、亚洲多元体系的中国(10—15世纪)、进入世界体系的中国(15—19世纪中叶)、百年蹒跚(19世纪中叶—20世纪中叶)等7个阶段。许倬云这样的分期方法有三个特点:首先,这种分期以中国文化的成长发展作为分期标准,并以中国文化的空间展布和与其他文化的关系为具体分期的依据;其次,分期"完全与中国传统正朔纪年的理念脱钩,是以公元纪年划分为几个大段落";再次,关注的重点在于"日常文化、人群心态及社会思想","尤其注意一般小百姓的生活起居及心灵关怀"。④ 高明士在深入分析中日学者时代区分论的基础上,结合自身的隋唐史教学,也提出了一套中国历史的时代区分论。他将中国历史分为四个阶段:上古(三代)、中古(战国、秦汉、魏晋南北朝、隋唐)、近古(宋元明清)、近代(清末、民初、国民政府)。其中战国和清末是过渡期。高明士的时代划分依据是"取历代政

---

① 何怀宏:《世袭社会及其解体——中国历史上的春秋时代》,生活·读书·新知三联书店1996年;《选举社会及其终结——秦汉至晚清历史的一种社会学阐释》,生活·读书·新知三联书店1998年。该两书修订再版,分别易名为《世袭社会——西周至春秋时社会形态研究》(北京大学出版社2011年)和《选举社会——秦汉至晚清社会形态研究》(北京大学出版社2011年)。
② 冯天瑜:《"封建"考论》(第二版),武汉大学出版社2007年。
③ 张金光:《关于中国古代(周至清)社会形态问题的新思维》,《文史哲》2010年第5期。2013年作者出版《战国秦社会经济形态新探》(商务印书馆2013年)对相关理论进行了实证性研究和论证。
④ 许倬云:《万古江河:中国历史文化的转折与开展》,湖南人民出版社2017年,"序"。

治力与社会力的消长为准绳,也就是用政治社会史观"。具体来说,在上古时期,以王为代表的政治力和以贵族为代表的社会力是一种依存关系,其秩序原理是"礼刑二分";中古时期,以皇帝为代表的政治力与以士族为代表的社会力是一种妥协关系,其秩序原理是由"礼刑合一"到"礼主刑辅";近古时期,以皇帝为代表的政治力与以士绅为代表的社会力为一种寄生关系,其秩序原理为"礼主刑辅";近代时期,以军阀、党派为代表的政治力与以官僚资本家为代表的社会力为寄生关系,其秩序原理为"军政"。① 虽然高明士仅着重说明了中古时期的具体分析理据,其他时段未暇展开,但其突破"社会形态"理论之藩篱,综合政治、社会两种力进行时代区分的尝试,却体现了新的研究思路,也与笔者的想法有很多暗合之处。

本书综合各家学说,并结合自身的认识,提出中国社会的演进历程可以分为四个大的阶段,即夏商周时期的"封建贵族社会"、秦汉至隋唐五代时期的"帝国士族社会"、宋元明清时期的"帝国四民社会"和民国以来的"近代工业社会"。② 每一个社会阶段的区分标准主要依据政治形式和社会结构两个要素。对每一社会阶段的分析则从经济基础、政治形式、思想文化和社会秩序四个方面展开。为什么要从这四个方面展开呢? 因为,正如许倬云所说,社会、经济、政治和意识形态这四个领域,"是任何复杂体系的四个面。复杂的体系,都为了组织人群以运用其资源。利用资源生产更多的资源及促成资源的流动,是经济的范畴;分配资源是社会的范畴;维持资源的运转及分配的秩序,是政治的范畴;说明及解释以上各种行为,而以符号作为解释的表征则是文化的范畴"。③ "中国文化的四个范畴,相应相生,合为一体的四面,其主要内容都在维持一个流转运行的平衡体系。"④

---

① 高明士:《时代区分论与隋唐史教学——秦汉至隋唐为"中古"的初步看法》,原载《隋唐史教学研讨会论文集》,台湾大学历史系1993年,收入氏著《战后日本的中国史研究》,中西书局2019年。
② 中国古人对中国社会演变的前三个阶段亦早有认识,如明代陈邦瞻曾言:"宇宙风气,其变之大者三:鸿荒一变而为唐虞,以至于周,七国为极;再变而为汉,以至于唐,五季为极;宋其三变,而吾未睹其极也。今国家之制,民间之俗,官司之所行,儒者之所守有一不与宋近乎? 非慕宋而乐趋之,而势固然已。"陈邦瞻:《宋史纪事本末》卷一〇九,中华书局1977年,第1191—1192页。
③ 许倬云:《传统中国社会史经济史的若干特征(代序)》,载氏著《求古编》,新星出版社2006年,第5页。
④ 许倬云:《传统中国社会史经济史的若干特征(代序)》,载氏著《求古编》,新星出版社2006年,第13页。

第二节　夏商周时期的封建贵族社会

中国历史上的夏商周三代时期,从社会结构的特点来说,可以称为"封建贵族社会"。所谓"封建",是相对于"帝国"而言的,指的是一种政治形态,它是"封邦建国"一词的简称,指的是国家权力层层分封的政治形态。夏商周时代,存在着世袭的贵族阶层,他们是当时历史舞台的主角。综合以上政治形式和社会秩序两个方面,可以称这一时期为"封建贵族社会"。当然,这样的社会在春秋战国时期进入了变革和过渡时期,并逐渐向"帝国时代"转变。

一、经济的发展

大约到一万年前,人类经历了由使用打制石器到磨制石器的大变革。以新石器为工具,开始农业生产,出现农庄聚落,考古学家称之为"新石器革命"。

最迟在八千年前,中国土地上就出现了村落。中国古代从黄河流域到长江流域的农庄聚落都有一个共同现象,即坐落在近水(或支流或湖泊)的高地(或台地或丘陵),故当时的民众被称为"丘民"。古代聚落内部结构如何呢?早在七千多年前,我国的农庄已具备四种主要的成分,即房基、窖藏坑、陶窖和墓地。华北的居室从穴居而半穴居而发展到地面建筑;华中、华南则由巢居而干栏式建筑而发展到地面建筑。根据半坡聚落居住区考古推测,六千多年前的半坡已经是一个拥有五六百人的大农庄了。

考古证明,嵩山南麓和泰山北麓在公元前2000年稍早相继筑城,再证以文献和传说,我国城市大概在这时兴起。要而言之,早在四千年前,即夏朝开国以后,黄河流域普遍进行了"城市革命",国家机构形成,历经夏商周三个王朝,延续1500年之久,史书通称为"三代"。①

1. 聚落形式

仰韶时期的聚落遗址存在一定的规律,即在聚落的周围都发现了环绕沟,各家家门口的朝向具有统一性,存在大型房屋作为聚落中心的现象。龙山时期以降,或许是因为出现了阶层分化,分室房屋开始出现,见于仰韶时期

---

① 杜正胜:《筚路蓝缕——从村落到国家》,载邢义田主编《中国文化源与流》,黄山书社2012年,第13—50页。

聚落内部的规律性不复存在,家庭房屋多为小型半地穴式构造。每个聚落规模也在缩小,由不足二三十户的家庭集合而成,而且各个家庭都使用土、石来建造房屋外壁,房屋具有防御野兽的功能,这说明每个家庭房屋自立性的不断提高。以上现象显示,龙山时期以降,聚落似乎出现散村化的趋势。①

但在聚落散村化的同时,也开始出现了具有城市形态的聚落。已知在仰韶晚期,一些聚落的环绕沟已发展为夯土城墙,一些学者将其称为"初城"。②龙山时代,拥有城墙的聚落增多,并形成了众多金字塔形的聚落体系。城墙的建筑方法是先挖沟,再以木板围起两边夯土,城墙配有护城河。③但这些聚落规模都不大,直到二里头遗址,才出现两千居民以上的聚落,因此,我们可以说至少在夏商时期已经出现了具有一定规模的城。④城的出现应与统治者和被统治者的分化有关。城的功能是为统治者提供高度防御的居所,为邦国提供管治中心,是作为国家统治象征的宫殿、宗庙和祭坛的集合点。⑤统治者居于城中,以之为中心,将许多分散的农村联系起来,成为国家。这时的城主要是政治性的,并同时具有军事和宗教的性质。西周时代,封君统治着许多封邑,这些封邑主要是农民聚居的村落,封君自己所住的邑称都,筑有城墙,建有宗庙,有更多的人口。通过这些城邑网络,西周牢固地统治着新征服的东方地区。⑥

2. 农业

农业是中国传统社会的基础产业。我们的祖先在新石器时代使用的生产工具非常简陋,不外清除杂木的斧锛、挖泥起土的锄铲和收割禾穗的刀镰。质料为木、石、骨等,后来还有蚌壳。先秦文献经常提到的早期农业生产工具是耒耜。⑦夏商周时期虽然进入了"青铜时代",但当时青铜器主要作为礼器和兵器,主要的生产工具仍然是木石器具。

---

① [日]池田雄一:《中国古代的聚落与地方行政》,郑威译,复旦大学出版社 2017 年,"中文版序言"第 1 页。关于中国古代聚落形态,有些学者认为,自古以来居民的居住环境都呈现出城郭都市的形态,直至魏晋南北朝才开始散村化;或又认为在战国时期中央集权化的推进过程中,通过徙民来实现居民的"集住"化,进而形成城郭都市。关于自古聚落形态为集村型聚落和城郭都市的介绍,参见本书第六章第一节。
② 薛凤旋:《中国城市及其文明的演变》,世界图书出版公司 2010 年,第 20 页。
③ 薛凤旋:《中国城市及其文明的演变》,世界图书出版公司 2010 年,第 37—44 页。
④ 赵冈:《中国城市发展史论集》,新星出版社 2006 年,第 32—34 页。
⑤ 薛凤旋:《中国城市及其文明的演变》,世界图书出版公司 2010 年,第 37—44 页。
⑥ 梁庚尧、刘淑芬主编:《城市与乡村》,中国大百科全书出版社 2005 年,"导言"。
⑦ 杜正胜:《筚路蓝缕——从村落到国家》,载邢义田主编《中国文化源与流》,黄山书社 2012 年,第 37 页。

在公元前5000年左右,我国气候温暖而多雨。除西北地区属半干旱区外,黄河流域气候大致类似于现今长江以北、淮水以南,属北亚热带气候。当时冬季较短,气温也稍温和,平均在0摄氏度以上。至于长江流域,则炎热多雨,接近现今岭南北部地区。①

华北黄土高原地形被沟谷切割,长江中下游因河流湖泊纵横分布,使得我国早期文明地区缺乏开阔的牧场,也缺乏大型食草动物赖以生活的草被。这些因素导致我国先民畜养的不是牛或绵羊,而是猪,新石器遗址发现的动物骨骸多以猪为主。以猪为主的家畜饲养和小米或稻米的农耕共同形成我国食米吃肉的文明。

从出土的遗物来看,在公元前5000年左右,长江流域与黄河流域分别是作物栽培两个不同的起源地。南方以种水稻为主,北方则以种粟、黍为主,两地农业发展的水平,似乎长江流域要略胜一筹。但新石器时代以后数千年内,长江流域农业的发展缓慢,直到西汉初期,当地仍未能脱离原始农业的特征;反之,黄河流域在战国时代便奠定了中国农业精耕细作的基础。②

先秦古籍中常见的主食作物,以黍、稷、粟、麦、菽、麻、稻、粱、苽诸种最为重要。其中,旱地作物黍、稷、麦、菽是北方的主食作物,水田作物稻、苽主要是南方的食物,而苽似非普遍使用。③

3. 商业

一般而言,商业起源于劳动分工。因分工导致交易的需要,从而有商业的发展。我国商业的起源始自何时,难以确定。古代的文献大多追溯到商代以前,如《易经·系辞》云:"庖牺氏没,神农氏作。列廛于国,日中为市,致天下之民,聚天下之货,交易而退,各得其所。"较可靠的资料,如《尚书·皋陶谟》提到禹对皋陶的谈话——"懋迁有无化居",即鼓励人民将有余的货物转运到不足的地方,或者售卖,或者囤积。其中隐含了夏朝人已从事商业的意味。夏朝人无疑擅长经商。周时,夏人封于河南。《史记·货殖列传》上说:"颍川、南阳,夏人之所居也。……宛亦一都会也。俗杂好事,业多贾,其任侠,交通颍川。故至今谓之'夏人'。"夏朝遗民有许多以经商为业。

---

① 陈佐良:《择地顺时——农业的自然环境》,载刘石吉主编《中国民生的开拓》,黄山书社2012年,第22页。
② 陈佐良:《择地顺时——农业的自然环境》,载刘石吉主编《中国民生的开拓》,黄山书社2012年,第36—38页。
③ 许倬云:《两周农作技术》,载氏著《求古编》,新星出版社2006年,第121页。

"商业"与"商人"名称的由来,一般以为是殷人擅长做生意,故得此名;殷亡后,殷遗民经商者甚多,遂使"商人"等同于交易行为的从事者,而交易行为也就叫做"商业"。《庄子·逍遥游》云:"宋人资章甫而适诸越。越人断发纹身,无所用之。"宋人是殷遗民中最著名的一支,显示殷遗民长于经商是不争的事实。①

4. 土地公有制

夏商西周时期,农业是最主要的经济活动,无论国人或野人,耕种都是他们的主要工作。由于当时生产技术粗陋,农业生产以共同劳动为主。农耕时彼此互助,土地无所谓私有,赋役征收也以邑、里为单位,而非个别的家庭。井田之说虽然颇多争议,但是从《诗经·小雅·大田》"雨我公田,遂及我私"的诗句看,公田、私田之存在应无问题。野人耕种私田,收获归自己消费,耕种公田,收获归贵族所有,这就是"助"或"藉"。"助"意为助耕公田,"藉"指贵族藉民力助耕,所指为同一件事。无论公田、私田,都是共有土地。此为针对野人之税法。国中税法则有不同,国人负担以军赋为主,不必助耕公田。② 因此,夏商西周时期的土地制度,从民众为贵族助耕这方面来看,可以说是贵族所有;从邑里居民同耕共赋这方面看,也可以说

---

① 陈国栋:《懋迁化居——商人与商业活动》,载刘石吉主编《中国民生的开拓》,黄山书社2012年。
② 梁庚尧:《中国社会史》,东方出版中心2016年,第20页。另,日本学者佐竹靖彦认为,井田法的基础是共同劳动。共同劳动分为两种:一种是为了维持田地本身而投入的共同劳动,一种是为了维持社会结合而投入的共同劳动。井田制的核心因素是适应黄土的农道体系。这个农道体系有防止水土流失的作用。黄土具有特殊的性质,能吸收大量的雨水,然后化作液体流出。黄土经过版筑后,化成城墙一般坚固地维护田地,完整的农道网就为了维持田地本身而需要投入共同劳动。井田由一大块私田和一小块公田组成,最典型的井田村落有九十户农民家庭和九十块周制百亩的私田,以及十块周制百亩即千亩的公田。千亩藉田就是这个公田的后身,耕作公田(藉田)是为了维持社会结合而投入的共同劳动。这样看来,井田制最基本的因素是有规格的农道和有规格的田地结合。在井田法的制度下,农田和农道都受到集体的限制。一个集团在某一年开垦一大块土地,要先建设农道体系以保护农田,然后才能有田地。有了田地,把其中十分之一的土地指定为公田,以集团劳动种植,其中十分之九的土地指定为私田,以周制百亩等份地分给个体农民耕种。次年闲置这块土地,再开垦新的土地,后年又回到原来的土地耕种。需注意的是,井田农民是个体农民而不是共同组织的劳动力的一部分。个体农民虽以农耕公社成员的资格接受份地,可是这个公社成立的基础是个体农民建设和维持农道体系的共同劳动。这种性质的井田法存在两种变化的契机:第一,随着生产力的发展,农耕公社的土地逐渐变化为每年能够耕作的固定田地,建设农道体系共同劳动的比率递减,其重要性也递减;第二,随着生产力的发展,个体农民能够耕种的土地面积逐渐扩大。随着以上两种变化,公田失去其重要性而化作私田。可以推测,井田制度正在此变化的过程中,商鞅就趁此提出新法,催促其变化。参见佐竹靖彦《从农道系统看井田制》,载氏著《佐竹靖彦史学论集》,中华书局2006年,第57—59页。

是邑里共有,土地私有制度尚未存在。①

春秋战国之际,随着封建社会秩序的解体,贵族所有或邑里共有的土地制度遭到破坏,土地私有制度代之而兴。这种变化的主要动力来源于生产技术的突破,使农人逐渐有能力独立经营,而不必与邑里居民合作,共同劳动的重要性降低,私有观念由此萌芽。有了这种观念之后,农人不愿再尽力公田,贵族只好废除助耕公田的税法,改按农民所耕种田亩收税②,公田逐渐转化为私田,土地私有制度逐渐确立。

二、从巫史传统到礼乐文明

根据文化人类学家的研究,巫术是原始文化的主导形态,是人类文化发展的最初阶段。巫术盛行的后期,个体巫术日渐减少,公共巫术日渐增多,"宗教"渐渐取代"巫术",巫师渐渐让位于祭司,巫师的巫术活动最终转变为祭司的祈祷献祭职能。中国早期文化的理性化道路,也是先由巫觋活动转变为祈祷奉献,祈祷奉献的规范——礼由此产生,最终发展为理性化的规范体系"周礼"。商代宗教在整体上已不是巫术或萨满,上层文化与下层文化已经分离,上层宗教已经是祭司形态。因此可以说,夏以前是巫觋时代,商殷已是典型的祭祀时代,周代是礼乐时代。西周的信仰已不是多神论的自然宗教,最高存在与社会价值已建立了根本关联。③

总之,从新石器时代到夏商周三代,中国文化经历了从巫觋文化、祭祀文化发展为礼乐文化,从原始宗教到自然宗教又发展为伦理宗教三个阶段。从龙山文化以降,经历了中原不同区域文化的融合发展,在政治文化、宗教信仰、道德情感等不同领域逐渐发展出,并在西周开始定型成比较稳定的精神气质。这种气质体现为崇德贵民的政治文化、孝悌和亲的伦理文化、文质彬彬的礼乐文化、天民合一的存在信仰和近人远神的人本取向。④

王国维曾指出,"中国政治与文化之变革,莫剧于殷周之际"。⑤ 就文化而言,其在思想上的重要表现,是周人"天命观"的出现。这种"天命观"可以概括为三个要点:①天命无常;②天命唯德;③天意在民。殷人已经有"天"的观念,但比较而言,殷人对"帝"或"天"的信仰中并无伦理的内容。

---

① 梁庚尧:《中国社会史》,东方出版中心2016年,第56页。
② 梁庚尧:《中国社会史》,东方出版中心2016年,第23、56页。
③ 陈来:《古代宗教与伦理:儒家思想的根源》,生活·读书·新知三联书店2009年,第12页。
④ 陈来:《古代宗教与伦理:儒家思想的根源》,生活·读书·新知三联书店2009年,第18页。
⑤ 王国维:《殷周制度论》,《观堂集林》卷第十,中华书局1959年。

周人"天"和"天命"观念中有确定的道德内涵,这种道德内涵以"敬德"和"保民"为主要特征。此后,天的神性渐趋淡化,"人"与"民"相对于"神"的地位日益上升,成为周代思想发展的方向。

从殷商的祭祀文化到西周的礼乐文化,体现了中国文化的理性化和人文化过程。周礼的主要来源是夏商以来的祭祀文化及其生活习俗,特别是殷代的礼俗。但从《礼记》所述来看,殷礼以宗教礼仪为主,而周礼中宗教礼仪所占比重减少,人际礼仪内容大量增加。西周礼乐文化的整体功能是指向人间秩序,而不是超世间的赐福,其贯彻的精神和原则是"亲亲、尊尊、长长、男女有别"四项基本原则,是为了实现当时宗法结构所组织的社会的有序与和谐。礼乐关系上,乐代表的是"和谐原则",礼代表的是"秩序原则",礼乐互补所体现的价值取向,是注重秩序与和谐的统一。①

美国考古学家罗泰(Lothar von Falkenhausen)通过考古学资料考察证实了殷周之际的文化和社会变革。他发现,在西周的前两百年里,基本上承袭商代的传统,在西周晚期(约前850)出现了一次礼制改革,周王朝创立了自己独特的礼乐制度,以及由此而来的一套新的政治体制。西周晚期礼制改革中,青铜容器背后的思想观念和礼仪用法都发生了深刻的变化,而且暗示祖先崇拜活动经历了一次根本的宗教变革。也就是说,从一种围绕活力十足乃至狂乱的活动的"狄俄尼索斯型"仪式,转变为一种新型的更加规范的具有"阿波罗型"特征的仪式;在新仪式中,吸引参加者目光的主要是礼器本身及其整齐的陈设。② 因此,许多儒家征引的正统周礼并不存在于周代之初,而是到了公元前850年左右才设计出来。同时,许多传统上视为儒家礼制新观念的要素,早已出现在这次改革所产生的礼仪活动中,其中包括:关注现世社会而非神圣的祖先,强调真诚的尊敬而非道貌岸然的表演,强调美德高于血统,信奉礼仪的表演必须正确而用器不能奢华的原则,以及仿效礼仪先例。③ 从西周晚期礼制改革以后,在整个周代的统治区域内,相同的区分社会等级的做法,得以贯彻实施。因此可以推测,当时存在着一种统一的社会互动模式,超越了政治割据的限制,使此后的

---

① 陈来:《古代宗教与伦理:儒家思想的根源》,生活·读书·新知三联书店2009年,第305页。
② [美]罗泰:《宗子维城:从考古材料的角度看公元前1000年至前250年的中国社会》,吴长青等译,上海古籍出版社2017年,第51页。
③ [美]罗泰:《宗子维城:从考古材料的角度看公元前1000年至前250年的中国社会》,吴长青等译,上海古籍出版社2017年,第442页。

东周时期的文化与社会出现了惊人的一致性。

三、"天下型"国家

1. 国家形成的独特道路

根据恩格斯的理论,农业生产工具效率的不断提高导致了国家的形成。在农业生产效率不断提高的条件下,人们不仅能够生产维持生存和再生产所需要的东西,而且出现了大量的剩余产品。随着生产技术的不断进步,剩余产品导致复杂的劳动分工,逐渐把对生产手段的控制权和经济财富集中在少数人手中。随后,劳动分工和财富分配不均导致了"社会分裂为阶级"。新的阶级社会内部充满了斗争,为压制阶级之间公开的冲突而出现的第三种力量就是国家。由于国家是从控制阶级对立的需要中产生,同时又是在阶级的冲突中产生,所以,它照例是最强大的、在经济上占统治地位的阶级的国家。这个阶级借助国家而在政治上成为占统治地位的阶级,并且获得了镇压和剥削被压迫阶级的新手段。因此,古代的国家首先是奴隶主用来镇压奴隶的国家。①

关于中国的国家起源,传统的观点认为,中国社会也是遵循着恩格斯所言的人类社会形态演进的基本规律,在阶级的对抗中产生国家并进入奴隶社会。但也有很多学者发现,这样的看法与中国历史的实际情况有很多扞格不通之处,并提出众多新的学说。其中,张光直的学说颇有启发,他认为中国的国家形成有其自己的道路,他称之为"新进化论"。具体而言,中国社会经历了"游团""部落""酋帮"等阶段,然后进入"国家"阶段(见表4)。

表4 张光直"新进化论"

文化名称	新进化论	中国常用的分期
旧石器时代	游团	原始社会
中石器时代	游团	原始社会
仰韶文化	部落	原始社会
龙山文化	酋邦	原始社会
三代(到春秋)	国家	奴隶社会
晚周、秦、汉	国家	封建社会(之始)

资料来源:《中国青铜时代》,生活·读书·新知三联书店1999年,第93页。

---

① [美]乔纳森·哈斯(J. Haas):《史前国家的演进》,求实出版社1988年。

他认为,文明产生的关键因素是财富的集中。在一个很富裕的社会里面,财富进一步相对集中到少数人手里,而这少数人就使用这种集中起来的财富和大部分人的劳力来制造和产生文明的一些现象。① 在中国,作为文明产生基础的财富的集中,并不是借生产技术(相比于新石器时代,夏商周三代在生产工具上并没有明显的革新)和贸易上的革新这一类公认造成财富的增加与流通的方式而达成的。它几乎全然是借生产劳动力的操纵而达成的。生产量的增加是靠劳动力的增加(由人口增加和战俘掠取而造成)、靠将更多的劳动力指派于生产活动和靠更为有效率的经营技术而产生的。换言之,财富之相对性和绝对性的积累主要是靠政治程序而达成的。作为政治程序占有优势地位的一项重要表现的事实,是贸易主要限于宝货的范围之内,而战略性物资的流通通常以战争方式加以实现。

　　由于财富的集中是借政治程序(即人与人之间的关系上)而不是借技术或商业程序(即人与自然之间的关系上)造成的,文明的产生不导致生态平衡的破坏而能够在连续下来的宇宙观的框架中实现。而且事实上,现有的宇宙观以及社会体系正供给了政治操纵的工具。操纵的关键在于社会与经济的分层,而在中国,这种分层在三处从考古和文献资料可以证实的项目中得以表现,即宗族分枝,聚落的等级体系(导致城市和国家),萨满阶层以及萨满教的法器(包括美术宝藏)的独占。具体来说,国家是在原始社会所普遍形成的"天人合一"或"联系性宇宙观"的框架下形成。少数人——巫——垄断了沟通神人的手段和渠道,从而获得了支配他人的权力。这些人演化为统治阶级——王及其官僚,国家于是产生了。②

　　2. 封建制与国野制

　　殷墟甲骨文研究显示,殷王是当时最高的统治者;《书经》《春秋》或《史记》等古籍以及青铜器铭文显示,周王室也是君临天下的诸侯。但是殷、周的王者作为天下的统治者的意义,与秦以后皇帝为天下唯一统治者的意义并不相同。

　　殷、周的王者,作为该时代的最高统治者,其重要的特点在于他们的权力并非直接到达全国每一个人。当时的社会有为数甚多的氏族集团存在。他们之中,有些支配了其他较弱的氏族,有些则被其他较强的氏族支配。

---

① 张光直:《中国青铜时代》,生活·读书·新知三联书店1999年,第472—473页。
② 张光直:《中国青铜时代》,生活·读书·新知三联书店1999年,第492—493页。

在这个氏族支配的结构中,最高的支配氏族是殷王室或者周王室。因而殷王或周王直接支配的只是有限的氏族,对于其他许多氏族不过是间接支配而已。

由于夏商留存史料有限,只能以周朝为例,探讨三代时期的政治形式。周王室直接支配的,只是居住在王畿——周王城附近地区的氏族以及分布在全国的诸侯。诸侯在各自的土地上握有实权,不一定服从王的支配。这些为数甚多的诸侯,不论与周室同姓或异姓,都是氏族集团的族长。其下有世袭的卿或大夫等,隶属于各个诸侯,也是各自氏族的代表。而这些诸侯、大夫所支配的农民,属于各个氏族集团,居住于各地。由此可见,周王作为最高统治者,其统治是有限的。①

就国家统治形式或政权形态而言,春秋以前的周朝国家,是一个宗法贵族层层分封、分级统治的天下。周人自灭殷后,实行大规模分封,古史称之为"封建",即封邦建国,建立和认定了一大批按照宗族宗法实行统治的城邦国。这些封国,不管是同姓还是异姓,各自都是族权与政权合而为一的自主性很强的独立国家,俗称"诸侯国"。根据五等爵制,各国之间存在等级差异。诸侯臣服王室,承认周天子天下共主和天下大宗的地位,双方存在一定的权利和义务。这些权利和义务简要如下:首先,周王要用庄严的仪式对诸侯行封,即所谓"授民授疆土",授爵位——公、侯、伯、子、男等——授予代表身份的贵重礼器;其次,为诸侯国制定一些制度或政令,任命某些重要的官吏;第三,周天子要定期对诸侯国进行巡视,谓之巡狩天下。当诸侯国有难时,王室要采取措施给予保护和解决。对诸侯国而言,也主要有三方面的义务:其一,如有需要,诸侯国有义务到王室任卿士,为王室服务;其二,诸侯要定期到京师朝觐天子和派卿大夫前往聘周,还要向王室交纳贡赋;其三,为王室提供力役,主要是筑造宫殿和城池、戍卫和征讨,当天子有难时,诸侯要率军勤王。

在诸侯国内,诸侯也按照宗法原则分封卿大夫。卿大夫的封地称为"采邑",采邑与封国是有本质区别的,它是爵位、职官和俸禄的综合体现,卿大夫在采邑内的土地和人民并不具有法定意义的臣属权。但随着历史发展,卿大夫势力强盛,采邑的独立性越来越强,与诸侯的封国已经没有太

---

① [日]西嶋定生:《中国古代帝国的形成与结构——二十等爵制研究》,尚武清译,中华书局2004年。

大差别。诸侯通常被称作"公""公室""公门",与之相对,卿大夫则称为"私""私家""私门"。诸侯所掌握的人口称作"公民",卿大夫控制的人口称作"私人"。①

除分封制之外,周朝实行国野制,即《周礼》所谓:"惟王建国,辨方正位,体国经野,设官分职,以为民极。""国""野"作为国家统治区域而言,国指都城及其近郊地区,野则指城郊之外的地区,国野之间的关系是统治与被统治的关系。国野制最初源于上古部族之间的征服,一般来说,征服者居于设防的国中及其近郊,被征服者居于郊外之四野。但这不是绝对的,国中居住者也有被征服的奴隶,特别是手工工匠。野人更多的时候被称为"庶人"或"庶民",国人与野人的差别是政治性的,国人对国家事务有发言权,而野人没有。野人以宗族共同体形式存在着。②

3. 氏族是社会的组织基础

中国历史初期是族群争雄与融合的时代。传说中的炎、黄、蚩尤时代,氏族林立。其中势力较大的,据徐炳昶《中国古史的传说时代》所云,有三个集团:一是炎帝、黄帝为代表的炎黄集团,出于西方陕甘黄土高原,后来顺着黄河东进而分布于华北一带,是后来华夏族的本源;二是风偃集团,即太皞(风姓)、少皞(嬴姓,嬴同偃)的后裔,散布于淮、泗、河、洛之东方平原,蚩尤出焉,是后来东夷诸族所在;三是苗蛮集团,为南方民族,主要分布在洞庭湖和鄱阳湖之间。蒙文通《古史甄微》也主张中国的部族时代存在三个集团:其一是海岱民族,处平汉铁路以东,又称泰族;其二是河洛民族,位平汉铁路以西,又称黄族;其三是江汉民族,又称炎族。③

从夏代开始,有城市与宫殿的兴起,但是一直到商代末期,国家的统治仍以氏族为基础,并未贯彻到个人,权力的集中比起后世仍然有限。④ 周代实行"封建亲戚,以藩屏周"的封建制度,国家组织的内部联系进一步加强,但社会仍然以氏族为基础。

---

① 刘敏:《秦汉编户民问题研究——以与吏民、爵制、皇权关系为重点》,中华书局2014年,第24—26页。
② 刘敏:《秦汉编户民问题研究——以与吏民、爵制、皇权关系为重点》,中华书局2014年,第27—29页。另参见赵世超《周代国野制度研究》,陕西人民出版社1991年。
③ 蔡学海:《万民归宗——民族的构成与融合》,载邢义田主编《中国文化源与流》,黄山书社2012年,第90页。
④ 梁庚尧:《中国社会史》,东方出版中心2016年,第8页。

夏人姒姓,人口估计有240万人①,他们被称作夏后氏。夏后氏以外的部族也称氏,例如有缗氏、有仍氏、有易氏、有穷氏、有鬲氏、有虞氏、涂山氏、南巢氏等。夏代的部族皆称"氏",透露出夏代社会仍然保持着族氏组织的信息。商人子姓,商初人口估计有400万人,晚商大概增至780万人。② 如果这个估计不错,那就意味着商人的数量比夏人要多,商人部族的规模比夏人要大。

此处所说的"部族"即杨希枚所说的"姓族"③,是指大型的氏族组织,姒、姚、妫、姞、子、姬、姜、嬴等古姓就是这种"姓族"。由于人数众多,因此部族内部又分为许多较小的血缘群体——宗族。甲骨文中所见的"多子族"和"多生",甲骨金文所见的各种徽号所表示的社会共同体,西周初分封诸侯时分给鲁公的"殷民六族,条氏、徐氏、萧氏、索氏、长勺氏、尾勺氏",以及分给康叔的"殷民七族,陶氏、施氏、繁氏、锜氏、樊氏、饥氏、终葵氏",④都是这种氏族组织。⑤

周人姬姓,其宗族也是按父系继嗣的。一个本家主干和若干代旁系分支亲属组成一个家族,许多同姓家族聚居在共同的地域内,形成宗族。当宗族发展到相当规模时,血缘较远的小宗就会分化出去独立居住,但是仍然以血缘为纽带和大宗保持着政治与信仰上的联系,从而形成更大的共同体——部族。周人的宗族有各自的采邑与封土,以一定的规模聚族而居,宫室建筑、手工业作坊和墓地相结合形成城邑,农田散布在城邑周围。

西周实行世袭封土采邑的世族制度,这加强了宗族内部的亲族关系。与周天子血缘亲近的宗族即为贵族,在周天子的朝廷上,姬姓贵族世世代代担任朝廷卿士,形成了世官制度。世族制是世官制的基础。虽然西周时各个贵族并非始终显赫或者世代掌握大权,但是根据文献与金文资料所载,周公、召公、毕公、毛氏、二虢、南宫氏等几家贵族大致在整个西周时代

---

① 宋镇豪:《夏商社会生活史》,中国社会科学出版社1994年,第111页。
② 宋镇豪:《夏商社会生活史》,中国社会科学出版社1994年,第111页。
③ 杨希枚《再论先秦姓族和氏族》称:"先秦文献的姓字古义之一系指'姓族',即包括同出于一个男性或女性祖先的若干宗族(lineage)及其若干家族(nuclear family)的外婚单系亲族集团(exogamous unilateral kinship group),而相当于现代人类学的'gens, clan, or sib'(氏族、宗族或胞族)。"载陕西历史博物馆编《西周史论文集》(下),陕西人民教育出版社1993年,第646页。
④ 《左传·定公四年》。
⑤ 本书把以血缘纽带连接的社会群体统称为氏族组织,氏族组织的细胞是家庭,由出于同一血缘的家庭构成家族,由若干家族构成宗族,由若干宗族构成部族(即杨希枚所说的姓族)。

都供职于王廷,呈现出一种稳定的状态。尽管周人在分封诸侯、设立朝官等方面也任用异姓贵族甚至曾经是仇敌的殷遗民,但是在王朝政治中先后发挥过重要作用的诸世族仍然以姬姓为主,这说明周王朝仍然是一个以部族为基础的国家。西周时,周王的宗族是最高级的贵族,王族的社会地位要高于其他贵族,而周王所在的家族又是王族的核心,称为王家,也就是王室。王家有自己独立的政治与经济,王家政治与王朝政治是混在一起的,王朝官吏同时也是王家家臣,王家之事也就是国家之事,王家经济也可以视为王朝经济。因此,西周王朝仍然具有极其浓厚的家族色彩,是所谓"家国同构"的"家天下"。

周人是一个很大的部族,但是他们的人数比被征服的商人要少得多,所以他们自称"小邦周",而称商为"大邦殷"。灭商以后,他们管辖的地域更加广袤,远远超出老家周原的范围,因此周人一方面容纳部分殷遗民如微子和其他友好的异姓贵族为诸侯和卿大夫,另一方面接纳没有血缘关系的外族人担任家臣,形成了与商代迥然有别的家臣制度。这些家臣都是非本族的成员,他们以家族的形式依附于家主,父子相继,累世贡职于一个贵族家族。他们所担任职务也多半固定,一般是充当家族的管家。他们通常与家主结成"假血缘关系",奉家主为"君",奉其家室为"公室",以对家主竭力效忠为准则。家臣因受贵族家主的封赐而拥有采邑、土田、民人和奴仆,其身份也应当属于贵族。他们可以自铸青铜礼器,他们的家族也是一个有独立祭祀活动的宗法团体。西周中后期,贵族家内不仅已经具有一套完整的、仿王朝的家臣官职制度,而且有了仿王朝的家朝和廷礼制度,家臣制度趋于严密化和正规化。

王国维认为:"中国政治与文化之变革,莫剧于殷周之际。"除了都邑分处东西以外,"周人制度之大异于商者,一曰立子立嫡之制,由是而生宗法及丧服之制,并由是而有封建子弟之制,君天子臣诸侯之制;二曰庙数之制;三曰同姓不婚之制。此数者,皆周之所以纲纪天下。其旨则在纳上下于道德,而合天子、诸侯、卿、大夫、士、庶民以成一道德之团体。周公制作之本意,实在于此。"[①]此外,接纳外族人作为家臣也是殷周之际重要、深刻的制度变革。夏人、商人、周人本是同时并存于中原中部、东部和西部的三个部族,夏商周代兴不仅是三个部族地位的此消彼长,也是三个部族在中

---

① 王国维:《殷周制度论》,《观堂集林》,中华书局 1959 年,第 451、453—454 页。

原地区的水平移动。推行家臣制度直接导致以宗族为单位的社会上下流动,也是具有划时代意义的社会变革。①

4. 国家与社会关系

夏商周时期,以真实或模拟的血缘关系作为社会结合的基本纽带,社会和国家处于胶合、同构状态,浑融不分。西周贵族通过"周礼"将社会组织的亲亲原则与政治组织的尊尊原则熔冶为一,以家族、宗族为基础,建立起身、家、国、天下的社会政治体制,实现了宗统和君统的合一,亲属伦理和政治伦理的合一,也就是社会和国家的合一。周人创生出新的天道观,以之为基础形成了超越民族与地域,具有文化上道德上的普遍性、扩展性的"天下"观念,构筑了以民众/民心和声教/礼仪作为核心内涵的天下范畴体系,从而使"天下"成为与今日"社会"相对应或者相关联的概念。在这样一个"天下"理念下,周初因封建而形成的具有政治统属内涵、同时作为人类社会组织中最大最高单位的实体"天下",与其说是一个紧密的政治实体,毋宁说是一个松懈的文化世界。如果准之以西方近代意义上的国家观念,特别是在近代西方发展出来的"国家至上"观念,西周的天下型国家就并非像人们通常认为的那样——有国家无社会,还不如说有社会无国家。②

四、"世袭社会"

1. 等级制度

夏商时代,因文献无征,无法详细了解当时的社会内部秩序状况。我们只能以西周为例,来进行探讨。西周社会是一个等级繁多的社会,不仅存在因部族不同而造成的等级差异,同一宗族内部也存在等级和阶级差别。不论是天子的王畿还是诸侯的封国之中,都存在着公民与私人、国人与野人的差别和对立。③《左传·桓公二年》记载晋国大夫师服说:

> 吾闻国家之立也,本大而末小,是以能固。故天子建国,诸侯立家,卿置侧室,大夫有贰宗,士有隶子弟,庶人工商各有分亲,皆有等

---

① 本节关于夏商周氏族组织、世族制度和家臣制度的论述,主要引述了叶文宪教授的相关研究,特此致谢。
② 牟发松:《汉唐历史变迁中的社会与国家》,上海人民出版社 2011 年,第 572 页。
③ 刘敏:《秦汉编户民问题研究——以与吏民、爵制、皇权关系为重点》,中华书局 2014 年,第 30 页。

衰。是以民服事其上,而下无觊觎。①

从这条史料中,我们可以看到从上到下的一系列封建及依存关系。《左传·隐公八年》又记载鲁国大夫众仲说:

  天子建德,因生以赐姓,胙之土而命之氏。诸侯以字为谥,因以为族,官有世功,则有官族,邑亦如之。②

这里说的是天子建诸侯与姓氏的关系,也显示出卿大夫阶层的宗法世族制。

谈到周代的等级制,也许最著名的是鲁昭公七年(前535)楚芋尹无宇对楚王说的一段话:

  天有十日,人有十等,下所以事上,上所以共神也。故王臣公,公臣大夫,大夫臣士,士臣皂,皂臣舆,舆臣隶,隶臣僚,僚臣仆,仆臣台,马有圉,牛有牧,以待百事。③

根据冯尔康的研究,周代存在六个层级的等级结构:第一等级是天子周王及其家庭;第二等级是诸侯贵族,包括侯、伯等;第三等级是百官贵族,包括卿、大夫、士;第四等级是平民庶人,包括国人、皂、舆、农夫、手工业者、商贾;第五等级是准贱民,包括僚、徒、百工、农奴;第六等级是贱民,包括仆、台、获丑、臣妾、仆驭、牛牧、马牧、娼、女乐等。④ 我们也可以将这些等级差别简化为贵族与非贵族两大类,前三个等级为贵族,后三个等级为非贵族,贵族是统治阶级,非贵族是被统治阶级。天子和诸侯依靠封建制度和血统世袭而长保其位,卿大夫集团亦因封建制度的延伸和下移而形成世官世族。由于社会上层普遍存在着世袭的倾向,因此西周至春秋时代之社会可称为"世袭社会"。其中,卿大夫集团政治上最为活跃,是当时社会的主体。卿大夫在周初的封建制度中并没有世袭的权利,但最晚至春秋初年,

---

① 左丘明撰,杜预集解:《左传(春秋经传集解)》(上),上海古籍出版社1997年,第74页。
② 左丘明撰,杜预集解:《左传(春秋经传集解)》(上),上海古籍出版社1997年,第47页。
③ 左丘明撰,杜预集解:《左传(春秋经传集解)》(下),上海古籍出版社1997年,第1287页。
④ 冯尔康:《中国社会史概论》,高等教育出版社2004年,第216页。

卿大夫已实际形成世袭的局面。何怀宏统计,春秋时期鲁、晋、楚、宋、郑五国主政者85人;其中属于"世卿之族"的有65人,占75%;如果不算楚国而仅统计中原四国,则"世卿之族"占85%;如果把出自世族但非世卿家族主政者计算在内,则世族在四国主政者中占92%。①

2. 宗族与家庭

从新石器时代早期以降,聚落遗址显示一对夫妇与其子女共同生活的核心家庭已经存在。但这时的家庭只是生儿育女之地,不构成社会单位。社会单位是氏族。由于生产条件的限制,核心家庭很难单独谋生;同时没有强大的机构(譬如国家)来维持社会秩序,核心家庭也不易自卫。于是在家之上乃需要一种更重要的社会组织,那就是氏族。少年子女一旦能照顾自己,便投入氏族。而后在他们的意识中,自视为氏族之一员,远甚于家庭的一分子。古代罗马人之穿袍,日耳曼人之持枪和中国人之戴冠,都是青年从家庭走入氏族、变成社会成员的表征。②

商代以前没有文字资料,宗族状况不得其详。可以肯定的是,商代已经有了宗族组织。西周时期,出现了典型的宗法制宗族。按照钱杭的观点,"宗法"一词有广义、狭义之分。"狭义宗法"指的是典型地存在于周代贵族宗族中的一种特殊的世系原则,史称"大宗小宗之法"。"广义宗法"指的是周代以后广泛存在于社会各阶层宗族中的一种普遍的世系原则,史称"宗子之法"。《礼记·大传》中的一段话可称是狭义宗法的"十四字纲领",这段话是:"别子为祖,继别为宗,继祢者为小宗"。因为有了后六字"继祢者为小宗",可以知道前八字"别子为祖,继别为宗"中的"宗",就是指大宗。

所谓"别子",是指未继承王位或爵位的王子、公子、庶子、支子,他们或是留在王族、公族内,或是受封并世代食采于另地。"别",有"自卑别于尊"的意思,也有"离别"父族的意思。他们离开父族,创建新族,成为新族始迁该地的"始祖"。到了别子的第二代,其位由长子继承,遂成"继别"者。"继别"者为其后裔尊奉为"宗"。此祖、宗二字的由来和本意。因"继别"而形成之"宗"代代相传,永不中断,即《大传》"百世不迁之宗"之谓,也就是班固《白虎通》所说"宗其为始祖后者为大宗,此百世所宗也"中的

---

① 何怀宏:《世袭社会》,北京大学出版社2011年,第90、100、101页。
② 杜正胜:《传统家族试论》,载黄宽重、刘增贵主编《家族与社会》,中国大百科全书出版社2005年。

"大宗"。因为"别子"只能产生及存在于特定的政治结构和社会制度中。一旦取消了层级分封制和世卿世禄制,就无所谓"别子",因而也就不存在"远祖正体"意义上的"大宗"。另外,钱杭认为,有些论著将天子视为"天下的大宗",也很不确切。天子不是"别子",他的"宗(尊)"位无须依靠宗族意义上的"世长子"的认定才能获得。

祢,是宗庙中为亡父所立牌位。父亲去世后,众子中可以有一人(一般是嫡长子)继承空缺的爵位,成为该家族新的代表。这位继承者就是"继祢者",他的兄弟们尊奉他为"小宗"。"小",也就是他受尊敬的范围和级别比"大宗"为小、为低而言。如万斯大所说,"谓之小宗者何?唯五世之内,族人之同高祖者宗之,所宗者小也"。由于宗族的世系范围是"上至高祖下至玄孙",因此一个宗族所拥有的"小宗"数目就不止一个,最多可以达到四个。它们是继父之小宗、继祖之小宗、继曾祖之小宗、继高祖之小宗。

如果说,大宗的意义在于代表、象征和统辖整个宗族"共同体",小宗的意义就在于代表、象征和统辖宗族的一个个分支。①

庶民阶层是否存在宗族组织?童书业认为,庶民以下似乎不在宗法系统的范围之内。虽然庶民在当时也有聚族而居的现象,但他们的宗族制大概是与贵族阶级两样的。据记载,庶人工商也有所谓"分亲",至于他们的"分亲"制度怎样,因史料缺乏,不得其详。②

张光直在《中国青铜时代》一书有关中国文明和国家起源的研究中,提出了宗族分支是中国文明早期社会与经济分层的一种表现和手段。③如果以此为基础推衍,则似乎可以认为中国在国家形成过程中宗族的延续,其实是中国国家形成的一种途径。很有可能正是国家形成的需要,使宗族强化并发展。因此,宗族不是氏族社会的残余,而是新的国家社会的必要结构。比如,吉本道雅通过对先秦时期王朝和诸侯国"国制"的考察,指出一直被视为"氏族制"遗存的"族"的结合并非仅仅是所谓"遗存"而已,更是在各时代的历史条件下再生产的产物。④ 这一点,在宋以后

---

① 钱杭:《中国宗族史入门》,复旦大学出版社2009年,第92—101页。
② 童书业:《春秋史》,中华书局2006年,第8页。
③ 张光直:《中国青铜时代》,生活·读书·新知三联书店1999年,第481页。
④ [日]吉本道雅:《先秦时期国制史》,载佐竹靖彦主编《殷周秦汉史学的基本问题》,中华书局2008年,第66页。

宗族的复兴过程中也得到了充分印证。由宗族这一事物,我们可以体会很多。张光直用"连续的文明"的概念来概括中国文明的起源,钱穆也用没有转韵的诗来概括中国文明的连续性。宗族的长期存在,表现了中国文明的连续性,但不是停滞性。在中国,很多旧的东西一直存在,但是它的内涵一直在变。而且可能正是这些旧的东西的复兴,体现了新的时代精神。

五、春秋战国之际的社会变革

春秋战国之际,中国经济、社会、文化、政治等诸多领域都出现了巨变,这一点一直是学者的共识。顾炎武如此描述这种变化:

> 如春秋时犹尊礼重信,而七国则绝不言礼与信矣;春秋时犹宗周王,而七国绝不言王矣;春秋时犹严祭祀、重聘享,而七国则无其事矣;春秋时犹论宗姓氏族,而七国则无一言及之矣;春秋时犹宴会赋诗,而七国则不闻矣;春秋时犹有赴告策书,而七国则无有矣。邦无定交,士无定主,此皆变于一百三十三年之间,史之阙文,而后人可以意推者也,不待始皇之并天下,而文、武之道尽矣。①

大致来说,中国社会制度发生的转折,其要者有二:第一,封建世袭、权力分割的贵族政治("世卿世禄")转化为君主集权的官僚政治;第二,土地不可让渡的封建领主经济转化为土地可以买卖的、以小农生产为基础的、直接向朝廷纳税的地主经济。② 让我们首先看经济领域的变动。

1. 生产力的发展和土地私有制的出现

春秋战国之际在生产领域的最大变革是铁制农具和牛耕的使用。③ 就出土资料而论,春秋末期楚人已发明了生铁冶炼技术,并用以制造农具。后铸铁技术传入北方,铁制农具的使用,迅速传播开来,到战国中期,铁制农具在黄河流域农业核心地区的使用反较长江流域普遍;但铁制农具的传播并不均衡,淮水流域有些地区,至东汉时期,还不知道使用铁制农具和牛耕技术。④

---

① 顾炎武著,黄汝成集释:《日知录集释》卷一三"周末风俗",岳麓书社1994年,第467页。
② 冯天瑜:《"封建"考论》(第二版),武汉大学出版社2007年,第453页。
③ [日]川胜守:《明清农业论》,载森正夫等编《明清时代史的基本问题》,商务印书馆2013年。
④ 陈佐良:《择地顺时——农业的自然环境》,载刘石吉主编《中国民生的开拓》,黄山书社2012年,第18页。

牛耕,通常也就是指的犁耕。牛用于耕作,是因为有了犁。早期,用于耕地的主要农具是耒耜,耜是直接刺土耕地的,耒是耜所附之柄。春秋时期,耜发生了改变,即把原来用木片制的改成铁片制的,使耒耜这种比较原始的工具演变而成"犁"。① 从此,中国农业进入了铁犁牛耕时代,这在中国农业发展史上是一个划时代的变革,对中国农业生产力的提高有重大的推动作用。

中国农业的起源始于华北的旱地农业经营,它的发展,得力于春秋战国时代水利事业的兴起,尤其是进入铁器时代的战国时代以后,水利事业的发展相当迅速。到了战国末期,北方已有大规模的水利工程出现,促进了秦汉大帝国的形成。②

与生产工具的变革相适应,春秋晚期以来私有土地制度逐渐形成。春秋以来农业技术的发展,是促成土地私有的重要原因之一。在有利的工作条件下,农民逐渐有能力独立经营,而不必与邑里之内的其他居民合作。农民有能力独立耕种之后,土地私有的观念开始萌芽。他们对于自己所得的部分格外尽力,而不愿努力为贵族助耕,公田的收入因而减少,形成对于贵族的威胁。贵族为了保障赋税的收入,只好废除助耕公田的税法,而改按农民所耕种的面积来征税。春秋晚期以来国君对于人民的授田,也对土地私有制度的形成起了推波助澜的作用。湖北云梦睡虎地秦墓出土的秦简有《魏户律》,记载了魏国对人民分田的事实;秦简有《田律》,也记载了秦国人民在受田之后所应负担的赋税。不仅对本国人授田,对于新来的定居者也不例外。所以《孟子·滕文公上》记载许行自楚之滕,见滕文公说:"愿受一廛而为氓。"一廛是一夫受田的面积。人民受田之后,登入政府的田籍,政府以田籍为依据,向人民进行各种征课。春秋晚期以来各国的授田,虽是延续封建社会的传统而来,在实质上却有很大不同,那便是人民从政府手中取得这一块田地之后,就不必再归还政府了,而是成为了人民的私有财产,土地私有制度由此确立。由于土地私有制度形成,所以有了田产的买卖,也有了田产的继承。土地因买卖而主人不断更换,再加上各国鼓励开垦荒地,促使私有土地不断扩大,于是田籍便需要整理,以作为纳税的依据。秦始皇三十一年(前216),出现"使黔首自实田"(《史记·秦始

---

① 齐涛:《中国古代经济史》,山东大学出版社1999年,第123页。
② 黄耀能:《沟洫之利——古代农业水利的发展与成就》,载刘石吉主编《中国民生的开拓》,黄山书社2012年,第64页。

皇本纪》引《集解》徐广曰)的诏令,这是土地私有制度完全确立的反映。①

春秋战国时期,几大因素增加了商业的重要性。第一,每个国家控制地域的增大,使商人能在更广大的地域安全旅行。第二,列国频繁的接触,改善了陆路和水路交通。第三,因为地方产品越来越专门化,不同区域变得越来越互相依靠。第四,货币的出现使得商品交易更为便利。伴随着广泛的职业专门化,地方贸易活跃起来,城市也随之兴盛。商人这个权势阶层,出现于春秋战国经济变革以后的社会。②

2. 政治和社会秩序的大变动

与经济领域的变动相随,在政治上出现了专制主义中央集权的萌芽与发展,在社会结构上出现了大变动,在思想文化领域出现了人本主义思潮的涌动,这些都为秦汉帝国的出现创造了条件。

罗泰根据考古学资料指出,从西周晚期开始,姓族之间的差别逐渐减弱,而核心社会与其他民族集团的差别则变得更加突出。换言之,周人社会内部越来越同质化,而与外部的界限越来越清晰。尽管氏族仍然是整个社会系统的基本组成单元,但是随着低级贵族和平民群体之间的区别越来越模糊,氏族出身决定一个人社会地位的重要性已经大大降低。相反,在每个诸侯国,都出现了统治者与被统治者之间的根本差别。在规模很小而享有极高特权的统治阶层内,地位差别仍然清晰,而这个最高贵族阶层之下的原本等级极度分化的社会阶层却经历了一个显著平等化的过程。到了战国时代,整个贵族阶层和平民之间的地位界限基本失去了意义。

罗泰同时指出,在公元前600年前后,又出现了一次有关等级贵族祖先崇拜的礼仪改革。东周晚期铭文显示,礼仪的重点从祖先神灵转移到了现世的礼仪集体,尽管祖先仍然是祭祀活动名义上的重点,但是他们已不再被视为能够赐予福祉的力量。东周晚期的墓葬在思想背景上已经完全不同于西周和春秋早期,不再强调生者和死者的沟通,转而强调两者之间的断裂。这表现在两个方面。首先是,宗庙中献祭祖先的器物群已经与墓葬中的随葬器物群分离,精美的铜器只见于宗庙或者最高等级贵族的墓葬之中,同时用此等材料做成或者是规格缩小的"明器"组合越来越广泛使用于墓葬。东周以前明器已经存在但并不普遍;东周时期,礼器的明器形

---

① 梁庚尧:《中国社会史》,东方出版中心2016年,第57—58页。
② 许倬云:《中国古代社会史论》,广西师范大学出版社2006年,第139页。

式已不仅见于各级贵族的墓葬,而且见于平民的墓葬中。使用明器的原因,是为了截然分开死者与生者,甚至要区分他们使用的器物。其次,墓葬结构更加建筑化,随葬品中除了礼器,还搭配了新的器类,给墓葬带来一种新的类似家居环境的感觉。这些新的墓葬结构和随葬品,可能与当时的世俗建筑相仿,开始表现人类所处的宇宙空间,而墓葬演变成宇宙的缩影。罗泰认为,通过把墓葬转变为一个地下家居环境,人们向死者提供了生前生活的各种享受。这种做法主要出于防止死者的灵魂回到生者世界游荡的目的。因为到了战国时期,死去的祖先已经从上天的超自然保佑者转变为可能有害的存在。把坟墓设想成宇宙的模型是战国时期的新兴观念,它包含着一个重要的思想,即死者的世界虽然同生者的相隔绝,却是生者世界的翻版,而且同世俗国家的行政官僚一样,也有一套对应的各级神灵官僚体系。[1]

进入春秋以后,随着天子权力的衰落,规模庞大的周人部族解体了,周天子能够控制的范围缩小到了只剩下王畿。诸侯国强大起来,彼此争雄。传统的大小宗关系已经只剩下躯壳,亲族观念变得越来越淡薄。

春秋前期各诸侯国的公室都还比较强大,他们还能从政治、经济上控制卿大夫家族,但是随着卿大夫家族实力的膨胀,卿大夫家族逐渐从参政、干政发展为揽权、专权。例如在鲁、晋、郑等几个主要的诸侯国,都出现了少数几家贵族世代把持朝政的局面。到了春秋晚期,甚至出现了国君虚设、由几家卿大夫家族的代表轮流执政的局面,如郑之诸穆、鲁之三桓、晋之六卿;他们甚至瓜分了公室的军队,如鲁之三桓三分公室和四分公室;他们夺取公邑作为私邑,如季武子私取卞邑;或者侵吞其他卿大夫家族的属地作为私邑,如晋国的韩氏、赵氏、魏氏瓜分了范氏、中行氏和知氏的属地。春秋列国卿大夫与公室的关系由辅弼转变为对立,也是西周时期诸侯与王室关系转变的翻版。这就是孔子哀叹"礼乐征伐自诸侯出""陪臣执国命"(《论语·季氏》)的天下无道、礼崩乐坏的局面。

从西周到春秋,中国的社会是按照血缘亲疏的氏族组织的,所以宗族制度是国家的支柱,封邦建国和世族世官制是国家的基本制度。在这种情况之下,同姓贵族既是国君依靠的主要对象,也是国君最主要的竞争对手。

---

[1] [美]罗泰:《宗子维城:从考古材料的角度看公元前1000年至前250年的中国社会》,吴长青等译,上海古籍出版社2017年,第323—343页。

国君与公室为了保持自己的统治权,不得不采取一些手段来扼制卿大夫家族的势力:办法之一是用武力铲除强宗之族,削夺其采邑、土田;办法之二是用郡县制代替封建制。晋、秦、楚国在春秋早期就开始在新兼并的土地上设立直接从属于国君的县和郡,由国君委派官吏进行管理而不再封赐给私家;到了春秋晚期,在一些被消灭的卿大夫家族旧有的封土上也设立了郡县。列国公室与卿大夫家族之间的冲突发展到春秋晚期已经变得非常激烈,郡县制和官僚制的实行使诸侯国君逐渐演变为新型的集权君主。

战国时期各国先后发生了变法运动。变法运动的实质是希望进一步集权的国君与企图继续保持世族世官的贵族之间的一场生死较量。变法的结果是传统的维护贵族利益的世族世官制基本上被废除了,重新建立了一套新的官僚制度。这种新型的官僚不再拥有封邑,而是以粮食作为俸禄;国君用符玺授予官僚权力,年终对他们的政绩进行考核;官吏的选拔也不限于同姓贵族之中,各式各样有才、有德、有功的人都可以通过上书、游说、举荐、选拔和建立军功而充当各级官僚。在各国的朝廷上,都出现了许多来自别国的"客卿","楚材晋用"的现象在当时十分普遍。这种大臣不像以前的大臣那样都来自本族显贵,他们来自于社会、服务于国家、效忠于国君,因此可以把他们叫做"朝臣"。朝廷官僚从族臣、公臣、家臣转变为朝臣,表明以血缘为纽带的部族国家正在向以地缘为纽带的领土国家转变。①

秦始皇翦灭六国,建立大一统帝国,开创了一个新的时代,并采取迁徙各国宗室、贵族的策略来打击六国贵族后裔。西汉初刘邦接受刘敬的建议,"徙齐楚大族昭氏、屈氏、景氏、怀氏、田氏五姓关中"②,"秦灭六国,而上古遗烈埽地尽矣。楚汉之际,豪桀相王,唯魏豹、韩信、田儋兄弟为旧国之后,然皆及身而绝"。③ 经过秦汉之际激烈的社会动荡,先秦贵族彻底退出了历史舞台,再也不能死灰复燃了。

在世袭贵族阶级没落的同时,以"士、农、工、商"四种职业划分群体的社会结构开始出现。《管子·小匡》中"士农工商四民者,国之石民也"的说法,体现了"四民"已成为社会的基础,先秦"封建贵族社会"已经向"四

---

① 叶文宪:《族臣—家臣—朝臣》,《中国古代社会与思想文化研究论集》,黑龙江人民出版社2006年。
② 《汉书》卷一《高帝纪》。
③ 《汉书》卷三三《田儋传》。

民社会"转变。其中,"士"的崛起尤其关键。"士"在西周时期本是贵族的最低等级,在春秋战国的社会大变动中,它成为阶层流动的汇合点。没落的往往贵族下降为士,上升的平民也成为士。战国时期,士人在列国之间游走,成为当时政治、文化领域变革的推动力量。在此后的两千年里,士人也是中国社会中决定性的力量。①

3. 思想文化上的巨大变革

与经济和社会领域的变革密切相关,春秋战国之际在思想文化上也出现了巨大的变革,并为此后中国思想文化确定了方向。德国思想家雅思贝尔斯指出,大约在公元前800年至前200年之间,中国、印度和西方的希腊、以色列,都先后经历了一个"轴心时代"(Axial Period),通过精神的突破(break-though)产生人的存在的自觉,达成文化的转化,奠定了四大文明的各自特色。揆诸中国历史,这个轴心时代正是春秋战国时期。

在这一时期,这几大文明各自产生了伟大的思想家,为轴心时代的文化转化作了总结,分别代表所属文化的最高成就。这些思想家是中国的孔子、印度的释迦牟尼、希腊的苏格拉底和希伯来的先知。由于每位思想家都有其特定的历史文化传统,所表现的思想内容也就彼此有异。以人的转化(transformation)来说,苏格拉底所要求的是思想的转化,耶稣所要求的是对上帝意志的奉献,释迦牟尼所要求的是沉思以及与沉思相配合的生活方式,孔子所寄望的则为教育的过程,而且这种教育不仅仅是知识的传授。再以人与世界的关系来说,苏格拉底认为人通过思想寻找自己,并以思想和他人发生关联,他要超越世界但不否定世界;耶稣要打破一切现世的秩序,把一切事物都归置于将在世界末日来临的国度之下;释迦牟尼想借着冥想和免于尘世之忧的生活,离开世界进入涅槃之境;而孔子则希望帮助人在现世中塑造自己,并使世界以它既定的永恒秩序发展,他要透过人的自然本性的观念,致力于人格的完成。从雅斯贝尔斯所指出的这些差异中,我们可以发现孔子是这四位思想家中最富有现世精神的一位,这也与殷周以来所形成的中国文化传统有关。②

---

① 关于士人阶层的特性、演变和历史地位,可参考余英时的相关论述。余英时:《士与中国文化》,上海人民出版社2003年。
② 林载爵:《人的自觉——人文思想的兴起》,载邢义田主编《中国文化源与流》,黄山书社2012年,第251页。

第三节　秦汉至隋唐五代的帝国士族社会

最早将秦汉至隋唐划为一个历史时期的学术著作应该是日本学者桑原骘藏的《中等东洋史》(1898),该书把中国历史划分为四个时期:"上古期"——汉族膨胀,从太古以至秦之统一;"中古期"——汉族优势时代,自秦始皇至唐之灭亡;"近古期"——蒙古族最盛时代,从契丹兴起至于明之末世;"近世期"——欧人东渐时代,从满洲兴起至于中日甲午战争。在此,桑原骘藏主要是从民族的兴衰来划分中国历史。此后,夏曾佑在中国第一部新式历史教科书《中国古代史》(1904)中,"分我国从古至今之事为三大时代":秦汉前为一时代(上古),秦汉至隋唐为另一时代(中古),宋代至于清代又为一时代。夏氏称"中古"时代,"中国由单纯之种族、宗教(汉以前之种族、宗教亦不得谓之单纯,唯较汉以后为单纯耳)转入复杂之种族、宗教"。比较而言,桑原骘藏着眼各时段之民族代兴,夏氏强调种族与宗教的复杂性,但将秦汉至隋唐划归一个时代,则彼此一致。①

但是,自内藤湖南以来,日本京都学派一般将秦汉划归"古代",而将六朝隋唐划归"中世"。或许是受其影响,当今中国学界也一般将"中古"划定为魏晋南北朝隋唐时段。这里存在秦汉与六朝隋唐的连接问题,具体地说,即为秦汉时期与六朝隋唐时期是断裂性大于连续性,还是连续性大于断裂性。

牟发松认为,虽然相对于秦汉,隋唐因杂糅魏晋南北朝时代所产生的各种要素从而具有全新的面貌,但是从秦汉到隋唐,中国历史上的"大一统体制"经历了从建立、巩固到瓦解、重建的第一个完整而典型的循环,因此可以将"从汉至唐"的时代变迁作为中国历史长河中一个"完整的历史发展阶段"来把握。② 牟发松的看法,受到陈寅恪、内藤湖南、宫崎市定、唐长孺等学者的启发;尤其是宫崎市定在其名著《九品官人法研究》的绪论中明确将"汉至唐"联合起来考察,他指出唐帝国同汉帝国虽然成立的经过相似,但不能说它们性质相同。汉代存在着官僚制和贵族制,但两者都不成熟。相比较而言,官僚制先期形成,在官僚制下,贵族制逐渐发达,其后

---

① 相关讨论参见谢伟杰《何谓"中古"——"中古"一词及其指涉时段在中国史学中的模塑》,载张达志主编《中国中古史集刊》(第二辑),商务印书馆2016年。
② 牟发松:《汉唐历史变迁中的社会与国家》,上海人民出版社2011年,第1页。

发展为南朝的贵族制。在北朝,受外族强大的君权奖掖的官僚制,同华北汉族的贵族制相生相克,时而对抗,时而妥协,进进退退,延续至唐朝。唐朝由此出发,不得不承认前代以来的贵族制。唐朝在贵族制的基础上建立官僚制,随着官僚制的强大,使得贵族制衰落。"要说汉朝与唐朝的最根本区别,就在于汉朝是贵族制的孕育时期,而唐朝则是贵族制的衰落时期。相似的外表之下,显示出内里生长与衰落的异质异相。居于两者之间的贵族制时代,在中国史上占有特殊的地位,连同其前后,完全具有独立构成一个完整时代的价值。"①

本书认为,秦朝的建立,使中国社会迎来了"帝国时代"。同时,从西汉中期开始,社会上豪强富人的势力日益滋长,发展成为东汉时期的"豪族"。随着"豪族"的日益官僚化和官僚的日益豪族化,在魏晋南北朝时期发展为"门阀士族",这些门阀士族一直延续到唐代,直到唐末五代才销声匿迹。综合政治形式和社会结构,可以说这一时期是一个"帝国士族社会"的时代。这个社会从唐代中期进入转型期,经历五代,为宋以后的新社会做好了准备。

一、经济的进展与波动

1. 农业技术的进步

这一时期,中国农业出现了巨大发展,具体表现在两个方面,即3—5世纪华北旱地农业的完成,6—8世纪两年三作和小麦栽培的普及。②

中国传统的农业技术,首先在黄河流域,历经战国到汉代完成。汉以后,中原地区的农业技术和文化,不断地输入南方,使当地日臻开发。唐朝时,长江流域不但摆脱了落后的局面,进而凌驾黄河流域,成为中国的经济重心。但当时更南方的珠江流域的农业还十分落后,到宋代以后才进一步获得开发。③

美国学者陆威仪对汉唐间的农业技术进展及其社会影响有较详细的描述。他指出,在秦朝以前的一个世纪里,几种重要的技术革新被引进,包括灌溉系统、施肥以及畜拉犁等铁农具。其中有机肥至关重要,它提高了收成,根据《吕氏春秋》的记载,有机肥能够"变薄田为良田"。但是,这些

---

① [日]宫崎市定:《九品官人法研究:科举前史》,韩昇、刘建英译,中华书局2008年,第40页。
② [日]川胜守:《明清农业论》,载森正夫等编《明清时代史的基本问题》,商务印书馆2013年。
③ 陈佐良:《择地顺时——农业的自然环境》,载刘石吉主编《中国民生的开拓》,黄山书社2012年,第17—18页。

新技术的引进还没有得到广泛的推广应用。铁犁头能够耕得更深,尤其是用两头牛拉犁的时候;陶砖有助于灌溉井的修建,但是汉朝在采用新技术方面存在巨大的地区差别。历史文献中记载了那些先进技术仍然没有得到使用的地区,以及官员们力图发展、鼓励新技术的地方。

西汉初期,在农业耕种中,除了最初疏松土地之外,牛和犁很少被用到,所以大多数农民并没有这些农业工具。汉武帝统治时期,推行了一种新的农业方法——"代田法",可以在某种程度上保持土壤肥力,减少施肥的需要或者抛荒。耕牛的使用则使得与以往相同的劳力可以耕种更大面积的土地。在都城附近的国有土地上,政府官员引进了这种生产力的改革,但需要很大的资本投入,只有有钱使用两头牛和铁犁的农民才可能使用它。

砖内衬法的引用意味着水井能够挖得更深,汲取到更多的水。华北平原,特别是黄河冲积平原地区,水利灌溉主要依靠这种井水。这种灌溉技术的进步和铁犁的使用一样,对农业产量大有影响。"代田法"需要两头牛和三个人来协同操作。东汉时的农民发明了牛鼻环,它使一个人能控制两头牛和犁。当农民们发明了复合犁和播种机械"耧车",一个人就能够在犁地的同时完成播种。

总体来说,农业生产方式上只有极少的步骤被机械化了。平整土地、播种、施肥、灌溉、收割等仍旧采用陈旧的、高强度的劳作方式,靠双手来完成。通过高资本投入来获得大规模的农业生产只对犁地和播种是可能的。技术进步使富裕农民获得更好的收成。小农户则因资本所限很难使用先进的技术,而且赋税日益增长,不久就会负债。借高利贷注定钱一旦借了,就几乎不可能偿还。因此,很多农民被迫卖掉他们的土地,或者把土地抵押给地方权贵,自己则变成权贵的佃农。由于新技术使在土地上劳作的人力需求降低,很多农民最终被迫离开了土地。

潮湿的长江流域很少经历干旱,这里最大的麻烦是水太多,大量土地是泥泞的沼泽。直到东汉灭亡,当新的排水技术得到发展时,这些土地才得以开发利用。绝大多数农民焚烧野草丛林,留下的是肥沃的草木灰,然后在土里种上水稻。依靠烧荒来获取肥料的这种做法,使得土地必须每隔一年就进行抛荒,只有这样,庄稼才能长得好。因此这里的产量相对北方来说是比较低的。

尽管如此,随着北方地区的农民因水灾逃荒,或者为躲避战乱,迁徙、定居到长江中下游地区,南方地区种植水稻的土地面积在逐步增长。这些难民中的多数都是贫穷农民,水稻生产技术很少得到大的投资,地主也没有北方地区那么普遍。一些地方有实力的家族率先引进了新的灌溉方法,他们把小峡谷的一端修成水坝,这样就制造了一个湖,通过水闸放水进行灌溉。然而,主要的问题是排涝,而非灌溉,因此,这种技术变革并没有改变南方的农业。直到4世纪早期,当大型灌溉成为可能后,豪强大族数量才明显增长。此后,引进了一种新的排水技术,这使得大片土地得以开发,也鼓励了地主制的发展。①

汉唐之间几个世纪出现了一些新型农业生产技术。在3世纪的墓葬艺术中出现了单牛犁耕。汉犁至少需要两头牛,很少有农户能买得起。单牛耕犁只需要一个弯曲式短辕,大大减少了农村生产过程中使用动物劳力的成本。单牛起垅犁在掘土时会把泥土向外翻,这种技术也传到了北方。5世纪的北魏甚至会把牛发给某些地区的农民,还建立起系统体制,允许农民租用其他人的牛,只需替对方做一些锄地之类的劳动进行回报。这些发展说明,继汉朝以来的几个世纪里,北方农业的发展越来越依赖动物进行农耕。②

机械化生产使北方和南方富裕起来,主要是通过水力机械(水车)的形式,应用在佛教寺庙和俗家信徒的地产上,将谷物磨粉或榨油。曹操曾使用过水力驱动的捣杵,3世纪末石崇有30套这样的设备。6世纪初出现了大量磨粉的设备,其功能更为精细复杂。因为发动这些机器需要快速的水流,所以它们经常建在山坡上。这些设备为它们的主人带来大量收入,并为这些专业的操作者提供了赚钱的新市场。

这一时期农业的另一个重大变化是南方茶文化的发展。种茶需要排水良好的土地和全年均匀充足的降水,所以非常适合在南方的山坡上生长。南方的农民可以把不适合种水稻或者其他作物的土地用于种植茶树。南北朝时期,只有南方的精英才可以饮茶。饮茶与佛教密切相关,饮茶可以使僧人在禅修的时候保持警醒,可以使其"又不夕食",唐朝时已成为僧人参禅的重要工具,并"辗转相仿效,遂成风气"。由于是在山坡种植,需求又非常有限,大部分茶叶是由个体农户和寺庙生产的。③

---

① [美]陆威仪:《早期中华帝国:秦与汉》,王兴亮译,中信出版社2016年,第106—109页。
② [美]陆威仪:《分裂的帝国:南北朝》,李磊、周媛译,中信出版社2016年,第118页。
③ [美]陆威仪:《分裂的帝国:南北朝》,李磊、周媛译,中信出版社2016年,第123页。

这一时期,水利事业对农业发展有很大的贡献。西汉武帝时,为了配合对匈奴的战争与保卫首都的安全,在关中平原开展了大规模的渠水水利事业,技术上也有重大突破。然因对内大兴土木,对外大事征伐,造成国库空虚,导致大规模渠水事业经营终止。代之而起的,是西汉中期直到东汉,地方豪族在淮河流域丘陵地带的陂水事业经营,为华中地方农业经营带来相当的发展与繁荣。①

2. 不景气的时代

3世纪和4世纪的混乱对中国北方产生了深远而持久的社会和经济影响,大批人逃亡(特别是西北),在四川、淮河和长江流域等比较安定的地区避难和寻求新生活。数百万人在4世纪不断的战争中丧生。北方的大片土地遭到破坏,人口减少,耕地荒芜,因此北方诸政体不断力图鼓励民众开发土地。在拓跋人的统治下,奴隶制大规模出现了,这又引起了社会混乱。北方的大部分地区恢复了自给自足的耕作制,社会倾向于密集在由一个或几个大族控制的小地方单位内。交易和商业衰落,货币被废弃。北朝诸政体针对这种局面制定其制度;征收实物,政府的大部分次要职能都通过劳役来完成。

战国秦汉社会,是一个城市兴旺、商业发达、交换经济繁荣的社会。② 由于大都会的没落和行旅不安全,三国以迄南朝的商业一般皆呈现出不景气的现象,偶尔出现的大规模商业行为只能说是例外。至于都会以外,以村落为交易场所的商业行为也较稀少。这一方面是因为当时的农村大多数是坞堡式的庄园经济,自给自足,对外商品需求很小;另一方面则是货币流通减少,使得村落间的小规模商业缺少交易媒介。③

战国到魏晋,货币发展呈现出贵金属日益稀少的趋势。战国至西汉主要以黄金、铜钱为币,金一斤等于一万钱。东汉仍是以黄金、铜钱为币,但黄金的使用量减少。布帛虽然不是货币,但在赏赐、赎罪等方面,已渐渐部分地替代货币或全部替代货币。魏晋以后一直到唐中叶,布帛成为社会上流通使用的主要货币。④ 为什么黄金会逐渐减少呢?宫崎市定认为是汉

---

① 黄耀能:《沟洫之利——古代农业水利的发展与成就》,载刘石吉主编《中国民生的开拓》,黄山书社2012年,第64页。
② 何兹全:《中国古代社会及其向中世社会的过渡》,商务印书馆2013年,第670页。
③ 陈国栋:《懋迁化居——商人与商业活动》,载刘石吉主编《中国民生的开拓》,黄山书社2012年,第173页。
④ 何兹全:《中国古代社会及其向中世社会的过渡》,商务印书馆2013年,第531页。

武帝时与西域开始交通贸易,内地的黄金因为交易而逐渐流向西域。① 总之,魏晋南北朝直至唐中叶,按照宫崎市定的话说,是一个经济不景气的时代。② 何兹全则认为,整个三国西晋时期,是自然经济大占优势的时代;整个社会,整个时代,自然经济代替了交换经济。③

3. 南方的开发

魏晋南北朝时期,北方的农业生产受到破坏,但南方农业却有很大的发展。南方的土地一旦被开垦,远比北方的肥沃,产量也高得多;南方广泛采用的水稻移植法使它能生产大量剩余粮食。贸易继续发展,货币的使用也日趋广泛。南方诸政权对商业实行课税;货币在财政体制中起到了比较重要的作用。④

江南地区农业生产方式长期落后,文献称其为"火耕水耨"。日本学者西嶋定生认为火耕水耨是一种一年休耕的直播列条栽培法,尚未实行插秧,这种稻作法一直流行于两汉六朝时期的江南,未曾变化。但此后中日学者就上述问题进行了大量的实证研究,发现在东汉六朝时期南方稻作生产已逐步突破火耕水耨的状态,一种集约化程度较高的新稻作法已在江南基本形成。⑤

牟发松指出,江南稻作农业的发展,在东晋南朝是一个节点,以完善的农田水利设施为特征的先进稻作方式,初步取代了南方传统的粗放原始的火耕水耨稻作方式,其重要标志是"带海傍湖"的会土(宁绍平原)出现了数十万顷依赖农田水利保障的"膏腴上地"。这是"制之由人"的良田即"水利田"对"火耕水耨"式稻作如"疁田"的胜利。中唐前后,是又一个重要节点。中唐以后,江南出现兴修农田水利工程的高潮,与之相伴随的,还有江东"良田"即"以沟为天"的水利田面积的急剧扩大,以一人一牛一耙的江东犁为代表的生产工具的改进,以移植及插秧技术运用为前提的稻麦轮作乃至复种的出现,从而使稻作相对于旱作的潜在优势发挥出来。与这种发挥相应的,是南方社会经济开始超越北方,经济重心由北而南的移动

---

① [日]宫崎市定:《宫崎市定中国史》,焦堃、瞿柘如译,浙江人民出版社,2015年,第35页。
② [日]宫崎市定:《宫崎市定中国史》,焦堃、瞿柘如译,浙江人民出版社,2015年,第35页。
③ 何兹全:《中国古代社会及其向中世社会的过渡》,商务印书馆2013年,第678页。
④ [英]崔瑞德编:《剑桥中国隋唐史,589—906年》,中国社会科学出版社1990年,第5—6页。
⑤ 牟发松:《从"火耕水耨"到"以沟为天"——汉唐间江南的稻作农业与水利工程》,载牟发松、陈江主编《历史时期江南的经济、文化与信仰》,华东师范大学出版社2014年,第62页。

正式起程。落后的南方水田农业逐步摆脱火耕水耨,赶上北方旱作农业并最终取代其先进地位的过程,最先起步于东晋南朝的江南,在中唐后加速。当此之际,长江中游地区也接踵赶上。南方稻作农业的崛起,对中国前近代社会的阶段性演进提供了新的经济活力。如果说北方旱作农业在唐代已接近其发展巅峰,那么,以江南为中心的南方稻作农业却还蕴藏着深厚的潜力和发展余地。它表明中国前近代社会所能容纳的生产力还远未到衰竭的地步。①

4. 土地私有制的发展和特殊环境下的土地国有

商鞅变法后,土地私有制在秦国确立。秦国的土地私有具有特殊的形式,即所谓爰田制,林剑鸣认为它是土地私有和国有之间的一种过渡形式。② 秦始皇三十一年(前216)秦王朝"使黔首自实田",进一步确认了土地的私有制。

汉代延续自战国以来的土地制度,人民对于土地拥有私有权。在土地私有制度之下,土地兼并兴盛,造成社会问题,因而有限田的言论出现。王莽时代,甚至更进一步推行王田,将土地收归国有,但是不旋踵而失败,东汉又恢复实施土地私有制度。③

北魏以来实行的均田制,虽然是一种国有土地制度,但用来分配的土地只是无主土地,对于豪族原有的广大田产并不加以干涉。因为牛和奴婢也有受田的权利,所以拥有愈多奴婢的豪族,所受田产也就愈多。豪族原有的田产,只需要在地籍登记上由私有转为国有,经过形式上的授田手续,不至于发生变化。对贫民而言,没有奴婢和牛,所授的田产也就较少。因此均田法的精神不在于土地的平均分配,而在于劳动力的充分利用,以使政府的赋税收入增加。对于贫穷的人家,则让他们能够有最低限度的耕地,可以独立维持生活,不至于受豪强的剥削,同时也使土地不致荒废,能为国家负担赋税。④ 因此,北魏至隋唐所实行的均田制是在土地大量荒芜、国家占有大量土地的特殊形势下所实行的土地制度,并没有逆转土地私有的长期趋势。

---

① 牟发松:《从"火耕水耨"到"以沟为天"——汉唐间江南的稻作农业与水利工程》,载牟发松、陈江主编《历史时期江南的经济、文化与信仰》,华东师范大学出版社2014年,第97—98页。
② 林剑鸣:《秦汉史》,上海人民出版社2003年,第168—169页。
③ 梁庚尧:《中国社会史》,东方出版中心2016年,第59页。
④ 梁庚尧:《中国社会史》,东方出版中心2016年,第132页。

5. 赋役制度的变迁

秦代的赋税,主要是田租、口赋和杂赋三种。田租,即按土地征收的田税。据《通典·食货》记载,秦以前的田税"盖因地而税,秦则不然,舍地而税人,地数未盈,其数必备"。口赋,即按人口征收的人头税。秦代的口赋征收是"计口出钱""头会箕敛""吏到其家""以箕敛之"。杂赋,指各色名目的临时征调。

汉代的赋役,就汉初情形言,农民对政府负担大体如次:一、田租,即税。战国以来租额无考,唯孟子屡言什一之税,知战国租额决不止什一。汉制则什伍税一,又时减半征收,则为三十税一。自文帝三十年除民田租,至景帝元年复收半租,其间凡十一年未收民租,为历史所仅见。二、算赋,即后世之"丁口税"。汉代出赋钱人 120 钱为一算(15 至 56 岁),其未满年龄者(7 至 14 岁)出口赋人 20 钱。三、更戍,即兵役。① 男子至 23 岁以后就要服兵役,每人一生须当兵两次:一次叫"正卒",守卫首都一年;一次叫"戍卒",戍守边疆一年。另外,还要在本县、郡内服役一月,称为"更卒"。②

一般而言,在重农思想下,田赋的征收并不重,大概历朝皆在 10% 以下。但是丁税和力役就不同。以汉代言,丁税就是算赋,常例是每年每人缴 120 钱,未成丁的缴 20 钱;如果拿算赋和常年的粟价相比,大约相当于一石至一石半的粟;再考虑到丰年粟价暴跌、凶年粟价暴涨的情形,丰年以粟换钱,农民要吃大亏,凶年则无粟可换,120 钱就不是很轻松的负担;如再以一家五口计,这个负担就更沉重。算赋已经如此,力役就更不得了。汉制力役每丁每年 30 日,无法亲自服役的,可以每月 2 000 钱请人代役,谓之"践更";另每丁每年又需戍边 3 日,不能到者,出 300 钱,谓之"过更"。2 000 钱比 16 算还多一点,其负担如何,概可想见。③

自东汉末年起至唐代中叶止,即自 3 世纪初至 8 世纪后半期,首先在北方,因官田、荒田大量存在,导致政府在不同程度上颁布和施行了一些分田给农民耕种的办法,如"课田法""均田法"等。与之相伴随,租税制度也起了巨大变化,即实行户调制,租税的课征对象主要以户为单位。

汉代农民负担的税,主要是算赋和田租。在魏晋以后,演变为户调与

---

① 钱穆:《国史大纲》(修订本),上册,商务印书馆 1996 年,第 133—134 页。
② 劳幹:《汉代兵制及汉简中的兵制》,中研院历史语言研究所集刊第 10 本。
③ 戴晋新:《有土有财——土地分配与经营》,载刘石吉主编《中国民生的开拓》,黄山书社 2012 年,第 108 页。

田租。调在汉代时为临时征发,征收物也不固定。但在曹操时,调却变为每户收取绢和绵,并作为定制取代了算赋。① 公元204年曹操所创立的户调制对于汉代口算赋来说是税制上的一大改革,自此以后直至唐代中叶,按户征调便成了定制。曹魏的户调相比于汉代的口算,在税额上大大增加了。这是因为绢、布、绵价值相比于粟价和地价,都非常昂贵。因此,户调是农家各种租税负担中很重的一项,往往成为当时租税制度的总称。户调自北魏以后直到唐代,往往和田地相联系,户调和田租成为一个不可分割的共存体。

户调征收绢布,首先是由于钱制的紊乱、钱币的恶劣、钱价变化过剧,以致铜钱无法在市面上流通,绢、布逐渐取得货币的资格。当时政府的主要开销,如赏赐及支付官俸和兵饷等项,皆以绢、布为大宗。其次,长期不断战争所引起兵制上的变动也是助成征收户绢的因素。汉代实行全国征兵,兵役与一般的力役都由同一主体来担当;军衣的供应在平时可以由应值兵役的农民自行料理,除大规模的战事外,不必有大规模筹措与严密的规定。但三国以后,面对长期不断的战争,雇兵成分增加,部曲私兵盛行,脱离生产以战斗为专门职业的兵越来越多,兵与民的区分越来越清楚,世兵制度逐渐形成,兵役遂与一般力役分离,军衣与一般力役的负担转由民户来承担。

户调以户为征收单位,首先是由于户调所收受绢布价值高昂,个人担当不起整匹的负担,故以户为征收单位。其次,因为当时隐瞒户口以逃避税役的情形甚为严重,政府按户收调,人民较难逃避。再则,由于战争频繁,人口大量死亡与移动,旧日的户口册籍早已失实,虽欲重编册籍,又为时势所不许,所以就户起征。此外,自东汉季年以来,豪强大族的建立以及大家庭的组织,已成为颇流行的社会风尚。中经三国、两晋数次人口大量流徙,士族与人民为避难方便,多举族或举室而行,结合成为更大的组织单位;留在北方不动的汉人,也加强团结,更紧凑地聚居一起以共管生活;至于外来种族,则仍多数保持着原来的氏族组织的残余形态。因此,地不分南北,人口较多的大户普遍地成立起来了。这就提供了支应户调以较优厚的税基。②

---

① [日]堀敏一:《均田制研究》,韩国磐等译,福建人民出版社1984年,第63页。
② 梁方仲:《户调制与均田制的社会经济背景》,载氏著、刘志伟编《梁方仲文集》,中山大学出版社2004年。

二、儒释道三教互补结构的形成

1. 儒家正统意识形态的确立及其社会功能

儒家在春秋战国时期形成，至西汉武帝时取得正统意识形态的地位。汉代的儒家具有浓厚的宗教气息，这体现在当时阴阳五行观念的盛行。杨庆堃指出，中国从历史的开端时期就存在着一种本土宗教体系，他称之为"原始宗教"。其关键的特征是祖先崇拜，对天及自然神的崇拜，占卜和祭祀。这种原始宗教成为政治结构的一部分，起到政治共同体整合力量一部分的功能。秦王朝依靠武力获得了世俗权力的成功，但忽视宗教价值的辅助，这成为其速亡的原因之一。汉朝建立后，不仅经历了宗教价值的复兴，而且在董仲舒"天人三策"的"天人合一"理论中，对原始宗教神学进行了第一次系统化——赋予上天人格化的特征及其对人类活动关系影响的伦理政治意涵。根据这一观点，上天通过天地间发生的一系列异常现象对人的行为进行惩恶奖善，而不是像周朝时只作为一种"缄默无声"的力量存在。政治权力的转移以五德为基础，与五种自然元素相对应，是阴阳神学向政治生活的进一步延伸。从朝廷到普通百姓，汉朝社会沉浸在宗教氛围之中。在确立天地至高无上地位的基本信仰中，原始宗教的复兴为新近确立的中央集权统治提供了支持。地方性宗教要素被包容进原始宗教的国家体系，并伴随着对天地崇拜的重要性，这一切都有助于巩固汉朝的伦理政治秩序。①

2. 道教的兴起及其社会角色

宗教的整合功能有助于缩小社群与个人的差异及社会统一，这种功能对于巩固王朝的社会政治秩序非常重要；同时由于经历长期的动荡，人们普遍渴望恢复和平与秩序，这种心态也在一定程度上促成了宗教运动的复兴。道教和佛教由此得到兴起的机会。

相对来说，原始宗教具有一种公众的特征，不具有选择性。道教和佛教的兴起，首次引入了自愿性宗教的组织化体系。在秦汉时期，国家的宗教实践是以统治者为祭祀首脑或最高祭司，他的男性亲属或下属官员作为次级祭司参与其中。家庭或亲属关系通过祖先祭祀得以界定。信仰并不受国家制约，比如也可以向山林、神仙或动物图腾奉献，这些实践由地方上的名门望族联合举行，有时低级官员也会参与。但是，随着受末世论影响

---

① 杨庆堃：《中国社会中的宗教》（修订版），范丽珠译，四川人民出版社2016年，第85—88页。

的反叛运动的兴起,汉朝摇摇欲坠,宗教将个体联结起来。个体之间的仅有的社会或政治纽带是以信仰联结的。在当时,道教和佛教提供了社会组织的新模式,也为生者与死者所占据的世界提供了新的范式。这两个宗教改变了中国生活的众多方面。①

道教形成于汉晋之间,其一个根源是先秦时期的"神仙"与"方术"。方士的活动,在西汉曾盛极一时。道士的称呼,渊源于方士,方士亦即方术士;而方术又可以称为道术,所以方士又称为道人、道士。道士之称,虽然起源于汉代,至晋朝以后,才完全取代方士的称呼。起初道人、道士泛称僧道,到南北朝才以道人专指沙门,道士专指黄冠。②道教的另一项重要内容,是以符箓咒语来请神驱鬼、祈福消灾治病,此一内容,来自于自古已有的巫与巫术。③总而言之,道教吸收了汉代以前的巫术传统和神仙之说。神仙之说在唐代炼丹术证明失效之后渐次没落,而巫术传统则仍然存在于今天的道教活动里。道教盛行之后,社会上也继续有许多不具道士身份的巫在活动,以巫术为生。④

开始于2世纪的道教最初是期待世界末日来临之际的大反叛,但是到了6世纪早期,它转变为哲学化的宗教,以迎合精英的世界观与国家的需求。在北方,它得到了国家的直接支持,有道观和遵从道规的道士。在南方,它在精英间流行,其形式是在师徒之间传授神圣的经典,信徒中有很多是皇室成员,甚至皇帝。7世纪早期,唐朝建立,皇室声称其为老子的后裔,将道教奉为国家最高宗教,官方的道教宫观与道士遍布每个主要的城市之中。⑤

道教对于政治稳定、社会有序所作出的一个重要贡献是为中国原始宗教增添了很多人格神,这些民众熟悉的神话和历史人物身上凝聚着传统的政治道德理想,通过此种方式道教给予现存的伦理政治秩序以宗教的支持。在汉朝之前,原始宗教大多局限于对上天以及与天相关的自然神崇拜,除了对祖先的祭祀仪式,对已过世的历史人物崇拜尚未在原始宗教体系中占据重要位置。从神学理论上说,原始信仰的系统化始于汉朝的阴阳

---

① [美]陆威仪:《分裂的帝国:南北朝》,李磊、周媛译,中信出版社2016年,第5页。
② 梁庚尧:《中国社会史》,东方出版中心2016年,第45页。
③ 梁庚尧:《中国社会史》,东方出版中心2016年,第49页。
④ 梁庚尧:《中国社会史》,东方出版中心2016年,第54页。
⑤ [美]陆威仪:《分裂的帝国:南北朝》,李磊、周媛译,中信出版社2016年,第198页。

学派,但其完善却是在此后的几个世纪里由道教完成。道教将不同的原始信仰融合进一个共同的体系,并将大量官方认可的地方性神灵编织进一个层级化的众神系统。①

3. 佛教的兴起及其社会角色

佛教在西汉末期传入中国,魏晋南北朝时期得到广泛传播,隋唐时期达到鼎盛,产生了中国式的佛教,其突出代表是"禅宗"。

在佛教发展的早期阶段,它主要表现为一种巫术仪式。宣称佛教的神灵具有魔力,这点成为吸引统治集团支持和普通民众追随的一个重要原因。即使佛教在中国获得一席之地之后,为朝廷和崇拜者提供超自然的庇佑的巫术功能,仍然是这一新兴信仰扩展或维持其影响力的主要途径。

佛教在中国发展的早期以小乘佛教为主要特征,该教派强调个人的救赎。佛教由一种新兴宗教扩展为主要宗教运动,其过程是与大乘佛教的成长平行发生的。大乘佛教提倡大慈大悲、普度众生,这种对普世救赎的强调不仅将佛教从个人及巫术的层面提升起来,而且使佛教能在特殊时期成为新的精神方向的焦点。此时汉朝处于四分五裂的状况,人们对于原始宗教和儒家学说中上天的权力信念有所动摇,普遍的社会和经济危机急需一种新的信仰。3世纪以来,随着社会和政治混乱的不断加深,有关脱离苦海和生活是虚幻的预言使佛教走进广大知识分子和官员的思想,并为藩王和帝王们所接受。这样一个强大的宗教运动也成为王位争斗者的工具,这是当时统治者成为佛教支持者的原因。一个表明自己持佛教信仰的统治者,自然会获得宗教对其政权的支持并吸引有佛教信仰的民众的拥护。

不同于中国原始宗教弥漫于世俗社会制度并完全地受到政权的控制,佛教以独立的和组织性寺院的形式存在,更以放弃世俗生活为其信仰基础。寺院制度代表了建立理想世界的努力,寺院是拥有权威、规范、给养和社会生活的独立体系。不仅大量无助的老百姓把寺院当成逃避兵役和赋税的避难所,而且贵族和官员向寺院大量捐献土地,受戒为出家人成为免除赋税和徭役的途径。这不仅使寺院成为"国中之国",而且使之成为一种政治力量。例如,在477—535年不到60年时间里,就有8次佛教徒的武装叛乱。而在统一强大的唐朝,佛教也大量地影响了国家的税赋、征兵和兵役。这种有组织的佛教与世俗政权的利益冲突造成历史上四次灭佛

---

① 杨庆堃:《中国社会中的宗教》(修订版),范丽珠译,四川人民出版社2016年,第92页。

事件,分别是446年、574年、845年和955年。955年后,再没有对佛教进行打击,但全国范围内凝聚起来的佛教力量也瓦解了。从那时起,佛教开始顺从中国的社会环境,这不仅体现在宗教神学上,而且体现在与世俗政权的关系上。①

尽管道教与佛教来源不同,但是在中国的实践中,它们经常能交融在一起。这两种宗教都规定了宗教专家,建立了寺观机构,编制了规范的经文,并阐释了其神学系统。这些都是互相借鉴的,尽管在多数情况下,是佛教为完全成熟的道教体制及其实践提供范式。

更为重要的是,道教与佛教两种信仰都参与到这一时期主要的几次文化发展中,其中最显著的是末世论与轮回信念。这个时代出现的核心理念之一是末世论教义,即世界或世界秩序即将毁灭,随后将诞生一个由信徒控制的新的、纯洁的世界。这种观念源于汉末道教徒起义时的末世论与南方世家大族中的道教徒所设想的蜕变了的神启。与此同时,迫在眉睫、世界毁灭的大灾难观念也在佛教中凸显出来。除了末世论,这一时期佛教与道教共有的第二个主要概念是转世,它对中华文明的发展更为重要。这个观念虽然随着佛教进入中国,但是它逐渐被各种道教思想所吸收,因此有利于被整个中国社会广泛接受。

佛教的兴起及其与道教的相互作用,永久性地改变了中国宗教宇宙观的几个特征。首先,汉代意象比较模糊的死后世界被更为形象、更为具体的一层又一层的天堂和地狱所取代;引入了恶鬼道(因为有罪而被惩罚不能享用牺牲祭祀品)的信念,还出现了新类型的恶魔,从而极大地丰富了中国人对死后世界的想象。其次,它也从根本上将灵魂世界道德化。汉代人似乎很少相信地下世界的奖励与惩罚,最常见的操作原则是,被埋葬的人在地下世界所受到的待遇与他们在现实生活中的位置对应,决定一个人命运的是礼而不是作风。然而,佛教的一个简单化的愿景则是因果报应,人的现世行为会决定他死后是过得更好还是更坏,会上天堂还是会下地狱,这在南北朝时期及之后的时代成为中国人对死后世界的看法。与此相关的是第三个主要变化:佛教在中国的丧葬礼仪与节日中成为不可缺少的角色,因为它要超度死者。佛教礼仪能带来僧侣与佛陀的精神力量,将祖先

---

① 杨庆堃:《中国社会中的宗教》(修订版),范丽珠译,四川人民出版社2016年,第93—99页。

从地狱中拯救出来,并且让他们尽快在净土中重生。① 此外,佛教对中国的物质文化也产生深远影响。茶叶与白糖随着佛教的兴起而增加了需求,椅子也随着佛教从西域传入中国。椅子作为冥想中不可或缺的工具,在寺庙中经常用到。书写纸张的改良与印刷技术的发展也受到佛教信仰的重要影响,因为重复印刷制作经文被视作积累功德。②

三、"身份制社会"

经过春秋战国时期的社会大变革,直到秦汉帝国建立,西周时期的宗法"世袭社会"崩解,在形式上形成了一个皇帝孤悬于上、统御编户齐民的统治结构,但这样的社会并非实质上的平等化。传统的世袭贵族虽然归于消灭,但等级制度和观念依然延续,并且通过一系列新的政治制度,至东汉孕育出一批实质上的贵族阶层——"豪族"。东汉的豪族至魏晋南北朝发展为"士族"或"世族",并延续到隋唐。

宫崎市定认为,六朝时期是贵族制时代,而贵族制,"换言之就是阶层社会。其上层分成若干贵族群体,下层也分为官户、杂户、部曲和奴隶等若干等级"。③ 在宫崎市定看来,汉朝是贵族制的孕育时期,而唐朝是贵族制的衰落时期。因此,汉至唐可以构成一个完整的时代。这个时代不是因为同质连在一起,而是变迁将其联系起来。

从社会结构的角度,正如宫崎市定所说,在社会的上层有着与庶民相隔绝、夸耀高贵门第的贵族,在下层有着从庶民中落伍、被当作贱民的奴婢和部曲,因此可以将六朝隋唐时期看作身份制得到完全贯彻的时代。④ 如果说六朝隋唐是典型的身份制社会,那么秦汉则是它的准备和酝酿时期。

1. "编户齐民"的齐与不齐

杜正胜认为,从宏观角度观察中国政治社会结构的发展,自"国家"形成以至近现代,基本上可以用"城邦氏族"和"编户齐民"这两个概念来涵括,它们的分界点是春秋战国之际。战国以后,中国政治社会结构的基本骨架在于编户齐民,春秋以前则是城邦氏族。大约从公元前600年至前100年这五百年,是从以城邦氏族为骨架的社会到以编户齐民为基础的社会的转型期。

---

① [美]陆威仪:《分裂的帝国:南北朝》,李磊、周媛译,中信出版社2016年,第205—208页。
② [美]陆威仪:《分裂的帝国:南北朝》,李磊、周媛译,中信出版社2016年,第154页。
③ [日]宫崎市定:《九品官人法研究:科举前史》,韩昇、刘建英译,中华书局2008年,第40页。
④ [日]宫崎市定:《宫崎市定中国史》,焦堃、瞿柘如译,浙江人民出版社2015年,第43页。

杜正胜认为，"编户齐民"是汉初文献常见的语汇。"编户齐民"一词含有两层意思。一是编户。颜师古所云"列次名籍"（《汉书·高帝纪下》注），也就是以户为单位，登记同户成员名字身份的籍帐。另外一层是齐民。如淳说："齐，等也，无有贵贱，谓之齐民，若今言平民矣。"（《汉书·食货志下》注）所以"编户齐民"就是列入国家户籍而身份平等的人民。从传统史籍或新出简牍来看，维持政府机构存在的必要条件，如兵役、徭役、赋税等并不是臣妾或奴婢来负担，而是编入国家户籍、法律身份大抵齐等的人民；秦汉政府得以存续，证明编户齐民占全国人口的绝大多数。从社会结构来分析，"编户齐民"成为中国战国以后两千年政治社会结构的基础。作为战国秦汉国家主体的编户齐民，在政治社会结构中，至少具有构成国家武力骨干、是严密组织下的国家公民、拥有田地私有权、是国家法律主要的保护对象以及居住在"共同体"性的聚落内、个人的发展并未被抹杀等特性。中国传统时代以皇帝为首的中央政府如果比作巍峨堂屋，编户齐民便是堂屋的地基和梁柱。①

刘敏将该问题的研究进一步深化。她指出，"编户齐民"并非如杜正胜所说"习见于汉人的著作"，在先秦时期的文献中基本不见"编户齐民"的合称，能够看到的仅仅是"齐民"。秦汉时期"编户齐民"一词也是屈指可数，"编户""编户（之）民"等词出现的几率同样很低；"齐民"稍多，但也只有二十几次。"齐民"本是动词，是春秋战国之际社会变革的重要内容，指的是从贵族分权的分封制向君主集权的郡县制转变的过程中，消除原来在分封采邑制下国人与野人、公民与私人之别，使民统一成为接受国家授田，并为国家提供赋税、徭役和兵役的"齐等"臣民，也就是国家之公民。"齐民"是目的，"编户"是手段。秦汉以后"编户齐民"成为一种泛称，其含义类似于后来的老百姓，以区别于贵族官僚。② 与"编户齐民"不同，"吏民"却数百千次出现在古籍和考古史料中。作者认为，秦汉时期虽然不像先秦那样，国列五爵，人分十等，但依然是一个等级制时代，社会中基本存在五个大的社会等级，由高到低依次为：皇帝及其家族，其他的贵族及其官僚，吏民，贫贱之民，奴隶。吏民是身份地位低于贵族官僚而又高于贱民的

---

① 杜正胜：《"编户齐民论"的剖析》，载王健文主编《政治与权力》，中国大百科全书出版社 2005 年。
② 刘敏：《秦汉编户民问题研究——以与吏民、爵制、皇权关系为重点》，中华书局 2014 年，第 10 页。

中间等级,是一个基本自由而无特权的等级。吏民等级是国家授田和赐爵的主要对象,也是国家赋税、徭役和兵役的主要承担者。吏民阶层是秦汉国家存在的基础,也是国家权力和法律制度刻意维持其稳定存在的一个人群。因此,编户齐民的主体是吏民这个等级。

编户齐民之"齐"只是理论上的"齐",它并不排斥实际上的"不齐"。从西汉王朝建立到汉武帝统治时期,农民阶级经历了一场大的变动,自耕农的数量增加。在"复故爵田宅"令下,不仅大批原来就有一定土地的自耕农由"聚保山泽"而重新得到土地,许多原来无地的"游食之民"也在"殴民而归之农"的政策下"转而缘南亩"(《汉书·食货志》)。以前处于奴隶或半奴隶状态的劳动群众如"苍头""町隶""厮徒"以至"胥靡"都不见了,他们大都进入了"编户齐民"的行列。然而随着兼并的盛行和政府的苛捐杂税,自耕农开始破产,大量自耕农"卖田宅鬻子孙",成为佃农、雇农和流亡者。在这种形式下,汉武帝采取打击豪强的政策,但雇农、佃农的成分依然不断增加。到了西汉末年,出现了大量的"流民",同时奴婢的数量猛增。

小农之外,在西汉初年有所谓的豪杰或豪侠之辈,《汉书》"游侠传"中的人物就是此辈,他们往往在地方上握有很大的势力。关于汉代豪杰游侠何以会成为一种社会现象,他们是如何获得势力的,许倬云认为由于西汉中叶以前,家族的团聚作用还不如后世那样有力,人们往往在家族之外寻求保护,于是由智勇之士集合一群人构成一个比单独个人更强大的力量。① 这些豪杰、游侠与西汉中叶以后出现的世家大族不同。豪杰、游侠在西汉政府的打击下逐渐衰微,他们在地方社会的权力被察举、征辟等制度下发展起来的世家大族所取代。

除了豪杰、游侠之外,在地方社会存在着大量的"富人"。游侠掌控社会势力,富人则掌握财富,也成为西汉政府的打击对象,采取了盐铁专卖、平准均疏以及算缗钱等措施,与商贾竞争。

东汉王朝建立以后,"百姓虚耗,十有二存"(《续汉书·郡国志》),就是说,东汉政府所能控制的人口只及西汉的十分之二。光武帝采取了招抚流亡、安缉盗贼、轻徭薄赋、释放奴婢等政策,使自耕农的数量有所恢复,国

---

① 许倬云:《西汉政权与社会势力的交互作用》,载氏著《求古编》,新星出版社2006年,第347—349页。

家的税收有了保证。他还曾实行度田,但结果受到豪强地主的抵制而不了了之。东汉末年,流民再次大量出现,说明自耕农再次破产。正如王仲荦所说的,"在整个两汉时期,社会经济危机主要是由春秋战国以来土地自由买卖、土地集中、奴隶使用数目的增加、小生产者——农民和手工业者经济的衰颓、流民的大量出现这些现象来构成的"。①

姜士彬(David G. Johnson)指出,虽然有许多不同的术语指称最具有声望的集团,但是,在魏晋南北朝时期的文献中,倾向于使用"士"这个词汇。当我们讨论社会中的两个主要分层——统治者与被统治者,精英与民众——之时,就发现"士"和"庶"这两个词汇经常成对出现。如果在这两个词汇之外,再考虑第三个词汇,即"贱民"——这个群体的成员(包括佃农、各种各样的依附者、奴隶、妓女、屠夫,等等),在社会等级上低于普通的平民——那么,整个魏晋南北朝社会阶层的范畴就都被囊括在内。除了皇帝及其亲属之外,社会上的任何人都可以被划入这三个等级中的一个。②

姜士彬认为,根据《唐律·斗讼律》所载,唐代社会的基本分层是:奴隶、部曲、良人和官吏。③ 在传世的《唐律疏议》中,对唐朝的社会总人口规定了身份差别,其中主要有两类:一是"良贱"之别,良是指良人,即平民,贱则有部曲和奴婢两等;二是"官"和"庶人"之别,但官员拥有的各种特权,在《唐律疏议》中并未作全面而完整的规定。④

若更细致地考察,我们还可以区分出更多的等级。冯尔康指出,从秦汉到隋唐时期存在着八个等级,即第一等级皇帝,第二等级宗室贵族,第三等级贵族官僚,第四等级士族,第五等级弟子员,第六等级平民(佐吏、有爵之平民、下层勋官、豪民、酋豪、庶民地主、农民、秦汉佃农及耕佣),第七等级半贱民(商人、手工业者、军户、宾客、僧祇户),第八等级贱民奴隶(杂户)。同时,比之先秦时期,这一时期出现了日益丰富的社会组织,包括宗教组织和民间互助团体。⑤

2. 士族的崛起

汉至隋唐间在社会结构上的最大特征是"士族"的发展。汉代通过崇

---

① 王仲荦:《魏晋南北朝史》,上海人民出版社 2016 年,第 1 页。
② [美]姜士彬:《中古中国的寡头政治》,范兆飞、秦伊译,中西书局 2016 年,第 6—7 页。
③ [美]姜士彬:《中古中国的寡头政治》,范兆飞、秦伊译,中西书局 2016 年,第 76 页。
④ 王曾瑜:《宋代社会结构》,载周积明、宋德金主编《中国社会史论》下卷,湖北教育出版社 2005 年,第 245—246 页。
⑤ 冯尔康:《中国社会史概论》,高等教育出版社 2004 年,第 242、256 页。

奖设立儒学博士弟子以及察举、征辟等选举制度,选拔士人进入政府担任官职;通过"累世经学""累世公卿"的世代积累,培植了一个新的贵族阶层——士族,并在东汉时期逐渐形成了"门第"。门第势力逐渐成为变相的贵族。到了曹魏时期,九品官人法实行,更使士族门阀掌握了政治上的垄断工具,形成了"上品无寒门,下品无势族"(《晋书·刘裕传》)的现象。这些世家大族不仅有很强的政治势力和名望,也有强大的经济势力。魏晋时期,因为战乱,尤其增强了他们的封建割据性质,出现了"坞堡"这样的地方政治、经济单位。世家大族通过血缘的结合,在坞垒堡壁之间部勒宗姓,加以武装,成为部曲、佃客,或聚族以自保,或举宗而避难。因此在魏晋南北朝时期形成了自给自足的世家大族庄园。所谓的部曲、佃客都是庄园中的依附农民。开始时部曲作战,佃客耕田,以后部曲亦主要从事耕田,部曲和佃客合流,统称为部曲。

  部曲、佃客具有很强的人身依附性。他们禁止离开自己的土地,丧失了人身自由。部曲、佃客必须经过主人的放免才能为平民。部曲、佃客死后,世家大族有权将其妻子指配给另一个部曲、佃客。部曲、佃客不同于奴婢:奴婢是奴隶主所有,而部曲、佃客只是"附籍主户"的人身的依附;奴婢在法律上是"律比畜产""同于资财",而部曲、佃客虽是地主变相的资财,但毕竟不同于资财,更非畜产;奴婢只能与奴婢结婚,而部曲则可娶良女;奴婢可以买卖,而部曲、佃客只准转移事人,不能出卖。和部曲、佃客社会地位相类似的还有门生和故吏,他们地位比部曲、佃客稍高。①

  魏晋南北朝时期的门阀士族是一批新起的贵族,从太和十九年诏书的内容来看,近三世父祖的官爵是决定士族等第高低的关键,所以他们与汉代的世家大族并无密切的联系。柳芳把魏晋时期的士族分为五类:"过江则为'侨姓',王、谢、袁、萧为大;东南则为'吴姓',朱、张、顾、陆为大;山东则为'郡姓',王、崔、卢、李、郑为大;关中亦号'郡姓',韦、裴、柳、薛、杨、杜首之;代北则为'虏姓',元、长孙、宇文、于、陆、源、窦首之。"②这26个姓是当时社会上地位最高的士族,此外还有颍川庾氏、谯国桓氏、泰山羊氏等,但他们并不都是两汉世家大族的后裔。

  门阀士族利用血缘上的优势保证自己的家族在政治上可以晋升高位,

---

① 王仲荦:《魏晋南北朝史》,上海人民出版社2016年。
② 《新唐书》卷一九九《柳冲传》。

在经济上可以多占田荫客,并享有豁免兵役、徭役的特权。他们还利用交游、婚姻、户籍、谱牒等制造出"士庶之际实自天隔"①的舆论与氛围。魏、晋以后,统治阶级中的门阀贵族掌握了政权。他们被认为是最高贵的等级,经济上通常是最大的地主,政治上则是最高级的官僚。等级的世袭性保证他们的家族乃至宗族永久保持法律规定的各项特权。他们不仅高于平民百姓,同时在严格区分士庶的原则下凡是不属于这个最高等级的人,即使同处于一个阶级,在他们看来也是卑微的。门阀贵族被称为士族,此外便是寒门或庶族。南朝时期,尽管士族在社会上占据高位,但是庶族仍然以自己的才能在社会上发挥着自己的作用,并且出现了"寒人掌机要""寒人任将帅"的局面,甚至连南朝的皇帝刘裕、萧道成、萧衍、陈霸先都出身于庶族。这一切都意味着,当门阀士族退出历史舞台以后,庶族将要登场了。

  对于士族的意义,可以从两点来考察。首先,可以从国家与社会关系的角度来看。秦汉大一统帝国的出现,国家势力强大无比,逐渐收夺了春秋战国以来逐渐发展起来的知识资源、工商财富及民间任侠等社会力量,最后将知识资源与政治力相熔铸,合为帝国体质内庞大的文官体系。城市萎缩,工商及民间任侠无所依存。国家权力吞噬社会力量,但两者并没有完全重叠。儒家的理想意念,使知识分子不致完全为政权收编,在东汉发展为有相当自主性的知识分子社群。东汉党锢之祸,即是国家权力与知识分子对抗的史迹。文官体系的成员,逐渐借家庭传承以独占知识资源及参政机会;这些在各地发展的士大夫家族也连带成为地方势力的核心,削弱了中央的权力。

  魏晋南北朝时期,力量强大的儒家知识分子世家大族渐渐地夺取了朝廷的领导权。此时,社会比国家更为强大而且更为长久,后者通常传祚短暂。为了抵御北方的入侵者,某些著名的世家大族组织乡里亲族,建立防御性的坞堡,在外族入侵的混乱中安然存活下来。在这种家族的领导下,群众或流民远离战祸地区,而向南方移民。不论南北,由某一王室到另一王室的政权易手极速。在北方,大家族每因维持其所在区域之秩序,而使稳定性再度建立起来。在南方,五个朝代相继而兴,而且通常是由篡夺王位的某一强人建立起来。其结果是,统治家族因迅速转手而不能宣称其正

---

① 《宋书》卷四二《王弘传》。

当性,国家与社会的连续性主要是由处于朝中延续了政府功能的强大家族所维持。因此,在大约三个世纪中,不论全国或地方,中国实际上是因世家大族私有化公共权力而得以不坠。

其次,世家大族对于文化的传衍也具有堡垒的意义。在内战与外患造成的混乱状态下,原先一般受国家支持的高等教育,由独立的知识分子在自己的家族中延续。许多家族,认真地践履着教育功能而成为士族,儒教的意识形态从而普遍流传,并代代相传。所以,儒教的传布与保存,是这些士族的贡献。① 汉代的豪族很大程度上以他们的物质财富——特别是土地——构建他们的社会联系网络,以及他们对朝廷官位的垄断为其身份标志。与之相反,魏晋南北朝的精英通过他们所追求的文化和文学活动更细致地把自己区分开来。诗赋创作、书法、哲学清谈、独特的服饰,以及优雅的修养,都被培育出来,用作门阀集团的自我认定,以与只拥有财富或权势的家族相区分。这些确定地位的活动逐渐与官职选举的新方式合流——这种新方式以保障起家官来维护世袭性。魏晋南北朝同样是精英们开始编撰详细家谱并以此界定他们亲属群体的时代。②

六朝隋唐时期的统治阶层门阀士族虽然与中世纪西欧的贵族阶层(aristocracy)极其类似,但也有重要的不同,因为其地位并非来自世袭,姜士彬因此称其为"寡头阶层"(oligarchy)。寡头阶层指的是"一个小型的统治集团,不是世袭的贵族阶层;而是寻求其他方式来维护其统治权力,并将局外人排除在等级序列之外"。③ 氏族的领导权取决于成员的成功,而非血统;氏族的主导权可以从一个房支转移至另一个房支,因为后一个房支的成员在担任官职方面更为成功。大族的地位与权力最终来自在政府中供职,即源于国家。人们的崇高地位能够通过血统来授予,但是,从长期看,必须经过在政府机构中担任官职而得以巩固。因此,中古中国的寡头大族不能独立于国家之外。魏晋南北朝至唐中叶的中国是贵族制和官僚制独特的结合。④

3. 家族与家庭

春秋中叶以前,居住在基层邑里中的民众,以宗族血亲为核心,构成共

---

① 许倬云:《中国古代社会与国家之关系的变动》《中古早期的中国知识分子》,载氏著《许倬云自选集》,上海教育出版社 2002 年。
② [美]陆威仪:《分裂的帝国:南北朝》,李磊、周媛译,中信出版社 2016 年,第 4 页。
③ [美]姜士彬:《中古中国的寡头政治》,范兆飞、秦伊译,中西书局 2016 年,第 4 页。
④ [美]姜士彬:《中古中国的寡头政治》,范兆飞、秦伊译,中西书局 2016 年,第 159 页。

同活动的单位。他们在比较低落的生产条件下,以群体的方式进行耕作,共同负担对政府的赋役;各家虽有私财,但在生活上休戚与共,互相扶助。从春秋中晚期到战国,政治社会发生剧烈变化,古代邑里组织遭受破坏,生产工具也有了很大改进,同耕共赋的族群生活逐渐消逝。即使经过商鞅变法,刻意制造小农家庭——实际上一直到汉代,聚族里居的情况仍然存在——宗族、乡党间依旧保持密切的联系。以安土重迁为特色的农业社会从先秦到两汉在根本上没有大变,世代不迁的农村聚落因婚姻而建立起浓厚的血缘关系。少数几族人聚居在一起,族中的长老就是聚落的领袖。封建秩序崩溃之后,各国为严密组织庶民百姓而设的新里制并没有破坏原有的聚落结构,只是在原有的聚落之上加上新的编组。原来聚落中的父老在乡里仍然居于领导地位,他们凭借传统的威望和代表君王征兵、抽税、执法的里正等人,成为乡里间领袖的两种类型。由于农村聚落中的家族亲属联系始终是地方组织中的重要成分,因此乡里秩序除了以法律来维系,仍须以孝悌、敬老等家族伦理为底基。①

陆威仪指出,虽然汉代的地主豪强大族和商人购买农民的土地,使得这两个集团在汉朝的发展中合二为一,但并没有形成特别大面积的庄园,让雇工在里面劳作。汉代文献记载的最大家族拥有的土地面积,不到一个罗马豪强大族或者中世纪寺院的十分之一。豪强大族没有扩张成为统一的庄园,相反,他们通常依照当时的析产分财惯例,把土地平均分配和再分配给他的儿子们。这些小土地通常由地主亲属或佃农们一起耕作。豪强大族的抱负不是简单地囤积土地和聚集财富,更在于利用这些土地和财富来构建广泛的网络,把忠心于自己的、能够听从支配的亲戚、代理人和邻居们联系在一起。②

汉代宗族的势力相对来说比较微弱,缺少后代宗族的一些特征,比如每年节日时期的墓祭,强化血缘亲族的宗庙,以及集体所有的财产。再加上当时的社会习惯强调婚姻纽带,因此,它更加剧了汉代家庭对广泛社会关系网的依赖。③ 比如,东汉樊氏家族在他们所在地区成为重要角色,能够发挥类似朝廷的功能,不在于他们所拥有的小面积庄园,也不在于他们

---

① 邢义田:《汉代的父老、僤与聚族里居——〈汉侍廷里父老僤买田约束石券〉读记》,载梁庚尧、刘淑芬主编《城市与乡村》,中国大百科全书出版社2005年。
② [美]陆威仪:《早期中华帝国:秦与汉》,王兴亮译,中信出版社2016年,第118页。
③ [美]陆威仪:《早期中华帝国:秦与汉》,王兴亮译,中信出版社2016年,第121页。

家庭的众多成员或仆役。在其中起作用的是他们和大量其他家庭之间的那种义务和效忠的关系。这种关系网起初只存在于同宗的族人之中,但最后慢慢延伸到他们的普通邻居之间。这种先和本宗族的人建立关系网,而后再与地方居民们建立关系网的做法,使得地方豪强大族能够召集到成千上万人听其号令,从而也就控制了他们那些更为温和的邻居。① 在兄弟姐妹间分配家产,通过联姻形成纽带,通过宴饮或慈善活动仗义疏财,求师访友形成师生网络,以及垄断地方崇拜的领袖地位,以上所有活动都使依附于某一豪强大族的家庭数量剧增,大大提高了豪强大族可以控制的民众数量。为了增加财富、提高权势,宗族势力和国家一样,努力积累民众数量,而不是土地。②

南北朝时期,家庭组织的基本结构没有改变,但是出现了一些重要的新元素。尽管较大的宗族可能仍有数百个乃至数千个家庭生活在一起,但是在各个社会层面,最基本的家庭单位仍然是一个独立的直系家庭,并在所有儿子之间分配财产。东汉时期也有一些富裕的家庭三代人都生活在一起,但这种家庭并不常见。无论如何,新的实践允许这些家庭与其他亲属联合起来,重新建立家庭的结构。

从汉朝末年至唐朝,家庭与祖先之间的关系发生了两个重要的变化:一是家族墓地群的建立;一是分散至各地的同宗家族成员在寒食清明节时,会在墓前进行定期聚会。这两方面的发展都很重要,因为它们把更多人当作亲属联系在一起。③

家族墓葬群的存在与新兴的节日使更多的远亲能够聚在一起,寻求合作与互相帮助。新的写作形式或者旧形式的延伸使用,改变了大家族中的宗亲对他们自己成员身份的看法。制度化宗教的兴起为妇女提供了一个可以离开家庭的途径,使之能够扮演一个更加积极的公共角色,甚至能成为一名作者。最后,佛教通过提供一系列确保人们轮回后能够拥有更好生活的宗教仪式,改变了生者与死者之间的关系。有些改变还重新强调了母子之间的关系,使得父子关系不再是谱系结构的唯一纽带。④

这一时期的人们还发明了"功德寺",将一块土地正式捐给佛教寺庙,

---

① [美]陆威仪:《早期中华帝国:秦与汉》,王兴亮译,中信出版社2016年,第122页。
② [美]陆威仪:《早期中华帝国:秦与汉》,王兴亮译,中信出版社2016年,第130页。
③ [美]陆威仪:《分裂的帝国:南北朝》,李磊、周媛译,中信出版社2016年,第166页。
④ [美]陆威仪:《分裂的帝国:南北朝》,李磊、周媛译,中信出版社2016年,第165页。

并以此作为家族墓地。作为寺庙财产,它是免税的、永久归主人所有的,但是在实践中,它只用来满足捐献者家庭的需求。这些家族为"他们的"墓地指定寺庙住持,并一再捐献,使自己能够掌控寺庙,把这里当作自己经济与文化活动的场所。这与传统的家族墓地不同。从前,只有两三个亲属参加由僧侣们在墓边举办的法会。

唐朝之前,没有证据表明在家族居住场所之外会集体进行祖先崇拜。儿童向父母或祖父母的墓地献祭,但是隔了更多辈的子孙后代绝不会为其高祖组织类似的集体祭祀活动。到7世纪末或者8世纪初,亲属们开始到四代或五代之前的祖先的坟地扫墓并举行献祭,这些献祭一般在清明节举行。清明节的出现意味着通过共同祭祀遥远的祖先,远亲们逐渐形成自我意识,并成为有组织的父系家族中的成员。①

723年唐朝政府颁布的一项法令指出:"寒食上墓,礼经无文,近世相传,浸以成俗。士庶有不合庙享,何以用展孝思?宜许上墓,用拜埽礼。于茔南门外奠祭,撤馔讫,泣辞。食余于他所,不得作乐。仍编入礼典,永为例程。"对于祖先崇拜而言,这样的发展带来两个主要的后果。首先,家族墓地的修建鼓励人们去祭祀更久远的高祖。因为越往前回溯祖先,越多的人会建立亲属关系,这就扩大了一个家族的规模。其次,寒食节为共同祖先的后代们聚到一起提供了机会,因此增加了他们之间的熟悉程度。这样就有可能形成规模更大、更有自觉意识的家族,使家族成员能够一起行动,或是在遇到困难时互相帮助。但是,也不能过分夸张这一节日所造成的影响,因为并没有证据表明很多亲属真的就会在某个人的墓前聚到一起。少量的诗歌和文章表明,祭扫陵墓很大程度上还是单个家庭的事务。②

姜士彬认为,六朝至隋唐时期的"族",是氏族,不是"宗族"。它不像宋代以及以后的宗族那样,成为结合紧密、组织有序的集团,被视为中国宗族凝聚力重要元素的制度,如联合宗族财产和诸多房支聚集起来祭祀祖先的祠堂,在宋代以前并不存在。那么,究竟何种因素将这些氏族聚集起来呢?姜士彬认为,"是模糊不清但又强烈的认同意识,即他们是一个氏族,这种意识就蕴含在氏族的谱牒之中。较之后世大型的、组织有序的宗族所具备的条件而言,中古时期氏族存在的唯一要素就是谱牒。中古时期的谱

---

① [美]陆威仪:《分裂的帝国:南北朝》,李磊、周媛译,中信出版社2016年,第168—169页。
② [美]陆威仪:《分裂的帝国:南北朝》,李磊、周媛译,中信出版社2016年,第170页。

牒并不包括所有的亲族成员,大概只收录那些衣冠人物;与此同时,谱牒网状扩散得极为广泛,经常把关系疏远的氏族成员收罗在内,形成一个集团。这样的氏族,如果世世代代涌现高官,簪缨相袭,就是我们所称的'大族'"。①

士族是何时并如何没落的呢?韩昇认为,士族是汉兴以来逐渐形成的社会阶层,而门阀士族政治则是魏晋隋唐特殊的政治社会形态。魏晋南北朝士族的权力基础在乡村社会。士族势力,根源于其扎根乡村,经营农业,宗族聚居并拥有大量以依附为主的劳动人口,基本上自给自足。但在隋唐时代,士族大量迁居城市,其间虽因"安史之乱"而一度扭转方向,旋又回归大势。士族在迁居城市的过程中日益脱离自己的乡村基础,逐渐"官僚化",经济来源和政治地位越来越依赖国家,逐渐趋于衰微,士族政治社会逐渐向官僚政治社会转变。②

4. 城市

春秋至战国时期,城市数量和城市规模急速增长。春秋时代由于各国间的军事对抗,以及宗族的不断分衍,筑城活动大为盛行。这时所筑的城虽然主要仍是政治性和军事性的,但随着交通路线的开拓,商业逐渐发展起来,有些城邑已经兼具经济功能。这种变化,到战国时代加速。当时各地区间贸易兴盛,金属货币广为流通,促进了城市的发展。战国时期的城,除了仍具有行政与军事功能外,手工业作坊已普遍存在,文献资料中可以看到各类行业以及街市贸易的痕迹,大城市如临淄更是人车繁忙拥挤而娱乐活动兴盛。除了以政治、军事为中心而兼具商业性质的城市外,也有一些城市纯因经济条件而发达,例如陶与卫。

汉代《盐铁论·通有篇》追溯战国的大都市称,"燕之涿、蓟,赵之邯郸,魏之温轵,韩之荥阳,齐之临淄,楚之宛、陈,郑之阳翟,三川之二周,富冠海内,皆为天下名都,非有助之耕其野而田其地者也,居五诸之冲,跨街衢之路也"。这些"天下名都"都是当时的工商业中心,据许倬云统计,这类城市至少有 20—30 个以上。战国时期的城市还出现了城墙的外城,即"廓",它的功能是"造郭以居民"(《吴越春秋》)。当时的主要城市都设有多个"市",成为城市手工业及以商业为基础的居住里坊的核心。这些

---

① [美]姜士彬:《中古中国的寡头政治》,范兆飞、秦伊译,中西书局 2016 年,第 157 页。
② 韩昇:《南北朝隋唐士族向城市的迁徙与社会变迁》,《历史研究》2003 年第 4 期。

"市"多建有围墙,主要建在外城(廓)中。城市中出现了新的城市群体,特别是在外城中出现了以非农活动为主体的社会,这些非农活动除了工业和艺术外,还包括教育、文化和各种娱乐等。廓内也出现了以户籍为基础的邻里结构及管理体制——里及闾。总之,战国时代的"城"与"市"已经紧密地联系起来,具备了多功能的都市性格。"与战国并世,在中东与地中海地区也都有高度的都市文明,及繁忙的经济活动。然而论规模,论总人口,论都市数字,中国古代的都市发展仍是罕有比伦的。"[1]

秦汉统一,郡县制确立,自是以后两千年来,中国几乎无县不城,县城成为中央集权政府统治地方的重要工具。[2] 城市依据首都、郡治、县治,联络成一个金字塔形的等级体系,首都咸阳、长安作为都城,规模宏大,处于城市等级体系的顶端。城市生活在南北朝时期继续发生转变,主要有三方面的发展。第一,政治分裂的局面以及人口向南方长江流域一带的扩张,创造了遍布各地的都会,城市因地理风貌和文化氛围不同而相互区分开来,比如南方的城市就和北方的城市截然不同。第二,新的文学与文化形式的出现,决定了精英在城市中需要开辟新的空间来从事这些活动。城市中出现了半公开的园林,随之兴起的还有地处乡间的庄园,这一点在南方尤为显著,在北方也有所体现。第三,制度化的宗教的兴起,特别是佛教,导入了新式建筑与城市规划,寺庙成为一种新的公共空间。[3] 唐代时期随着人口南迁和南方农业的扩张,城市化在南方长足发展。中唐的城市比东汉时增加了约 500 座,新增城市主要集中在南方的长江和珠江流域,特别是剑南道,即现今的广东省珠江三角洲。[4]

自汉以来,中国城市的发展和城市文明的演进,与士阶层和帝国的行政需求互相配合。城市的大小序列、主要功能和空间布局逐步向儒家的礼乐原则靠拢。[5] 到了唐代,城市在结构和规划上比汉代更符合儒家礼乐和等级的主要精神。同时,它也引进了不少外来的因素如佛塔等,体现新的国际价值观和视野。在城市规划、城市等级体系与行政等级相配合等原则

---

[1] 许倬云:《周代都市的发展与商业的发达》,载梁庚尧、刘淑芬主编《城市与乡村》,中国大百科全书出版社 2005 年,第 21 页。
[2] 刘石吉:《城郭市廛——城市的机能、特征及其转型》,载刘石吉主编《中国民生的开拓》,黄山书社 2012 年,第 196 页。
[3] [美]陆威仪:《分裂的帝国:南北朝》,李磊、周媛译,中信出版社 2016 年,第 86 页。
[4] 薛凤旋:《中国城市及其文明的演变》,世界图书出版公司 2010 年,第 156 页。
[5] 薛凤旋:《中国城市及其文明的演变》,世界图书出版公司 2010 年,第 142 页。

上,唐代都城成为东亚世界(如韩国和日本)城市化和城市规划的蓝本。①

四、"大一统体制"的循环

从秦汉历经魏晋南北朝直到隋唐,中国的政治形式一直延续着秦所确立的中央集权的政治形式,另外一个显著的特征是其统治阶层的贵族性。

1. 秦汉普世帝国

公元前221年,秦王政征服了六国,自称"始皇帝",成为君临天下的统治者。始皇帝统一天下以后的皇帝统治结构,与殷周的王者完全不同。皇帝对全国人民而言是独一无二的统治者,全国人民由皇帝直接统治。同时,皇帝统治的对象,不是像殷周时代的氏族,而是个人。所有的人,并非作为氏族集团被支配,而是个别被支配,一个人一个人被皇帝权力所掌握,成为徭役、人头税的对象。西嶋定生称这样的统治为"个别人身支配"。汉承秦制,继续采用皇帝的"个别人身支配"的统治原理。因此,这两个帝国是相同性质的国家。

"个别人身支配"的统治原理是如何形成的呢?西嶋定生主要从二十等爵制和郡县制两个制度中找到了它的起源。他指出,首先,旧有的氏族共同体,为了新设的县,由国家之手将之解体。其次,新设县的住民的再生产结构中,诸如水利灌溉、农具、家屋等生产诸条件都是国家给予的。也就是说,在它的再生产结构一环上,国家权力介入了。这表明共同体分解并在国家规模里再编成。具体言之,是改变曾经作为共同体秩序的齿的秩序,而以新的共同体秩序即爵的秩序,予以再编而成。秦汉时期实行由朝廷赐民爵的二十等爵制。朝廷对一般人民的赐爵,目的在于决定其在里内的社会身份,据此形成里内的秩序。因此,里的秩序就由皇帝来决定,它的形成是由外部规定的。这种对于一般人民的赐爵,就个别给予各男子而言,在形态上,与"个别人身支配"的专制主义特质一致。因而,秦汉时代的爵制秩序,既是德治主义存在的场所,也是专制主义存在的场所。爵制的秩序与共同体中传统的齿的秩序,在内涵上并不矛盾,是同质的,但是它是他律性的,而非自律性的,具有强烈的国家色彩。再次,秦汉帝国的支配体制,在这种新设的县中局部性出现,并非划一的以全国性的规模出现。在新设县之外仍然残存着浓厚的旧氏族制诸条件的领域,所谓豪族、大商

---

① 薛凤旋:《中国城市及其文明的演变》,世界图书出版公司2010年,第173页。

人、奴隶、游侠等的存在就可以予以解释。①

与西嶋定生不同,增渊龙夫从民间秩序与国家秩序关联的角度来解释秦汉帝国的结构和形成。增渊龙夫指出,春秋中期开始,实力派世族因往日所依赖的血缘关系越来越难以应付内外危机,于是利用(或者说集合)了自己周边有各种才能的非血缘关系的人;另一方面,由氏族制解体而产生的无产游民,投身到实力人物的门下寻求庇护。当事人双方结成了非血缘的新的人际结合关系——任侠习俗,即私人性的情义结合关系。发源于战国四公子的养客任侠风气就是这种任侠习俗的体现,它一直延续至汉帝国。没有血缘关系、没有经济背景的战国墨家巨子集团,刘邦集团等秦末反乱集团,东汉太平道及其他宗教结社的社会组织,都是这种任侠集团。增渊龙夫指出,以任侠习俗为基础的人际结合关系,深深扎根于社会基层,并在社会中发挥巨大作用。任侠习俗通过集团表面"约"的强制性约束力,同时也通过集团内部具体的个人"心""情"的人际结合关系而达成。任侠关系中的"约",来自于春秋时期盛行的、以鬼神信仰为前提的盟誓习俗,但逐渐偏离盟誓自愿协议的原生形态,成为以刑罚为手段、具有强制性的集团长的命令之"法"。众人之所以愿意遵守"约",取决于集团长之权威性、集团长的恩惠授受关系和服从者的献身意识等三方面因素。秦汉官僚制由君主近侧的家臣群分化发展而来,因此,先前君主与家臣双方建构的、以任侠习俗为基础的私人性情义的结合,转化为官僚层的关系,任侠习俗由此同样存在于官僚的生活感情中,这种民间秩序也因此成为国家体制下官僚制的一部分。此外,历来在氏族共同体中不受关注的、没有什么管控措施的"山林薮泽",在氏族制解体后,以族长规制权威媒介,开发成君主"自己家产"。同时,君主们利用铁制工具,大规模高效率地开垦荒地。家产化的农田和大片公田,成为君主专制权力形成的基础。随着公田开垦的推进,针对建立在此基础上的农田所有者,必须强化君主对所辖领域内每一个个体的人头控制,即有必要强化郡县的统治,以专制皇权为特征的秦汉帝国就登场了。②

一般认为中国古代的帝国统治是家族主义的扩大,家族的秩序扩大为

---

① [日]西嶋定生:《中国古代帝国的形成与结构——二十等爵制研究》,尚武清译,中华书局2004年。
② [日]增渊龙夫:《中国古代的社会与国家》,吕静译,上海古籍出版社2017年。

国家的秩序,因此,中国的国家形式是"家国同构"的。这种看法可以称为"家族国家观"。尾形勇则指出,秦汉以后,从皇帝到一般庶民的所有人,虽然有贵贱、贫富、大小的差别,都被组成性质相同的各个"家",但这些无数的家是伴随着皇帝权力的形成这一历史过程而建立起来的。"君"和各个"臣",都从各自的"家""出身",而在"公"的场域登场,在"家"以拟制的形式被废弃的场域结合为"君臣关系"。以受"家人之礼"这一家族秩序制约的"私"场域的"家的世界"为基础,在其上部矗立着被"君臣之礼"秩序化的"公"场域的"君臣"世界。"君臣"关系是皇帝与一般庶民之间的关系,它不同于"家"中的"父子"关系。君臣关系是一种"个别的人身支配",是一种统治与被统治的关系,但同时这种统治是以"家"为基础的。

"家族国家观"经常以"国家""汉家""天下一家"一类词语的存在作为论据。尾形勇则指出,"天下一家"一语的意义是,在全部"私家"被废弃的场域,"天下"的"一家"才得以建立。只有在以"君臣"关系为媒介而实现的"无家"的基础上,以"君"和"臣"为成员而建立起来的新的"家"才是"天下一家"。这种"天下一家"的具体表现,正如汉代的"汉家"还被称为"汉氏"一样,是被冠以"汉"这一拟制的"姓"的"家"。在这里,一切现实的个别的"姓"(家)都被一扫而光。

从汉代的礼制可知,皇帝以"天子"的称号"臣"从于天地鬼神,同时皇帝以"皇帝"的身份"臣"从于祖灵。这样的安排表明,皇帝与诸"臣"的"君臣"关系,从构造看,是通过皇帝(天子)与"天地鬼神"(尤其是天帝)之间结为"君臣"关系而完成,从而构造出了一个"家"。这个"家"是皇帝为把"天帝"和"君臣关系"结合起来作为基础而准备的,即"天子""出身"的"家"。这是因为,帝位是"公"权,要标榜其正统性,皇帝就不得不"臣"从于"天地"和自己家系中的先帝。① 尾行勇以上的分析,为秦汉帝国的出现和内部构造提供了思想层面的解释。

2. 从门阀政治到律令制国家

魏晋南北朝这四个世纪里,中国的政治版图按黄河和长江两个大河流域分裂。伴随着地理分裂出现的主要变化在很多方面界定了这一时代的历史特征。汉族人口向南方大规模移民,他们遇到陌生的景观和不同的人群,随之出现文化的革新,这使南方文化与北方文化产生不同,从而促进了

---

① [日]尾形勇:《中国古代的"家"与国家》,张鹤泉译,中华书局2010年,第249—253页。

中华文化领域的扩张和多样化,因此是帝制中国历史上极具开创性的、划时代的时期。①

推动魏晋南北朝时期多元化的力量首先是军事的变化。军队主要由世袭的军户组成。公元32年,普遍征兵制被废除,此后,汉朝朝廷主要依赖非汉族的骑兵、刑徒和募兵来补充兵力。汉朝末年兴起的军阀们以奴客、游牧战士以及被俘的宗教起义者充任军人。在随后的几个世纪里,这些奴客与难民成为世袭性士兵的最大来源,非汉族的牧民则成为另一个来源。这两部分军人最终使地主与按血缘关系组成的联盟军相形见绌。直到5世纪初开始,军事权力才从精英家族手上转移到朝廷手中,使皇权得以重振。

政府权力对军事基础的依赖导致魏晋南北朝时期的政府从社会这个整体中抽离出来。在魏晋南北朝时期,帝国的权威军力以传统社会秩序之外的人群作为其根基,这使得朝廷进一步远离对日常生活的关注。在这四个世纪中,外族统治者于中国历史上第一次进入并占领中原,而且控制了中国的官僚机制。自汉朝在220年灭亡后8个世纪里,在黄河流域这一传统的核心地区,有9个世纪实际上是由外来的皇帝统治的,这说明了政府与其人民和社会的分离程度。②

公元4世纪是中国皇权最为式微的时候。在北方地区,军事化的村庄与强宗大族坚守着他们的大本营,与此同时,有一系列短命的、非汉族统治的王朝在某些特定地区发挥着有限的权威。在南方,由于朝廷无能,富裕的贵族们借机争夺权力与荣誉,他们在都城附近或长江中游河谷建造自己的庄园。

然而,与罗马帝国衰亡后的欧洲世界不同,经过短暂的蛮人王朝后,国家没有全线崩溃,也没有陷入地方封建领主的军事纷争中。至少有两个方面的原因导致了这种差异。首先,大多数的世家大族仍然将帝国看作其财富与地位的来源,这将他们与凶蛮的军人、贪婪的商人和粗野的地主区别开来。其次,公元5世纪的头几十年是一个转折时期。那时候,拥有实权的独立军阀在南方与北方分别建立起了王朝。通过控制军队来压制地方上的势力,军事王朝恢复了皇帝的权力,并且在地方上采取了去军事化的

---

① [美]陆威仪:《分裂的帝国:南北朝》,李磊、周媛译,中信出版社2016年,第2—3页。
② [美]陆威仪:《分裂的帝国:南北朝》,李磊、周媛译,中信出版社2016年,第4—5页。

措施,显著地削弱了世家大族。尽管不论南朝还是北朝,都没能将军队转化为稳定政体的根据,但它们却扭转了皇权不断衰弱的趋势。因此这些王朝中的最后一个能够通过使用武力,在6世纪末的时候重新统一中国。①

唐朝(618—907)是中国帝制时代政治与文化发展的高峰期。唐帝国的疆域之大仅次于清王朝,它是通过宗教、文字以及经济和政治制度联系在一起的东亚世界的中心。②

唐代的主要政治遗产是它成为一个完备的律令制国家,并成为东亚国家效仿的榜样。律令是律、令、格、式的简称,这种成文法典到隋唐时代达于完备。用现代的观念来解释,律就是刑法,令为行政法,是规定国家的制度;格是诏敕集,也就是对律令的临时增补规定;式为法规程式,也就是推行律令所制定的实施细则及其程式。格、式经整理成系统化后,可变为令。因此,所谓律令制,实际以律及令为主体,它包含整个"邦国之政",也就是国际体制的具体表征。从律令来说,其特质有三,即以君为上、以法为治、以礼为本。这些特质,起源于西晋,完成于唐初。③

开元二十五年(737),现存《唐律疏议》宣告完成。它非常清晰地勾勒出,人们的地位在何时以何种方式被国家褫夺,以及在国家视野中不再存在任何精英社会集团。至少从法律意义上而言,人们所有的地位都直接来源于国家。平民可变成官僚,在任官方面,不再存在一个具有半排外性特权的上层精英集团。④ 这表明国家和皇权的力量逐渐压倒了贵族力量,并为以后的统一政府提供了统治的基本模式。当然,虽然法律已经变了,但社会上原来的世家大族依然保持着影响。到了宋代,这些世家大族的影响才消失无踪。

3. "社会的国家化"

周王朝与诸侯国之间的关系是松散的,只有到了秦统一后的帝制时代,高度的政治统一才真正实现。秦始皇试图建立一个社会结构简单而直接的社会,这个社会的一端是帝国官僚集团,另一端是个体小农为主的编户,其间不允许任何社会势力或民间组织存在。因此,秦朝国家力图深入

---

① [美]陆威仪:《分裂的帝国:南北朝》,李磊、周媛译,中信出版社2016年,第52页。
② [美]陆威仪:《世界性的帝国:唐朝》,张晓东、冯世明译,中信出版社2016年,第1页。
③ 高明士:《光披四表——中国文化与东亚世界》,载邢义田主编《中国文化源与流》,黄山书社2012年,第339页。
④ [美]姜士彬:《中古中国的寡头政治》,范兆飞、秦伊译,中西书局2016年,第73页。

到社会生活的所有领域,不仅下令统一文字、法律、历法、货币、度量衡以及车辆轨距等,而且深入到社会生活规范,如"行同伦",乃至于思想学术,如著名的"焚书坑儒"。此时先秦之封君已被消灭,针对地方上武断乡曲的豪侠富商,则采取迁徙他乡之政策;对于厚古非今的方士儒生,则采取肉体消灭的政策。总之,在专制皇权与个体农民之间,秦王朝不允许任何社会势力介乎其间,其理想的政治和社会秩序是"以法为教,以吏为师"。但是秦帝国虽一度压制了介乎国家与个体小农之间的中间社会势力,但就技术条件特别是资讯手段而言,却并不具备直接控制整个社会的能力,也无法深入到整个社会领域,更无法干预乡村社会的自律秩序。因而当秦帝国覆灭之日,表面上被大一统政权所压制、实际上仍根深蒂固存在的各种社会势力,如六国贵族、地方豪侠以及游士儒生,乘时而起,秦王朝这一并未在地方社会中稳稳扎根的政治结构就瞬间土崩瓦解了。①

汉初崇尚无为而治,重视农业而不废工商,出现了一大批司马迁称为"素封"的富商、手工业主,他们兼并、奴役小农,构成严重的社会问题。另一个严重问题是以游侠为代表的地方豪强,他们以"匹夫之细,窃生杀之权","权行州域,力折公侯"。如果说商人的经济力量有可能转化为政治势力,豪侠则直接控制了基层社会。对这些强宗豪右,汉朝一直采取抑制政策,但真正解决问题的,一是汉武帝时代开始的迁陵,即所谓"内实京师,外销奸猾",一是设置部刺史,任用游侠作酷吏打击游侠。对于商人,一方面任之以官,主持盐铁酒的管榷,一方面采取"算缗""告缗",直接剥夺富商大贾,使"商贾中家以上大率破"。

汉武帝有意塑造一个类似于秦王朝的构造简单、易于控制的社会和政治结构,但他比秦始皇高明的是,不仅仅通过强大的国家权力来覆盖社会、压制社会,而且通过察举制度和州郡僚佐的选用制度,通过"独尊儒术""学而优则仕",将地方社会势力逐步纳入到统治体制之中。察举是以郡国或人口为单位,使各地大族豪杰、智能之士得以均衡、稳定地入仕,从而扩大了中央政府的代表性,强化了国家的社会基础。于是,"前汉《货殖》

---

① 池田雄一亦认为,秦统一六国,将郡县制推行于全境,但在有效实施个人人身控制方面,尚不充分。秦的速亡,原因不在于严厉的法治主义与苛酷的土木事业,而在于其未完成的郡县组织及未成熟的官僚组织无法获得足够的力量来支撑扩张之后肥大化的领土。参见池田雄一《中国古代的聚落与地方行政》,郑威译,复旦大学出版社2017年,第23页。

《游侠》传中人",鱼贯而入后汉"《儒林》《独行》传中去"。①

"非吏而得与吏比"的三老,是地方上"智勇辩力"的"民之秀异"者,被官方认定为地方社会领袖。他们以德高年劭,受任为执掌教化的民众之师,参与县、乡政治。他们还常就朝廷大事、地方事务特别是官吏去留,作为民众的代表,领衔上书反映问题,提出意见,往往能得到当局的重视。由于其特殊的身份地位,三老在地方社会与国家政权之间,具有媒介、缓冲和沟通的作用,并拥有很高的声望。三老制度虽然及汉而终,但门阀体制下的民望、乡望,以及仍保留了三老某些特点的耆老、社老、乡老等乡村老人层,在一定程度上发挥着这类缓冲、沟通的作用。

两汉时期对于广袤的境域和众多的人口,国家在郡县一级非官吏编制及强力机构配置方面十分有限,但上述县乡三老系列,以及带有教化性质的孝悌、力田系列,还有乡官体制之外的里父老,乃至诸如黄霸所置的"父老、师帅、伍长"系列,在国家对地方社会的控制中,特别是在风俗教化方面,发挥着不容忽视的作用。而地方官,特别是所谓循吏,除了"谨身帅先,居以廉平",感化民众之外,还非常注意发挥乡里父老层在教化中的作用,制定带有地方特点或者符合地方风俗民情的法规,即所谓"上顺公法,下顺民情",甚至在一定情况下还以"下顺民情"优先于"上顺公法"。

汉武帝以来通过"经明行修""学优则仕"的察举制度,使地方上的大姓豪族成为中央和地方官僚的基本来源,社会的实力阶层与国家的统治阶层大体重合。至迟在东汉时代,各地的大姓豪强已垄断了州郡僚佐中的长吏右职,他们在察举孝廉上也享有优先权,并通过主持乡里清议操纵选举,加上他们的经济、社会实力(荫庇佃客、兼并土地),因而在一定程度上控制了地方社会及基层政权。凭借家传经学的文化优势和手中的选举权,他们中的代表人物由"世仕州郡"而步入朝廷,甚至"世仕公卿"。东汉时期,除了宦官及其子弟、亲族、宾客外,布列中外的官僚以及作为官员候补者而就读太学或游学各地的儒生,基本上来自于这些大姓豪强及其子弟。东汉后期反对宦官外戚集团的清流名士,借讨伐董卓之名而一时纷起的"名豪大侠富室强族",也基本上是从他们中产生;他们是地方社会的主人,也自认为是国家的主人,因而以澄清天下为己任。就整体而言,他们是魏晋时

---

① 许倬云:《西汉政权与社会势力的交互作用》,载氏著《求古编》,新星出版社2006年,第336—358页。

期门阀士族阶层的前身。

东汉的灭亡,在某种意义上是亡于政治权力与社会权威的分裂。东汉后期由于宦官专权,朝廷官员分裂为清流(反宦官的官吏)、浊流(宦官集团),相互之间的抗争激化为党锢事件。被罢黜回乡的党人,各地的大姓名士,以及介乎朝野之间的游生,形成了一股与朝廷对立的强大社会势力。史称党人李膺"免归乡里,居阳城山中,天下士大夫皆高尚其道,而污秽朝廷",表明社会舆论明显倒向在野的清流势力一边,朝廷的合法性受到严重挑战。面对日益腐败的朝政,后汉名士拒绝接受官职,隐逸不仕,蔚为时尚,亦为社会势力不与国家合作的一种表现。

党锢名士陈寔,终生官止县令,声名却至为显赫。《后汉书》本传称"寔在乡间,平心率物。其有争讼,辄求判正,晓譬曲直,退无怨者。至乃叹曰:'宁为刑罚所加,不为陈君所短。'"表明在野名士陈寔的社会声望,实际上已对政府司法机构形成挑战,其权威甚至过之。本传末范晔论曰:"唯陈先生进退之节,必可度也。据于德故物不犯,安于仁故不离群……所以声教废于上,而风俗清乎下也。"表明在野名士陈寔的社会声望,实际上取代了国家的教化功能。

东汉选举与乡里清议有密切关系,而乡里清议被大姓名士所操纵。及至汉末宦官专权,任用亲信,大姓名士则自有其人物标准和评价体系,如汝南之月旦评,更是有组织地每月升降品题人物。当时的乡里清议虽仍属于一种民间评价人物的"私法",但在社会上是人物评价最权威的标准,并在相当程度上操纵甚至取代了国家的选举,即所谓"位成乎私门,名定乎横巷"。东汉后期社会势力和政治权力的分裂、对立,严重削弱了皇朝的统治。两次党锢,统治阶层中的社会权威和智能之辈即党锢名士,被清洗殆尽,东汉政权亦随之瓦解。

两汉以来在宗族、乡里基础上发育滋长起来的大姓豪族,具有深厚的农村结构根源。党锢之祸,他们中第一部分头面人物被杀戮,更多的大姓名士则退居乡里。东汉王朝瓦解后,他们成为各个割据政权的骨干,并组成魏晋士族的基础,重新与政权结合。

牟发松由此在其对汉至唐历史变迁的研究中提出了"社会的国家化"的概念。所谓"社会的国家化",是指国家统合、主导社会资源乃至全面干预社会生活的过程,在这个过程中,社会与国家的区别意识不明显,二者常常混融为一。他指出,作为六朝时期以客的卑微化、普遍化、私兵化为标志的依附关系的发展,发端于地方社会,并最终直接或间接地体现在国家的政策制定及制度建构中(如魏晋屯田制、士家制及户调式等),这反映了国家对社会的主动顺应或被动因应。但汉唐间的国家并非简单、直接地跟随社会亦步亦趋,发端于基层社会的经济、文化现象,崛起于民间草野的社会势力,割据于边隅或者内迁至中原的边境少数民族勋贵军事集团,国家都力图以各种形式将其整合到统一的政治秩序之中。汉唐门阀阶层特别是第一流大族的兴起、发展以至衰亡的过程,门阀士族阶层由社会性(经济、文化)而政治性,由地方性(居乡务农为业)而中央性(城居任官资俸禄为生),由豪族型(民间社会权威)而门阀化(政治上的统治阶层)的变迁,即是一个典型的社会势力国家化的过程。如果从门阀贵族的乡村结构根源和宗族乡里基础来看,门阀贵族特别是作为其前身的大姓豪族,本来就是地方社会的主导者,是在经济、文化及社会各方面具有优势的阶层,他们正是凭借在乡里社会的地位和声望,并通过乡论及其制度化的九品中正制,得以出任朝廷官职。但从门阀贵族的政治属性来看,门阀贵族之所以被称为门阀贵族,正在于他们的官僚性。在某种意义上,只有国家化的大姓豪族,才能跻身于门阀之列,门阀士族内部的升降,也主要取决于他们与国家关系的疏密远近。因为要满足门阀士族的政治经济特权和文化价值诉求,国家自身被改变,但国家也最终改变了门阀士族。汉唐间的国家不仅在政治过程中善于通过强烈的文化取向和合法化手段达成统治目标,以弥补物质资源之不足,而且还善于将地方社会中自然形成的民间领袖转化成官方认定的民意代表;甚至本应处山林之远的善人,也能在魏阙朝堂里发现其活跃的身影。以国家主流意识形态"移风易俗",通过"教化"使"天下风俗齐同",建立道德秩序;将地方社会组织或团体巧妙圆润地纳入统治体制,依靠并通过他们将国家的政治文化理念贯彻到民众中,将国家权力的触角延伸到基层社会。汉唐之长治久安、号称盛世,与这样一种国家与社会关系以及相应的制度设计和统治架构有关。①

五、唐中期以后的社会变革

唐朝是中国的一个转型时期。以 755 年"安史之乱"为标志的历史断裂,无论对王朝命运还是中国历史发展的整个轨迹而言,都是至关重要的

---

① 此处关于汉唐间国家与社会关系的论述,主要引述牟发松的研究。参见牟发松《汉唐历史变迁中的社会与国家》,上海人民出版社 2011 年,第 579—581 页。

转折点。从中唐和8世纪末开始,出现了一系列巨大变化,这些变化在11世纪时产生了一个与6—7世纪完全不同的社会,就如同文艺复兴时期和中世纪的欧洲之间的差异那样。① 这些变化可以概括为以下四个方面。

首先,是经济、军事和社会制度的转变。这一变革的第一个方面是对魏晋南北朝时期一系列制度的废弃。唐朝建立之初,官方土地制度是均田制,周期性地将国有土地分配给农户耕种。和土地所有制相联系的,是根据固定标准从所有得到土地的农户那里以粮食、布匹、劳役的形式征税。军事制度把北方游牧民武装和世袭军户组织成拱卫都城长安的府兵。都城本身,如同其他大城市,被分隔为有围墙的里坊,贸易活动被限制在专门的市场里。社会被少数门第最高的世家大族和一些地位相对较低的地方豪强统治,他们在全国范围内享有持续了几百年的特权。所有这些传承下来的制度在王朝后半期被终结了,只有大族们的统治是在10世纪初随着唐王朝自身的灭亡而结束。②

这些变化最主要的共同点是国家丧失了对财产和臣民的控制,同时伴随着日益增长的商业化和城市化。在"安史之乱"后,国家放弃了前期控制土地所有权的努力,并且在很大程度上用募兵制取代了以家族为基础的军事制度。③ 取代了自秦汉以来传统的征兵制,由雇佣军组成的职业军队于9—10世纪形成,由此产生了有关政权的新定义,即国家的支柱不是一批被推上政权的望族,而是一支忠于皇帝本人的精锐卫队。④

城市里对贸易的空间管制被打破,在喧闹的城市街道上商业设施和居住区混杂在一起,城市生活向帝制时代晚期的模式转化。遍布农村地区的新兴市镇成长起来,加速了由新兴的中间商阶层掌控的农业商业化体系的形成。同时,科举制度使精英阶层与国家的命运紧密相连,一批完全依赖科举制而进身的精英阶层在宋代以后出现。⑤

具有悠久历史的士族阶级的衰落以及后来的消逝,预示着宋代的社会将是一个新人的社会,与唐代初期的士族或文人没有任何承袭关系。⑥ 节度使、财政机构、地方政府,甚至宦官群体,为按照传统的家世相传方式不

---

① [法]谢和耐:《中国社会史》,耿昇译,江苏人民出版社1995年,第190页。
② [美]陆威仪:《世界性的帝国:唐朝》,张晓东、冯世明译,中信出版社2016年,第2页。
③ [美]陆威仪:《世界性的帝国:唐朝》,张晓东、冯世明译,中信出版社2016年,第2—3页。
④ [法]谢和耐:《中国社会史》,耿昇译,江苏人民出版社1995年,第218页。
⑤ [美]陆威仪:《世界性的帝国:唐朝》,张晓东、冯世明译,中信出版社2016年,第2—3页。
⑥ [法]谢和耐:《中国社会史》,耿昇译,江苏人民出版社1995年,第217页。

能在朝廷任职的人们提供了入仕之路。这些新的仕途,宣告了朝廷里贵族统治的结束。从五代到宋朝头百年里崛起的高度多元化的精英,以及后世通过联姻、结义亲和土地积累来构筑地方权力基础的行为,其源头都在晚唐。这种精神和方法是宋朝新出现的乡绅阶层确立自己地位的方式。因此,从晚唐时代新兴势力的发展模式和策略,可以看到帝制晚期乡绅阶层产生的历史进程的最初形式。①

税收制度的变化产生了深远的社会经济后果。如果说自上古时代末期以来,国家的突出权力涉及人员及其生产力的话,杨炎于780年从事的两税法改革,最终导致了拥有耕田面积之权力的转移,从而加强了私有制观念。同时,使用雇佣军队也与国家放松对个人的控制密切相关。② 另外,唐中后期开始,政府不能再从帝国的大部分地区直接征税,也不能像以前那样依靠劳役,于是开始通过国家专卖税(先对盐,后来对茶叶、酒和酵素)来筹措收入。这使它能够通过经营这些商品的商人从其控制外的地区间接征税。它开始对矿产品和商业征税,从而放弃了传统的原则,即认为一个稳定的国家的岁入应该是向农民开征的统一税。这些新办法与上述的税收定额一样,在以后许多世纪中一直是行政政策的长期特征。③

其次,是重构了和外部世界的贸易关系。在北方和西方,唐代中国继续和游牧部族联盟打交道,沿着"丝绸之路"断断续续进行跨境贸易。但真正推动晚唐海外贸易的是南方大量的天然港口。在传统上与朝鲜半岛和日本开展的贸易之外,东南亚、印度和波斯湾地区之间的大量新兴海上贸易活动也得到了发展。这一海上大宗商品贸易把中国和一个新生的世界经济体系相连接,这一贸易模式在帝制晚期历史上得以延续。新的商业机遇引来很多胡商定居中国大城市,同时也促进了中国人向东南亚和更远地区的移民活动。④ 同时,不再能取道西域旅行,部分地导致佛教的衰落。从10世纪初叶开始,游牧部族势力的复兴使北部边界关闭,导致了政治和经济重心向东部和东南部转移。与7世纪时把目光转向内陆亚洲相反,从唐代中期开始,中国将目光转向了海洋。⑤

---

① [美]陆威仪:《世界性的帝国:唐朝》,张晓东、冯世明译,中信出版社2016年,第72—73页。
② [法]谢和耐:《中国社会史》,耿昇译,江苏人民出版社1995年,第218页。
③ [英]崔瑞德编:《剑桥中国隋唐史,589—906年》,中国社会科学出版社1990年,第18页。
④ [美]陆威仪:《世界性的帝国:唐朝》,张晓东、冯世明译,中信出版社2016年,第3页。
⑤ [法]谢和耐:《中国社会史》,耿昇译,江苏人民出版社1995年,第218页。

唐朝后期与此前王朝不同的第三个方面是新文化地理格局的出现。在魏晋南北朝的几百年里，南方政权已经大规模开发了长江流域平原以及更南的地区。沼泽低地被排干后，这一新开发的降水充沛的区域，开始获得比北方黄河流域更大的农业生产能力。长江也更适合大宗货物的漕运，这有利于跨地区贸易的发展，因此促进了地域间的分工。大运河的开挖使大米为主的粮食从遥远的南方运往位于西北的都城长安。虽然唐后期的南方人口仍旧略少于北方，但"安史之乱"后政府丧失了对黄河流域大部分地区的控制，导致长江流域成为帝国的经济重心与主要财源。出于战略原因而设在北方的首都控制着在人口、文化和经济上占据优势的南方，成为帝制晚期的常态。①

长江下游农业、商业和城市的发展高潮，归因于水稻种植的进步，把长江流域和四川与中国北方密切联系起来的新贸易交流（茶叶、盐、北方军队的粮秣供应等）的发展，以及新的经商技术（后来产生了银行支票的可转让存款）的出现。在这种背景下，国家专营制度也促进了一个新的大商人阶级的出现，虽然它还无法摆脱政治权力的监护。②

唐中期转变的最后一个方面是，雕版印刷术的出现引起了知识的迅速传播，同时也导致了统治阶级社会基础的扩大，导致了以文字流传而不是口传的民间文学的诞生。③ 城市里增长的贸易活动和商业化促成重要的文学流派的出现。王朝前半期文学创作的顶点是以王维、李白和杜甫的作品为代表的诗歌的黄金时代。当时文学艺术创作的中心从偏好浮夸、骄揉诗风的宫廷转移到都城和其他大城市，这使得初唐诗人有了更大的创作自由，而且也可以采取更严肃的道德立场。诗歌的地理范围在晚唐时继续扩大，长安等地的妓院和娱乐场所中出现了描写城市生活的喜悦和悲伤的新流派。在同一时期，散文因韩愈等人推动的"古文运动"发展成为一种重要的文学形式。在唐朝最后一个世纪里，作家们开始创作虚构的传奇故事，以此来探索男女关系和他们的内心世界，这也成了文人们在日益复杂的世界里的自处之道。④

---

① ［美］陆威仪：《世界性的帝国：唐朝》，张晓东、冯世明译，中信出版社2016年，第4页。
② ［法］谢和耐：《中国社会史》，耿昇译，江苏人民出版社1995年，第218页。
③ ［法］谢和耐：《中国社会史》，耿昇译，江苏人民出版社1995年，第218页。
④ ［美］陆威仪：《世界性的帝国：唐朝》，张晓东、冯世明译，中信出版社2016年，第5页。

第四节　宋元明清的帝国四民社会

在中国历史上,唐宋之间出现了巨大变革,已经被越来越多的学者所公认。我们认为,从宋代开始,中国社会进入了一个新的阶段。这一阶段虽然政治形式上依然是中央集权的帝国形态,但君主的权力或君主与臣民的关系有了巨大变化,官僚阶级的构成也与唐代以前有很大差别,其中最突出的是士族阶层销声匿迹,新的"士大夫"阶层登上历史前台。宫崎市定称这一时期的国家形态为"财政国家",谢和耐称这一时期的国家为"官僚帝国"(与汉唐时期的"尚武帝国"相对),都指出了宋以后国家与此前国家形态的重大差异。因此,我们不能因为唐宋时期保持着相同的帝国外壳,就忽略其内在结构的差异。从社会结构来看,宋代以后不再有延续百年的世族存在,社会由士、农、工、商四类主要群体构成,因此可以称为"四民社会"。

总体来说,自公元1000年至1800年的历史具有很大的连续性,但历史学家也在宋元和明清之间发现了一定的断裂。很多中国史学家受到世界史研究的启发,将1500—1800年,即明中期至清中期这一段时间称为"早期现代"(early modern),将其视为席卷全球的"早期现代"潮流的一个组成部分。这种"早期现代化"潮流包括以下特征:或许是因为气候的变化,加上新作物的传播,16世纪开始了全球人口的显著增长;人口的增长导致各种事务更为活跃和历史的普遍性的加速发展;更多的经济活动引发了"地区"的城市化,以及旧有大城市的发展;城市化导致城市商业阶级崛起,增添了城市阶级的自信(文艺复兴);同时增加了他们对宗教价值的追求,导致宗教复兴和传教运动(宗教改革);农村被日益发展的城市所控制,引发农村骚乱;城市力量的巨大发展以及它产生的各种各样的政权改变了大草原与农耕文明之间的平衡,游牧势力普遍衰退。①

具体到明清时期,罗友枝(Evelyn S. Rawski)认为,中国的16—19世纪与过去任何一个时代相比都有着实质性的差异,且在重要制度与社会经济结构方面呈现出相当的连续性。具体来说有以下要素:由新大陆和日本流

---

① [美]傅礼初(Joseph Fletcher):《整合史:早期现代(1500—1800年间)的平行发展和相互联系》,载伊沛霞、姚平主编《当代西方汉学研究集萃》(中古史卷,单国钺主编),上海古籍出版社2016年,第352页。

向中国的白银货币化;伴随农业商业化、城乡产品丰富、区域市镇系统成熟而来的16世纪的经济高潮;对经济的直接行政控制之松弛;学校的发展;出版业和阅读人群的扩展。这些变化的结果是,乡村原先财产所有者与依附奴仆相结合的固定体制被外居地主、经营地主、农奴、佃农和雇农组成的变动模式所取代,精英内部发生了更为严重的社会阶层分化,流动的身份体制的出现及有效限制身份变动的法律大大松弛带来了精英的扩展。这种流动性促进了各阶层的文化整合及农民阶级和精英(士大夫)价值观念的趋同。①

在很多明清史学者强调明中期以后作为一个具有"早期现代"特征的社会的同时,也有一些学者努力架设这一时期与此前历史阶段的桥梁。比如,史乐民(Paul Jakov Smith)等人,将12世纪早期至15世纪晚期划为一个独特的历史阶段,称之为"宋、元、明过渡"。具体来说,它的起点是1127年女真占领中国北方,终点在1500年左右。这一时期的明显特征是唐宋转型时期那些最重要的社会、经济、文化发展趋势在江南的地域化,同时唐宋经济结构和经济活动在江南地区日益成熟并从江南地区向全国散发。②

由以上分析我们似乎可以看出,从宋元到明清的历史虽然发生了王朝的多次变动,但在经济、社会、文化上存在着很大的延续性,在政治结构上也体现出某种一贯的发展趋势,因此可以作为一个相对独立的单元进行考察。

一、两次"经济革命"

1. 农业的进步

10—11世纪江南水田的开发和占城稻的引进,13—14世纪棉花的移植等,是宋以后农业发展的重要突破。③

在宋代之前,中国的农业重心一直在北方,宋代以后尤其是南宋以后,南方农业有明显的发展。为了供应众多人口所需的粮食,南宋时期精耕稻作技术有了更大进步。由于积累了过去长久的农业经验,这时整地、催芽、插秧、施肥等精耕稻作技术达于纯熟。对于灌溉也十分重视,大小规模的

---

① 罗友枝:《帝制晚期文化的经济及社会基础》,伊沛霞、姚平主编《当代西方汉学研究集萃》(中古史卷,单国钺主编),上海古籍出版社2016年。此段概括参见史乐民《宋、元、明的过渡问题》,载《当代西方汉学研究集萃》(中古史卷),上海古籍出版社2016年,第249—250页。

② 史乐民:《宋、元、明的过渡问题》,载伊沛霞、姚平主编《当代西方汉学研究集萃》(中古史卷,单国钺主编),上海古籍出版社2016年。

③ [日]川胜守:《明清农业论》,载森正夫等编《明清时代史的基本问题》,商务印书馆2013年。

灌溉设施,如陂、塘、堰、渠、堨等散布各地,并立有详细的管理规则。作为灌溉器具的龙骨车普遍使用,以水力运转的筒车也开始出现。这些工作,需投入大量而辛苦的劳力,单位面积的生产量也因此大大提高。南宋时稻作每亩最高的收获量是三石,其次也有二石,而东晋时代的稻米产量一般不过每亩三斗而已。

南宋时期,耕地不仅可以年年利用,而且发展出来一年两作,包括稻二期作和稻麦轮作。促成稻二期作和稻麦轮作出现的共同因素,是早熟稻品种的育成。南宋时期,已经培育出许多生长期较短的稻米品种,其中占城稻的引进尤为关键。占城稻是北宋真宗时从越南引进的品种,大中祥符五年(1012)遣使福建取占城稻五万石,分给江、淮、两浙播种。占城稻容易栽培,而且得米多,价钱便宜,是南宋中产以下人家的粮食,栽培很广。由于生长期缩短,再加上施肥,土地的养分可以迅速恢复,在温度适宜的地区,有些品种一年可以种植两次。

麦作在南宋以前已经推广到南方,但是直到北宋末年种植仍不普遍。南宋初期,由于北方人口大量流寓到南方,喜好面食的人大增,种麦能获厚利;再加上政府为预防饥荒,鼓励佃户种麦,准予麦作收成不必向地主缴纳租课,南方种麦普遍起来。南宋麦作,主要是利用稻作收获之后到次年播种之前的时间,运用麦的耐寒特性,在原来种稻的土地上种植,也就是稻麦轮作。

随着人口继续增加,平原耕地的开辟几达极限,对于粮食的需求却有增无已,耕地便向沼泽和丘陵地区发展。开发新耕地的第一种方式,是排水为田,主要行之于宋代的两浙和江东。这类耕地,在江东多称圩田,在江西多称围田,在浙东多称湖田。三种名称有时也交互使用,都是疏排溪、湖、沼泽的水,筑堤围裹,然后在堤内新生的土地上耕作。江浙一带多沼泽、溪、湖,自五代、宋初,已有人在低湿之处构筑这一类耕地,但在当时并不具经济上的重要地位。北宋中期的庆历改革和熙宁变法,由于重视农政,开始注意到这类耕地的利用,江东的圩田,兴筑了不少。至于江浙地区大规模排水成田,要到北宋末年。宋徽宗时,无论民间、政府,都大量构筑这一类耕地。例如南宋初年闻名的永丰圩,管田950顷,就是在政和五年(1115)围湖成圩的;次年,苏州兴修了圩田2 000余顷;浙东早年为了防止湖田扩大而导致湖泊失去灌溉的作用,对于围湖成田颁有禁令,到政和年间也解禁了。

与水争地的农田，除了圩田、围田、湖田之外，尚有柜田、架田、涂田、沙田数种。柜田是小型的围田。架田又名葑田，作木架于水面，以泥土、水草依附于架上，作成田丘，在上面种植作物。涂田是海滨涂泥之地，筑堤阻挡潮水，种水草排除泥土的盐分，然后在堤内种植作物。沙田是利用江边出没的沙涨之地种植作物。这几种农地的面积都很有限，不能和圩田、围田、湖田相比，但反映出对于耕地需求的迫切性。

明代以后，同一形态的新耕地开发也在湖南、湖北的洞庭湖流域进行。自明初以来，农民在流域内各处湖泊的湖边修筑长堤，排出湖水，在堤内开垦。这一类耕地，称为院、垸或围，又称湖田。由于湖田没有税额，所以明代中叶以后，聚集于此的农民愈多，垦辟也愈广。清代筑堤垦田活动仍然继续进行，而且发展迅速。

开发新耕地的另一方式，是垦山为田。自唐代以来，南方各地由于人口增加，已使用"刀耕火耨"的方式开发山区。这种耕作方式，既不犁田除草，又不施加灌溉，所种多为耐旱的农作物。宋代部分落后的山区，仍然使用刀耕火种的方式，称为畲田，其他南方山区则由于人口继续增加以及灌溉技术的进步，采用了平地耕作方式，将山地开垦成畦，种植水稻。山区的水稻栽培，到北宋末年已经相当发达，南宋时期，山区稻作更加普遍，而以福建地区最为发达。范成大在《骖鸾录》中描述他在南宋孝宗乾道九年（1173）游历江西袁州仰山所见的景观："岭阪山皆禾田，层层而上至顶，名梯田。"这是梯田名称的首次出现。以后下至元、明，稻作继续在南方山区推广，地势较低的丘陵地带因此逐步开发。

更进一步的山地开发，是明代中叶以后美洲粮食作物传入以后的事。这些粮食作物，包括番薯、玉蜀黍、马铃薯，耐旱而多产，适合在贫瘠的土地上种植，使地势更高、更为干旱的山坡地也有了开发的价值。番薯和马铃薯都是明代中叶传入中国。最初传入时，只有云贵和闽粤山区种植，清朝盛世以后才向内地推广。清朝盛世人口增长迅速，粮食供应不足，东南丘陵和长江流域平原地区的众多贫民生活困难，便纷纷迁往长江和汉水流域的山地，大量种植番薯和玉蜀黍，作为糊口的粮食。马铃薯传入中国，似乎较晚，迟至清初，才出现于福建北部。马铃薯的生命力比番薯和玉蜀黍更强，能在更加高旱的坡地生长。清朝中叶以后，马铃薯也随着人口的激增而广植于长江和汉水流域的山区，成为贫民的主食。

除了上述粮食作物之外，茶、水果、蓝靛等经济作物也有助于山坡和沙地的开发。就沙地的开发来说,棉花的传入具有重要意义。棉花传入中国分南北两路:北路经西域,直到元代,才通过河西走廊传到陕西北部;南路经云南,元初以前,已经由两广、福建传入江南。元明时期,棉花在中国普遍种植,特别在长江下游滨海一带,成为重要的棉花产区。另一项有助于沙地开发的作物,是明代中叶传自美洲的花生。花生最初从海外传到广东,再由广东传到福建和浙江,清初以后,长江下游的河边沙地也成为重要的花生产区。①

2. 手工业的发展

一时期,手工业有了长足的进展。传统手工业的部门繁多,包括土木、建筑、兵器、纺织、裁缝、陶瓷器、金属器具、制纸、薪炭、砖瓦、石灰、矿冶、制盐、茶叶等。

手工业中最重要的是纺织部门。唐代以前,一般农家的织布作业是以自家消费和纳贡为前提,把布帛当成商品而生产的主要是都市手工业。由于农村的自给自足,都市手工业的市场狭隘,规模受到限制,因此都市手工业不得不专以上层阶级为消费对象。唐末以降,华北开始两年三作;江南由于水田开发的扩大所产生的农业生产诸关系的变化,把商业资本导入农村,促进农村经济分解,自给自足的农村社会逐渐崩坏,农村手工业的商品生产特征渐渐明显。②

中国的手工业一直与农民有密切关系,明中叶以降,这种关系更加强化。农家的手工业,成为赋税与田租的来源,不再是单纯的自给生产。当时中国的广大佃农阶层,一般只经营十亩左右土地,其产出物几乎仅够缴纳田租,连自己所需的米粮都难以供给。而劳动手段的农具、肥料和日用杂货等,都与业已发达的货币经济有关;甚至养蚕、织绢、纺纱、织布各方面,也靠借贷以购进生产工具,因此必须将剩余劳动力投入农耕以外足以补充家计的副业。一旦踏进这条道路,对于货币的需求渐增,资金不多的农民经常被原料购入、生产、贩卖的短期间循环所迫。养蚕地带,可以在农业劳动的季节贷款来准备蚕种、预约桑叶来养蚕、治丝以流入市场,并于冬天的农闲期间织绢贩卖,故养蚕地带丝行是最大的商业资本。而棉业地

---

① 以上内容主要引述梁庚尧《披荆斩棘——新耕地的开发》,载刘石吉主编《中国民生的开拓》,黄山书社2012年,第79—86页。
② 陈慈玉:《多能巧思——手工业的发展》,载刘石吉主编《中国民生的开拓》,黄山书社2012年,第127页。

带,在轧花、纺纱、织布各过程中,商业资本也分别介入,使之商品化。所以丝、棉二业皆是农业与手工业结合的产业。换言之,手工业的产品,在国家的收购和地主、高利贷、商人各机能所造成的价格体系之下被商品化,并以补充农民生计、企求再生产的形态来与农业相结合。①

3. 商业化与市场化

从宋代开始,中国的商业日益发达起来,其背后的支柱是社会上对商品需要的加大。造成这种现象的主要原因有二。其一是,唐末以来,募兵代替了府兵,"兵农分离"代替了"兵农合一"。军人自生产部门分离出来,成为单纯的消费者。尤其是宋代以后,更以募兵作为解决荒歉所引起的失业问题的手段,于是军队数量扶摇直上。宋代官多、吏多、兵多,消费人口增多,提供了广大的市场。其二是,魏晋隋唐时代托庇于世家豪族、近似农奴的"部曲",到了五代以后大多解放出来,成为小农或佃户,于是庄园内自给自足的情况发生改变,每个独立的家户向外消费的需求增加。

恰好,从北宋开始,煤炭的使用广泛普及,使得铜、铁的冶炼,陶、瓷的烧制,以及其他种种商品在这种"火力革命"的推波助澜下,在量和质上快速成长。铜冶发达,促使货币供给增加;铁质精炼,农业上的生产工具也跟着进步;宋真宗时占城稻(早熟稻)的引进与推广等,使农业得以改良。这些都促成了生产的长足发展。② 生产的发展和消费的扩大相配合,共同促进了商业化和市场化的发展。进入明代以后,由于新作物的栽种、新工具的使用,社会生产力日益提高,嘉靖年间(1522—1570)达到前所未有的高峰。以此为背景的商业化更是蓬勃发展。③

到清代,商品化继续深度渗入农业经济。绝大多数从事耕作的民众,可以自由迁居和聚集在互相联结并通过市场结构与更大的贸易中心联结的小村庄中。农民既生产基本粮食作物,又生产商品、手工业品,以此来补充他们的收入和购买一些家庭必需品。地区间长途贩运基本商品,补充了地方商业。例如,到18世纪,江苏和浙江已不再生产足够的稻米来养活其大城市的人口,而由长江中游的农业区来供应。在条约口岸开放以前相当

---

① 陈慈玉:《多能巧思——手工业的发展》,载刘石吉主编《中国民生的开拓》,黄山书社2012年,第158页。
② 陈国栋:《懋迁化居——商人与商业活动》,载刘石吉主编《中国民生的开拓》,黄山书社2012年,第178页。
③ 陈国栋:《懋迁化居——商人与商业活动》,载刘石吉主编《中国民生的开拓》,黄山书社2012年,第181页。

长一段时间,沿海及长江流域的区间大宗贸易就已存在。在上海和宁波地区,在清代,特别是从18世纪后半期起,集镇数量大为增加。原野上逐渐布满一些集镇,表明乡村经济与大城市中心逐渐成为一个整体。当然,商品化及与之相关的城市化,没有均衡地在全国各地发展。人口密度与城市的发展,以长江下游为最高。①

商业的发展促进了各种配合的组织,这些组织到19世纪已很复杂精细。专门化的商行与经纪人,经营不同方面的商品生产。公所和会馆制定商业的常规,并为商人提供帮助。票号、钱庄等金融机构随之发展起来,满足不同范围的需要。这类金融机构,在民国时期继续与规模更大的西方式银行一道继续发挥作用。较小额的交易,则可通过当铺和押行通融。同时,大量的商业习惯法也被制定出来,用以规范商业业务。在18世纪大部分时间内,农业品和手工业品的总产量显著地增长。这种增长得力于人口的增长、可耕土地的利用,以及农业技术从先进地区向落后地区扩散和对劳动力一般没有人身限制。②

在此境况下,整个社会对商业及商人的态度发生了重大转变,许多士人起而为商业行为说话。最有名的是明嘉靖间上海人陆楫,他认为,社会上的奢侈有助于财富的重新分配,从而促进穷人就业。这个观点为清代的顾公燮继续发挥,他指出:"有千万人之奢华,即有千万人之生理;若欲变千万人之奢华而返于淳,必将使千万人之生理亦几乎绝。"黄宗羲在《明夷待访录》中则极力主张"工商皆本",一反过去以商业为末业的说法。③ 清代学者沈垚更有这样的论列:"宋太宗乃尽收天下之利权归于官,于是士大夫始乃兼农桑之业方得赡家,一切与古异矣。仕者既与小民争利,未仕者又必先有农桑之业方得给朝夕,以事进取。于是货殖之事益急,商贾之事益重。非兄老先营事业于前,子弟即无由读书,以致通显。……古者士之子恒为士,后世商之子方能为士,此宋、元、明以来变迁之大较也。"(沈垚:

---

① [美]费正清、费维恺编:《剑桥中华民国史,1912—1949年》下卷,刘敬坤等译,中国社会科学出版社1994年,第12—13页。
② [美]费正清、费维恺编:《剑桥中华民国史,1912—1949年》下卷,刘敬坤等译,中国社会科学出版社1994年,第13—14页。
③ 陈国栋:《懋迁化居——商人与商业活动》,载刘石吉主编《中国民生的开拓》,黄山书社2012年,第183页。

《落帆楼文集》卷二四《费席山先生七十双寿序》)①以上言论反映出宋以来日益深入的商业化进程对传统价值观念的冲击,也预示着商人和商业将在社会上扮演更重要的角色。

4. 货币与金融

货币方面,明代中叶迄鸦片战争约250年间是白银与铜钱并行的时代,两者的地位难以轩轾,所以某些学者名之为"银铜复本位制"的时代。在"银铜复本位"制度下,银、钱均为主币,银用于大额支付,钱用于小额支付。银、钱之间的兑换率虽然曾由政府加以规定,事实上却取决于自由市场。由此也形成了所谓的"银钱比价"的问题,它对于经济的波动和民众的生活有很大的影响。

就整个经济体系而言,明清之际经由菲律宾流入大量的美洲白银,造成了经济史上所谓的"价格革命",即以白银表示的物价大幅度上扬。同时也因为货币供给充足,刺激了生产与就业,并导致了嘉靖至万历(1522—1619)与乾隆至嘉庆(1736—1820)两段长时期的经济繁荣。②

林满红指出,在1770年之前,铜钱的铸造和使用一直增长,清政府还允许使用私铸的铜钱以及前朝或其他国家的钱币,只是在跨省的交易中,铜钱不能替代白银。1770年增加使用铜钱的趋势停止,铜钱的铸造也跟着开始下降。大约从1775年开始,在缴纳赋税和普通交易中更倾向流通白银。到了19世纪前期,白银在整个大清帝国范围内已广泛使用。当向更高层级政府解交赋税必须使用白银时,地方政府不得不和钱庄往来。尽管政府规定了用于缴纳税款的白银样式,但操控钱庄的商人却决定了白银的供应和熔铸,而白银是商人通过国际贸易取得。

虽然中国从16世纪已开始进口美洲白银,同时也可获得亚洲白银,但是大约1775年以后,中国几乎全部依赖拉丁美洲供应白银。随着这种变化,中国的货币主权与更大范围内的世界经济越来越互相交错。③

在清代,有两种类似后代银行的行业出现,在中国信用制度史上大放异彩。其一为"山西票号",其二为"钱庄"。

---

① 陈国栋:《懋迁化居——商人与商业活动》,载刘石吉主编《中国民生的开拓》,黄山书社2012年,第186页。
② 陈国栋:《懋迁化居——商人与商业活动》,载刘石吉主编《中国民生的开拓》,黄山书社2012年,第262—263页。
③ 林满红:《银线:19世纪的世界与中国》,江苏人民出版社2011年,第25—26页。

"票号"的前身据说与"镖局"或"保镖"的行为有密切的关系。据日人加藤繁考证,有关"保镖"的行为以《金瓶梅》中所提到的"标布"及护送"标布"的行为为最早,那大概是明代中叶的事。不过,有镖局或镖行的组织则应该是入清以后的事了。整个清代时期,镖局十分发达。不但在清代小说《彭公案》《施公案》中到处有着镖局的影子,就是平汉铁路的工程费,也是由镖局运往各处工地支付。然而银钱的运送毕竟太费事,有时也非必要,于是就有"票号"兴起,以汇兑来取代部分镖局的服务。

"票号"几乎全由山西商人来开设,经营票号的山西商人大多来自平遥、太谷与祁县三处,总号也都设在那里。票号真正出现的时间并不算早。照一般的说法,它开始于嘉庆年间。当时平遥商人雷履泰在天津开设"日升长"染料铺。为了从重庆批购染料,他经常要运送大宗的现金到四川。为了免掉这个麻烦,他便想出了汇兑的办法,而将"日升长"染料铺改成"日升昌"票号。山西一些布商也仿照"日升昌"的模式跟进,很快票号就普及全国。票号的主要业务是汇兑,所以也叫做"汇兑庄"。除了接受民间的委托,山西票号也承担地方税收与军、工饷银的汇兑。

稍后于票号出现在清代商业界的信用机构是"钱庄"。钱庄的前身为银钱兑换业的经营者。《南京条约》以后,洋人在上海设置银行,诱发国人改变钱庄的营业内容,而从事现金的收解;等到太平天国之役以后,钱庄开始经营存、放款的业务。钱庄业经营的内容较为狭窄,往来的客户也以同一城市的商人为主,不似山西票号之具有全国影响力。钱庄以上海、汉口两地特别发达。①

5. 城市革命

与商业化和市场化相伴随的是城市革命。自晚唐至北宋,城郭的形态有重大改变,坊制和市制的破坏,使得行政上对居住和商业的限制解除,城郭所发挥的商业功能因而愈为加强,这是城市革命的第一种现象。配合大城市经济机能的强化,唐宋以后,乡村地区的定期市及州县城外的草市也开始兴起,日趋繁荣,逐渐演变成固定的商业聚落。"镇"军事机能日益退化,商业机能提高,也成为一种经济性都市,这便是宋以后分布在全国各地

---

① 陈国栋:《恋迁化居——商人与商业活动》,载刘石吉主编《中国民生的开拓》,黄山书社2012年,第55—257页。

的市镇,代表着城市革命的第二种现象——非行政中心市镇的兴起。①

6. 两次经济革命

进入宋代,中国的农业和整个社会经济有了显著发展,一些西方学者将之称为"经济革命"。美国学者郝若贝(Robert Hartwell)在《北宋时期中国煤铁工业的革命》中最早提出此看法。此后,伊懋可(Mark Elvin)在《中国历史的模式》一书中也认为宋代中国发生了农业革命。他们认为,宋代以后南方成为全国的粮仓,大运河犹如一道商业通道,中国拥有当时世界最高的农业生产率,并由此在交通运输、金融、信贷、城市化与市场系统各个领域都发生了革命性变革。但是,伊懋可同时提出,由于人口压力和技术的停滞,此后的经济发展陷入了"高水平平衡陷阱"而出现停滞的局面,明清时期的经济增长只是量的增长,没有质的进步。

近年来,有些学者提出,明清时期中国经历了另一场"经济革命"。比如,施坚雅指出,唐宋转型期最显著的进步集中在先进地区,尤其是长江下游地区。相对而言,明清时期这种发展更为广泛,从城市发展来说,中国的部分地区直到明清时期才经历了"中世"市镇革命。中世发展的区域市镇系统是不成熟、不均衡的,人们大多集中于一些大都市,明清时期的市镇系统则更为成熟、完善;都市和集镇很好地整合在一个等级体系中,城市人口在整个等级体系中更加均衡地分布。罗威廉(Willim T. Rowe)则认为,第二次商业革命的突破在于将原来特殊的区域间大规模商品贸易常规化。正是这一常规化促进了地方商人群体在全国扩散,使这些商人得以在主要商业城市永久聚居,促使这些城市发展为真正世界性的都市中心,并促进全国经济的逐渐整合。

在两次经济革命之间,历史学家往往认为元代和明初是一个"倒退消沉的黑暗时期"。近期,史乐民等人反对存在一个断裂和转折的黑暗时期,他们认为从12世纪南宋建立到1500年是"宋元明过渡时期"。在这一时期,人口和技艺集中到长江下游地区,尤其是核心的江南地区。因此,这一时期的明显特征是唐宋转型时期那些最重要的社会、经济、文化发展趋势在江南的地域化。从以上角度看,明中叶以后的商业革命可以部分理解为唐宋经济结构和经济活动制度的成熟以及从江南这一重心向全国的散发。

---

① 刘石吉:《城郭市廛——城市的机能、特征及其转型》,载刘石吉主编《中国民生的开拓》,黄山书社2012年,第220—222页。

在这个意义上,明清时期经济可以看作经济变迁千年周期的发展顶峰,而这些经济变迁拥有"斯密型"经济增长模式的全部特点:劳动的划分及其专业化,产品和要素市场(土地、劳动、信用)的建立,农产品最大限度地适应商机。从南宋到清朝的政治轨迹也存在同样的进化关系。清朝建立者在过渡时期政治制度和政治实践的基础上摸索出一套解决方案,避免了前代的问题。它战胜了自南宋至明朝脱离中央政府的倾向,在边疆地区和经济、社会领域采取更为积极的措施,这些措施与北宋时期所做尝试相比,严厉程度降低却更有成效。①

如果说明清时期中国已经有了长足的商业化和市场化的进展,但为什么没有产生资本主义工业呢?这成为中国史研究中一个长期存在争论的话题。近期,科大卫对这一问题提供了新的解释。他指出,明清以来,契约的使用及法人财产的建立均引起了对财产权更明确的界定,但它们并没有自发地形成一个完善的金融市场,使得资金借贷的规模足以支撑蒸汽时代的铁路、矿山、蒸汽机和工厂。中国本土的资金借贷机制大多依赖于契约和宗族控产机构,规模过小而未能迎合工业融资之所需。除非中国政府发行国债或允许银行发行纸币,工业生产不可能有明显的拓展。明末盐引的废除是中国商业史上一个具有决定性意义的转折,它意味着中国放弃了金融市场而转向政府包办,这种做法一直延续到清朝,被称为"官督商办"。朝廷承认了商人从事规模贸易经营的权利,作为回报,商人必须满足政府无端的、恣意的勒索。在这样的环境中,大规模的银行无法展开运作,这是19世纪中国经济最大的弱点所在。由中国人经营的小规模商业在沿海地区、东南亚地区,甚至北美地区有声有色地发展起来。他们使用传统的经营方式,在内部进行小规模的融资,利用他们的社会地位和人际网络建立彼此之间信任、合作的关系。然而,对于互不相识的陌生人来说,或者对于决心远离官僚结构的有钱人来说,这种融资方式不可能奏效。因此,商人善于编织人际关系网络表明,他们置身于一种缺乏法律认可和保护的状态,他们在国家没有明确放弃特权的领域中展开商业经营,这些特权包括国家随时有可能废除对商人的债务。为中国经济带来18世纪经济勃兴的因素,随后也导致19世纪的经济之落后。在经济发展需要大量的投资之

---

① 史乐民:《宋、元、明过渡问题》,载伊沛霞、姚平主编《当代西方汉学研究集萃》(中古史卷,单国钺主编),上海古籍出版社2016年,第247—285页。

前,私人契约和建立在礼仪基础上的控产组织相当有效地调动了资源。然而,当西方人带来了蒸汽机、内燃机、电报、铁路、纱厂、机器面粉厂等种种新技术的时候,私人金融网络就远远不能满足融资的需要。在东西方较量开始的时候,最关键的问题不在于谁更富有或谁的科技更先进,而在于谁能够成功地调动更多的财富和更先进的技术。①

二、儒释道的新趋向

汉代末年开始,儒家思想逐渐衰落。儒家思想的衰落是由于该学说缺乏超自然的解说,不能解决不断变化的现实和人类对来世的执着及最终命运之间的矛盾;另外后汉时期,当人们面临无法避免的灾难和苦楚时,儒家学说不能给人提供激励和安慰。这一时期,佛教和道教迎来了大发展的局面。

当统一、和平和秩序再次来临时,儒家思想再次代替道教和佛教,成为主流信仰。唐朝的统一和强大持续了300年之久,它使人们恢复了对至高无上世俗政权的信心,这为儒学复兴提供了条件。10世纪后半叶,随着宋朝的建立,出现了一股复兴中国汉文化、反对外来影响的潮流。

但是,宋朝的新儒学吸收了很多大乘佛教的思想,以弥补自身的缺陷。新儒学在关于心和物的学说中包含了很多佛教的思想。新儒学求助于禅宗,把冥想和顿悟作为理解宇宙法则的主要途径,冥想成为很多儒家学者日常生活中不可分割的一部分。大乘佛教大慈大悲、普度众生的思想被融入儒家学者的仁爱和致力于道德责任实现的理念中。②

同时,曾经强大的佛教逐渐缩小,政治影响慢慢消退。佛教寺庙变成了某些遭受打击和屡经磨难者的个人庇护所,耐心地等待着那些在世俗社会或在儒家思想中无法找到精神安慰的人们,并融入社会之中。随着佛教不再和世俗政权对抗,它最终保持了作为一种独立宗教的地位。这一过程也体现在道教兴盛和黯淡的经历之中。③

儒家从宋代开始在与佛道的竞争中脱颖而出,再次成为正统和主流。但这并不表明儒家此后毫无改变。从宋到明清,中国社会史的演变和儒家思想的变化存在着密切的关系。

儒学在明清时期出现了重要的转向。转向的一个重要方面是从政治

---

① 科大卫:《近代中国商业的发展》,周琳、李旭佳译,浙江大学出版社2010年,第196—197页。
② 杨庆堃:《中国社会中的宗教》(修订版),范丽珠译,四川人民出版社2016年,第100页。
③ 杨庆堃:《中国社会中的宗教》(修订版),范丽珠译,四川人民出版社2016年,第101页。

到社会。宋代以后,在专制皇权日益加强的情况之下,儒学逐渐转为开拓民间社会;在科举名额有限的情况下出现了"弃儒就贾"的现象,士商日趋合流,这导致儒家的价值体系中出现对"利""奢"等社会功能的肯定。另外一个转向是宗教转向。比如,阳明心学传人颜山农的讲学活动就充满了宗教化倾向,从而与释、道两教合流。林兆恩更是创出了儒释道合流的"三一教",明末清初徽商程智(号云庄,1602—1651)所创大成教,其教旨也是三教合一。16世纪是中国宗教史上一个充满活力的时代,除了三教合一思想之外,佛教在万历一朝出现了重振——罗教、黄天道、弘阳教、大乘教等都兴起于15世纪末以后,这表明晚明以来中国人似乎经历了一个长期的信仰和精神的危机。①

以王阳明的心学为基础,明清时出现了很多儒家文化的再解释。明清时期的士大夫长期致力于宗法伦理的"庶民化",其背后的道理是"礼以义起"。它根据王阳明心学,以个人的良知,根据实践的变化来创造新的仪式。由于在很大程度上受王阳明学派影响,明清时期的士大夫普遍对经典有所怀疑,普遍对前人的解释不满意。总之,思想界存在着一个解放的过程。②

儒家思想发生转向的同时,佛道两教也出现重要转向,余英时称之为"入世转向"。自魏晋至隋唐这七八百年,佛教与道教的出世精神在中国文化中占据主导地位。唐代开始,佛教逐渐从出世转向入世,惠能所创立的新禅宗在这一发展上尤其具有突破性成就。《坛经》第三十六节云:"若欲修行,在家亦得,不由在寺。"同条载《无相颂》云:"法元在世间,于世出世间,勿离世间上,外求出世间。"佛教精神从出世转向入世由此体现出来。至宋代,大慧宗杲更直接说"世间法即佛法,佛法即世间法"。与此相伴,禅宗也对世间劳作采取肯定态度,百丈怀海的《百丈清规》称,"一日不作,一日不食"。

新道教的兴起,以两宋之际的全真教最为重要,其次则是真大道教、太一教与稍后的净明教。全真教不但在组织上效法百丈的规模,在宗教伦理上也吸收了百丈"一日不作,一日不食"之教。据记载,"北祖全真,其学首

---

① 余英时:《士商互动与儒学转向——明清社会史与思想史之一面相》,载氏著《士与中国文化》,上海人民出版社2003年。
② 郑振满:《文化、历史与国家》,载氏著《明清福建家族组织与社会变迁》,中国人民大学出版社2009年,第250页。

以耐劳苦、力耕作,故凡居处饮食,非其所自为不敢享。蓬垢疏粝,绝忧患羡慕,人所不堪者能安之"(《清容居士集》卷一九)。新道教和当时的理学与禅宗鼎立而三,代表了中国平民文化的新发展,并取代了唐代贵族文化的位置。以入世苦行而言,惠能以下的禅宗是其发端,儒家和道教是闻风而动的后继者。①

三、社会结构的复杂化

1. 人口的快速增长

从西汉平帝元始二年(公元2年)有人口记录以来,中国人口的数量就相当庞大,并且始终在世界人口中占有很大的比例。这一比例最小时可能在10%左右,最大时在40%左右,平均应该在20%—25%。② 从人口的发展趋势来看,中国的人口可以分成两个阶段。自西汉至隋代在6 000万上下波动,可以称之为稳定阶段。这一阶段,一般在和平时期人口增长,最高时达到6 000万左右;战乱时期人口下降,最低时为3 000万左右。唐代开始,中国人口进入了几何增长阶段。唐武德五年(622)人口统计数据仅有2 500万左右,天宝十四载增长到8 000万—9 000万;之后,人口峰值又有很大增长,宋朝约1亿人,明朝约2亿人,清代更是达到4.3亿。③ 这一时期虽然因战乱人口耗减依然严重,人口最低值达6 000万左右,但人口的上限呈几何式增长。

唐宋以后中国人口的快速增长,首先与生产技术的提高有关,两次"经济革命"促进了农工商业的发展,物质条件的改善可以养活更多人口。此外,明清时期赋役制度的改革减轻了人头税的负担,玉米、番薯、高粱、棉花、烟草、花生等海外作物的普遍种植,以及边疆和山区开发的扩大,也为人口增长提供了动力。

明清时期人口的快速增长对中国社会产生了怎样的影响?很多学者认为,在18世纪,人口和人口密度的增长促进了了生产、商业化和城市化;但在19世纪和20世纪,持续的人口增长最终导致了人均产量的下降及随后的贫困化。由于普遍结婚早和对多子女——尤其是儿子——的需求所

---

① 余英时:《士商互动与儒学转向——明清社会史与思想史之一面相》,载氏著《士与中国文化》,上海人民出版社2003年。
② 葛剑雄:《人口与中国社会》,载周积明、宋德金主编《中国社会史论》下卷,湖北教育出版社2005年,第272页。
③ 邹逸麟主编:《中国历史人文地理》,科学出版社2001年,第137—138页。

导致的高生育率,以及由此带来的劳动力供给过多而导致的低工资,产生了"技术停滞下的数量增长"和"没有发展的增长"。① 简而言之,劳动力过多阻碍了能够节约劳动的技术的发展,而这是西方现代经济增长的基础。但是,李中清、王丰认为,随着18世纪商业化、19世纪城市化和20世纪工业化的兴起,经济生产取得了一系列进步,不仅使中国逃避了人口过剩,而且人口增长促进了技术革新和随后的经济增长。② 一般认为,直到20世纪50年代初,中国人口的增长模式始终是高出生率、高死亡率和低增长率。③ 李中清、王丰则认为,经济条件的变化促使人们改变其人口行为,采取一种早婚但有控制的生育模式,从而降低了死亡率。这种生育模式只是在20世纪50年代才由于农村集体化所导致的家庭集体和家庭控制弱化而走向了早婚无控制的生育模式。④ 李中清、王丰大胆的观点引起了很多争论和批评⑤,但却提示我们,人口问题是明清社会史研究的一个不可忽视的基本问题。人口的快速增长和庞大人口数量,为明清社会提供了底色。

数量之外,人口的空间分布也发生了很大变化。中国古代的人口重心长期在北方黄河流域,经过西晋永嘉之际、唐末五代、北宋靖康年间的三次人口南迁浪潮,南方人口全面超过北方。明清时期逐渐出现人口由汉族居住区向少数民族居住区以及从内地向边区、山区扩展的过程,虽很难改变"人满东南"的局面,但"江西填湖广""湖广填四川""闯关东""走西口""下南洋"等区域性移民潮流仍然不断改变着中国的文化地理格局。

2. 阶级、等级结构的延续与变化

宋代的阶级结构可以从户口分类制度和实际阶级状况两方面综合考察。宋代的户口分类制度大致由四组户名构成。①按人户的身份区分,有官户与民户、形势户和平户之别。官户"谓品官,其亡殁者有荫同"。民户

---

① Mark Elvin, *The Pattern of the Chinese Past*, Stanford:Stanford University Press,1973;黄宗智:《长江三角洲小农家庭与乡村发展》,中华书局1990年。
② 李中清、王丰:《人类的四分之一:马尔萨斯的神话和中国的现实》,生活·读书·新知三联书店2003年,第50页。
③ 葛剑雄:《人口与中国社会》,载周积明、宋德金主编《中国社会史论》下卷,湖北教育出版社2005年,第276页。
④ 李中清、王丰:《人类的四分之一:马尔萨斯的神话和中国的现实》,生活·读书·新知三联书店2003年,第166页。
⑤ 曹树基、陈意新:《马尔萨斯理论和清代以来的中国人口——评美国学者近年来的相关研究》,《历史研究》2002年第1期。

是指官户以外的人户。形势户"谓见充州县及按察(官)司吏人、书手、保正、耆、(户)长之类,并品官之家,非贫户弱者"(《庆元条法事类》卷四七、四八)。形势户以外的人户称平户。形势户包括官户和富有的吏户,范围宽于官户,而与之对称的平户,范围窄于民户。②按人户居住地区分,有乡村户和坊郭户之别,分别居住在乡村和城市。③按有无田地、房产,有主户和客户之别。主户又称税户,"税户者有常产之人也,客户则无产而侨寓者也"(《宋会要·食货一二》之十九至二十)。乡村主客户的区分主要在于有无田地,坊郭主客户的区分主要在于有无房产。④按财产多少,乡村主户分为五等,坊郭主户分为十等。乡村五等主户一般是第一、二、三等户为上户,第四、五等户为下户,有时也将第三等户称乡村中户。乡村主户的户等,往往是综合田地多少和肥瘠两种因素。划分坊郭户,有的地区依据屋税,其基础是房屋的好坏;有的地区则将坊郭主、客混通,分为十等。

乡村客户和下户构成宋代社会的农民阶级。客户往往成为佃农的代名词,列入乡村下户者,不仅有自耕农和半自耕农,也有佃农,佃农和半自耕农的数量应多于自耕农的数量。乡村下户和客户的实际处境和地位相似,同处社会底层,"凡第四、第五等之家,田业垄亩之多寡无甚相远,粗粝不充,布褐不备,均未免冻馁之忧"(《续资治通鉴长编》卷三六二,元丰八年十二月丙寅)。

地主拥有大部分土地,其主要经营方式是出租。宋代货币地租有一定的发展,但仍以实物地租为主。在实物地租中,分成租包括主客对分、四六分、三七分、六四分、七三分等,定额租在北方约每亩几斗,南方很多在每亩几斗到一石之间,有的高达二石以上。宋朝摊派赋役,始终注意乡村主户与客户之别、乡村上户与下户之别,对下户和客户有一系列减免规定。

地主阶级大致可分为皇室、官户、吏户、乡村上户、僧道户、干人等几个阶层。除赵氏皇室之外,官户处于社会最高层,享有若干特权,也有不少禁约。官户绝大多数拥有田产,收取地租,很多人兼营工商业。中高级官员虽有荫补特权,但仕宦之家的子弟往往破落败家,官户成员经常处于流动状态。吏户是仅次于官户的统治阶级,其户数多于官户。乡村上户大体上是没有官吏身份的地主,须服职役(吏役),即担任州县衙门公吏或乡村基层政权头目。在轮差赋役期间,由平户上升为形势户,退役后又降为平户。僧道户是指僧寺和道观。干人是官户和地主的高等仆人,为官户等经营田地出租、收取地租、买卖田地、主管财务、放高利贷、经营商业等。

坊郭户作为城市居民,其上户包括城居官户、吏户、地主、幹人、房主、大商人、贷主、手工业主等,下户包括小商贩、工匠等。宋代商人势力较前朝强大,轻商观念有所削弱,大商人有相当高的社会地位。

宋代奴婢的法定名称是人力和女使,具有雇佣性质,其社会地位比唐律中的奴婢有所提高。①

总之,恰如牟复礼(Frederick W. Mote)所指出的,在蒙古征服前的中国社会,已经没有命中注定的贵族,没有法律上享有特权或被剥夺了权利的封闭的阶级,没有哪个阶级的人根本无权提高自己的社会地位或成为官员,也没有哪一部分人口被系于一定的土地或职业而不得流动。②

元朝的建立为社会结构增添了新的要素,这就是"四等人制"。考察四等人这一制度,需将其与蒙古人实行的颇为复杂的户计制度联系起来。户计制度这一手段既是四等人制度的补充,又是它的延伸。户计制度是将蒙古人及其所有属民都以一定职业按户划分。黄清连《元代户计制度研究》曾列举出83种户计。这些分类标明了特殊的技艺与生产的功能,为的是保证这些划定了户计的后代能够继续他们各自的职业,这在中国制度史上是没有先例的。③

蒙古人和色目人(色目人中,数量与作用都占优势的是畏兀儿人)组成的两级特权阶层垄断了通过社会地位与权力而获得的利益,这直接冲击了旧的具有学问与修养的汉人精英阶层,冲击了他们在政治上与社会上作为领袖的传统。但也有学者指出,虽被经济上的不稳定和心理上受到的压抑所困扰,中国社会等级中事实上的精英,在社会中仍是一个优越的阶层。④

"儒户"这个词在元代律令中具有特定的意义,表示划入那类户口的人有希望作为中间等级而成为吏员,也就是这一世袭职业的成员有义务世世代代提供这种特殊服务。通过考试,1276年在中国北部有近4 000户得

---

① 王曾瑜:《宋朝社会结构》,载周积明、宋德金主编《中国社会史论》下卷,湖北教育出版社2005年,第250—257页。
② [美]牟复礼:《蒙古统治下的中国社会,1215—1368年》,载傅海波、崔瑞德编《剑桥中国辽西夏金元史,907—1368年》,中国社会科学出版社1998年,第629页。
③ [美]牟复礼:《蒙古统治下的中国社会,1215—1368年》,载傅海波、崔瑞德编《剑桥中国辽西夏金元史,907—1368年》,中国社会科学出版社1998年,第634页。
④ [美]牟复礼:《蒙古统治下的中国社会,1215—1368年》,载傅海波、崔瑞德编《剑桥中国辽西夏金元史,907—1368年》,中国社会科学出版社1998年,第635、636页。

到儒户的资格。粗略估计,在南方有10万儒户。加上北方的4 000户,合起来不到总等级人口的1%。在儒士的眼里,这一制度的最大缺点是没有使他们成为保证通向高官的一个优越阶层。另一方面,儒户这一身份带来了一定的经济利益,尽管津贴的数量、免除赋役的种类很不相同。儒户比社会阶梯的底层要高得多,但他们比起顶层来却又低得多了。他们对经济上的利益远远不能满意,给予他们的自尊、尊敬以及心理上的满足是相当可怜的。这些是他们感到苦涩的根源。①

1315年元朝恢复了科举考试,从1315年到1366年,科举考试每三年一次,共举行了16次,只取了1 139名进士。根据规定,其中一半名额分配给了蒙古人与色目人,把这些蒙古人、色目人也算进来,平均每年只有23名新进士,仅为宋、金时期平均数的一小部分。而且,元代的科举被作弊和欺诈行为严重败坏,以致自尊的学者有回避的倾向。②

那些实现不了"更高追求的学者",就把大量的个人精力投入到教育中来。尽管命运不济、政治上受到冷漠,以及必须学会善于生存的技巧,一个在教育上保存了自身地位的精英阶层还是出现了。这个阶层在元朝反常的条件下对社会作出了很不寻常的贡献,他们的才干得到新的发挥。③

从社会角度讲,蒙古人统治的最重大的后果就是使汉人精英的社会作用得到了暂时的传播扩散。元杂剧的社会史就为此提供了一个证明。元朝作为宋、明两朝之间的一个朝代,尽管给传统的精英阶层带来了冲击,但从社会史角度来说,它印证了中国社会结构及其正统模式的牢固性。④

户计制度中军户和匠户这两类户籍对元朝国家具有特殊的战略意义。所有这些武装起来的汉人都被划分为汉人军户中的两类(汉军和新附军);每一户要保持有一人在军队,世代如此。军户是受优待的,可以免除一定的赋役,并领到生活补偿、钱粮奖赏。在普通汉人百姓中,军户相对来说有些特权。但是与此同时,他们必须提供在役士兵,如果其逃亡、被杀或

---

① [美]牟复礼:《蒙古统治下的中国社会,1215—1368年》,载傅海波、崔瑞德编《剑桥中国辽西夏金元史,907—1368年》,中国社会科学出版社1998年,第638—640页。
② [美]牟复礼:《蒙古统治下的中国社会,1215—1368年》,载傅海波、崔瑞德编《剑桥中国辽西夏金元史,907—1368年》,中国社会科学出版社1998年,第640页。
③ [美]牟复礼:《蒙古统治下的中国社会,1215—1368年》,载傅海波、崔瑞德编《剑桥中国辽西夏金元史,907—1368年》,中国社会科学出版社1998年,第641页。
④ [美]牟复礼:《蒙古统治下的中国社会,1215—1368年》,载傅海波、崔瑞德编《剑桥中国辽西夏金元史,907—1368年》,中国社会科学出版社1998年,第644、646页。

死亡,就必须再提供一个人顶替他,这成为很沉重的负担。这种军事制度的最主要特征是:世袭身份,在与政府的关系上一般是脱离社会的,通过地区和基层的军官直接隶属于枢密院。①

明朝没有实行像元朝那样分类过细的户籍制度,他们主要实行四种分类,即官、民、军、匠,其中只有后两类是世袭的。而不论对军户还是匠户,这一制度都没能贯彻到底,不久军队或政府工程必需的人力就难以保证了。②

关于清代的等级结构,冯尔康认为存在着皇帝、贵族、官僚、绅衿、平民、雇工人和贱民等类似于金字塔形的种种社会等级。其中,皇帝作为臣民之主,有着至高无上的权力。清朝由于实行军机处制度,使类似幕僚长的军机大臣部分取代准宰相的大学士权力,进一步削弱了相权,使皇权达到了登峰造极的地步。贵族分为宗室贵族与异姓贵族两种。宗室贵族除有世爵、赐田、八议中的议亲等权力外,政治地位又比历朝上升。清代宗室封爵为十二等,前九等是超品级的,第十等与一品官的大学士同等,第七等与异姓公爵同品级,其地位远远高于民众与官僚。异姓贵族自三藩叛乱之后没有王爵,由因功而封的公爵以下世职组成,享有八议及恩荫等特权。官僚阶层由现任文武官员组成,内部可分三品以上的大僚、四五品的中级官员、六品以下的下级官员三个层次,他们有着不同的优免权、赠封权、司法诉讼上的特权、执行公务与部民纠纷上的特权,大臣还有恩荫权。③ 绅衿阶层由退职的官员和有功名的进士、举贡生监组成。他们享有部分免役权、司法诉讼上的特权,还有不成文的、习惯上的特权,如干预地方政事的权力。平民包括没有政治身份的地主、商人、自耕农、佃农、手工业者、僧道,处于良人地位,他们的财产及与他人的生产关系受法规保护,同时有纳税应役的义务。这中间的佃农,实际地位原低于地主,雍正年间制定禁止

---

① [美]牟复礼:《蒙古统治下的中国社会,1215—1368年》,载傅海波、崔瑞德编《剑桥中国辽西夏金元史,907—1368年》,中国社会科学出版社1998年,第652、654页。

② [美]牟复礼:《蒙古统治下的中国社会,1215—1368年》,载傅海波、崔瑞德编《剑桥中国辽西夏金元史,907—1368年》,中国社会科学出版社1998年,第659页。

③ 按:根据阎步克的研究,中国的官僚享有各种等级特权,它们包括任官特权、教育特权、法律特权、经济特权等。除此之外,他们还依等级享受各种礼制待遇。等级礼制也是一种特权,一种社会特权,它使生活方式呈现出等级性,并依权力大小与品级高低而为某些人独占。综合观察历代官僚的法定特权和习惯性特权,先秦很大,秦汉很小,魏晋南北朝很大,唐宋有所衰减,明清继续萎缩。官僚特权的历史变化,留下了一个"之"字形的轨迹和五阶段的波形。参见阎步克《中国古代官阶制度引论》,北京大学出版社2010年。

地主擅责佃农的法令,他们的地位有所上升。雇工人是被绅士、地主、商人、手工业者以及佃农雇用的农业、手工业工人,原来的地位介于良人和贱民之间,经过乾隆年间的改制,凡与雇主平等相称、同坐共食的升为良人,主仆相称的仍为雇工人。于是绅士等有身份的雇主的雇工政治身份低;反之,雇主身份一般,雇工身份就高。社会的最底层是贱民。其中的奴婢,有卖身的,有家生的,有投靠的,主要从事家内劳动。他们是主人的财产,受主人人身控制,不能告主、叛主,政府不允许任意杀害他们,但他们的主人可以根据本身的政治权力减轻杀害罪,所以其生命并无保障。教坊司乐户是官奴婢;山西、陕西的乐户,绍兴府、宁波府的堕民,苏州府的丐户,广东的旦户,由前代官府或地方恶势力长期奴役而形成,从事贱业,同于乐户;宁国的世仆、徽州的伴当,也是长期形成的贱民,附属于主家。这些贱民在雍正年间的法令中开豁为良,唯和声署取代教坊司,乐户得以从良,其他贱民由于改变职业的困难,仍处于贱民地位。此外政府的皂吏也属于贱民。贱民不能同良人通婚,不得读书入仕。他们没有人格,没有政治权利。①

在注意宋元明清社会延续性的同时,我们也要看到明代中期以后由于经济发展所带来的社会结构上的变化。16—19世纪一个主要的经济发展是货币银本位制的确定,它的出现植基于一个将沿海及长江流域各区域纳入长距离的,或甚至是国际贸易的市场机制上。贸易的增长刺激了农业商品作物及手工业的发展,也激励了乡村市场的扩展。中心地层级及日增的市场参与度之间较大程度的整合助长了观念和物资在城乡之间的交流,部分精英移居城市,尤其在长江下游核心区,激成了都市文化。②

经济的增长促成社会更加分层化的潮流。明清农村社会包括了外居地主、自耕农、佃农及农地劳工。社会分层化在长江下游核心区最显著,当地外居地主的潮流在明清时期有显著的发展。城居环境改变了精英阶层的投资和消费模式,城居地主开始将多余资金投入获利较高但同时风险较大的当铺、商业、城市房地产、商号等。16世纪经济的勃兴还刺激了学校体系的扩张,并因此使竞争科举功名的士人人数大增。当科举功名的竞争日益尖锐化,一部分士人就开始分流。当经济进步促使商人离开家乡去寻求新市场,会馆就渐渐出现、成形。在农村地区,竞争多依靠17世纪晚期

---

① 冯尔康:《清代社会史论纲》,载氏著《顾真斋文集》,中华书局2003年,第2—4页。
② 罗友枝:《帝制晚期文化的经济及社会基础》,载伊沛霞、姚平主编《当代西方汉学研究集萃》(中古史卷,单国钺主编),上海古籍出版社2016年,第287、294页。

得到扩展的宗族组织而进行。宗族组织多用来增进本族的在地利益,或在一个传统社会控制机制因商业经济发展而削弱的地区,提高精英对地方的控制力量。①

3. 宗族组织的民众化和基层社会的自治化

日本学者清水盛光曾指出,中国宗族发展存在三个阶段。殷周时代是第一个阶段,此时称为"宗法"的宗族统制原理,被用于实现统合封建诸侯旁系亲族这一目标。其特征表现在,始祖的嫡系子孙(宗子)通过祖先祭祀来汇聚源自共同祖先的各支族人。第二个阶段是秦汉至唐。随着春秋以后封建制度的崩溃,宗法制度渐趋消亡。秦、汉至唐,族人为依附权贵、豪强所拥有的权、财而获取救济,或因社会动荡需要进行共同防卫,出现了宗族性统合的倾向,由此推动宗族集团的形成。但是这些宗族都是自然产生的,与先秦宗法组织相比较,具有"无组织""无秩序"的性质。宋代以后是宗族发展的第三个阶段。到了宋代,重新启用周代的宗法,根据宗法理念进行族谱编修、族长选立、义田设置、始祖奉祀等,其目的是为了维持和强化宗族性的结合。②

井上徹据此提出,宋代以来中国家族出现的新动向,就是通过宗法观念统合族人的"宗法主义"的出现以及在宗法主义指导下的"宗族形成运动"。宗法主义的提倡者是宋代科举制普及下出现的新型士大夫,他们试图通过建立由宗法原理统制的亲族集团,以实现事实上的世袭官僚(世臣)家系。由此产生的宗族形成运动面临与国家相协调的问题,这成为明清时期宗族发展的一个重要侧面。16 世纪以来宗族的普及化,是与此时出现的城市化、商业化推动下的各地区士大夫阶层的成长相表里的。

所谓"宗法主义",指的是随着宋代科举官僚制度的确立,知识分子(士大夫)"为了克服因官僚身份的非世袭与家产均分惯例而无法避免的家系没落的宿命,建立能与官僚制度保持永久性关系的名门家系(世臣),提出了建立宗族集团的主张。他们要复兴在周代封建诸侯家族中实行过的宗法,也就是由出自祖先嫡系的宗子,以祖先祭祀为媒介,统合同祖的父

---

① 罗友枝:《帝制晚期文化的经济及社会基础》,载伊沛霞、姚平主编《当代西方汉学研究集萃》(中古史卷,单国钺主编),上海古籍出版社 2016 年,第 292—294 页。
② [日]清水盛光:《支那家族の構造》,岩波书店 1942 年,前编第二章《家族集团の容计と発展》。转引自井上徹《中国的宗族与国家礼制:从宗法主义角度所作的分析》,钱杭译,上海书店出版社 2008 年,"绪言"第 3 页。

系亲族。希望通过建立这种理想化的家族集团,以宗族为单位,做到官僚辈出。这种思想可以称为宗法主义"。① 钱杭补充指出,宋代以后的"宗子之法"与先秦时期有所不同,它不再关注传统意义上的宗子的大、小区分,而是在充分肯定宗法原则的基本前提下,重新界定、补充了"宗子"的内涵,从而使宗法形态发生了一系列重要的转变。由于此时"大宗"已经难以为继,"小宗"原则成为宗族存在的基本原则。而由于小宗在系谱关系上的特殊性和对实体性宗族的实际控制能力,"宗子"不仅在理论上,而且在事实上演变为宋代以后人民所说的"族长"。宗子与族长合一的趋势一直保持到近现代。②

历代王朝实行的亲属法,以五服关系为范围。但是宗法制规定的祭祀法,贵族、官僚可以依照爵位品级设立家庙,祭祀高、曾、祖、祢四代,士人、庶人不得立庙,只能在寝室内供奉祖先牌位,祭祀父亲一代。这种在法律上强调五服关系,实际祭祀时多数人只能祭祀父辈的祭祀法,不利于亲属法的贯彻和孝道伦理的实现。③ 宋代思想家程颐、张载、朱熹都想在理论上和宗族活动的实践中解决这一问题,让平民可以祭奠数代祖先。程颐的高祖为大官僚,但曾祖、祖父两代未出仕,其父仅官至知州,他家就不按祭祀法规定,自行祭祀高祖以下祖先。朱熹赞同程氏做法,认为这符合祭祀法之意。宋元时代,出现子孙为先人在墓处立祠祭祀的现象,时间一长,墓祠祭祖所祭之人,成了远代祖先,具有祭祀始祖的味道,突破了家庙祭祀的规定。④

宋代宗族还局限于大官僚阶层,至明清时期宗法伦理逐渐庶民化,宗族组织开始绅衿平民化,家族组织更为普及。其中明代政府废除关于建祠及追祀世代的限制,为宗族组织的普及和扩大提供了制度依托。其导致的后果是,"庶民户皆建置祠庙,在一村镇中几乎所有农民都被纳入一个族姓

---

① [日]井上徹:《中国的宗族与国家礼制:从宗法主义角度所作的分析》,钱杭译,上海书店出版社2008年,第227页。
② 钱杭:《中国宗族史研究入门》,复旦大学出版社2009年,第109—120页。
③ 根据《礼记·王制》记载,在周代,天子七庙,诸侯五庙,大夫三庙,士一庙,庶人祭于寝。即天子所祀之祖先百世不祧,诸侯五世而祧,大夫祭曾、祖、父三世,士只能祭父亲一世,庶人无庙制,祭祀自然不能超过一世。不同社会集团的人有不同的祭祖法则和宗族组织,社会层次越低,祭祀祖先的权力越小,宗族组织因受到较多的限制而不健全。
④ 冯尔康等:《中国宗族史》,上海人民出版社2009年,第22页。

的宗祠或家庙,由祀庙所联系的族众人数大为增加"。① 这就是说,由于祠堂被允许在民间设立,宗族组织民众化了。清承明制,宗族政策亦然,允许民间建设祠堂,追祀远代祖先。②

自明朝解除民间祭祖代数的限制之后,清代民间追祀远祖,所谓"自始祖以下皆立主而祀之"(张惠言:《茗柯文四编·嘉善陈氏祠堂记》),而且亲尽不祧,祀至十几代、几十代,正如嘉道间学者李兆洛所说,"今士庶家宗祠,动辄数十世,族之繁者,木主几无所容"(李兆洛:《养一斋文集》卷三《孟岸金氏族谱序》;卷九《薛民义庄记》)。这些宗族,把祖先牌位放在宗祠的正堂,有的宗族考虑到正堂不能容纳那么多神位,就有选择性地在正堂设始祖木主,并另辟享堂,供奉其他祖先。③

从宗族制度的发展和宗族史来看,先秦时期,士大夫有不同规制的家庙,有不等的祭祖权;祭始祖是周天子的特权,诸侯只能以始封君为祖,卿大夫以"别子为祖";庶人无家庙,虽有宗族活动,但是附属于领主贵族的。所以,那时是贵族掌握宗族,是贵族宗族制时代。汉唐间,士族控制宗族,可称士族宗族制时代。宋代以后,士族消失,官僚尤其是大官僚,致力于宗族经营并将之置于自身的掌管之下,可称大官僚宗族制时代。到了明清时代,宗族组织逐渐民众化,绅衿和富有的地主、商人成为宗族的掌握者,以此区别于先秦时代的贵族宗族、汉唐间的士族宗族、宋元的大官僚宗族。④

明清时期的家族组织已经超出了亲属组织的范畴,具有泛家族主义的发展倾向。这是因为,在相对完整的家族系统中,往往同时包含六种不同类型的家族组织,即大家庭、小家庭、不完整家庭及继承式宗族、依附式宗族、合同式宗族。这些不同类型的家族组织,既可是以婚姻或血缘关系为基础的亲属组织,也可是以地缘或契约关系为基础的拟制的亲属组织。就家族组织的内在发展趋势而言,每一家族系统都可能经历从不完整家庭向小家庭、大家庭、继承式家族、依附式家族或合同式家族演变的历史过程。在家族组织的演变过程中,分家析产是宗族发展的逻辑起点。由于分家析

---

① 李文治:《明代宗族制的体现形式及其基层政权作用——论封建所有制是宗法宗族制发展变化的根源》,《中国经济史研究》1988 年第 1 期。
② 冯尔康:《清代宗族制的特点》,载氏著《顾真斋文集》,第 269 页。
③ 冯尔康:《清代宗族制的特点》,载氏著《顾真斋文集》,第 270 页。
④ 冯尔康:《18 世纪以来中国家族的现代转向》,上海人民出版社 2005 年,第 40—41 页。

产制的盛行,每一代的大家庭都将面临周期性的裂变,而分家后的新家庭之间又会维持某些协作关系,这就使原有的大家庭直接演变为继承式宗族。然而,以血缘联系为基础的继承式宗族很难长期维持,势必演变为以地缘关系为基础的依附式宗族或以契约关系为基础的合同式宗族。不过,在战乱之后或移民地区,家族组织的发展也可能经由不同的途径,即先由若干家庭组成依附式宗族或合同式宗族,再通过分家析产形成继承式宗族。①

郑振满指出,在福建地区,宋元时期已有贵族及官僚阶层的宗族组织,但民间宗族组织的普遍发展是在明中叶以后,它是与当时特定的历史环境相联系的,反映了宋以后政治、经济、文化的深刻变化。首先,由于程朱理学的推广和礼仪制度的改革,促成了宗法伦理的庶民化,为家族发展提供了思想前提。其次,明中叶赋役与财政体制的改革,促成了基层社会的自治化,为家族发展提供了政治前提。再次,由于明清之际商品经济的发展和私人地主经济的解体,促成了财产关系的共有化,为家族发展提供了经济前提。因此,明清时期的家族组织并非原始氏族制的残余,而是新型的民间社会组织。②

常建华则从宗族组织化的角度,对明中叶以后宗族的新变化进行了更深入的阐明。他指出,宋以后新宗族的重要特点是组织化,而这种组织化是在明代形成并普及的。明嘉靖以前宗族的组织形式比较多样,不太定型。嘉靖时期大规模推行乡约制度后,宗族的组织化主要采取乡约化的形式。组织化的具体标志是以推行乡约为契机制定族规,设立宗族首领,进行宣讲教化活动,并以建祠修谱增强宗族的凝聚力。通过宗族的乡约化,宗族达到组织化和制度化,并成为具有较强政治功能的功能化社会团体。③ 宗族组织政治化的趋势到清代继续发展,并出现宗族保甲乡约化的新趋势,其重要标志是雍正四年(1726)族正制的出现。④

明清家族组织的发展,反映了中国传统社会的深刻变化。祭祖活动普

---

① 郑振满:《乡族与国家——多元视野中的闽台传统社会》,生活·读书·新知三联书店2009年,"绪论"第7页。
② 郑振满:《乡族与国家——多元视野中的闽台传统社会》,生活·读书·新知三联书店2009年,"绪论"第8页。
③ 常建华:《明代宗族研究》,上海人民出版社2005年,第304页。
④ 常建华:《清代宗族"保甲乡约化"的开端——雍正朝族正制出现过程新考》,《河北学刊》2008年第6期。

及于民间,宗祧继承关系的多元化和拟制化,反映了宗法伦理的庶民化;家族组织与基层政权的结合,里甲户籍的世袭化和里甲赋役的定额化,反映了基层社会的自治化;族产的迅速发展及其权益分配的股份化,反映了财产关系的共有化。中国传统社会的上述演变趋势,在家族组织的发展进程中得到了集中体现,从而也就导致了政治、经济、文化生活的全面家族化。①

在明清时期的社会结构中,家族组织并非唯一的社会组织,但却是最基本的社会组织。明清时期各种超家族的社会组织,实际上都以家族组织为基础,或者说是某些家族组织的联合形式。例如,上层士大夫之间的朋党,下层民众之间以均产为目标、合异姓为一家的会堂组织,工商业者的会馆、行会,都是家族组织的扩大。这表明,在明清时期的家族组织中,蕴含了其他各种社会组织的发展机制。明清时期家族组织的发展,已经超越了传统亲属关系的藩篱,吸收了足以适应其他社会关系的组织原则,因而特别具有包容性和可塑性,为中国传统社会的发展提供了更多的可能性。② 明清时期的家族组织集血缘关系、地缘关系及利益关系之大成,集中体现了中国传统社会结构的多元特征。③

科大卫发现,在19世纪的珠江三角洲,以祠堂为中心的村落社群和以宗族组织为外观的村际联盟比比皆是。通过重建明初以来该地的村落和乡村联盟的历史,他发现宗族这种乡村组织形式是明朝政府土地登记、垦荒、组织地方的需要,是文书、文化传播,以及教化下层人民的理想所造成的结果。从这个意义上可以说,中国农村社会在明朝经历了大转型,而明朝国家政权的庞大结构正是建立在这一转型的基础之上。因此,宗族的历史同时是国家权力向地方社群扩展的历史,也是中国国家缔造史不可分割的一部分。④

宗族对于精英基层维持其地位具有突出的作用。一般认为,随着科举制的实行,中国的社会流动更为自由,这对于精英阶层的延续性是一种限制。但卜正民(Timothy Brook)指出,在宁波的鄞县,有很多的家族延续了数百年,最长的从明代一直延续到清代,近500年,不断涌现功名获得者。

---

① 郑振满:《明清福建家族组织与社会变迁》,中国人民大学出版社2009年,第208页。
② 郑振满:《明清福建家族组织与社会变迁》,中国人民大学出版社2009年,第208页。
③ 郑振满:《明清福建家族组织与社会变迁》,中国人民大学出版社2009年,第209页。
④ 科大卫:《宗族是一种文化创造——以珠江三角洲为例》,载氏著《明清社会和礼仪》,北京师范大学出版社2016年,第149、168页。

而且往往是功名获得者数量越多的,其家族延续的时间越长。这一发现表明,正如宋代新家族呼吁者所期盼的,家族成为保持精英身份的一个重要方法。通过合作,家族可以不断地生产出功名获取者,这反过来也促进了家族的延绵。家族组织可以促进在世代延续中人才的不断出现,这可能是精英阶层倾心于家族建设的重要原因。① 罗威廉也强调汉阳县家族的延续性。这些家族长期保持兴盛,并维持其在地方上的统治地位。由于分割继承,中国的家族相对于西方家族具有不稳定性,因此迫使它更具有适应性。相对于西方精英以家庭为工具,中国精英更倾向于把家族作为工具。② 强大的家族是不断生产精英的重要保障,精英家族通过婚姻、交往的网络互相支撑,以维持其统治地位。精英人物集中出现于少数大家族,说明科举制所隐含、导致的社会流动性并不如想象的那么大。罗威廉在研究中甚至指出,在汉阳,几乎没有真正从地方农村社会涌现的精英。

4. 社会组织的日趋繁多

宋代以后中国社会更加复杂多元,一个重要体现是社会组织日渐丰富。社会组织的增多表现在"社"的民间化与普遍化以及救济、互助和慈善团体纷纷出现等方面。③ 现分别举述之。

(1) 社的民间化和普遍化

在西周时期,已经有"社"的存在,据《礼记》所讲,社是祭祀土神的地方。天子有"王社",诸侯有"侯社",自大夫至庶人皆"置社"。春秋以降,社还是最基层的地方行政组织,每社25户,要进行户口登记,称为"书社"。从《商君书·赏刑》"里有书社"记载可知,社与处于地方行政末端的"里"相关。战国时期,间里社祭一年春秋两次,居民都要参加,并交纳祭祀费用,属于官办,带有强制性。西汉中叶以后,民间自行组织的"私社"出现。据记载,或者是十家、五家建立一个田社,而不是政府规定的25家为一社。④ 这种"私社"在汉唐间虽屡受官方禁止,但却不断发展。宋辽起,民

---

① Timothy Brook, *Family continuity and cultural hegemony*, in Joseph W. Esherick and Mary Backus. Rankin edited, *Chinese local elites and pattern of dominance*, University of California Press, 1990.

② William T. Rowe, *Success stories: Lineage and elite status in Hangyang county, Hubei, C. 1368—1949*, in Joseph W. Esherick and Mary Backus. Rankin edited, *Chinese local elites and pattern of dominance*, University of California Press, 1990.

③ 冯尔康:《中国社会史概论》,高等教育出版社2004年,第283—284页。

④ [日]池田雄一:《中国古代的聚落与地方行政》,郑威译,复旦大学出版社2017年,第384—399页。

间祀土神的社与官方的社祭完全分开,成为土地庙。民间之"社",所在多有,其成员以邻里为范围。四邻结社所祭之神也日趋多元,除土地神外,龙王、关帝、天妃、猛将等各色神灵都可能纳入祭祀的范围。社祭之时,会举行抬游神像的"出会"仪式,表演"社戏",举办"庙会",成为民间重要的节庆和娱乐活动。① 明初规定,民间每里必须设立"里社",定期举行社祭仪式,这就使民间的社祭活动正式纳入官方的祭祀制度。明初的里社只可设土坛、立石主,奉祀"五土五谷",但明中叶前后,里社祭祀活动逐渐为迎神赛会所取代,里社也逐渐演变为地方神庙。里社组织是一种自律性的民间社会组织,可以随着社区关系的变化而不断重组。在同一里甲系统内部,可以因"分社"而形成不同的里社祭祀组织;在不同的里甲系统之间,也可以因"合社"而形成共同的里社祭祀组织。明清时期的里社祭祀制度,为民间社会文化的发展提供了合法性依据。从表面看,里社制度维持了仪式与象征的"标准化",反映了民间对国家政治体制与意识形态的认同。而实际上,里社制度包容了各种不同性质的民间社会组织,促成了基层社会结构的多元化进程。②

(2) 善会善堂

据夫马进《中国善会善堂史研究》,针对鳏寡孤独者,自先秦就有由官府救济的政策。自北魏开始,为鳏寡孤独者授田,对其的救助由乡里负责。此时期也出现了收容鳏寡孤独者和病人的专门机构,如齐文惠太子曾经建立六疾馆,普通二年(521)南朝梁武帝下诏在首都建康设立孤独园,北魏太和二十一年(497)下诏建立"别坊",永平三年(510)宣武帝下诏建立病坊。唐代曾设收治病人的悲田养病坊。宋代曾在首都开封设福田院。北宋时代最普及的设施是收容鳏寡孤独的居养院和以收养病人为主的安济坊。养济院是南宋时代最为普及的救济设施,明代继承了这种政策。明代末年出现了以士大夫为主体的民间慈善机构——善会、善堂。③ 进入清代,善会、善堂有了较大进展,善堂种类多,涉及养生送死的方方面面,并与唐宋时期明显不同,由主要为官办过渡到官督绅办和民办。其组织结构为董事——工役——入堂贫民,董事多为绅衿、富商。筹办慈善事业成为地

---

① 冯尔康:《中国社会史概论》,高等教育出版社2004年,第283页。
② 郑振满:《明清里社组织的演变》,载氏著《乡族与国家——多元视野中的闽台传统社会》,生活·读书·新知三联书店2009年,第253页。
③ [日]夫马进:《中国善会善堂史研究》,商务印书馆2005年,第30—44页。

方绅商提高社区影响力的重要途径。①

（3）社仓、义仓

冯柳堂《中国历代民食政策史》称，"义仓之制,始于隋朝,当社立仓,固犹是社仓也。唯以纳谷出于亩派,管理则为官吏,遂与常平无别。朱熹乃参青苗夏放秋敛之法,由社民出谷自理,官吏仅司稽核,于是义仓社仓始行分立。然有时义仓之性质,仍与社仓同。清代则以设于城镇者为义仓,设于乡村者为社仓"。②唐宋义仓皆系官办,由民间按田亩或税粮比例出谷储备。到了明代,义仓兼具民办性质,有人家不是按田出仓粮,而是捐献田地给义仓,收租存仓备赈。清代则更多个人或家族设立义仓或社仓,由官府监督,绅士管理。民办义仓、社仓的出现,不仅是社会救济事业的发展,也增加了一种民间社团形式。③

（4）行会、会馆、公所

"行"的名称初见于隋代。这种"行"到唐代仍然存在,记载也较为广泛。至宋代,"行"有空前的发展,差不多普及到各个地方,种类也愈复杂。其原因是,唐代都市中,商店分类结集一起,在政府规定的商业区域"市"中开设,这些同业街区名为行。商店专设于市的制度,到唐代末年日见弛废,至北宋中叶后完全崩溃。商店分布便出现两种情况:一是毫无限制地选择在交通便利的地方任意开设;二是脱离规定商业区域的约束,但仍保留同业街区,散布于都市之内,定期进行商品贸易。因形势的刺激,商人遂依靠同业组织——行——的力量,取代市的制度,努力共谋营业上的共同利益,其中最主要的是商业独占权或垄断权。进入明清时期,"行"逐渐衰落,会馆、公所等商人组织日渐勃兴。④

据现存方志资料所见,早在15世纪20年代,已有人在北京创建会馆。初期在京会馆的性质为同乡仕宦公余聚会的俱乐部,其后推广为广泛的仕商共享的同乡组织;京师以外的会馆则多由在外从事工商的同乡人所捐建。会馆一方面是同乡的团体,一方面是同业的组合,可说是同乡的行会。经常与会馆并论的商业组织是"公所"。公所原则上为同业组织,不分籍

---

① 冯尔康：《中国社会史概论》,高等教育出版社2004年,第286页。
② 冯柳堂：《中国历代民食政策史》,商务印书馆1993年影印第1版,第213页。
③ 冯尔康：《中国社会史概论》,高等教育出版社2004年,第284页。
④ 王日根：《明清时期"行"的衰微与会馆的勃兴》,载周积明、宋德金主编《中国社会史论》下卷,湖北教育出版社2005年。

贯,这是公所与以地缘为主的会馆的最大分野。但是随着狭窄地缘观念的消融,会馆朝超地缘的同业组织的方向转变,不少公所也具有显著的地缘性,故实质上二者无大的区别。

会馆的经费包括会员捐献和赋课金以及各种租金、营业收入。会馆的构造一般分司事房、神殿、戏台、花厅、客厅、厨房、丙舍(停柩用)、义冢等部分,其事业包括社交、接待、善举、敬神、经济互助、调解纠纷、制定行规等。民国以后,会馆、公所按照国家法律改组为同业公会或同乡会。

(5) 宗教组织和文人结社

宋清间除了佛、道等原有宗教组织之外,犹太教(一赐乐业教)、也里可温教、天主教也传入中国。更为重要的是,民间的秘密宗教组织活动频繁,其中"以弥勒教为主,白莲会、摩尼教为辅助混合体"的白莲教系统活动最为频繁,并与明清时期的众多武装起义有密切的关联。① 宋明时期流行文人结成探讨诗文的"诗社"与"文社",明末还发展出复社、几社等政治性的结社。清朝建立后,限制政治性的士人结社,直到晚清才放开限制。②

四、"专制"的国家与"自治"的社会

1. 从两税法到一条鞭法和摊丁入亩——赋税制度的变革及其影响

唐德宗建中元年(780),根据宰相杨炎的建议而实施两税法,将租庸调和其他一切税目并入两税征收,不再以授田丁为征课对象,而改以所有民户的资产和田亩多寡为征课标准。这就是杨炎在奏文中所说的"户无主客,以间居为簿,人无丁中,以贫富为差"(《唐会要·租税上》)。每年分两次征收,称夏税与秋粮,征收的物品是钱和谷粟,后因钱币不足,又改折绢帛。在"安史之乱"以后,均田法已经无法实施,两税法颁行之后,不再以授田丁为征税对象,等于是正式废止了均田法;而资产和田亩的多寡成为征课的标准,也无异于完全确认了土地私有制度。③

从岁入的结构来看,唐后期实行两税法以后的财政出现重大转变。第一,"夏税秋粮"中的"税粮""地丁"等田赋具有了土地税的性质,表明土地税成为税收的主体。第二,盐税、关税、工商税等流通过程中的课税收入,取代了官营、专卖,成为土地税之后的第二大收入源。第三,徭役的性质、内容都发生了变化。至唐代为止,为了确保国家所需的物资和劳动力,就

---

① 冯尔康:《中国社会史概论》,高等教育出版社2004年,第290—294页。
② 冯尔康:《中国社会史概论》,高等教育出版社2004年,第294—298页。
③ 梁庚尧:《中国社会史》,东方出版中心2016年,第138页。

必须首先以户为单位掌控人丁,再把掌控下的人丁编户造册,于是"括户"成为保证提供物资和劳动力的前提。而且,在按照人丁施加的种种负担中,夫役、军役劳动所占的比重极大。自两税法以后,丁役逐渐被交纳钱粮所取代。虽然从宋至清一直存在着实际上的徭役,但其性质可以说是正税之外的附加摊派。①

从中国赋役制度的发展来看,两税法的颁布具有划时代的意义。在两税法颁布之前,大体上赋税是朝舍地税人的方向发展,凡编户齐民,不论其家占地多少,计丁征收定额租调。在两税法颁布之后,则反过来向舍人税地发展,赋税由计丁转为按资产征收。唐前期,正税租庸调都是按丁起征,户税和地税则按财产——主要是土地多少征收。后来,在土地兼并激烈、客户大量增加的情况下,租庸调越来越收不起来,户税和地税则越收越多。公元780年,以户税和地税为内容构成的两税法代替了租庸调,进入舍人税地的发展阶段。两税法确立后,土地买卖和兼并不再受任何限制,大土地所有制在土地关系中的主导地位得到了法律的公开承认。②

两税法所开启的舍人税地的趋势,在明代的一条鞭法中得到更深入的贯彻。明初赋役法,有田,有丁;田有赋,即地粮;丁有役,即差役。其差役最主要者为里甲、均徭、杂泛三种。里甲又称甲役,以户为单位,以110户为里,里分10甲,推丁多者10人为长,其余百户为甲民,每甲10人;一岁之役,由甲长一人,及其所属甲丁应役,以管摄一里之事,稽核户口,催征赋役,办理公事。其余甲长9人及9甲之丁,不应差役,10年一周,由丁多之甲开始,以至丁少者。均徭又称为徭役,以丁为单位,分上中下户三等,五岁均役,银力从所便,举凡马夫、巡栏、驿馆夫、皂隶等,皆属均徭。杂泛又称为杂役,如砍薪、抬柴、修河、修仓、运料、接递、站铺等,皆属杂泛,是不定时的力役。此外又有军役、匠役等,其中军役是到军营服役的军户,匠役是专门为朝廷提供手工业生产劳动及宫廷的各种劳动。

一条鞭法,就是"总括一州县之赋役,量地计丁,丁粮毕输于官,一岁之役,官为佥募。力差,则计其工食之费,量为增减。银差,则计其交纳之费,加以增耗,凡额办、派办、京库岁需与存留,供亿诸费,以及土贡方物,悉并为一条,皆计亩征银,折办于官,故谓之一条鞭"(《明史》卷七八《食货

---

① [日]岩井茂树:《中国近代财政史研究》,付勇译,社会科学文献出版社2011年,第23—25页。
② 齐涛:《中国古代经济史》,山东大学出版社1999年,第258页。

二》)。其立法颇为简明,嘉靖年间,数行数止,至神宗万历二十年(1592),始通行全国。一条鞭法通行后,原来由里甲负责供应的各项费用,改为征收一定数额的银两。均徭原有银差、力差之分,也将力差改为征银,由官方雇人充役,里甲改为与均徭银合并征收。差役原来由户或丁负担,渐渐转变为摊丁入地,均徭、里甲与两税遂合二为一。徭役折银是一条鞭法的另一主要内容,是由土地负担差银;嗣后的赋税,逐渐扩大货币部分的比重,其征收解运,也由民收民运改为官收官解。丁有增减,难以划一;地无消长,较易划一。量地计丁,计亩征银,胥役不易为奸,且官方代为支给,使小农的负担额较前合理。①

明代一条鞭法的实行并不彻底,直省丁徭制度并不一致,或丁随地派,或丁随丁派。清初赋役制度沿袭明代旧制,田赋与力役仍分为两项,丁自为丁,地自为地,丁银和地粮同时并纳,差徭并未尽革。康熙五十一年(1712)二月,谕令直省督抚"将见今钱粮册内,有名丁数,勿增勿减,永为定额,其自后所生人丁,不必征收钱粮,编审时,止将增出实数察明,另造清册题报"(《清圣祖仁皇帝实录》卷二四九)。征收地丁钱粮,依据康熙五十年(1711)丁册定为常额,其后胥生人丁,称为盛世滋生人丁,永不加赋。丁额既定,其丁银已有定数,摊入亩内,所加无几,有地富室,收租取利,虽赋额稍增,尚不至费力,无地穷丁,则豁免差徭,不必负担丁银,苦乐均平。《清朝通典》称:"丁随地转之例,广东、四川已先行之。雍正二年(1724),通行各省,令行摊征。凡各州县按丁多寡、地亩广狭,分为差等,每地赋一两,摊地不过二钱,使无业贫民用勉催科,有业民户,亦有定额,不至多寡悬殊。"(《清朝通典》卷七《食货七》)②

2. 国家与社会的一体化

土地所有制和税制的变化相呼应,国家的性质和组织形态都出现重大改变。首先,两税法作为农业课税的基本单位,其重点已不在于人头税而在于土地税,征税手续大为简化;政府也没有必要与因财富及权力而将农田攫为私有的旧势族社会势力对抗。③ 从宋代开始,政府在形式上更加高

---

① 庄吉发:《轻徭薄赋——财政与税务》,载刘石吉主编《中国民生的开拓》,黄山书社2012年,第259—260页。

② 庄吉发:《轻徭薄赋——财政与税务》,载刘石吉主编《中国民生的开拓》,黄山书社2012年,第361—362页。

③ [日]斯波义信:《宋代江南经济史研究》,方键、何忠礼译,江苏人民出版社2012年,第63页。

度集权化,并且这种集权化在明清时期有不断加强的趋势。

其次,宋代政治制度的两大特征也显示了政府性质的转变。第一个特征是宋代政府中负责经济问题的机构日益增多,这是由于国家的主要收入均来自贸易或产业,宫崎市定因此称宋代以后的国家为"财政国家"。① 第二个特征是科举制达到了完善的程度,并成为选拔和晋升官员的主要机制,因此,谢和耐将此后的国家称为"官僚帝国",以区别于汉唐时期的"尚武帝国"。②

在政府性质转变的同时,国家与社会的关系也随之改变。唐中期开始,帝国内部人口稠密地区的增多引发了行政难题,从而导致中央职权的地方化,具体表现在省的出现和县独立性的增强。与此同时,中央政府的官僚化进程趋于停滞。这些政治经济面貌的转型使得过去垄断着国家高级职位、半世袭性专业官僚精英趋于消亡,并在宋代被各种各样的地方缙绅家族所取代。③

与政府官僚化停滞相伴随的是国家权力的收缩。以前一般认为,宋代是"专制主义中央集权加强"的时期,明清时期是"专制主义中央集权高度发展"的时期。就官僚政治体制而言,或许如此;就国家与社会的关系而言,却似乎正相反。在汉唐之间,国家权力往往渗透到一家一户,均田制显示,连土地都要重新分配,多数资源由国家来支配和管理。到宋代,国家不再管资源的分配,虽然仍控制一些国有资产,但对经济活动基本上采取一种比较放任的态度。另外,从权力体系的变化看,一直到唐代,基层政权都设到乡里一级。到了宋代,政治权力往上收缩,州县成了空架子,乡村基层政权不复存在。明清两代延续宋代的趋势,地方官数量很少。④

明中叶的"一条鞭法"改革,标志着中国传统政治体制的进一步转型。郑振满指出,"一条鞭法"可以看作一套地方财政的预算制度,同时也是对地方政府职能的约束机制。在此之前,由于地方政府可以不受财政预算的限制,可以随意征用民力,因此也就可以广泛干预各种地方事务。在此之后,各级地方政府的财政收支项目有明确规定,地方官自然也就多一事不

---

① [日]宫崎市定:《宫崎市定中国史》,焦堃、瞿柘如译,浙江人民出版社2015年,第46页。
② [法]谢和耐:《中国社会史》,耿昇译,江苏人民出版社1995年,第21页。
③ 郝若贝:《750—1550年间中国的人口、政治及社会转型》,载伊沛霞、姚平主编《当代西方汉学研究集萃》(中古史卷,单国钺主编),上海古籍出版社2016年,第229页。
④ 郑振满:《文化、历史与国家——历史学与人类学的对话》,载氏著《明清福建家族组织与社会变迁》,中国人民大学出版社2009年,第238页。

如少一事了。更为严重的是,明后期为了缓解中央政府的财政危机,不断裁减和挪用地方政府的财政经费,这就使地方官连最起码的行政职能也难以承担。因此,明后期的各级地方政府,总是尽可能转嫁财政负担,把各种地方公共事务逐渐移交给地方精英或民间组织。清初在"一条鞭法"的基础上,又对地方财政经费进行大幅度裁减。到康熙年间,福建地方财政的规模已缩小一半以上,其中最严重的是裁减了各种政府雇员的"工食银"。原来各级衙门都有额定的文书、衙役、听差、跟班等公务人员,康熙时期大量压缩编制,各级官员只好自己出钱聘请行政助手,从而导致清代特别盛行幕僚和胥吏。由于地方财政经费奇缺,地方官无论如何廉洁奉公,实际上是难以有所作为的。①

宋代乡村基层政权不复存在,这就为地方社会的自我组织留下了空间。宋代的农民战争特别多,虽然规模都不大,都是地区性的,但州县仍然难以控制,所以重建社会秩序就成了迫切的客观需求。宋代有很多不同的学派展开思想交锋,他们所思考的共同问题,就是如何重建社会秩序。其中,王安石想回到《周礼》那种国家有无数官员、一直设到社会最底层的体制。王安石改革的失败证明这是行不通的。欧阳修、司马光、范仲淹、程颐、朱熹等人则试图吸收先秦的文化资源,通过家族来重建社会秩序。从他们的举措可以看出,宋代为明清家族组织的普遍发展以及其他一系列的社会变迁开了先河。② 而明清时期也按照这些宋代儒者的设计,实现了宗族的普及化、组织化以及基层社会的自治化。

从某种程度上说,明清时期,国家政权只是象征性地存在,没有直接控制基层社会,但社会秩序却能够长期保持稳定,其关键在于实现了国家与社会的一体化,或者说是"国家内在于社会"。③ 明清时期国家与社会的一体化一方面建基于宗族的普及化、组织化和自治化,一方面也建基于宗族组织与国家政权的密切配合和高度认同。通过明代的宗族乡约化和清代的宗族保甲乡约化,宗族不仅一步步组织化,也同时一步步政治化。乡约、保甲、宗族这三项宋代所出现的基层社会管理的制度创新,在明清时代紧

---

① 郑振满:《从民俗研究历史——我对历史人类学的理解》,载氏著《明清福建家族组织与社会变迁》,中国人民大学出版社 2009 年,第 279 页。
② 郑振满:《文化、历史与国家——历史学与人类学的对话》,载氏著《明清福建家族组织与社会变迁》,中国人民大学出版社 2009 年,第 238 页。
③ 郑振满:《从民俗研究历史——我对历史人类学的理解》,载氏著《明清福建家族组织与社会变迁》,中国人民大学出版社 2009 年,第 279 页。

密地融合在一起,实现了国家对基层社会的控制。①

由此我们看到了宋代以后国家与社会关系的一个长期趋势,在行政成本的制约下,政府官僚化发展处于停滞的局面,即随着人口的增多,行政管理处于实际上的收缩局面。国家或政府对于社会的控制由此更多依赖于文化符号的力量,"礼仪"的作用由此进入学者的视野。恰如科大卫所指出的,宋代政府更多的是通过承认和规范地方社会的神灵和信仰仪式,将地方社会纳入王朝国家的体制之中。而明清时期普及开来的宗族同样是一种文化的创造,它既是王朝国家吸纳地方社会的一种正统规范,也是地方社会融入王朝体制的一种工具。当明朝的国家扩展到珠江三角洲很多地区时,它发现祭祀祖先在国家认可的礼仪之下不仅可以成为一种政治稳定的手段,而且祭祀祖先与士大夫地位的结合,让向上流动得以满足包括新兴地主阶级在内的发财的愿望。这个过程因地而异。珠江三角洲在16世纪被吸纳进国家,宗族作为当时的主流文化形式在社会结构上留下了至今犹存的印记。而在福建,地方社会在宋朝被更为全面地吸纳进国家,被正式化的不是宗族,而是地方神祇被吸纳进一个近乎国家神殿的过程。在华南那些户口登记没有广泛实施的地区,如海南岛或广东的雷州,明朝时期欠缺社会流动的情况,反映在一些单一姓氏群体的存在之上,这些群体所认同的是那些在广大地域范围内受到拥戴的神祇。在客家人中间,宗教领袖为国家准备了条件,祖先的威力尤其得力于这些领袖。在华北的山西乡村,早期对国家的强烈认同,在明朝之前瓦解了,明朝的礼仪改革从头做起。地方社会的礼仪习惯因此反映出不同地区整合进国家的时间与进程。民间社会在这样的情况下,不能与宗教分离。当世俗的、以城市为本的政治意识形态把王朝时代的民间社会定性为"迷信的""封建的",便等于否定了王朝时代晚期国家与社会的关系赖以建立的平台。②

3. 精英阶层的地方转向

我们也可以从绅士的权力的角度,来探讨国家与社会关系。在明清时代,皇帝任命的地方官员到县级为止。县衙以下的基层社会,实际上存在三种非正式权力体系:其一,是附属于县衙的职业化吏役群体,如清代州县

---

① 常建华:《清代宗族"保甲乡约化"的开端——雍正朝族正制出现过程新考》,《河北学刊》2008年第6期。

② 科大卫:《宗族程式:16世纪的礼仪革命与帝制晚期中国的国家》,载氏著《明清社会和礼仪》,北京师范大学出版社2016年,第22—23页。

吏役人数,大县逾千,小县亦多至数百名;其二,是里甲、保甲等乡级准政权组织中的乡约地保群体,这一群体每县数十至数百人不等;其三,是由生员以上功名及退休官吏组成的乡绅群体。据张仲礼研究,19世纪前半期中国士绅总数达100余万,平均每县有六七百名。①

费孝通在《乡土重建》中曾描述过三个系统之间的关系:县衙的命令通过衙门胥吏向下传达,这些命令多传给乡约地保。衙门胥吏社会地位低,受人奚落和轻视,乡绅是不出面和衙门胥吏打交道的。同样,乡约地保也是一个苦差事,大多由平民百姓轮流担任。当乡约地保从衙门胥吏那里接到公事后,就去请示乡绅。乡绅如果认为不能接受的话就退回去。因为违抗了命令,乡约地保就会被胥吏送入衙门。于是,乡绅会以私人关系出面与地方官交涉,交涉成了,县衙命令自动修改,乡约地保也就回乡。显然,在这样的基层社会三角关系中,真正起举足轻重作用的是乡绅。费孝通由此将中国社会的权力运作过程称为"双轨政治",它是由自上而下的皇权和自下而上的绅权所构成。县以上通过官僚实现政治整合,县以下通过乡绅实现社会整合。②

"地方精英"(Local elites)是一个西方概念,但至少自20世纪80年代以来,被很多西方历史学家用来研究明清以降的中国历史。与传统上士绅研究强调士绅身份与国家的联系不同,地方精英研究更强调从地方的场域中进行分析。"地方精英"的概念要比"士绅"概念更大、更广泛些,但是有很多交叉。这是因为"士绅"本身至少从明清以后逐渐吸纳了很多其他成分,尤其是与商人的融合。因此在某种程度上,到了晚清,"士绅"一词仿佛成了"地方精英"的本土说法。

韩明士指出,宋元之际,地方士绅出现了"地方转向"。从宋代开始,士大夫已经开始重视地方建设,这一点从"乡约"和家族建设中可以看出。北宋时期,以王安石改革为代表的行动,代表了富有活力的经济、政府导向的精英加上强大的外族对手的包围共同促成的一种激进主义治国方略。怀着对王安石全面改革纲要的敌意和对地方利益更为敏锐的关注,南宋政治思想家丧失了对国家激进主义的信仰,而且对立法革新深为怀疑。作为精英,他们对中央官僚国家的忠诚转移到了地方自治社会,像朱熹这样的

---

① 王奇生:《民国时期乡村权力结构的演变》,载周积明、宋德金主编《中国社会史论》下卷,湖北教育出版社2005年,第549—550页。
② 费孝通:《乡土重建》,上海观察社1948年,第46—48页。

道学家表达出了精英所关注的新观念,用道德改良取代国家公职来作为精英身份的标记,以地方取代中央政府作为制度改革的合适重心。①

与此同时,宋代以后的士绅阶层因没有西欧贵族那样的血统方面的保障,其维持霸权的一个很重要的手段是"文化",一种特殊的生活方式。明清以来,士绅逐渐与商人混合,商人士绅化,士绅商人化。同时,由于明清两朝都采取"小政府"政策,导致地方政府能力有限,必须依靠地方精英的协助,从而为地方精英的活动提供了空间。至少从太平天国运动开始,地方精英活动日趋积极,介于私人领域和官方领域的"公共"领域不断发展,成为地方精英的活动空间。地方精英的独立性和自主性日益增强,结果是与国家的关系逐渐破裂,导致清朝灭亡。晚清以来,很多精英阶层通过利用新的机会,积极转型,继续保持其精英地位。

4. 清代皇权的多面性

从元代开始,因周边少数民族入主中原并建立统一王朝,中国的皇权中增加了新因素,并表现出多面性。柯娇燕(Pamela Kyle Crossley)指出,当中国的帝制传统自我完备时,中亚地区的可汗传统亦如此。唐代以降,中原与亚洲腹地频繁合并,臣服于同一政权,这两种统治方式渐趋合流。1206 年,铁木真即后来的"成吉思汗"首次统一蒙古草原诸民族,建立"大汗"制度。作为最后一位大汗和中国第一个蒙古皇帝,忽必烈在把中国皇帝和内亚普世(oceanic)大汗的身份集于一身的同时,亦成了"天下共主"(simutaneous emperor)的一个典范。可汗制并非个人独断、不受节制的制度,其权力的实施,需要部落首领和宗族长老共同认可、彼此协作。它来自战争中频繁地缔结盟约,初衷是为了将各种联盟组合成更大、更集中管理的实体,以便有效组织进攻和防守。作为征服者,可汗是所有奴隶的主人,有权把奴隶赏赐部下。随着联盟政治日趋稳定,可汗成为终身不替的职位,并具有王朝的特征,试图将可汗制沿着单一血统传承下去。可汗的血亲继承不是长子继承,无法避免惨烈争夺。

在清代,可汗当上了皇帝,但他同时还是可汗。清代的可汗制体现为对"八旗"的统驭,每个旗人都是清帝的"奴才"。清朝大部分时期,旗人被要求在朝廷讲满语,遵从可汗制度,包括信奉萨满教。诸王贝勒合议襄政,

---

① 史乐民:《宋、元、明过渡问题》,载伊沛霞、姚平主编《当代西方汉学研究集萃》(中古史卷,单国钺主编),上海古籍出版社 2016 年,第 247—285 页。

一直是可汗制的组成部分,在清代被皇权废止,然并未根除。它在议政处得到延续,一直到清末。入关建立清朝之后,八旗、蒙古以及其他东北和东北亚部族,与清政权之间是可汗制关系,而中原地区的精英认为他们处于清朝的皇权统治之下。因此,清代皇权制度,一部分源于东北的可汗制,一部分来自中国古代王权和中国的帝制,它们在清代都得到承认和尊重;清朝的皇帝具有"皇帝/可汗/王"的多重形象,不同类型的统治形式糅合在一起,同时并存,并在不同的空间和道德环境中发挥着不同的作用。①

第五节　迈向近代工业社会

历史学家通常将中国近代史的开端设定为 1840 年,这种看法的基础是对外力冲击的重视。但近年来随着历史研究的深入,尤其是当历史学家将视野转到中国自身的历史发展脉络之时,中国近代史的开端逐渐在学者的视野中提前了。

或许我们可以将考察中国近代史的开端提前到 1800 年左右,因为"尽管连续性很多,中国自 1800 年至 1949 年还是经历了种种巨大的变化。政治制度,特别是国家与社会的关系,决定性地改变了。古老儒家的社会结构削弱了,出现了新的社会阶级。经济的某些部分纳入了世界贸易;工业化在城市开始。知识研究扩大了范围;这种研究通过对外国观念的选择和适应,再次得到调整。农村生活尽管以大体相同的模式继续,却不时为自然灾害、骚动、叛乱和战争所打乱,终于导致革命"。②

1800 至 1949 年这 150 年的历史可大致分为四个阶段:1800—1864 年,1865—1911 年,1912—1930 年,1931—1949 年。19 世纪开始,清朝进入了叛乱的频发期并以太平天国运动为其顶点,显示出清王朝衰败和没落的征兆,此为第一个阶段;19 世纪 60 年代中期国内的叛乱被平定,随着外国侵略的加深,发展和革新成为主线,从洋务运动、戊戌变法到"新政",改革和发展一直在深化,此为第二阶段;辛亥革命的爆发导致清王朝灭亡和中华民国建立,表明历史已经转向现代民族国家的轨道,但国内的分裂与

---

① 柯娇燕:《中国治权的多面性》,载伊沛霞、姚平主编《当代西方汉学研究集萃》(中古史卷,单国钺主编),上海古籍出版社 2016 年,第 355—376 页。
② [美]费正清、费维恺编:《剑桥中华民国史,1912—1949 年》下卷,刘敬坤等译,中国社会科学出版社 1994 年,第 5 页。

动荡和革命浪潮不断推进,社会还处于转型之中,此为第三阶段;随着1931年日本占领东北,中国进入内外战争时期,社会进一步重组和整合,1949年中华人民共和国成立标志着社会转型的初步完成,此为第四阶段。[①]

总之,大致从1800年开始,中国社会进入了一个转变时期,至中华人民共和国成立,一个以工业文明为基础的,以民族国家为政治形式的新社会的雏形已经形成。

一、经济的增长

虽然总体上说近代中国经济发展是缓慢的,与18世纪清朝鼎盛时期差别不是很大,但也出现了很多显著的变化,其中最值得关注的是那些经济活动建立在从国外引进产品、原材料、技术及制度安排基础上的近代部门的发展,棉纺织厂、铁路及轮船运输、西式银行是其中的典型。这些近代部门虽然在国民经济中所占比例很小,但由此产生的连锁反应却不可忽视。

鸦片战争敲开了中国的大门,西方影响随之进入。但这一时期,清廷朝野多聚焦于国内事务,应付西方文明的冲击和推动国家现代化并没有被提上日程。19世纪60年代中期,太平天国运动平息后,清王朝才开始了学习西方军事科技的洋务运动,这是一次不触及体制改革的现代化尝试。1861—1885年的25年间,清政府共创办31家较大型的官办企业,主要集中在国防工业。19世纪70年代以后,炼铁、机器制造、能源交通等军火企业的配套设施则采取官督商办的形式举办。1895年甲午战争失败以后,允许外国人在中国通商口岸设厂,这不但导致了大量外国企业的出现,还进一步刺激了中国本土企业的发展。因此,近代中国经济增长的开端可追溯至19世纪90年代,当时三种主要的新型经济形式——火车及轮船运输业、工厂工业和商业银行业,首先得到显著发展。企业的这些创新不同程度地来自中国政府、中国商人和外国团体。

以上海为中心的江南地区和以沈阳、鞍山、本溪、营口及大连为工业与交通中心的东北地区成为近代中国的两个经济增长的中心,新的经济形式以多种途径从江南的城市中心与东北南部传播开来。作为中国出口商品

[①] [美]费正清、费维恺编:《剑桥中华民国史,1912—1949年》下卷,刘敬坤等译,中国社会科学出版社1994年,第5—11页。

或上海、大连及其他大型城市工厂所需原材料集散地的主要贸易中心逐渐发展起来,它们广泛的贸易联系促进了交通业、通讯业及金融业的发展。工厂的扩张及交通网络的深入,进一步带动了对电力设备、维修行业和其他附属设施的新需求。因此到20世纪20年代,汉口、哈尔滨、长沙及昆明等中心城市,尽管仍远远落后于上海、天津,但也已孕育出相当规模的近代部门。在一些较小的城市中心,类似的发展也以较小规模进行着。

中心城市工业化影响的不断扩大,促进了周边地区的发展。这一点在上海周边的长江下游地区体现得最为明显。因为与主要中心城市的市场和资源往来渠道畅通,整个江南地区逐渐发展成为工业活动的聚集地。随着越来越多的农村劳动力被吸引进近代部门就业,无锡、武进、宁波等地与上海的工业和经济联系更加紧密。其他那些近代部门有所发展的中心城市的周边腹地也显现出相似的发展趋势。东北同样如此,尽管日本人主导的大型工业、采矿业与金融机构减缓了东北本地经济增长影响的传播势头。

大量资料证实在20世纪前40年,中国经历了尽管有限但却充满生机与活力的工业化进程。制造业产量从很小的基数开始迅速增长,工业扩张的空间分布及其部门结构充分显示出市场力量的决定性作用。国内企业家和经营者在面对总体上没有限制的来自进口工业产品和在华外国企业双重竞争之时,仍取得了显著的成功。尽管时常有文章强调中国与外国生产者之间竞争的重要意义,实际上外国产品和外国企业的最重要价值就是为中国的模仿者指出了一条路,使这些模仿者们很快就在原来为外国产品所主导的一系列市场上站稳脚跟,并经常占据主导地位。尽管以这种方式兴起的部门的产量在太平洋战争爆发前还没有占到中国国内市场比例的多数,但若干工业部门已经发展到了相当大的规模。比如,中国的棉纺织品的生产已使其成为世界上最大的棉纺织品生产国之一;1927年上海城市的发电量已超过英国工业中心曼彻斯特和伯明翰,而发电量是一个衡量城市工业发展水平的较好指标。

尽管规模有限,二战前工业化进程还是在多方面影响了中国经济。纺织品、小麦面粉、香烟、食用油和其他以农产品为原料的工业品生产规模不断扩大,对经济作物尤其是棉花、蚕茧、小麦、烟草和大豆等农产品产生大量新需求。这种新的刺激推动了全国广大地区的农民重新调整农业种植结构、市场交易行为和劳动进程。新工业还对煤、盐、纸和其他非农业产品产生大量需求,这些领域生产的扩大吸纳来自农村的工人,这是工业化对中国农业生产的另一重要影响。农民还可得到国内生产的柴油机、电泵、磨粉机、轧棉机、打包机和化肥等各类农用产品,虽然供应数量不算多但保持着不断增长的势头。

工业发展增加了对各类服务的要求。为轮船、铁路、矿山及纺织厂维修等而不断积累的金属加工经验,逐渐催生出机器制造业。而后,这一行业开始迅速模仿制造洋式机器、工具和金属制品,并逐渐取代了各种设备的进口,并在性价比上优势明显。可搜集到的资料证实,国产设备与进口设备之比增长迅速。

最后,工业的发展为中国手工行业提供了新的发展机遇。对于手工业来说,日益发展的制造业不完全是福音。许多手工业者,尤其是棉纺织行业的手工业者损失巨大,因为以前的消费者都开始购买机制纺织品。但是工业化也为手工业的发展提供了新的前景,中国为数众多的小企业主迅速涌进了这一新的空间。手工业发展的新路径是工业发展的附带结果,因为制造业仅在生产流程的几个环节上具有显著优势,而且由于劳动力成本低廉,中国消费者愿意牺牲质量购买低价产品,传统经济网络仍然能有效运转,这些使得手工业生产能够在相当广泛的贸易活动中与近代工厂展开竞争。协同生产很常见,工厂和手工作坊可以分别从事不同的纺织工序;在那些直到20世纪80年代还穿梭在上海郊区的手工纺织者中,机纺纱和手摇铸铁织布机还受到欢迎是最显著的例子。手工业者越来越多地依赖工业生产提供的原材料、手动或电动机器,他们用这些工业制成品作原材料和工具来提高其产品在国内、国外的竞争力。

与同一时期工业和交通发展带来的影响相比,新的货币与金融方式给中国经济带来的影响更为广泛深入。中国的金融机构主要有外国银行、本国商业银行和钱庄三大类(票号在辛亥革命后销声匿迹)。第一家外国银行是1848年建立的英国东方银行,是在印度的总行的分支机构。1864年成立的香港上海汇丰银行是最早以经营中国金融业务为目的而建立的银行。其他金融机构也纷纷建立。到20世纪30年代,外国银行的数量(包括总部在海外的分支银行)已经升到53家,办事处超过150个。中国本土的商业银行始于1897年建立的中国通商银行。此后,中国近代银行发展迅速。据不完全统计,到1911年已经有17家银行,接下来的10年中出现了109家新机构,1922—1931年出现了138家,1932—1937年又出现了76

家。1903—1936年间最起码有390家新银行建立,包括50家创办日期未予记载的银行。不过,许多新的机构未能存活下来,在390家新银行中,只有164家到1936年仍在营业。在外国银行和中国自办的商业银行兴起后,钱庄也依然兴盛。资料表明,在上海和天津这两个新式银行发展水平最高和众多金融机构云集的城市,直到20世纪30年代,钱庄仍旧保持着繁荣和扩张的态势。

三大类金融机构在二战前都经历了各具特色的增长过程和发展模式,每一类机构都有自己擅长的领域。尽管缺乏专门的政府政策,也没有制定规章的权威机构,但不同金融机构之间的相互补充与合作推动了金融一体化程度的提高,有助于生产的增长和国内国际贸易的扩大。货币和金融领域经历了彻底的转型,并一直深入到农村和家庭层面。19世纪末,中国的货币主要实行银铜双本位制,但20世纪30年代的币制改革,使纸币得到了广泛的流通和使用。

除了工业和金融业为经济增长提供动力之外,运输业的进步和通讯网的扩展也为经济发展带来了新的机遇。让我们首先从水路运输考察起来。水运一直是中国社会长途运输的主要渠道,即便是地方性的运输也尽可能走水路,这是因为除了一些近距离运输和贵重货物外,水运都较陆运便宜。19世纪50年代,轮船首次出现在中国河流之上,并很快在长江和沿海航线上兴起并迅速增长。通过在沿海、江河干流及支流中增设新的服务项目,轮船水上运输优势更为明显。虽然轮船在客货运输方面收费比帆船高,但其速度和可靠性优于后者,且更安全,不受军事或政治活动影响。尽管帆船和轮船常为争夺业务而展开竞争,并且在某些线路上轮船取代了帆船,但帆船运输并未退出市场,在一些众多轮船营运的主要港口附近,帆船数量还有所增加。这说明,在新的运输方式兴起的同时,旧的运输方式仍在不断扩展,整个水上运输量在增长。

铁路的发展并不顺利。1876年外国人在上海至吴淞间修建了一段不长的铁路,但旋即被清政府收购、拆除,后被运往台湾。积极鼓励铁路建设的热潮一直延迟到1895年之后才出现。铁路建设此后的进展大致分为三个阶段:1895—1913年是最初的迸发期,铁路建设的发展速度很快;1914—1927年是第二阶段,由于受第一次世界大战影响,来自欧洲的资金资助和设备供应中断,加之20世纪20年代国内战争的冲击,铁路建设速度明显减慢;1927—1937年间,铁路建设又恢复了增长势头。截至1936年,中国铁路总长度略超过20000公里,其中40%集中于东北。铁路网布局包括三个主要部分:东北的铁路网,纵贯南北的京广铁路以及津浦铁路和沪宁铁路,若干条东西向铁路。铁路这种新型运输工具为大批人员和物资流动提供了廉价的长途运输方式,从而促进了专业化和贸易的发展,同时也使整个经济结构发生巨大变化,城市化、农产品结构、工业化、能源使用、长途贸易等无不随之而变。但在1949年之前,这种潜能因为政治的分裂与动荡只是部分得以实现。

长期以来,绝大多数学者认为,因外国入侵、封建压迫、战乱频发和政治动荡等原因,近代中国的经济长期停滞,甚至是在不断衰退,人民生活水平不但没有提高,反而日趋下降。但近年的研究显示出,在抗日战争以前的数十年,中国尽管经济发展稍落后于同时代的日本,但也获得巨大的进步。在1914/1918—1931/1936年间,全国人均产出和消费都有显著和持续的增长,估计总产出增长率达到38%—42%,人均产出增长率达22%—24%。在这一进程中,新式工业成长起来,而传统经济部门尤其是手工业仍然得以维持,并在新式经济增长所带来的有利环境下得以进步。农民虽然在革新活动中获利甚少,并且农业科技程度仍然很低,但贸易、生产、运输和金融新模式的间接后果所带来的专业化和劳动力分配,却为农民带来了提高生活境遇的新机遇,农民的生活水平也有了较大提高。因此,中国是少数几个取得成功经济增长的不发达国家之一。抗日战争以前的经济增长,为1949年以后的经济发展提供了基础。①

二、思想观念的急速变迁

研究中国近代史,首先进入人们视野的,是西方的经济体制、政治体制和思想观念不断地以军事实力为依托输入中国,中国人在抗拒无果的情况下只能寻求改变,从改革发展到革命,从而转型蜕变为近代社会。这种"冲击—反应"学说无疑具有很大的合理性,但也存在着忽视中国自身内在发展脉络的情况,从而有扭曲中国近代历史实际的危险。就思想领域来说,我们不能只简单地考察西方观念的一路高歌猛进,还需要注意在近代中国思想演变过程中,中学与西学、传统与现代的复杂互动关系。

1."经世致用"——晚清儒家思想的变动

在18世纪的清朝,主要的学术思潮可区分为宋学和汉学两大派。宋

---

① 本小节主要引述美国学者的相关研究,参见托马斯·罗斯基《战前中国经济的增长》,唐巧天等译,浙江大学出版社2009年。

学延续宋明儒者所确立的话语和精神取向,是朝廷所尊奉的正统;汉学是对17世纪宋明儒学的突破,是民间学者的流行取向。宋学虽坚持宋明儒者的"经世"承诺,但多热衷于文句和形而上学的烦琐争论。汉学在宋明儒学中形而上学争论无果的情况下,倡导扎实的经典研究,以寻求恢复儒家的真实主旨。但不幸的是,这一学派在发展中逐渐脱离了儒家的社会道德关注,而越来越专注于寻章摘句的语言学研究。到18世纪末、19世纪初,当政府腐败无能达到高峰、王朝的衰落清晰可见之时,宋学和汉学两派学者都力求恢复儒家思想中的社会政治关注,"经世"思潮走到了前台,调和汉宋的折中思想也开始出现。同时,在清代汉学中出现了"今文学派",重新将"治国平天下"的理念放在中心地位,制度改革成为关注的焦点。经世学派的关键人物龚自珍和魏源,同时也是今文学派的学者,他们代表了知识界的一些派别中明显的政治觉醒。在鸦片战争之前,他们已经在倡导变化与改革,虽然这些改革思想还局限于传统儒家范畴之内,但为鸦片战争以后更大的思想变革提供了基础。

鸦片战争以后,在西方列强的坚船利炮面前,清王朝不得不走出闭关锁国的原有轨道。同时,西学大量涌入中国,在西方先进的观念和制度面前,越来越多的中国人开始主动向西方学习,于是传统中国开始由被动而主动向近代社会转型。

西方社会对晚清王朝的强烈冲击,起初体现在器物层面,但随着双方交往的深入,人们逐渐认识到,观念层面的巨大差异才是双方冲突不断的根源所在。第一次鸦片战争的结果,是大清王朝一败涂地,包括林则徐在内的有识之士都认识到西方的坚船利炮难以抗衡,于是魏源编撰《海国图志》,主动提出"师夷长技以制夷"的策略。对手的"长技"包括战舰、火器、养兵和练兵之法等。① 第二次鸦片战争后,洋务派将魏源的主张付诸实施,很快改变了将西方器物视为奇技淫巧的观念。然而清王朝与西方列强依然冲突连连,屡屡签订丧权条约,究其原因则在于,西方列强固然侵略成性和贪得无厌,双方在核心观念层面的巨大鸿沟却更为关键。1895年中日甲午战争的失败,表明洋务运动的失败,由此导致了倡导更加全面改革的戊戌维新运动和清末"新政"的出现。

因此,晚清的改革史可以分为递进的四个阶段。首先是早期经世阶

---

① 魏源:《海国图志》,中州古籍出版社1999年,第99页。

段。其次是鸦片战争前后的几十年,有志改革的学者和官员开始探讨西方威胁的性质,寻求阻遏的方法。第三是"同治中兴时期"的自强运动和洋务运动。而自强和洋务运动的失败,导致出现第四个阶段,即19世纪90年代的结构和制度的全面改革。①

儒家是一种意识形态,它是包含以家庭伦理为中心、以忠孝仁义为基础的价值观,大一统仁政理想的社会观,以及"天不变""道亦不变"的哲学观三个子系统的整体性思想体系。它起到整合中国上、中、下三个层次社会组织的作用。②

近代时期,儒家思想中的天道观和社会观已经出现了新的变化。在早期经世思想中,"变化"的思想尤其得到重视。如魏源认为"气化无一息不变也……势则日变而不可复也"。另外,还有对"利"的合理性的强调。

到了自强运动时期,形成了一个范围广泛的纲领,尽管有明显的军事内涵,但它有力地强调内部的改革。比如,沈葆桢强调,自强必须基于广泛的社会政治改革,从而使中国有一个高效的政府,百姓必须具有整体感与归属感。做到这一点,全国的人力和自然资源才能有效地动员起来。因此,沈葆桢的爱国主义已经有了原始的民族主义的性质。③ 爱国主义和民族主义是在主要方面相一致的概念,很难加以区别。爱国主义的含义是热爱自己的国家,包括它的法律、制度、文化传统和习惯,这比起对君主的忠诚和责任是更高级的感情。爱国主义,像爱自己的父母一样,主要是自然的感情。民族主义,虽然也包括爱自己的国家,但更属于后天获得的感情,是自觉意识到了国家及其利益——领土完整、政治独立、经济富裕,等等。首要的是,它是一种心理状态,即要求个人对国家的至高无上的忠诚。清朝的中国不是一个富有近代色彩的国家,但是如果当时产生了一种意识将国家的利益和命运置于法律、制度或传统之上,那就可以说是走向民族主义的意识。④

---

① [美]庞百腾(David Pong):《沈葆桢评传——中国近代化的尝试》,陈俱译,上海古籍出版社2000年,第16页。
② 金观涛、刘青峰:《开放中的变迁:再论中国社会超稳定结构》,法律出版社2010年,第34—35、69页。
③ [美]庞百腾:《沈葆桢评传——中国近代化的尝试》,陈俱译,上海古籍出版社2000年,第386页。
④ [美]庞百腾:《沈葆桢评传——中国近代化的尝试》,陈俱译,上海古籍出版社2000年,第367—368页。

与民族主义相配合,也出现了加强国家权力的思想。比如,沈葆桢提出,道台是巡抚和地方官之间不必要的障碍,应当予以裁撤。同时,地方政府应向下深入,新的行政单位设在村一级,村的官吏部分由政府指派,部分由人民选举,如汉代那样。为了保证地方情况及时上报,皇帝信息灵通,只有政绩优良的地方官才能担任监察官。这样,统治者和被统治者之间才会有共同利益,才能形成一体。①

2. 新国家观的出现——甲午战后的思想发展

1895年甲午战败后出现思想观念大变革,史称戊戌思潮。严复的三本翻译名著引进了新的哲学观和社会观。其中,《天演论》用"进化"代替了"天不变,道亦不变"的宇宙观;《原富》把孔子的"长国家而务财者,必是小人矣"这一道理翻转过来,从此"求富"变为圣人之道;《群学肄言》则打破了以中国为天下中心的观念,认为必须建立新的社会和世界秩序。②

1890年后10年间中国知识分子开始求助西方的意识形态。对他们来说,西方似乎是有关各种权威概念和各种富有意义的想象以及各种有说服力的构架的潜在源泉,在有关迥然不同的政治形式、目标和组织方面为他们提供指南。从儒家经世致用的理想转变到新的国家和国民思想,梁启超是这一思想转折时期的关键人物。就社会思想来说,新国家观的建立涉及两个过程。首先,摒弃天下大同思想,承认国家为最高群体;其次,把国家的道德目标转变为集体成就和增强活力的政治目标。梁启超的"新民说"及其一系列论著体现了这种新国家观形成和确立的过程,同时,这种新国家观也因梁启超具有煽动力的文笔而广泛传播并深入人心。③

3. 对儒家伦理的批判——新文化运动

新的哲学观和社会观为晚清新政和辛亥革命提供了思想基础。晚清新政成为清王朝自我摧毁的钥匙,辛亥革命后民主共和理想的破灭和军阀割据的现实,显示了社会整合的失败,这导致了思想的激进化,新知识分子高举"打倒孔家店"大旗,对儒家伦理价值系统进行猛烈抨击。民主与科学成为新的价值标准,同时社会观和哲学观也发生巨变。进化论不再时

---

① [美]庞百腾:《沈葆桢评传——中国近代化的尝试》,陈俱译,上海古籍出版社2000年,第370页。
② 金观涛、刘青峰:《开放中的变迁:再论中国社会超稳定结构》,法律出版社2010年,第34—35、69页。
③ [美]张灏:《梁启超与中国思想的过渡(1890—1907)》,崔志海、葛夫平译,江苏人民出版社1997年,第211页。

兴,知识分子普遍认同唯物主义哲学,称霸二三十年的社会达尔文主义被经济决定论和唯物史观所取代。在社会观方面,西方资本主义、地方主义不再具有天经地义的合法性,社会主义成为最终理想。两种新的意识形态——三民主义和马列主义,成为最流行的取向。①

在一边挨打、一边向西方学习的过程中,西方的近代政治观念开始传入中国,进而深刻改变并重新塑造了中国社会。近代政治观念有很多,诸如平等、自由、权利、民主、立宪、共和等;对近代中国产生重大影响的社会思潮也很多,资本主义、社会主义、自由主义、共和主义、无政府主义等此起彼伏。但是,对以等级分明、不平等为显著特点之一的传统社会来说,人格平等、法律面前人人平等的平等观念,实为核心之一,由此可以引申出君主立宪、民主政治、议会代议制等保障人的平等的各项政治制度,并推动近代中国社会出现了诸多前所未有的新变化和新发展。

三、社会结构的扁平化

从宋代以来,中国形成了以士、农、工、商为主要划分方式的水平社会结构,我们称之为"四民社会"。其中"士"这一阶层尤其处于核心地位。晚清以来,中国的社会结构出现了巨大的变化,商人的地位提升了,士人阶层出现裂变并转化为新式知识分子,很多新兴的职业群体也开始出现。这一切都表明社会进入了转型阶段,是中国"三千年来未有之变局"。

1. 商人地位的提升

工商业在传统社会中一直被部分儒家学者从道德角度加以贬低,官方更借此奉抑商为国策,导致普通民众谋求更多社会财富的热情和追求被抹杀。元明清时期,就不断有学者为备受摧抑的工商业正名;鸦片战争后,西方国家对工业和商业贸易的重视令国人大开眼界,如薛福成称,西方国家"平时谋国精神,专在藏富于商"。② 近代史上第一位驻外使节、识见卓远的郭嵩焘持节驻外期间,深入考察西方社会,敏锐地透视出西方之富的本质,是富在社会、重在富民,从而促使其工商思想的深化。他指出:"今言富强者,一视为国家本计,与百姓无与。抑不知西洋之富专在民,不在国家也。"③此后,郭嵩焘更进一步认识到,将西方强盛仅归于船坚炮利是片面的,只学习西方的武器兵技也只是"末技",更应该发展中国的工商业,并

---

① 金观涛、刘青峰:《开放中的变迁:再论中国社会超稳定结构》,法律出版社2010年,第184页。
② 丁凤麟等编:《薛福成选集·西洋诸国为民理财说》,上海人民出版社1987年,第417页。
③ 杨坚点校:《郭嵩焘诗文集》卷一三《与友论仿行西法》,岳麓书社1984年,第255页。

引入西方的政治和经济制度:"当先究知其国政、军政之得失,商情之利病,而后可以师其用兵制器之方,以求积渐之功。"①此后,思想界甚至喊出了"商为国本""工商立国"的口号,朝廷和民间社会也逐步取得了重视工商的共识,1895年6月25日的《申报》就大声呼吁:"古之为治者,以农为富国之本,今之为治者,当以商为富国之资,非舍本而逐末也,古今之时势之不同也。"到戊戌变法时,光绪发布上谕称:"通商惠工,为古今经国之要政。自积习相沿,视工商为末务,国计民生,日益贫弱,未始不因乎此。亟应变通尽利,加意讲求。"②光绪二十九年(1903),清朝廷首次设立商部,专掌商务和铁路矿产等事务,并在民法、刑法没有制定的情况下,优先制定了《商律》。至此,官方终于废除了重农抑商的基本国策,投身工商实业也不再受到社会的歧视,成为更多普通民众的选择。

　　笼罩在身上的桎梏一旦消除,工商阶层便很快迸发出推动社会前进的巨大力量。工商业者注重契约,讲究平等交易、诚信交易,又善于创新、勇于竞争,这些特点都和近代观念若合符契。在地方上,很多市政和交通设施都是由商人阶层推动甚至直接出资组织建设,包括拓宽道路、修筑桥梁、疏浚河道、拆除城墙,在生产和生活中引入自来水、电子、煤气、电车、铁路等,西方学者曾称上海"这个城市不靠皇帝,也不靠官吏,而只靠它的商业力量逐渐发展起来"。③其实不只是上海,其他城市如苏州、天津等的早期市政建设也是如此,商人阶层在其中发挥了重要的推动作用。工商阶层进而在社会领域发出了时代强音,清末风起云涌的社会运动,如1905年抵制美货运动、立宪运动、速开国会请愿运动,甚至辛亥革命,工商业者都是中坚力量。工商阶层还组成商会等各类社会团体,发挥了强大的团体力量。1902年2月,中国第一个商会——上海商业会议公所正式成立,两年后改组为上海商务总会。此后,各地商会纷纷成立,彼此呼应,屡屡在政治和经济领域发出时代声音,成为近代中国社会中不可忽略的重要力量。故时人称,"国势之强弱,人种之盛衰,惟商业左右之、生死之",中国"未可期之在上者,以今日社会之性质,信官不如信商"。④

　　随着近代工厂的出现,工人阶级也产生了。到20世纪20年代,包括

---

① 郭嵩焘撰、梁小进主编:《郭嵩焘全集(四)·条陈海防事宜》,岳麓书社2012年,第781页。
② 《清实录》第五八册《德宗实录》卷五一三,中华书局1987年,第784页。
③ [美]霍塞(Ernest O.Hauser):《出卖的上海滩》,纪明译,商务印书馆1962年,第4页。
④ 均卿:《抵制美约余论》,《东方杂志》第3卷第2期,1906年。

现代工厂工人以外的作坊和做服务工作的人,无产阶级约几百万人。他们集中在上海、广州、天津等大城市以及各类工厂矿山之中。但比之商人和由其发展而来的工商实业家群体,工人阶级在近代时期的政治角色并不突出。工人阶级虽然组织了工会并一度出现劳工运动的高潮,但城市工人仍然太少、太弱,多为自身的困难所困扰,一直不能成为独立的政治力量。

2. 士绅阶层的转变

20世纪初,士人阶层经历了废科举的重大变化。自宋代以来,科举考试是中国选拔官吏的主要手段,也是维系士绅阶层存在和其特殊地位的主要制度依托。19世纪末20世纪初的科举考试,所出试题已经引入西学、变法、开矿等内容。光绪三十一年(1905),直隶总督袁世凯会同盛京将军赵尔巽、湖广总督张之洞、两江总督周馥、两广总督岑春煊等,以"科举一日不停,士人皆有侥幸得第之心,以分其砥砺实修之志"①为由,奏请清廷立停科举。清廷允准于1906年起停止一切乡会试。实行千余年的科举制度一朝废除。

废科举虽然取消了士子的仕进路径,但取而代之设立学堂的做法也为传统士绅转型提供了一条出路。废科举能顺利施行而没有引起士绅阶层的强烈反对和重大的社会动荡,似乎表明它并没有严重影响精英阶层的地位。在废科举的同时,清廷下令学部颁发各种教科书,责成地方各督抚通筹设立学堂。自此以后,学堂、学校日益普遍,有机会接受教育的普通民众也越来越多,同时,士绅阶层及其子弟也借此机会转化为新型的知识分子阶层。

在传统士绅集团的近代转型中,以"兴学育才"、从事新式教育为矢志的"学绅",成为传统士大夫向近代知识分子或自由职业者过渡的中介桥梁,而"绅商"则成为传统士绅向近代工商业资本家转换的中介桥梁。②

"绅商"一词在19世纪的文献中已是较为流行的说法。它大致有两义,一是指绅士与商人,一是指亦绅亦商之人。大约到20世纪初,"绅商"一词多是"绅士和商人"的简化,但亦开始指代"亦绅亦商"之人,这体现了绅商合流的趋势,也表明形成了一类新的阶层和群体。绅商的合流主要循

---

① 廖一中等整理:《袁世凯奏议》卷三五《请立停科举推广学校并妥筹办法折》,天津古籍出版社1987年,第1 187页。
② 马敏:《晚清"绅商"阶层的形成》,载周积明、宋德金主编《中国社会史论》下卷,湖北教育出版社2005年,第409页。

着由商而绅、由绅而商两条渠道。道咸同光之际广泛流行的捐纳和捐输，是商人跻身绅士群体的主要途径。发展工商，寻求新的扩展影响力的新领域，成为"弃士经商"的主要动力。正如陈旭麓所云，"绅商（由商而绅，由绅而商）和乡绅是官与民的中介，前者多在市，后者多在乡；前者与工商业结缘，后者与宗法、地租联姻；从他们身上可以捕捉到近代社会的脉络"。①

在士绅阶层性质转变的同时，其居住空间也出现了重大转变。社会上层人物的都市化是一个自古以来就有的现象。早在宋代，城市就以其高雅的文化和商业吸引文人学者和乡村地主。他们经常进城游览，有钱人还在城里另买宅地，甚至移居城市。但总体来说，士绅阶层在城乡之间还是相对均匀分布的，士人多数出身于乡村，虽然在其仕宦期间长期居住于城市，但致仕之后往往告老还乡，成为乡绅。进入19世纪，精英阶层城市化的潮流有增无已。商业的发展扩大了城市的规模，提高了城市的吸引力。同时，为了弥补由于财产的分散、币值的不稳和佃农反抗的日益增多所造成的地租减少，农村的上层分子也被迫进城另辟财源，例如放高利贷。19世纪中期以后，农村经常不太平的局势迫使大地主也卜居城市。太平天国运动时期，许多社会上层人物逃往上海，上海便成为他们的主要居住地。② 自学校取代科举以后，知识分子的生活场所和活动空间发生了改变。过去私塾分散在城乡村镇，如今新学校主要集中于都市，大学多设于通都大邑，中学亦大多设在省会一级城市。知识分子逐渐城居化，乡村出现了人才空虚和教育衰败的景象，城乡之间的差距拉大。③

社会上层人物的都市化具有重大影响。他们迁居城市意味着不仅住在城市，而且关心城市，这使他们对农村的问题漠不关心。在科举废除之后，要取得上层人物的身份就得进新式学校。这些学校首先在城里，而且费用高昂，这就使得富户豪门不能再资助乡村学堂。城镇面临帝国主义的威胁更为直接，所以这里的社会上层人士更关心军队的现代化和工商业的发展，而很少去留心组织民团和发展农业。那些仍然拥有土地的城居地主则通过租栈、总管和收租人同佃农打交道。这样，城市的上层人士逐渐和

---

① 陈旭麓：《陈旭麓学术文存》，上海人民出版社1991年，第1378页。
② [美]费正清、刘广京编：《剑桥中国晚清史，1800—1911年》下卷，中国社会科学出版社1985年，第556页。
③ 王奇生：《民国时期乡村权力结构的演变》，载周积明、宋德金主编《中国社会史论》下卷，湖北教育出版社2005年，第557—564页。

乡村隔膜起来了。①

同时,也有学者指出,科举制的废除切断了读书与仕宦的直接关联,也导致了读书人的边缘化。与读书人的边缘化同时发生的是,一些此前的边缘群体,如工商业者、军人群体却从边缘走向了中心。②

3. 职业的多元化和社会结构的平等化

从总体上看,近代各社会阶层之间的尊卑等级色彩大大削弱,涌现出很多新兴职业,不能再用简单的四民来概括了。传统社会中以官为尊,以工商为末,所以"有心事业者集中于政界,专心利禄者也都挤在官场里"。而近代社会中,官员的诸种特权被逐步取消,于是很多人转奔他业:"有志之士除做官以外,可以经营工商业,可以行医,可以做新闻记者、大学教授、科学家、发明家、探险家、音乐家、美术家、工程师,且都名利双两全,其所得往往还在大官之上。"③再加上工商业者的社会地位得到极大提升,于是民众可以从事的职业大为拓展,不再局限于士农工商,新兴职业不断涌现,社会逐步多元化。这意味着普通民众的聪明才智能够发挥的空间增大,民间社会的创新力和生命力也因此得到极大提高。

就社会生活而言,衣食住行等日常生活领域的等级尊卑色彩也大大淡化。汉代贾谊称,"贵贱有级,服位有等","是以天下见其服而知贵贱,望其章而知其势"④,说明统治者的意图就是借助服饰的差异,彰显每个人的身份等级。明代朱元璋更明确规定,不同身份的人匹配不同的服饰:"国朝士女服饰,皆有定制。洪武时律令严明,人遵画一之法。……如翡翠珠冠、龙凤服饰,惟皇后、王妃始得为服;命妇礼冠四品以上用金事件,五品以下用抹金银事件;衣大袖衫,五品以上用纻丝绫罗,六品以下用绫罗缎绢;皆有限制。"⑤随着明末商品经济的发展和社会财富的积累,人们追求享乐的天性愈来愈得到体现,明代统治者在服饰领域的种种禁令都被置之脑后。饮食领域也是如此。先秦时期的孔子声称"色恶,不食。臭恶,不食。失

---

① [美]费正清、刘广京编:《剑桥中国晚清史,1800—1911年》下卷,中国社会科学出版社1985年,第556—557页。
② 罗志田:《科举制的废除与近代中国读书人的边缘化》,载周积明、宋德金主编《中国社会史论》下卷,湖北教育出版社2005年,第504—519页。
③ 蒋廷黻:《中国近代史》,江苏人民出版社2014年,第38页。
④ 贾谊撰、钟夏校注:《新书校注·服疑》,中华书局2000年,第53页。
⑤ 张瀚:《松窗梦语》卷七《风尘纪》,中华书局1997年,第140页。

饪,不食。不时,不食。割不正,不食。不得其酱,不食",①不是说孔子对饮食很挑剔,而是借以体现其自身的贵族地位,这就和孔子称"席不正,不坐"是一样的。近代以后,生活领域内的等级色彩不再明显,服饰不再用来彰显人的身份地位,而是逐渐恢复本来的功能,朝着美观、适体、方便的方向演化,饮食也朝着美味、健康、便捷的方向发展。可以说,近代社会中人们的衣食住行等社会生活领域,都呈现多样化、流行化的态势。

最后,社会结构由金字塔形向扁平化转变。在传统社会中,皇权位于社会等级金字塔的塔尖;官僚阶层享有一定的特权,处于金字塔的中上部;普通民众处于金字塔的底层,交纳赋税、服徭役都是义务,没有任何权利可言;最底层还有数量不多的奴仆、贱民等。如此构成传统的王朝国家。而进入近代社会后,高高在上的皇帝被推翻,官僚阶层的特权也被逐步取消,奴仆、贱民被彻底解放,每个人都拥有并享有基本的政治权利和自由,法律面前人人平等虽然没有完全实现,但至少在观念层面成为全体社会成员的共识。如此,传统王朝国家就转化为近代民族国家。在传统王朝国家中,官僚阶层和普通民众在皇帝面前都是臣民,皇帝可以对臣民生杀予夺;而在近代民族国家中,特权阶层被取消,普通民众都是享有平等政治权利的国民,也即公民,政府为民众服务并接受民众的监督。

社会结构的"平等化"意味着中国历史久远的"等级社会"的终结。等级结构不再由法律明文规定,也不再是人们广泛认可的一种可接受的社会组织方式了,平等的观念广泛传播并深入人心。相应于社会平等化的潮流,则是各种价值、生活方式的多元化,以及各种职业声望的自然分流开始出现,20世纪开始走向一个自然分流、多元取向的平等社会。②

总之,近代社会结构具有三个特点:①从不平等的等级制社会向平等的契约型社会转变,社会结构也因此而扁平化;②各社会阶层、群体的划分也不再以身份为依据,而以经济活动为依据。换言之,经济活动相对成为社会各群体的主要活动;③各类社会组织和活动空间活跃,社会的自由程度较高。

四、国家与社会关系的转型

从晚清到民国时期,中国的国家与社会关系也进入了转型时期。传统

---

① 杨伯峻译注:《论语译注·乡党》,中华书局1980年,第102页。
② 何怀宏:《选举社会》,北京大学出版社2011年,第333页。

的王朝国家虽然在其顶层有专制的皇权,但这个似乎无所不包的皇权对于社会的控制是有限的,它所依托的更多的是文化、礼仪和道德的力量,社会的基层存在着相对自治的领域,在其中起到联结作用的是士绅阶层。从晚清开始,在应付西方的挑战和近代化的进程中,传统的精英——士绅阶层出现了裂变,新的精英阶层也开始出现,他们不再是传统王朝的认同和支撑力量,王朝国家随之崩解。以新型政党为组织力量的现代民族国家出现了,社会再次被整合,但其内部组织形式和意识形态都出现了重大转变。

1. 精英阶层的分化和王朝国家的崩解

一般来说,国家与社会关系的根本变化起源于鸦片战争结束之后,那时太平天国军队开始袭扰中国南部,此后则席卷了大半个中国。清政府为了应对,抛弃了避免官员在本省任职的"回避制",像曾国藩这样的"团练大臣"被允许筹建地方军队,并获得了对省财政前所未有的控制权。李鸿章和左宗棠等人,得以轻易地获得新的和更易于转手的税收资源,如上海的关税资金或陕西钱庄的银票,用来招募、训练和装备仅仅忠于他们的军队。这些团练大臣派系的要员,如袁世凯,又能够在此基础上进一步创建一支独立的精英部队,用现代军事方法加以训练,使其在20世纪初成为北洋军阀的核心组成部分。总之,地方主义滋生的军阀主义,可以看成是清朝崩溃的重要原因。

镇压太平天国运动,不仅为军阀主义的滋生提供了机会,也为地方精英阶层扩大影响和掌握地方权力提供了机会。从1800年以后,在不断应对民众叛乱的过程中,地方逐渐军事化,而应对太平天国运动则使地方军事化达到了前所未有的高度。地方精英在组织团练的过程中,不仅掌握了军队,而且掌握了地方社会的部分治理权。19世纪晚期开始的地方自治运动,又给了他们合法的扩大影响和掌握资源的机会。清末十年新政开始的"地方自治"和"宪政"改革中,地方精英阶层一方面积极寻求建立由自己负政治责任的合理公共领域;一方面也出现地方精英阶层把持地方社会的现象,他们剥削民众,成为"土豪劣绅",从而削弱了国家整体,增加了社会革命的可能性;更为重要的是,一部分地方精英成为对抗国家的革命运动的动员者,从而领导和推动了革命。①

---

① 魏斐德:《历史变化的模式:1839—1989年中国的国家与社会》,载氏著、梁禾主编《讲述中国史》下卷,人民出版社2013年,第671—680页。

2. 现代民族国家建设与国家权力的加强

19世纪至20世纪上半叶,国际竞争的局势对政治结构的要求是增强政府动员能力。晚清以来出现了国家权力日益削弱的局面,与此同时,也开启了政府重建并延伸自身权力以加强社会控制和社会动员的趋势。从西方出现并向全球传播的"民族国家"模式,证明了其比传统的王朝国家具有更强的动员能力,从而要求中国的国家从传统的王朝国家向现代民族国家转型。

时至清末,"现代国家政权建设"(modern statemaking)这一长期走势已逐渐明显。一般来说,传统王朝国家只关心税收、治安和司法之类事务,正式的官僚机构至县衙门一级就到了头,县以下是民间社会自治的领域。随着清末十年"新政"的实施,政府开始承担一系列近代型活动:如建立新式警察,开办西式学堂,设立近代法庭,乃至创办各种专事农业改良、商业兴办、新式交通和实业发展的机构。与此同时,正式官僚体制在民国时期也开始扩展到县级以下,伸展到区一级。① 国家政治领导人企图将政权延伸至中国社会的努力,并没有随着清王朝的覆灭而减弱。当袁世凯粉碎了1913年的"二次革命",试图重建君主政体时,他执意将中央的意志强加于各省之上。当然,最后中央并没有守住,但是国家对各地级以下地区的渗透,产生出了新的"营利性掮客"。20世纪中国政权增长最显著的例子则是现代警察体制的发展。②

在20世纪前半期,随着王朝国家向政党国家的转型,国家政权力图加深和加强对乡村社会的控制。这种努力,最早始于清末新政。但国家政权真正深入乡村社会,却是国民党执政以后的三四十年代。执政后的国民党,内部面临共产党和地方实力派的挑战,为了建立一个强有力的中央政权,它一直致力于强化其政治合法化能力、军事控制能力、经济吸取能力和社会动员能力。国民党政权向基层社会的扩张和渗透,意味着基层官僚队伍的巨大膨胀和基层政权组织成本的急剧上升。在国民党政权建立初期,其政权的纵向渗透尚局限于县衙门一级,区公所属自治组织。南京国民政府建立后,区级组织逐渐正规化和行政组织化,成为县以下的正式官僚机

---

① 黄宗智:《中国的"公共领域"与"市民社会"》,载邓正来、J·C·亚历山大编《国家与市民社会——一种社会理论的研究路径》,中央编译出版社1999年,第434页。
② 魏斐德:《历史变化的模式:1839—1989年中国的国家与社会》,载氏著、梁禾主编《讲述中国史》下卷,人民出版社2013年,第683页。

构。1939年"新县制"推行以后,官僚机构延伸至乡保,随着政权的下沉,官僚队伍倍增。据40年代国民党中央的估计,全国县以下基层干部至少在千万以上。但此时科举制废除已二三十年,旧式文人绅士退出了乡村政治舞台,新式学堂毕业的知识青年大批涌向城市,广大农村成为土豪恶霸的天下。由于无力派遣或培养一支数量庞大的官僚队伍深入乡村,充实基层政权,在这种情况下,为了维持基层统治秩序,抽取乡村人力和财税资源,国民党不得不借重和仰仗土豪劣绅势力,以实现国家对乡村社会的动员、汲取和控制。土豪劣绅以国民党政权所赋予的区乡保长等职位为工具,以国民党政权推行的各种"新政"为借口,以国民党政权动员和抽取乡村人力、物力资源为契机,充分展现了他们掠夺性和压榨性的一面。其结果,国民党政权愈深入,土豪劣绅僭取国家权力的机会就愈多,队伍就愈庞大,农民所受的压迫也愈沉重。农民赋税负担日益苛重,政府权威失坠,社会动荡混乱。正是这种恶性膨胀的无组织力量,最终吞噬了国民党基层政权的基础。[①]

  国民党企图用官僚组织来整合中国社会,但在农村缺乏干部,它虽然实现了社会组织由农村中心向城市中心的转化,但仍未具备对农村的广泛动员能力。中国共产党从农村兴起,把农民中的积极分子转化为干部,从而实现了农村社会的整合。1949年中国共产党打败国民党,建立中华人民共和国,标志着一度解体的中国社会的上层结构和下层结构的再次整合、城市部分和乡村部分的再次整合,也标志着现代民族国家建设和社会转型的初步完成。如果说传统中国社会中联结上层与下层、城市与乡村、国家与社会的纽带是士绅阶层,那么,现代中国社会中起相应作用的则是党的干部和国家的各级官员。[②]

[①] 王奇生:《民国时期乡村权力结构的演变》,载周积明、宋德金主编《中国社会史论》下卷,湖北教育出版社2005年,第588—590页。

[②] 金观涛、刘青峰:《开放中的变迁:再论中国社会超稳定结构》,法律出版社2010年,第371页。

下编

第六章　宋代以降的赋役制度与基层社会

赋役制度作为传统中国财政制度的组成部分,体现出国家权力深入基层社会,参与到社会生产的再分配过程之中的一系列安排。春秋以降,随着土地私有制的不断发展,乡村社会以小农为生产单位的经营模式逐渐确立。秦始皇统一六国,"使黔首自实田",正式承认了私有土地的合法性。此后,虽然国家还可以通过各种形式保有并直接经营各类官田,或直接通过行政权力改变土地所有权,但如何实现对乡村小农家庭的控制以满足其财政要求,已成为实现其统治的基础。①

第一节　秦汉以来村制的形成

通过对广大乡村聚落的控制以实现统治的模式,是在大一统的领土国家建立以后才逐渐发展起来的。在先秦时代,以"邑""国"名之的,环绕有城墙,由城堡、街区和附郭耕地构成的集村型聚落一直是最基本的人群定居单位。至汉代,以县、乡、亭、聚名之的聚落虽然丧失了政治独立性,但大多还保留着这样的形态:常有乡城、亭城互称的情况,只是此时因其规模大小和地理位置的重要与否而有了名称的分别。在此之下,汉代的"里"虽然有了城中之里和城外之里的区别,但它更多地仍是指城内的居民区,与市一起,构成城内不可缺少的一部分。县、乡、亭在本质上并无不同,都是包含了若干个里的聚落单位。此时因官僚制度尚未充分发育,聚落具有极强的自治色彩,相互间更像是一种同质单元的横向聚合,垂直隶属关系并不严格,且常在变动之中。田赋征派中"人民从里,土地从亭"的原则也适应了这一基本的组织特征。耕地归一乡之中的都亭管辖,人民居地不论在县、乡、亭,皆由其所居之里管理,百户为里的编户控制模式首先针对的是

---

① 本章是在侯鹏已发表论文《宋代差役改革与都保乡役体系的形成》与《国家与社会的互动——对国内明清赋役改革与基层行政组织演变研究的评论与反思》的基础上整合修改而成。

城郭内的居民。①

此后,乡亭制衰败,逐渐为散村所替代,村居作为一种生活样式开始出现。这样的历史变化并非经济发展、人口繁衍的自然结果,而首先应被视为中央集权下官僚体制不断发展的产物。随着疆土的扩大、行政权力的集中,官僚机构需要在广阔的疆域中征发劳役,人民越靠近行政治所所在的聚落,就越可能与权力发生关系,也就越有可能获利。天下之人从乡亭迁往县城,从县城迁往郡城,从郡城迁往都城的流动日益明显,出现乡亭农田不治、游食滋多的情形。原有留在乡亭的居民则要承担更沉重的负担,不断滋长起与中央政府对立的离心势力。汉代以后屯田制的推行也有防止乡亭制崩溃的用意在里面。通过移民实边,使屯兵垦耕放马于乡亭之中,以巩固传统的邑居生活。而至东汉末期,屯田的性质发生了改变。经营屯田的营垒独立于乡亭而存在,按照军伍组织起来的屯聚就成为此后村的一个来源,游离于传统乡亭体制之外的反社会力量同样也以屯聚相连属。

在当时城外社会的发展变化中,另一重要的社会力量来自北方民族的内迁和军事冲突。越过长城内迁的异族部落与汉人"杂处",交错分布于城郭间的旷野隙地之中,自成体系,以畜牧产品交换谷物,人口增长迅速。东汉以来,随着入塞异族加入到中原政权争夺的战争之中,城邑不再是乱世安居之所,人口的流动复从行政中心向下疏散。在北方,开始与异民族真正杂居。在南方,永嘉之乱后,大量汉人南迁,在原有城郭之外形成豪族聚族而居的大庄园,奠定了此后中国村落社会的基础。

南来的汉人大族多半在乡野营造聚落,不断吸引流民定居,形成以自给自足为原则的庄园经济。庄园的位置多选择复杂多变的地形,进行多种经营,除农耕外,还经营果木栽培、畜牧、狩猎、商业、矿冶。在庄园周围附有为之提供劳动力的聚落。② 在此基础上,以豪族的大土地所有,使用部曲耕种的生产方式逐渐确立起来。自唐后期以来,随着均田制的瓦解,整个社会因应土地占有、经营的不同情形发生着持续的阶层分化和流动。与此同时,在社会组织方面,唐代以后,租佃制下的庄园经济在数量、面积和人口方面都得到了进一步发展,越来越多的佃户、自耕农、商人居住于客坊

---

① 参见宫崎市定《中国聚落形态的变迁——关于邑、国、乡、亭、村的考察》,载氏著《宫崎市定亚洲史论考》,张学锋等译,上海古籍出版社 2017 年。
② 以上参见宫崎市定《中国村制的确立——古代帝国崩溃的一个侧面》,载氏著《宫崎市定亚洲史论考》,张学锋等译,上海古籍出版社 2017 年。

中,形成了包容各种社会关系类型的聚落单位——"村"。村的规模从几十户到几百户不等,进一步膨胀后,有些就形成了"镇"和"市"①,乡村社会自身的区域层级已逐渐发育清晰。

田制不立,转而诉诸村制的完善,上述社会变动对此后历代王朝的乡村控制提出了新的要求。面对日益复杂的社会分层和人口、土地的频繁流动,基层行政活动的组织需要容纳和协调各种社会关系的变动,以期实现对乡村聚落的地域性控制,基层组织朝向地域的一系列变化都由此展开。在唐令中出现的乡里制与汉代的乡里在性质上已截然不同。它是日益发达的官僚机构对县以下散居村落的组织安排,其百户为里、五里为乡式的编户控制对象已被区分为在邑的坊与在田野的村。此时的乡、里已从过去的自然聚落单位转变为人为的行政区划单位,用来直接控制居住于田野村落中的居民。而在最基层设置的保,则源自军队什伍连坐之制,由此递增而上至乡里、州县,目的是为行政机构的纵向管理奠定基础。② 不论是户口田地的呈报,还是赋役征收的组织,都以乡为单位,由里正向州县负责。③

第二节　宋代差役改革与都保乡役体系的形成

宋代都保制的形成标志着传统中国乡村控制体系的成型。对于这一问题的研究大致可分辨出两条路径。其一,从居民自身的地域认同观念出发考察乡村区划的形态与变动。根据鲁西奇对宋元买地券中亡人乡贯、葬地的记载,我们看到作为纯粹地域单元的乡、里(社)是在基本退出赋役、治安等领域后才在人们的观念中稳定存在了下来,同时期形成的都保制则甚少出现。④ 很显然,作为现实地方行政活动的一种组织形态,都保制首先是州县行政向下延伸的产物,它与乡民对自身生活地域的认同并非同

---

① [日]加藤繁:《唐宋时代的庄园组织及其成为村落而发展的情况》,载氏著《中国经济史考证》第一卷,吴杰译,商务印书馆1962年,第185—208页。
② 参见宫崎市定《中国村制的确立——古代帝国崩溃的一个侧面》,载氏著《宫崎市定亚洲史论考》,张学锋等译,上海古籍出版社2017年。
③ 参见郑学檬主编《中国赋役制度史》,上海人民出版社2000年。
④ 鲁西奇:《宋代蕲州的乡里区划与组织——基于鄂东所见地券的考察》,《唐研究》第11辑,北京大学出版社2005年,第595—620页;《买地券所见宋元时期的城乡区划与组织》,《中国社会经济史研究》2013年第1期。

步,后者往往可以灵活运用各种行政词汇指代规模不等的聚落,在描述乡村基层组织的形态变化时,似应先将两者区别开来,而不是相互援引以作出多半推测性的结论。

其二,通过对相关制度,特别是差役制度的研究来考察其结构和功能,它涉及将一定的人力和财物从乡村向城市输送等一系列活动。由于宋代差役法本身变化比较混乱,现有研究多集中于对差、雇之法相互替代进而差雇兼用过程的梳理①,对于其间所发生的组织分化及相互影响缺乏明晰的分辨,当研究涉及乡村基层组织形态的演变时,遂出现较大争议。通过考察乡书手职能及其与里正、户长、保正的区别,王棣认为宋代乡是县以下的一个"财政区划",而里、管、保才是执行政令的"行政区划",两者并无隶属关系。② 夏维中认为,乡书手职能的扩大正说明了乡随着佥役功能的褪去而转变为一个地域单位,而在保甲组织承担起职役和土地登记的职能后,"都"逐渐成为乡以下一个基本稳定的地域建置。③

王棣敏感地注意到了乡村基层组织基于职役分工而发生的二元分化,但以"财政"与"行政"来表示两者的区别并不准确,将其割裂开来更是不合理的。比较乡与都发挥作用的各种资料,我们能看到,"乡"涉及的行政活动多发生在县衙门里,而"都"则被设计成乡村人户向上供应的组织单位,两者的区别正显示出州县行政在实际运行中所发生的"城"与"乡"的观念分野。同样,对于所谓都的地域性特征也应更多地被理解为这种观念建构的产物,它不会随着保甲组织介入赋役和土地丈量而"自然"地形成,土地、人口的频繁流动,胥吏包揽网络在城乡的蔓延,使乡都之间基于地域的隶属关系和职能分工变得暧昧不明,它更多的是施政者为应对上述情形而作出的一个理应如此的设计。

一、都保乡役体系的地域性设计

宋代都保乡役体系是随着保甲组织承担起差役职能后逐渐形成的。对于保甲制的产生及其介入差役后的变化,吴泰已作了较为完整的描

---

① 漆侠:《宋代经济史》上册,上海人民出版社 1987 年,第 464—492 页;[日]周藤吉之:《唐宋社会经济史研究》,东京大学出版会 1965 年,第 578—610 页。
② 王棣:《宋代乡里两级制度质疑》,《历史研究》1999 年第 4 期。
③ 夏维中:《宋代乡村基层组织衍变的基本趋势——与〈宋代乡里两级制度质疑〉一文商榷》,《历史研究》,2003 年第 4 期。

述。① 本章所要强调的是，不论是以家联保，还是以丁联兵，保甲产生之初都被设计成了一个以乡村社会为依托的地域控制体系，当其介入差役领域后也是如此。它是对"乡村人户各以远近团为保甲"这一惯例的应用，并力图赋予规整的行政层级。

熙宁三年，司农寺颁《畿县保甲条制》，以家为单位，"自近及远，结为大小诸保"，编成保（10家）——大保（50家）——都保（500家）的层级组织。病患、老幼、单丁、女户不以丁数多少，就近附保，达不到规定户数的家保亦就近附保。各级首领从主户有行止、心力及物力最高者中选出，分管保内巡警、治安等事务，形成保长——大保长——都副保正的控制体系。保丁则不论主客，从两丁以上的家户中选出，不仅从事民兵训练，"如有申报本县文字，并令保长轮差保丁赍送"。②

在实际编排中，为照顾各地村落分布与人户的不同性质，上述规定又有着极富弹性的变通和扩充。如当时的湖北路："应排保甲村疃，并以大保、都保，止于逐村编排，更不通入别村。"③ 这种逐村编排的做法自然要求对户数的限定更加灵活，遂有二百户以上即可立一都保，"即户不及二百者，各随近便，并隶别保诸路"的规定。④ 镇市与草市保甲则需分别编排，熙宁七年，"诏诸城外草市及镇市内保甲毋得附入乡村都保，如共不及一都保者，止令厢虞候、镇将兼管"。⑤ 八年，鉴于兼并之家客户众多，若只以主户二丁入保，都保有至数百家者，人数过多，地分阔远，难以施政，遂改以"主客户五家相近者为小保，五小保为大保，十大保为都保"⑥，不仅缩小了家保的规模，更强调家户的地域临近，并将客户容纳了进来。元丰五年，除官户、女户外，单丁户及免丁之人亦纳入家保，责以互相觉察。⑦

---

① 吴泰：《宋代"保甲法"探微》，载中国社会科学院历史研究所宋辽金元史研究室编《宋辽金史论丛》第二辑，中华书局1991年，第178—190页。
② 《续资治通鉴长编》卷二一八，《文渊阁四库全书》本，第317册，第601—602页。
③ 《续资治通鉴长编》卷二七四，《文渊阁四库全书》本，第318册，第619页。
④ 《续资治通鉴长编》卷二四八，熙宁六年十一月戊午条，《文渊阁四库全书》本，第318册，第229页。
⑤ 《续资治通鉴长编》卷二五二，熙宁七年夏四月甲午条，《文渊阁四库全书》本，第318册，第309页。
⑥ 《续资治通鉴长编》卷二六七，熙宁八年八月壬子条，《文渊阁四库全书》本，第318册，第525页。
⑦ 《续资治通鉴长编》卷三二七，元丰五年六月戊午条，《文渊阁四库全书》本，第319册，第515页。

至此，各类土地所有者及其佃户按照聚居形态都被纳入所居地的家保之中。通过对这些基本社会关系的利用，主政者希望在地方治安等活动中，一方面能"上下有分，缓急易使"①，同时实现一种贫富交相为助的和谐局面——"富者不虞寇劫，恃贫者相保以为存；贫者有所周给，恃富者相保以为生。使富贫交亲以乐业，谓无如使之相保之法也"。②

保甲制与当时户等制下的差役组织差别非常明显。前者包括了佃户在内，对人户的分类更加细化，后者则只包括有产的主户。另外，与保甲组织着重于乡村的地域控制不同，宋代差役最初在组织原则上并无城乡差别，所有役人皆是"各以乡户等第差充"。③ 在淳熙《三山志》中，只统以"州县役人"名之，直到更晚出的嘉定《赤城志》、宝祐《重修琴川志》中，才将后来以保正长为主的一系列差役视为"乡役人"。

更重要的是，入仁宗朝以来，随着地方豪强形势之家经济势力膨胀，差役不均的现象日益普遍，以乡为单位按户等轮差的做法变得难以实行：一乡之内，中等以上可堪差遣者越来越少，"且以三千户之邑五等分算，中等以上可任差遣者约千户；官员、形势、衙前、将吏不啻一二百户，并免差遣；州县乡村诸色役人又不啻一二百户，如此，则二三年内，已总遍差，才得归农，即复应役，直至破尽家业，方得闲休"。④ 乡村饶有物力者遂将己田典卖于形势之家，诡做佃户名目，以求隐庇差役，导致乡与乡之间在被差疏密、物力高下方面差别增大。"假有一县甲乙二乡，甲乡有第一等十五户，每户物力及三千贯，乙乡有第一等五户，每户物力及五百贯。即甲乡十五年一役，乙乡五年一役，富者休息有余，贫者败亡相继。"⑤ 遂有至和间罢里正衙前，改差乡户衙前之举，其专取于上户的做法事实上取消了乡的派役功能。其法："将五等簿于一县诸乡中第一等选一户物力最高者为之，如更差人，亦仿此。若甲县户少而役繁，即权许于乙县户多而役稀处差。簿书

---

① 《续资治通鉴长编》卷三二七，元丰五年六月戊午条，《文渊阁四库全书》本，第319册，第515页。
② 《续资治通鉴长编》卷二一八，熙宁三年十二月乙丑条，《文渊阁四库全书》本，第317册，第602页。
③ 马端临：《文献通考》卷一二，职役考一，《文渊阁四库全书》本，第610册，第291—292页。
④ 《宋会要辑稿》，食货六十三，《续修四库全书》本，第783册，第560页。
⑤ 《续资治通鉴长编》卷一七九，至和二年夏四月辛亥条，《文渊阁四库全书》本，第317册，第32页。

未尽实,而愿抉取他户者,亦听。"①虽然物力核定仍以五等丁产簿为准,但衙前则改从一县诸乡的上户中差派,甲县不足则取诸乙县;如簿书不实,不按户等佥派也是可以的。其后行于江南东、西路的所谓乡户五则法,即是将各乡上户按产钱物力从多至少,置簿排定,分为五则,按役次重难顺序轮役:"若第一等重难十处,合用十人,即排定第一等一百户,若有第二等五处,即排定第二等五十户,以备十次之役,其里正更不差人。"②在福州,乡户衙前更是"以十二县产钱通排……仍请罢里正,以宽衙前歇役年限"。③

扩大轮役范围,增长人户应役间隔,甚至弃用户等以缓解差役不均的窘境,这正说明了原有乡里组织功能的退化。其退化的另一表现则是雇募与投名役人大量出现:在熙宁前役人已有雇募、投名和轮差的区别,对同一差役如衙前,不同时期三种方法多曾交替使用。雇募钱出于官,募有产且练事者为之,投名则需同行担保,州县以"吏人"名之的职役多从此出;不足,方差税户,他们的产生遂不再与乡村社会的组织发生关系。④

以上是熙宁变法前差役组织的大致情形,后来随着各项变法的展开,将人户在地域基础上重新加以组织就显得必不可少,这为保甲组织功能的拓展提供了契机。其中在方田和给散青苗中设置甲头即是一例。熙宁二年九月,诏令人户领取青苗钱时以五户以上为一保组织起来,"令佐躬亲勒耆、户长识认","客户愿请者,即与主户合保,量所保主户物力多少支借。如支与乡村人户有剩,即亦准上法支俵与坊郭有抵当人户"。⑤但耆、户长看来是无法胜任识认的任务,次年,为防止坊郭"浮浪无业之人"冒名领取青苗钱,改以十户以上结为一保,内选三等以上富户为甲头,保内按户等高下分配领纳数额。⑥由于青苗钱归还时随两税输纳,这种包括客户在内,贫富相兼、以富者为首的组织也就间接参与了赋役催征。

这样,首先在治安、青苗、方田等领域,试图包容一定地域内多种社会

---

① 《续资治通鉴长编》卷一七九,至和二年夏四月辛亥条,《文渊阁四库全书》本,第317册,第32—33页。
② 《续资治通鉴长编》卷一七九,至和二年夏四月辛亥条,《文渊阁四库全书》本,第317册,第33页。
③ 淳熙《三山志》卷一三,版籍类四,海风出版社2000年,第141页。
④ 淳熙《三山志》卷一三,版籍类四,海风出版社2000年,第141—147页。嘉定《赤城志》卷一七,吏役门,《续修四库全书》本,第486册,第729—733页。
⑤ 《宋会要辑稿》,食货四,《续修四库全书》本,第781册,第622页。
⑥ 《皇宋通鉴长编纪事本末》卷六八,《续修四库全书》本,第386册,第567页。

关系的组织得以出现,至熙宁七、八年,甲头、保正长被正式纳入乡役体系之中:

> 熙宁七年十月辛巳……司农寺司乞废户长、坊正,其州县坊郭税赋、苗役钱,以邻近主户三二十家排成甲次,轮置甲头催纳,一税一替。逐甲置牌籍姓名,于替日自相交割,县毋得勾呼、衙集、役使,除许催科外,毋得别承文字。①

> 熙宁八年闰四月乙巳,诸县有保甲处,已罢户长、壮丁,其并耆长罢之。以罢耆壮钱募承帖人,每一都保二人,隶保正,主承受本保文字。乡村每主户十至三十轮保丁一,充甲头,主催租税、常平、免役钱,一税一替。……凡盗贼、斗殴、烟火、桥道等事,责都副保正、大保长管勾,都副保正视旧耆长,大保长视旧壮丁法,未有保甲处,编排毕准此。②

由此可见,整个乡役体系以都保为单位,形成了甲头、保长、承帖人的分工。他们替代了原有的耆、户长、壮丁,分别承担起治安、催税、承受文引等职责。其中承帖人为雇募,其他则轮差。

免役法使民出钱以免亲身应役,主要涉及的是衙前等州县役人,但上述都保乡役的出现仍被许多人认为与免役法宗旨相悖。王安石对此的解释是:"保丁、户长,皆出于百姓为之,今罢差户长,充保丁催税,无向时勾追、牙集、科校之苦,而数年或十年以来方一次催税,催税不过二十余家,于人无所苦。"③结合上述《畿县保甲条制》可知,所谓"皆出于百姓为之",即是要借助原有保甲组织的地域性设计,使基层行政活动能够利用乡村社会固有的支配关系,在当地自发而有序地完成,而无须州县行政权力过多介入,因为在当时各项变法中,"吏不得人"造成的恶果已非常明显了。

元丰间,虽一度罢甲头雇募户长以代,但若无人应募,则"据税户多少,轮四等以上保丁催税,每都保毋得过五人。每人须催百户以上,量所催多

---

① 《续资治通鉴长编》卷二五七,《文渊阁四库全书》本,第318册,第364—365页。
② 《续资治通鉴长编》卷二六三,《文渊阁四库全书》本,第318册,第457页。
③ 《续资治通鉴长编》卷二六三,熙宁八年闰四月甲寅条,《续修四库全书》本,第318册,第467页。

少支给雇钱,共无得过充雇户长钱数。仍依旧一岁一替,愿再充者听"。① 另一种替代方法则是雇募承干人,使隶于保正以催税租、常平等钱。② 不论差雇,负责催征的都是都保下的役人。元祐四年,诏令"保甲簿候造丁产簿日一就施行"③,这自然意味着前者在乡村派役中发挥了更加重要的作用。绍圣元年恢复保甲催征后,无偿的力役之征在都保一级重新展开,"凡州县徭役、公家科敷、县官使令、监司迎送,皆责办于都保之中"。④ 其中甲头催税在东南诸路多有设立,以三十户为一甲,各随都分编派,一岁轮差甲头二名催科夏、秋二税,自高至下,依次而差。⑤ 在江浙等人烟稠密的地区,甚至有十户编为一甲的情况。⑥ 户长则"每二百五十家差户长二名,以催理民所当纳之赋"。⑦ 而以都为单位组织人役的簿籍在绍兴经界后也已形成,对它与五等丁产簿的区别,陈耆卿作了很明白的描述:

> 五等簿者,以通县计之,自第一至第几,以其户强弱,各自为簿。鱼鳞簿者,以比屋计之,自第一都至第几都,不以其户强弱,并为一簿,各自为簿。即第一等之中,虽有强弱,要不失于上户,第二等之中,虽有强弱,要不失于中户,以其力略相等,故其役均并为一簿。即或一都之中适多强户,则歇役之日长,或一都之中适多弱户,则歇役之日短,或一都之中适皆弱户,则于其中不得不推排一二以为强户,则无复歇役之日,以其力相殊绝,故其役不均,此甚较然矣。⑧

以通县记之的五等簿是至和间改里正衙前为乡户衙前的结果,以比屋

---

① 《宋会要辑稿》,食货六十六,《续修四库全书》本,第784册,第72页。
② 《续资治通鉴长编》卷三一一,元丰四年正月丁酉条,《文渊阁四库全书》本,第319册,第313页。
③ 《续资治通鉴长编》卷四二二,元祐四年二月乙巳条,《文渊阁四库全书》本,第321册,第407页。
④ 《宋会要辑稿》,食货六十五,《续修四库全书》本,第784册,第41页。
⑤ 《宋会要辑稿》,食货六十六,《续修四库全书》本,第784册,第91页。
⑥ 胡太初:《昼帘绪论》,《文渊阁四库全书》本,第602册,第716页。
⑦ 汪应辰:《论罢户长改差甲头疏》,《文定集》卷五,《文渊阁四库全书》本,第1138册,第623页。
⑧ 陈傅良:《转对论役法札子》,《止斋文集》卷二一,《文渊阁四库全书》本,第1150册,第669页。

计之的鱼鳞簿按都划分乡村地域,替代前者成为基本的乡役组织,但仍面临强弱之分和差役不均的情形。如下文所述,这种强弱的悬殊并非全由贫富差别的自然分布所决定,人户出于避役计,与遍布城乡的胥吏包揽网络相勾连,可以隐匿物力以就下等,也可自由选择有利于己的落户地点,这使得都保制基于地域关系的乡村秩序建构变得面目模糊。对此,我们需要从熙宁变法后州县役人在雇募中发生的变化来理解。

二、胥吏包揽网络下都保乡役体系的变形

熙宁变法一方面使五等丁产簿的差役组织功能进一步弱化,加剧了户等的淆乱,加之免役钱发放不规范,州县雇役逐渐由官方组织转变为私人雇募,他们以各种方式满足人户逃避差役的需要,更将个人的私利追求渗入其中,逐渐演变为城乡包揽网络中的一部分,从而极大地扭曲了都保乡役体系的运行。

首先,应注意到在免役法计产赋钱的过程中有一个品量物力,别立户等,进而按产均出役钱的做法。按照邓绾、曾布的设计,人户应按产业、家资重新划分户等以输钱,"上户分甲乙五等,中户上中下三等,下户二等,坊郭十等。岁分夏秋,随等输钱。乡户自四等,坊郭自六等以下勿输"。此外,免役钱的征收还包括了坊郭户及未成丁、单丁、女户、寺观、品官之家。① 从实际执行情况看,诸路划分户等各随土俗所宜,多不相同:"田顷可用者视田顷,税数可用者视税数,已约家业贯伯者,视家业贯伯,或随所下种石,或附所收租课,法虽不同,大约已定,而民乐输矣。"② 也有算及身丁的情况。③ 吕惠卿则采取了由人户自陈并相互纠告的手实簿法,以重造各乡五等簿,但遭致邓绾的反对,并未普行。④

重新划定的户等是人户输钱的依据而非轮役的依据,符合等级的所有

---

① 《续资治通鉴长编》卷二二七,熙宁四年冬十月壬子条,《文渊阁四库全书》本,第317册,第733页。
② 《续资治通鉴长编》卷二六九,熙宁八年冬十月辛亥条,《文渊阁四库全书》本,第318册,第557页。
③ 《续资治通鉴长编》卷三〇一,元丰二年十二月戊申条,《文渊阁四库全书》本,第319册,第189页。
④ 《续资治通鉴长编》卷二五四,熙宁七年七月癸亥条,《文渊阁四库全书》本,第318册,第336页;卷二六九,熙宁八年冬十月辛亥条,第557—558页。

人户年年都随两税输钱,这就取消了原来的定期轮役制度。① 仅就此点而言,类于明代一条鞭法的做法,它意味着州县行政每年需要与之发生关系的人户成倍增加,纳税负担因此重新分配,组织方面的困难可想而知。在新的户等下,"两浙之民,富溢其等者为无比户,多者七八百千,其次五百千"②,利害冲突在所难免。人户为逃避役钱,"或隐寄税钱,诡名以就下等"③,州县为获得更多的宽剩钱,也有过肆意升补户等,"下户入中,中户入上"的情况。④ 熙宁四年就曾发生过东明县百姓千余人指责户等升降不公,陈诉于府,甚至突入王安石私宅的事件。⑤ 户等的淆乱使原有版籍愈益不明,元祐间复行的差役法难以为继,"宜重役者辄轻,宜轻役者反重。乡宽户多者,仅有休息之期;乡狭户窄者,频年在役"⑥,遂有州县役人结合户等与歇役年限,以雇募为主,兼行差法的变通。元祐七年九月六日,三省上言:"诸路差役,第三等以上户空闲四年,第四等以下户空闲六年,不及逐等年限,即雇募。狭乡县役人,并许雇州县役。宽乡县役人,并轮差。"⑦

另一方面,州县行雇役伊始,对免役钱的使用就不规范,任意克扣雇钱,削减役人之事常有。"州县以役人日减,公事日繁,虽迫以严刑,犹不能办。役人以仓法太重,募钱太轻,无以自养,不愿就役,上下失所,公私共患。"⑧ 而州县吏人投名则一直不曾间断,元祐间对投名者已"不限产税",只需同行保明即可,乡书手在改为雇役后,多是由不支雇钱的投名吏人充任。⑨ 此时所雇之人如监察御史王岩叟所言,"例多市井浇浮之群小,罕复

---

① "旧日差役之时,上户虽差充役次,有所陪备,然年满之后,却得休息数年,营治家产,以备后役。今则年年出钱,无有休息。"(《续资治通鉴长编》卷三六五,元祐元年二月乙丑条,《文渊阁四库全书》本,第320册,第202页)
② 《续资治通鉴长编》卷三二四,元丰五年三月乙酉条,《文渊阁四库全书》本,第319册,第472页。
③ 《续资治通鉴长编》卷三二四,元丰五年三月乙酉条,《文渊阁四库全书》本,第319册,第471页。
④ 《续资治通鉴长编》卷三六四,元祐元年春正月戊戌条,《文渊阁四库全书》本,第320册,第167页。
⑤ 《宋会要辑稿》,食货六十六,《续修四库全书》本,第784册,第68页。
⑥ 《续资治通鉴长编》卷四二四,元祐四年三月己亥条,《文渊阁四库全书》本,第321册,第427页。
⑦ 《续资治通鉴长编》卷四七七,元祐七年九月丙戌条,《文渊阁四库全书》本,第322册,第243页。
⑧ 《续资治通鉴长编》卷二七九,熙宁九年十一月戊寅条,《文渊阁四库全书》本,第318册,第691—692页。
⑨ 嘉定《赤城志》卷一七,吏役门,《文渊阁四库全书》本,第486册,第730页,第732页。

乡间笃实之编民。防之稍疏则冒犯者多，绳之差严则逃亡者众"。① 这些所谓的"四方浮浪之人"无田产之累，"作公人，则恣为奸伪，曲法受赃；主守官物，则侵欺盗用。一旦事发，则挈家亡去，变易姓名，别往州县投名。官中无由追捕，官物亦无处理索"。② 但需要注意的是，司马光并未因管理困难而主张废除雇役，而是强调可将雇役变为一项私人协商的行为以作为差役的补充：

> 诸州所差之人，若正身自愿充役者，即令充役；不愿充役者，从便选雇有行止人自代。其雇钱多少，私下商量。若所雇人逃亡，即勒正身别雇。③

这种所谓"私下商量"使雇募不再是衙门的公务，自然也无须后者出钱。元祐间恢复差役法后，州役人多由官自募，县役人更多地还是选择这种私人雇募的方式。但因为版籍不明，差役无法与物力相符，"上等极力之人，昔输钱有岁百贯至三百贯者，今止差为弓手，岁雇弓力一名以代身役，不过用钱三四十贯。中、下人户，旧出钱不过三贯至二贯，而雇承符、散从、手力之类不下三十贯。以是校之，劳逸苦乐相倍蓰矣"。④ 不仅如此，这种"私下商量"往往也并非出于人户自愿，"或官吏苛虐，必使顾募其人，或所顾顽狡百端，取其顾直"⑤，甚至有"被雇人邀勒乡户剩要工钱者"。⑥ 绍圣后重新恢复的雇役多是这等私人雇募，衙门并不给值的角色，靖国元年四月户部奏请："京西北路乡书手、杂职、斗子、所由、库、秤、拣、掐之类，土人愿就募，不须给之雇直，他路亦须详度施行，诏从之。"⑦ 虽然吏人员额多有

---

① 《续资治通鉴长编》卷三六四，元祐元年春正月戊戌条，《文渊阁四库全书》本，第320册，第170页。
② 《续资治通鉴长编》卷三六五，元祐元年二月乙丑条，《文渊阁四库全书》本，第320册，第202页。
③ 《续资治通鉴长编》卷三六五，乙丑条，《文渊阁四库全书》本，第320册，第203页。
④ 《续资治通鉴长编》卷四二四，元祐四年三月己亥条，《文渊阁四库全书》本，第321册，第427页。
⑤ 苏辙：《论衙前及诸役人不便札子》，《栾城集》卷四五，《文渊阁四库全书》本，第1112册，第521页。
⑥ 《宋会要辑稿》，食货六十六，《续修四库全书》本，第784册，第79页。
⑦ 马端临：《文献通考》卷一三，职役考二，《文渊阁四库全书》本，第610册，第313页。

减损①,但这只意味着免役钱被收夺于总制,不再用于州县雇役,"免役钱之在州县者日益少,而役人无禄者众矣"。②至南宋,无禄吏人名目日繁,"既有正额,又添守阙;既有习学,又收私名。创立事端则谓之专行,分受优轻则谓之兼案,率置一局则三四人共之,贴司又不可胜计","每一剧邑有至一二百人,少亦不下数十人,县官利其便于使令,一切不问"。③

上述变化的影响异常深远。州县役人不再从乡村按户等定期轮派中产生,"游民敝夫而委以仓库案牍之事,军员卒长而付以钱谷簿书之责"④,行为则越发不受县令掌控:"论若喜其驵侩而稍委用之,则百姓便以为官司曲直皆出彼之手,彼亦妄自夸大以骄人。往往事亡巨细,俱辐凑之。甚至其门如市,而目为立地官人者。"⑤他们和包揽阶层融为一体,与包括官户势家在内的广泛的社会阶层保持着紧密的私人联系,构成了对正规乡役体系的替代,正如陈傅良所言,"今天下州县之胥皆浮浪之人,而乡村催科专责之保正长是也。以州县浮浪之人行遣公事,蠹民诚甚,然未易改也"。⑥

对于胥吏、揽户阶层变乱版籍、把持两税受纳的情形已有研究充分涉及⑦,这里仅就其在城乡活动的社会特征和对保甲轮役体系的影响作一描述。

在过割税粮、推排物力和点差之时,诡名挟户、变乱版籍之弊更多地体现出胥吏与"乡豪""权贵""公吏之家"的利益勾连⑧,胥吏一手把持物力簿与税簿的攒造,推割造簿之时,"豪右之家计嘱乡书,只用白状,不述保分、人丁、住止,将一户税力分立诡名,减免等第,却与下户暗增色

---

① 赵彦卫:《云麓漫钞》卷一二,《文渊阁四库全书》本,第864册,第382页。
② 陈傅良:《转对论役法札子》,《止斋文集》卷二一,《文渊阁四库全书》本,第1150册,第668页。
③ 《宋会要辑稿》,职官四十八,《续修四库全书》本,第779册,第645—646页。
④ 张方平:《论率钱募役事》,《乐全集》卷二六,《文渊阁四库全书》本,第1104册,第276页。
⑤ 陈襄:《州县提纲》卷一,《文渊阁四库全书》本,第602册,第623页。
⑥ 陈傅良:《转对论役法札子》,《止斋文集》卷二一,《文渊阁四库全书》本,第1150册,第668页。
⑦ [日]周藤吉之:《宋代经济史研究》,东京大学出版会,1971年,第785—813页。王曾瑜:《宋代的诡名挟户》,《涓埃编》,河南大学出版社2008年,第556—582页。
⑧ "窃详:典卖田宅出于穷窭,遂将田产破卖。多是乡豪、权贵、公吏之家典买。其买地之人每遇投税,扶会本乡保正,借令别人诈作卖地人名字,赴官对会推割,嘱托乡司承认些少税役,暗行印押契赤,批凿簿书,其实元不曾依条同卖业人正身赴县当面尽数承认。"(《宋会要辑稿》,食货六十一,《续修四库全书》本,第783册,第395页)

额"。① 乡役组织因之很难保证公平与地域的完整。如在差甲首时,"有嘱者税额虽多,乃与分为三数引而常为甲下户矣,无嘱者税额虽少,乃与最少下户同引,而常为甲首矣。不特先期输纳,而甲下十标欲其分给人户,有居于县市者,有居于外都者,安能一一识认其家,最为被扰"。② 户等任意篡改,随意搭配,使一甲同引之人城乡两隔,往往并不相识,更谈不上组织催征。保正长的佥派也是如此:

> 差役之法,比年以来,吏缘为奸,并不依法五家相比者为一小保,却以五上户为一小保,于法数内选一名充小保长,其余四上户尽挟在保丁内。若大保长阙,合于小保长内选差;保正副阙,合于大保长内选差。其上户挟在保丁内者,皆不着差役,却致差及下户。故当保正副一次,辄至破产。不惟差役不均,然保伍之法,亦自紊乱矣。③

上户通过隐匿物力,居于保丁之内以躲避差役,应役之人财力有限,终致破产,整个保甲组织亦自趋紊乱。此外,由于近城乡村的田产多为官户寄产,所有者不是官户的干人,就是其宗族亲戚,其催科"皆勒乡司为之代,其乡司者亦乐为之,互相表里,名有代役之苦,实滋舞弄之奸"。④

而在两税受纳阶段,更多地体现出胥吏与揽户潜通腹心、事同一家的紧密联系。在县城,揽纳两税者多有从事交易经纪之人,"异时,大驵侩、仕家子与吏为奸,以官为市,揽纳以制民之命"⑤,人户在将钱米交托于揽子时,也多有店户、铺户的参与。⑥ 在交纳之时,"揽纳人类多与公吏相表里,亦有公吏自为之者,揽而不纳,反以殃及户长"⑦,这时胥吏与揽户看起来更像是同一类人的两种不同职业。在涉及仓斗与揽户的关系时,"揽户城

---

① 《历代名臣奏议》卷二五八,《文渊阁四库全书》本,第440册,第349页。
② 胡太初:《昼帘绪论》,《文渊阁四库全书》本,第602册,第717页。
③ 《宋会要辑稿》,食货六十六,《续修四库全书》本,第784册,第88页。
④ 范西堂:《提举再判下乞照限田免役状》,《名公书判清明集》卷三,中华书局1987年,第89—90页。
⑤ 黄庭坚:《曹侯善政颂并序》,《豫章黄先生文集》卷一五,《四部丛刊》本,第6页。
⑥ "又虑税户日前已将钱米交托与揽子、店户等人,却被揠收入已,致作名下挂欠","如有农家或将银米凭托揽子、铺户等人,须是便取去赤钞为凭,不可信受手会、白关之类"。参见陈傅良《止斋文集》卷四四,《文渊阁四库全书》本,第1150册,第849—851页。
⑦ 汪应辰:《论罢户长改差甲头疏》,《文定集》卷五,《文渊阁四库全书》本,第1138册,第623页。

居也,仓斗亦城居也,或自为揽户,或自非揽户而子堳亲戚为之,事同一家,臂指相应……却取民户之有余以补揽户之不足"。① 在受纳物帛时,受纳官则与揽户结成腹心,"凡揽子等赍到,更不问纰疏长短,一切受之。若人户亲纳,则吹毛求疵,稍不及格,即以柿油墨煤连用退印涂渍",临安府受纳税捐更是"官中不经揽纳,人不肯收接"。②

在附城的乡,如上所述,多由乡司直接包揽官户税粮。在较远的乡村,揽纳网络同样存在,"远村细民户产微薄,输纳零细,须凭揽人凑数送纳"③,甚至出现了揽户直接充任保正副、户长的情况:

> ……况今之为保正副、户长者,皆非其亲身,逐都各有无赖恶少,习知乡间之事,为之充身代名,执役之亲身虽屡易,而代役之充身者数十年不易也。④

名义上逐都乡户亲身轮役,其实由同一揽户充身代役早已成为数十年不易的惯例。

胥吏、揽户阶层凭借其广泛的私人关系,编织起一整套流动的城乡包揽网络,群体身份的模糊混杂正反映了包揽实现于更加多样的社会关系,它包括亲属关系、商业买卖、官户与奴仆,也有纯粹的利益分配,而这些都是正规的行政手段所无力掌控的,这一点在陆九渊对"官人"与"吏人"的比较中说得非常清楚:

> 官人者,异乡之人;吏人者,本乡之人。官人年满者三考,成资者两考,吏人则长子孙于其间。官人视事,则左右前后皆吏人也,故官人为吏所欺,为吏所卖,亦其势然也。吏人自食而办公事,且乐为之,争为之者,利在焉故也。故吏人之无良心,无公心,亦势使之然也。官人常欲知其实,吏人常不欲官人之知事实,故官人欲知事实甚难。官人问事于吏,吏效其说,必非其实,然必为实形,欲为实形,亦必稍假于实。盖不为实形,不能取信。官人或自能得事实,吏必多方以乱之,纵

---

① 景定《建康志》卷四四,《文渊阁四库全书》本,第489册,第505页。
② 《宋会要辑稿》,食货六十八,《续修四库全书》本,第784册,第100—101页。
③ 《宋会要辑稿》,食货六十八,《续修四库全书》本,第784册,第101页。
④ 黄干:《代抚州陈守》,《勉斋集》卷第二五,《文渊阁四库全书》本,第1168册,第272页。

不能尽乱之,亦必稍乱之,盖官人纯得事实,非吏人之利也,故官人纯得事实为难,纯以事实行之,为尤难。①

作为"本乡之人"的吏人能够借公事牟利,全在于现实的州县行政总是在无数个私人关系的动态联系中运行着,这让来自异乡的县令欲纯得"事实"而不能,他会觉得自己并不是真正在行使权力。

在本章考察的都保乡役体系的建构中同样如此。以胥吏、揽户为中心的权利网络遍布城乡,使按都保轮差的有序安排徒袭其"实形",这集中体现在所谓"宽乡(都)"与"狭乡(都)"的区别上面。至南宋,对宽乡与狭乡的议论涉及的基本是都与都之间的差异。这里的宽与狭并非指地域大小或资源禀赋的优劣,而是指获得避役机会的大小:

> 所谓宽乡者,一乡官户田产少处也;狭乡者,官户田产多处也。假令一乡之中尽为官户,而限田又不过数,则谁当着役?是必依旧坐困,百姓近年之弊殊未去也。②

官户有免役特权,且在推割时多贿嘱乡胥以避役,狭乡官户田多,民户田少,后者自然频繁应役,"且如甲有物力一千贯,乙有物力七百贯,则甲替而差乙;丙有物力一百贯,则丙替而差丁。无可选者,又已得替人轮差"。③ 这是对普通民户而言。对于品宽田多的官户,则可"互假其名以寄产。"④而对广有田产的所谓"物力之家",虽然田产遍布各都,却可以选择在狭都置产,宽都落户:

> 宽都人户有至二三十年方一差者,狭都人户有三五家循环充役,无岁不受其害者。故物力之家虽置产于狭都,而必立户于宽都,虽散其产于狭都,而必并其税于宽都,彼宽都之役日以宽,狭都之役日以密,宽者益富,而密者益贫。贫者益劳,而富者益逸。⑤

---

① 陆九渊:《与赵推》,《象山集》卷八,《文渊阁四库全书》本,第1156册,第331页。
② 韩元吉:《论差役札子》,《南涧甲乙稿》卷一〇,《文渊阁四库全书》本,第1165册,第130—131页。
③ 《宋会要辑稿》,食货六十六,《续修四库全书》本,第784册,第93页。
④ 《宋会要辑稿》,食货六十六,《续修四库全书》本,第784册,第95页。
⑤ 黄干:《代抚州陈守》,《勉斋集》卷第二五,《文渊阁四库全书》本,第1168册,第271页。

由此可知,造成"宽都之役日以宽,狭都之役日以密"的原因并非官户的自然分布,而是人户出于避役而作出的有意识的选择。他可以贿嘱胥吏,联系揽户,或故意迁徙以寻求官户庇护,都保的形态因之也就有了各种人为变动。绍兴二十七年十二月四日都省批:

> 兼契勘州县差募保正、副,依法系以十大保为一都保,二百五十家内通选材勇物力最高二人充应。缘州县乡村内上户稀少,地里窄狭,并有不及一都人户去处,致差役频并。今看详,欲下诸路常平司行下所部州县,委当职官将都保比近地里窄狭、人烟稀少并不及十大保去处,并为一都差选,仍不得将隔都及三都并为一保。如内有都分人烟繁盛,山川隔远,更不须拨并。其并过都分,从本司保明供申。如有人户陈诉均拨不当及人吏作弊去处,仰常平司按劾,申取朝廷指挥施行。①

可见当时出于应役的考虑,在都分的拨并中存在跨地域的隔都和任意分配的现象,保甲组织并未因承担起催征职能而自动转变成一个稳定的地域控制体系;胥吏、揽户的行为使复杂多样的社会关系发生人为的横向组合,各种力量都会作用于乡役的组织,使后者脱离了最初使人户上下有分,缓急易使,贫富交相为助的有序设计。

三、南宋都保乡役体系的调整:经界与差役的改进

从县令施政的角度看,上述种种名不符实的运作状态不仅造成吏治败坏、催征困难,更因差役负担不均而使社会阶层分化加剧。其改进的原则是,尽量将胥吏的活动与乡村世界隔绝开来——前者的活动要受到规限和监督;对于后者,则应在尽量廓清土地关系的基础上,通过调整轮役办法,规限包揽行为,促使乡役的佥派实现一种有序的自我组织。考察乡与都出现的场合,正是对上述施政理念的印证。

下面先以对两税催征程序的规定,说明乡与都在州县行政观念中的分工。以乡或县编制的五等丁产版簿与税簿虽不再是地方组织差役的依据,但对县令施政仍必不可少:"户有五等,县置簿以籍之,凡均敷数、顾钱、科

---

① 《宋会要辑稿》,食货六十五,《续修四库全书》本,第784册,第45页。

差、徭役及非泛抛降,合行均买者,皆以簿为据"。① 当人户有分家、典卖情事,须携分书或租契赴官投税过割:"乡书手于人户契书、户帖及税租簿内,并亲书推收税租数目并乡书手姓名。税租簿以朱书,令、佐书押。"② 在现存的租税簿格式中,遇有租税割受和创新立户时,均以"某乡里某人户"登记。③ 两税起催前,即据此由县令"勒逐乡乡胥供具合管数目,以凭给引",④或由"令、佐分定乡村,案簿点对毕,付催税人,给散纳户"。⑤ 赴县承引之人类别不一,户长⑥、保长⑦、甲头⑧均有承引拘催的记载,也有保正承引、保长催征的情况⑨,有时又称之为"保司"。⑩ 至缴纳时,县令会考虑到乡村地里远近,对交纳时限作出一些合理安排:"都有广狭,地有远近,当量其力,使之可以赴赴。其去县五十里以上,及地分稍广,隔涉溪岭者,每限以七日或十日为约,下此者则以五日为约。此合先考远近广狭之数,预立规式,置簿明署,某都限例十日或七日,某都限例五日,逮给限之时,须令直日厅吏就案头随即抄记,以俟令之自行稽察。"⑪缴纳毕,典吏须将已纳户名逐项销豁,其登记格式为"某县某乡某村某色户某人姓名"。⑫ 复根据缴纳情况,将一都民户分为"乐输""抵顽""逃绝",造册一扇⑬,顽户多由官付保正催理。⑭

---

① 《宋会要辑稿》,食货六十九,《续修四库全书》本,第784册,第183页。
② 《宋会要辑稿》,食货六十九,《续修四库全书》本,第784册,第185页。
③ 谢深甫:《庆元条法事类》卷四七,赋役门一,《续修四库全书》本,第861册,第496页。
④ 胡太初:《昼帘绪论》,《文渊阁四库全书》本,第602册,第717页。
⑤ 谢深甫:《庆元条法事类》卷四七,赋役门一,《续修四库全书》本,第861册,第483页。
⑥ "今为一年之户长,则有二年之烟火,承领催科之帖,日为比较之程,绳以棰楚,加以诛剥,绝户不除,逃亡责代。"(《宋会要辑稿》,食货六十六,《续修四库全书》本,第784册,第66页)
⑦ "……各令所部县令于保长一界当替之日,即索其所承甲帖,勒乡司当厅开具。如已纳而挂籍者,实时开销。"(《宋会要辑稿》,食货六十六,《续修四库全书》本,第784册,第63页)
⑧ "税物见得色额,须逐户俞单子,纽定折纳数目,印押讫,责付甲头赍俵,免得更м计会。"(李元弼:《作邑自箴》卷二,处事,《续修四库全书》本,第753册,第142页)
⑨ "至如江浙等处,则遂直以保正承引,保长催税,于是承引者有雇募奔走之劳,催税者有比讯陪备之苦,破家荡产,几不聊生。"(朱熹:《论差役利害状》,《晦庵集》卷二一,《四部丛刊》本,第12页)
⑩ "一应文引只付保司,不许差人下乡,如诸色公吏辄带家人下乡骚扰者,并从条收坐。"(真德秀:《政经》,《续修四库全书》本,第706册,第465页)
⑪ 胡太初:《昼帘绪论》,《文渊阁四库全书》本,第602册,第723页。
⑫ 谢深甫:《庆元条法事类》卷四七,赋役门一,《续修四库全书》本,第861册,第489页。
⑬ 陈襄:《州县提纲》卷四,《文渊阁四库全书》本,第602册,第649页。
⑭ "顽户实不肯纳者,官为付保正追治。"(《宋会要辑稿》,食货六十六,《续修四库全书》本,第784册,第63页)

由上可见,乡这一单位涉及的编制版税簿籍,凭以给引和纳毕销豁等活动都发生在县城,它是县令组织乡胥在城收纳的单位,而征收和交纳则是由都保之下的各类人役来组织的。当考虑到乡村距县城远近和顽户不纳时,都这一单位就会进入县令施政的视野。不仅如此,在实际催征中,将乡胥的活动严格限制在县城,禁止其下乡扰民则是非常普遍的规定,绍兴二十年甚至有州县催科时"令、佐毋得分乡,自至村落"的诏令。① "乡"此时已再不发生组织乡村的功能,它只是将来自乡村的数据在城汇总和进一步上报的单位,并对这中间存在的诸多胥吏作弊行为加以防范。

当与县城以外的世界发生关系时,县令总是要将"都"设想成一个基于地域的划分,这在上文立限量远近的规定中看得很清楚,在日常的乡役组织中也是如此:"缘保伍之法,系村疃联为保分,次第选物力高强人户充保正长支应。"② 当有物力分布于数乡时,"乡村户,数乡皆有物力,合并归烟爨处外,其坊郭及别县户有物力在数乡,并令各随县分并归一乡物力最高处,理为等第差遣,仍各许募人充役"。③ 所谓烟爨处,即指乡村田主所居住的都保,它应是对人户聚居地点的一个连续性划分并汇集人户所有物力以按等点差。但这种汇集在乡役组织的实际运行中很难实现,遂又有"仍各许募人充役",即付诸揽户这样相互矛盾的规定。对于包揽,县令一方面将之作为解决豪右官户倚势不输遗累保长的一个手段,令其"自行就坊郭管揽门户、干人名下催理,不许一例具入保长甲帖内抑令催纳,使之陪备"。④ 同时力图将其纳入都保组织的控制下,如嘉定间丰城县的做法:每都措置一青册,第一行书"每人户",第二行书"干事人",第三行书"掌揽人",由本都保长传至税户取阅;若自纳,则在第一行书自纳;若委于干事人或掌揽人,则需写清其姓名和居址,以便核查租赋去处。⑤ 因此,我们应将"都"的地域性理解为州县行政把握地域社会多元关系的一个有限努力。下面就从土地丈量和役法调整这两个方面来说明这一努力的基本特征。

1. 土地丈量

土地丈量是对土地关系的清理。绍兴丈量以前,在处置户绝、天荒等

---

① 《宋会要辑稿》,食货九,《续修四库全书》本,第782册,第102页。
② 《宋会要辑稿》,食货六十五,《续修四库全书》本,第784册,第42页。
③ 《宋会要辑稿》,食货六十六,《续修四库全书》本,第784册,第90页。
④ 《宋会要辑稿》,食货六十六,《续修四库全书》本,第784册,第67页。
⑤ 真德秀:《政经》,《续修四库全书》本,第706册,第452页。

各类官田的请佃和出卖时,打量步亩,确定四至、税则的做法已非常普遍。由此形成以字号标记的土地登记簿籍。如宣和元年对浙西水退露出田土的登记:

> 除出人户已业外,其余远年逃田、天荒田、草茅、茭荡及湖泺、退滩、沙涂等地,并打量步亩,立四至、坐落、着望、乡村,每围以《千字文》为号,置簿拘籍,以田邻见纳租课比扑,量减分数。出榜限一百日,召人实封投状,添租请佃,限满,折封给租多之人。每户给户帖一纸,开具所佃田色、步亩、四至、着望、应纳租课,如将来典卖,听依系籍田法请买,印契书填交易。①

登记内容包括田土位置、耕作者、应纳租课等信息。在江南地区,"围"这一久已形成的农田水利单元此时亦成为汇聚这些信息的基本单位,并通过颁发户帖,实现对产权变动的控制。

绍兴十二年由李椿年主持的清丈不仅是对土地关系的一次全面清理,同时具有版籍重造以正经界的内涵。它涉及对形势之家诡名挟户,侵耕冒佃,不纳租税,或嫁税于不耕之田、产税过割不及时等行为的纠正,"使民有定产,产有定税,税有定籍";同时,李椿年亦强调这样的清理对改善差役组织的作用:"经界既正,则据产催税,无陪填之患,而乐为之役矣,岂不为利乎?"②

所谓经界就是对土地关系及相关纳税责任的地域性确认,这可以从对人户画图、置造砧基簿的要求中体现出来。画图伊始,就需要"逐都耆邻保"在场,由田主与佃客共同确定相关土地信息,并由保正长押字确认。③ 在确定产权和过割税粮时,自行置造的砧基簿与地契具有同样的效力:"日前所有田产,虽有契书,而不上今来砧基簿者,并拘入官。今后遇有将产典卖两家,各赍砧基簿及契书赴县,对行批凿。如不将两家簿对行批凿,虽有契帖干照,并不理为交易。"④两造交易产业,"各赍干照、砧基簿赴

---

① 《宋会要辑稿》,食货六十三,《续修四库全书》本,第783册,第573页。
② 《宋会要辑稿》,食货七十,《续修四库全书》本,第784册,第275页。
③ "今画图,合先要逐都耆邻保在,关集田主及佃客,逐坵计亩角押字,保正长于图四止押字。"(《宋会要辑稿》,食货七十,《续修四库全书》本,第784册,第276页)
④ 《宋会要辑稿》,食货七十,《续修四库全书》本,第784册,第276页。

官,以其应割之税,一受一推,书之版簿。仍又朱批官契,该载过割之详。朱批已圆,方得理为交易"。① 当产权发生分化如官户分户时,会涉及免役权限的分配,砧基簿与分书具有同样的效力;分产后,"仍于分书并砧基簿内分明该说父祖官品并本户合置限田数目,今来析作几户,每户各合限田若干。日后诸孙分析,依前开说,曾、玄孙准此,并要开具田段、亩步并坐落州县乡村去处,如遇差役,即赍出照验免役,若分书并砧基簿内不曾开说,并不在免役之限"。②

其次,经界也包括对土地信息的进一步类聚。从绍兴十二年李椿年的规定看,人户是携自置砧基簿赴县印押类聚,然后由措置经界所将按乡类聚的砧基簿信息与人户所画图形比照。③ 另据楼钥的记载,图帐复核后同时也以保为单位汇集画图,一保之图用纸两百番,"李公又欲以十保合为一图,仍与邻都犬牙相入"。④ 人户所有田土往往跨都,当按照人户住居都保汇总画图时,往往地域并不相连,犬牙相错,加之用费浩繁,只好作罢。而王铁结甲自陈的做法则从一开始就将土地关系的清理组织在保甲的层级体系中,"……止令逐都保先供保伍帐,排定人户住居去处。如寄庄户,用掌管人。每十户结为一甲。从户部经界所立式,每一甲给式一道,令甲内人递相纠举……令保正长拘收甲帐,类聚赴当州县,以移用钱顾书算人攒造,将田亩并亩税数目腾转,逐乡作都簿,在官照应,及每保正亦给上件簿书收掌,许人户检看,庶使各乡通知"。⑤ 从甲帐到保伍帐,住居地域相近的人户土地以都保为单位登记在一起,以此为基础类聚至州县后形成的各乡都簿则是在县衙内雇书算完成,它既是州县施政的依据,也可供保正参考。

由上可见,在对土地关系等信息进一步汇集时,不同单位的选择也同样体现出前述州县行政中城乡的观念分野。以乡为单位的汇聚发生在县城,是确定给引催征和产税过割的依据,相关活动是由人户赴城与在城的吏人完成。打量画图或自陈纠举则发生在乡村,它离不开都保的组织。这种多层次的类聚为州县把握更复杂的土地关系提供了条件。当时在典卖

---

① 《宋会要辑稿》,食货六十一,《续修四库全书》本,第783册,第396页。
② 范西堂:《乞用限田免役》,《名公书判清明集》卷三,中华书局1987年,第83页。
③ 《宋会要辑稿》,食货七十,《续修四库全书》本,第784册,第276页。
④ 楼钥:《敷文阁学士宣奉大夫致仕赠特进汪公行状》,《攻媿集》卷八八,《文渊阁四库全书》本,第1153册,第357页。
⑤ 《宋会要辑稿》,食货七十,《续修四库全书》本,第784册,第276—277页。

田产中已出现了一田两主的现象①,产权的分化和流动增大了确认纳税责任的难度,王铁在甲帐登记中也估计到了这一点:"其重叠典卖田产人,自合依条,令先典买人供具入帐。"②而对于田在甲乡却在乙乡纳税的"弯佃"田,如上所述,登记时由各保实际耕种土地的掌管人即佃户负责;纳税时则需核对各乡保甲簿,如属实,"即行将物力于住居处关并作一户"。③虽然纳税责任以乡为定,但保甲簿对居住地域的核实仍是关键步骤。

土地丈量并不是一个被严格执行的周期性措施,历时一久,官不加察,乡民打量散漫,奸胥豪民复阴坏其籍,"间有稍存处,类不藏于公家,而散在私室,出入增损,率多诈伪"。绍熙间,徽州六县砧基簿除祁门略存外,其余五县多不置立,导致产税参错陷失。④ 此外,乡民对赴县推排物力也并不积极,如江东、西两路,凡计税、差科、典卖,乡村风俗皆以亩头为额,甚为简易,累年从无推排。⑤

虽然如此,上述多层次的经界把握作为一种有用的行政经验还是被继承下来并不断完善。在打量方面,如绍熙间朱熹在福州的做法,更迁就当地多山田、不以亩角而以种子衡量面积的乡俗,"每一斗种大率系产钱十余文",由民户将本户产钱均配其田⑥,然后以产钱为准,将一州诸色钱粮均摊于其上,每产钱一文具体摊多少还会考虑到距州县的远近。⑦ 而在类聚即图帐制作方面,朱熹更加强调都保的地域相连:"大则山川道路,小则人户田宅,必要东西相连,南北相照,以至顷亩之阔狭,水土之高低,亦须当众共定,各得其实。"⑧由保合都,由都合县同样如此,只是记载内容要有所简化。

端平初年平江、嘉兴两府的丈量则更多地将"围"作为打量的单位。在华亭县,由乡官招募甲首曰"抄撩",核实一围田土面积与税率,制成青册,"其籍自亩之围,则有归围簿;自围之保,则有归保簿;自保之乡,则有归

---

① 戴建国:《宋代的民田典卖与"一田两主制"》,《历史研究》2011年第6期。
② 《宋会要辑稿》,食货七十,《续修四库全书》本,第784册,第277页。
③ 《宋会要辑稿》,食货七十,《续修四库全书》本,第784册,第277页。
④ 《宋会要辑稿》,食货六十九,《续修四库全书》本,第784册,第189页。
⑤ 《宋会要辑稿》,食货六十六,《续修四库全书》本,第784册,第63页。
⑥ 朱熹:《经界申诸司状》,《晦庵集》卷二一,《四部丛刊》本,第15页。
⑦ "为今之计,莫若将见在田土打量步亩,一概均产。每田一亩,随九等高下定计产钱几文,而总合一州诸色租税钱米之数,却以产钱为母,别定等则,一例均敷。每产一文纳米若干,钱若干,去州县远处递减令轻。"(朱熹:《条奏经界状》,《晦庵集》卷一九,《四部丛刊》本,第37页)
⑧ 朱熹:《经界申诸司状》,《晦庵集》卷二一,《四部丛刊》本,第19页。

乡簿；自乡之县，则有都头版簿。田不出围，税不过乡，三年一度推割，一年两度造籍"。① 而在常熟县，除对田土的类聚外，"又稡官民产业于保，为类姓簿，类都、保、乡于县，为物力簿"。② 即按照都保人户类聚田土，对土地与人户的双重把握得以实现。对于税（或产钱）不过乡，朱熹有很清楚的解释："绍兴经界，打量既毕，随亩均产，而其产钱不许过乡，此盖以算数太广，难以均敷，而防其或有走弄失陷之弊也。"③ 即在确定纳税责任时，因人户迁徙变动不常，难以将其所有田土都汇聚在住居之处，遂将产钱的摊派固定于乡的范围。这种做法不符合上述绍兴经界的规定，据朱熹说其由来亦不甚久。如果固守各乡产钱祖额以均税，徒经人户一番打量却并未革其本来轻重不均之弊，意义不大，遂请求允许产钱过乡，通县纽算以期均平。④ 同样，这里"乡"仍是在州县类聚土地时出现，但作用有所减弱。自嘉定后，东南诸路的版籍制造日渐完善，日常推排物力，登记产权变动则更倾向于以都为单位："嘉定以来之经界，时至近也。官有正籍，乡都有副籍，彪列旷分，莫不具在。为乡都者，不过按成牒而更业主之姓名。"推排由各都人役自行完成，不再首先向州县汇聚，后者则只负责厘正和督察，更加便捷易行。⑤ 都的作用进一步深化。

2. 差役的调整

经界既明，物力可考，这为南宋乡役组织的改善提供了条件。虽然各项措施侧重有所不同，但其动机都是要尽可能地协调和包容不同社会阶层的利益关系，使征收自发而有序地完成。下面以甲头、倍役法、义役等方面的调整为例予以说明。

如上所述，甲头是在人口密集、赋敛浩繁之地对催征活动作出的一个更细化的安排，不过由于缺乏有序的组织，在许多地方造成了州县行政的紊乱。针对这种种问题，绍兴以后，各地对于编派方法作出了一系列调整。在平江府长洲县，强调甲头催税应区分"形式户"与"平户"，"以形势户催形势户，平户催平户"，簿籍攒造则相应调整，"专责县令、佐将形势户、平户随税高下，各分作三等编排，籍定姓名。每三十户为一甲，依次攒造成

---

① 正德《松江府志》卷六，《四库全书存目丛书》，史部第181册，第466页，第468页。
② 宝祐《重修琴川志》卷一二，《续修四库全书》本，第698册，第356页。
③ 朱熹：《条奏经界状》，《晦庵集》卷一九，《四部丛刊》本，第36页。
④ 朱熹：《条奏经界状》，《晦庵集》卷一九，《四部丛刊》本，第36页。
⑤ 《宋史》卷一七三，《文渊阁四库全书》本，第283册，第221—222页。

簿,然后按籍,周而复始轮差,委是久远利便"。① 而在江南东路诸县,则干脆取消了甲头催税和户等划定,"以比邻相近三十户为一甲给帖,从甲内税高者为头催理。本户足者,本县画时给凭由执照出甲,不与三十户上流下接催理之数"。② 这里的甲头是一甲纳税最高者,他要首先完成自己的纳税义务,然后出甲,并没有催征其他人户的权力。而袁说友干脆将甲首催税变成一个惩戒人户输纳不前的措施:"其输足者先出甲,未输或输未足者,择其尤一人,罚为甲首,给甲帖催甲内税,违者痛绳之。自是,民畏充甲首,竞先输官,不费寸纸而赋集,齐民破荡之祸殆少纾矣。"③

上述甲头之役的改造特点是对催征职能的取消,但其佥派依然沿用自熙宁以来按物力大小、鼠尾差次轮派的基本做法,由此产生了上述宽乡与狭乡的人为区别。对于这种轮役的不均,各地一时提出了各种不同的解决办法:

……或请以家赀之多寡,分次之久近;或谓以不拘官、民户、寺观,例行均差;或谓以一县一乡袭同名次差充,以救移徙之苦;或请令应役之家自雇耆长,专承引状,以革诛取之害;或请止以上户歇役久近、物力高下分数比析差募,以优中下之家。④

轮役方式的改革所要处理的关系错综复杂:它涉及如何区别人户的财产差异以调整轮役的周期,是否应扩大轮役的范围以应对人户在都与都之间的迁徙,人户自行雇役是否可取,官民户间的平等均差是否可行等问题。无论如何,这总会涉及相关人等利益关系的改变。从实际效果来看,以倍役法为中心的一系列做法更能起到"优中下之家"的目的。

据现有记载,倍役法初由臣僚奏请于绍兴十四年,是指将人户应役频率与物力高低合理搭配的一种做法:"以其物力增及半倍者歇役十年,增及一倍者歇役八年,增及二倍歇役四年,皆理为白脚。必差遍上三等户,方许於得替人轮差。其窄都不及歇役年限去处,即从递年体例选差。"⑤也就是

---

① 《宋会要辑稿》,食货六十六,《续修四库全书》本,第784册,第89—90页。
② 《宋会要辑稿》,食货六十五,《续修四库全书》本,第784册,第46页。
③ 嘉定《赤城志》卷一七,吏役门,《文渊阁四库全书》本,第486册,第734页。
④ 《宋会要辑稿》,食货六十六,《续修四库全书》本,第784册,第94页。
⑤ 马端临:《文献通考》卷一三,职役考二,《文渊阁四库全书》本,第610册,第316页。

说,物力越高者歇役年限越短,到年限后即与其他歇役者(白脚)比较物力高下,以确定是否再次轮役;上三等户差遍后,再按照物力的大小由次一级人户顶替;若窄都没有足够的上户,仍按原来的鼠尾簿次第轮差。绍兴二十六年续降指挥,将歇役年限缩短为六年。① 庆元五年,又对于人户应役后分家应如何处置的问题作出规定:

> 如分后各户物力在二等以上,作析生白脚充役;若分后各户物力止在三等以下,则许将未分前充过役次于各名下批朱,理为役脚,与都内得替人比并物力高下、歇役久近,通行选差等。②

上户分家后若物力仍在二等以上,即仍视为原有倍役法下的白脚充役,否则就作为"役脚"与次一级人户比较。下面一则材料详细说明了当时地方官如何在综合比较物力高下与歇役久近后安排人户轮役的情形:

> 准:倍役法,税钱一倍,歇役十年,税钱两倍,歇役八年,税钱三倍,歇役六年,并理为白脚。张茂兄弟三人有母在堂,产钱共计五十一贯,未应均分,合作一户,不可谓未应充保正,然保内有张法政,产钱四百十六贯,有邓汝贤产钱二百四十贯,较之张茂产钱,一系四倍,一系八倍,又各歇役十年已上。今张法政、邓汝贤两户比较,张法政执役在嘉定七年,邓汝贤执役在嘉定元年,邓汝贤歇在先,而张法政未及一倍,难用倍法,合告示邓汝贤先充,次及张法政,又次及张茂。③

要想将歇役的长短与各都强弱形式相适配殊非易事,倍役法优于中下户,鼠尾轮差优于上户,自然会产生各执一端的纠纷,"物力既高,歇役且久,充役无辞。要其所争,多起于税高而歇役近者,则以轮差之法,而纠税少歇役久之家。税少而歇役久者,则以歇役六年再差之法,而纠税高歇近之家,有司牵制,多不能决"。④ 在上户数少的狭乡,倍役法往往难以实行。绍兴三十一年,宣州因上户过少,请求缩短上户六年歇役之限,而朝廷在下发的指

---

① 《宋会要辑稿》,食货六十五,《续修四库全书》本,第784册,第45页。
② 《宋会要辑稿》,食货六十六,《续修四库全书》本,第784册,第65页。
③ 范西堂:《倍役之法》,《名公书判清明集》卷三,中华书局1987年,第75页。
④ 陈襄:《州县提纲》卷二,《文渊阁四库全书》本,第602册,第639页。

挥中误将六年之限改去，上户遂顺势歪曲指挥原意，"却称朝廷改法，是以鼠尾流水差役，必欲差遍白脚，始肯再充。当差之际，纷纭争讼，下户畏避，多致流徙"。① 有时宽乡与狭乡之间，即使同一等级的人户，物力亦悬殊很大，倍法同样难行：

> 物力有高下之殊，乡都有宽狭之异。其折倍之法，可以为宽乡之便，适以贻狭乡之害；可利宽乡之中户，适以困狭乡多产之家。如以宽乡言之，自物力五百贯而上累至二千贯者，则三倍五百贯之家矣。其在富室，虽使之四年一役，亦未为过。若狭乡自物力一百贯而上积至于四百贯，亦谓之三倍，所谓四百贯之户曾不及宽乡之中产，今亦使之四年一役，其利害轻重灼然矣。②

这段叙述是针对庆元间中书门下省检正诸房公事徐谊要求取消窄都递年体例，一律绳之以整齐划一的倍法提出的反驳。如果不对乡都之宽狭作出方法上的调整，倍役法优于中下户的目的将无法实现。对于上述宣州事例，洪适一方面提出恢复倍役法，同时顾及到狭乡上户稀少的实情，建议将上户与中户合并轮充；而窄都从递年体例的做法得到了更多的认同，正如袁燮所说，"宽都用倍法，窄都用鼠尾法，二者并行而不相悖，诚便民之大者"。③ 综合考虑人户析分、歇役久近、乡都宽狭等因素才能实现倍役法均平差役的初衷。

惩于差役轮派不均，义役法最初系乡村人户自发的互助行为，由各都人户随产业多寡、家力厚薄，自输田谷为义产，以助役首之劳。役首多由轮差产生，也可雇募代役。轮差则更强调人户"自相评议，推排役次"，这种自发行为的约束力非常有限；行之既久，又面临着和差役法同样的问题："有上户并吞义役之田而至于坏者，有都内贫富改易不常而至于坏者，有逃绝税赋、官司强抑保长而至于坏者，有重难科配、官司困苦保正而至于坏者，有役首不公、额外敷率、众户交怨、收取元产而至于坏者。"④除了指定义田这一点外，南宋义役更像是都保制下差役法的一个变种：役首推举公

---

① 《宋会要辑稿》，食货六十六，《续修四库全书》本，第784册，第93页。
② 马端临：《文献通考》卷一三，职役考二，《文渊阁四库全书》本，第610册，第316—317页。
③ 《历代名臣奏议》卷二五九，《文渊阁四库全书》本，第440册，第367页。
④ 袁甫：《知衢州事奏便民五事状》，《蒙斋集》卷三，《文渊阁四库全书》本，第440册。

平与否要受到官司的监督,义田的数量随都分大小由县令指定,其轮役情形与差役并无二致。例如,两浙东路庆元府的做法是:"凡民役、义役,各与排定七年,自新年为始,上户照条充应一年,其以次人户,许两户或三户共充一年,庶使七年之间细民得以安居田端,安养生息。"①如何使这种自发组织成为一种持续存在的秩序,是义役法改革的要点。端平间,常熟、华亭等地在经过上述新一轮土地丈量后,就以义役为中心,对各自的乡役体系作出了进一步整顿。

在常熟县,根据各都主客之势,地里宽狭与役费轻重而设役田,所有费用听由保正长支配,官不干预。同时,在一都之内又进一步细化组织的分工,选贤能者为"机察"和"措置",各都新排定的经界图籍由其保藏。"每遇人户典卖田产,并许具状经县陈乞送下机察,仰置簿打号,发下保正役主。内系起催夏税以后入状者,即责付新苗保长,内系起催秋苗以后,即责付新税保长,令取责契照,及两家砧基点对保明,类申机察,机察类申本县,送乡曩局参对官籍移割"。②除了直接负责典卖过割事宜之外,作为地方版籍的执掌者,机察还有调节地方关系、监督州县行政的职责:"稽凡费之入于邑者几何而使吏不得纵给,凡田之系于板帐者几何而使官不得逗,贵戚之家毋以声势免,佛老之役毋以香火辞,产业所隶毋得以室庐而占透。"如吏胥有分外苛扰,役人与机察可以率众户陈告。③

与常熟不同,华亭县令杨瑾在确定义庄版籍后,虑及贫富不常,排比升降常有不公,更倾向于用雇募的办法代替保正长的无偿轮役,由地方政府授权各都用义庄的役钱自行招募"直乡"以承递文引。"除追会风大,属都保承递人外,若两科催科,仍用本县雇募直乡法,每保各就义役庄月支钱雇募,中下等户永免保长,实为利便"。④ 直乡的雇募由各都义庄负责,不再是纯粹的私人雇募,除非有大的追会之事,日常催科全部委托直乡,那种无论如何排役也难免争执的情况可望得到避免。

两县乡役安排虽有差雇之别,但其共同点都是在土地丈量的基础上对都保乡役组织的进一步合理化整顿,以求将推排、催征乃至相关费用支出都由乡村社会自主而有序地完成,无须州县过多干预。这一倾向在长沙守

---

① 开庆《四明续志》卷七,《续修四库全书》本,第705册,第420页。
② 《义役省札》,宝祐《重修琴川志》卷六,《续修四库全书》本,第698册,第325页。
③ 刘宰:《义役记》,宝祐《重修琴川志》卷一二,《续修四库全书》本,第698册,第355页。
④ 正德《松江府志》卷六,《四库全书存目丛书》史部第181册,第469页。

令刘椿所创"集议帐"中表现得非常明显。集议帐记载了各都"富豪可充保正者"的物力、人丁和歇役久近的情况,这继承了上述差役改革的一切要点,但在佥派时却有意识地摈弃了州县行政的介入。当现役保正将替时,他会持此帐备酒食与众户会商,公选一名充应承代,"其间虽有情伪曲折,官不得而知者,此曹尽知之,纤息无隐,案吏、乡司不能曲为轻重,故善良之民乐从而无讼"。① 由于更多地利用了乡村社会横向间的团结力量,富强豪滑之徒虽不乐为,但因集议于众人而非官派,讼之于县庭也讨不到便宜,也就只能自己承担了。

宋代差役改革在组织上发生了州县役人由官雇向私募的转化,乡役人以都保为单位的地域组织因之遭到种种扭曲与变形。南宋经界与差役法的调整试图在清理土地关系的基础上更富弹性地容纳多种社会关系,使乡役组织能够在乡村社会自发而有序地完成,无须行政力量过多介入,对在城的胥吏活动则力求加以规限。乡与都的职能分化正反映出州县行政在实际运行中所发生的城乡观念的分野,其运行的内在理路主导了此后乡村基层组织的演变。

第三节　明清赋役制度改革与基层社会

明清赋役制度变革历来是中国社会经济史研究的重要课题,它不仅标志着传统中国晚期财政体制的最后定型,也与这一时期基层社会结构的分化与整合密切关联。在对相关制度运行实态的考察过程中,其所关涉的主题逐渐变得广泛而多样,其中,对基层行政组织演变的研究更是深入涉及国家与社会关系中多个层面的复杂互动。本节拟以基本议题的确立与相关议题的展开为线索,对国内相关研究的基本路径作一评论,并对有待深入的方面提出自己的看法。

一、基本议题的确立

梁方仲对"一条鞭法"的研究奠定了明清赋役制度研究的基本议题。在此以前,研究者多将"一条鞭"作为田赋制度的变通来看待,对于徭役及其并入田赋的过程几乎没有研究;虽然也认识到徭役合并于田赋使赋役之

---

① 《历代名臣奏议》卷二五八,《文渊阁四库全书》本,第440册,第350—351页。

制"发生大变化"①,但对于这种"大变化"的内涵缺乏认识。梁方仲早期也是从对田赋制度的考证入手,先后发表了《明代田赋初制定额年代小考》(1933)、《明初夏税本色考》(1933)、《明代鱼鳞图册考》(1933)、《明代'两税'税目》(1935)、《近代田赋史中的一种奇异制度及其原因》(1935)等文章。而在随后进入以"一条鞭"法为中心的赋役制度研究中时,则显示出了与众不同的开阔视野:

> 从公元十六世纪,我国明代嘉靖万历年间开始施行的一条鞭法,为田赋史上一绝大枢纽。它的设立,可以说是现代田赋制度的开始。自从一条鞭法施行以后,田赋的缴纳才以银子为主体,打破三千年来的实物田赋制度。这里包含的意义,不仅限于田赋制度本身,其实乃代表一般社会经济状况的各方面。明代自十六世纪初年正德以后,国内的农工业的生产方法及生产关系,虽然没有重大的变化,但因历史上的机缘,如西洋航海术的进步等,使中国与外国的贸易却逐渐兴盛起来,国内的社会经济情形亦逐渐从自然经济时代发展到货币经济阶段上去。一条鞭法用银缴纳,不过是当时大潮流中的一条旁支。但除去用银一点足令我们注意以外,一条鞭法还有种种在赋法与役法上的变迁,与一向的田赋制度不同。从此便形成了近代以至现代田赋制度上的主要的结构。但一条鞭法实际只是一个笼统的名称,它是一种发展,它在各地施行,时间先后不一,所以内容也有精粗深浅的不同。②

在长时段的视野下,一条鞭法是一种制度结构的巨大转变,而在无数个特定的时点,它又是一种程度不一、尚待进一步完成的趋势。它以田赋纳银为契机,又可看作与明清商业化进程相伴生的社会现象。梁方仲为这一复杂深远的转变趋势找到了一个完整而精微的描述结构。

从最直观的表现来看,一条鞭法的的内容就是将赋(两税)役(四差)编派、征收、解运的各个项目合并起来完成。根据合并范围的不同,可分为赋的合并、役的合并、赋与役的合并三种情况,每一种合并的程度在各地又是参差不齐的。

---

① 吴兆莘:《中国税制史》,商务印书馆1937年,第140页。
② 梁方仲:《一条鞭法》,载氏著《明代赋役制度》,中华书局2008年,第12页。

在征收对象的合并和简化背后，则是整个征收标准和方法的改变。通过差役内的合并，按照户等十年轮差的里甲支应与按照各里丁田编金的均徭合并摊于通县丁田之上，逐渐削弱了编审"户"的作用。通过赋内的合并，征于里甲的名目繁多的"三办"项目合并于税银摊于通县田土，而役与赋的合并更是进一步改变了田赋征收的内容，合并后的役银以不同的程度摊入全县田地（或粮额、粮银）中，使后者不断地增加新的成分。最后，在解运方面，也由民收民解变为官收官解。这些变革能够实现，是以银作为主要税收支付手段的渐趋流行为前提。作为一个总的趋势，"丁""田"成为赋役编派的对象，以银计算的摊于全县丁田的税率取代十甲轮差的户等成为征收的依据。①

在这一结构下，梁方仲将各地散乱芜杂的记载分门别类，勾画出了这一制度变革的主要内容。其后他又在《明代一条鞭法的争论》和《明代一条鞭法的论战》中铺陈大量史料，归纳出时人对一条鞭法的各种反对和赞成的理由，从中可见一条鞭法在施行过程中产生的各种复杂影响。从赞成者的理由中，我们看到了赋役不得不合并的态势；而从反对者的理由中，我们既可以看到豪强大户唯恐损及自身利益的利害考虑，同时也能看到摊役于田在经济情形迥异的南北各地造成的不同影响。一条鞭法实行后各地由于定额难以确定，预算不易编定，额外加派、暗编的情形层出不穷，显示出基层赋役征收在转向由政府直接控制时所遭遇的困境，最终其"均平"的主观愿望只是部分地得到了实现，田赋加派的大门则由此开启。

在一条鞭法进行的同时，以里甲为中心的基层行政组织发生了怎样的变化则是一个关涉更多社会因素的复杂问题。梁氏明确了里甲制在组织赋役催征中的枢纽作用："里甲这个组织，除提供了关于征催和勾摄的正役以外，其他诸项杂役如均徭等，以至各项物料的供应，莫不相继直接或间接地和它发生联系，这是朱明一代里甲制度演变过程中的基本情况。环绕着这一基本情况，就是各种役法——如里甲，和均徭、驿传、民壮诸法之或分或合，及其编金方法之同异，与彼此间的交互作用，这些都是我们应该注意的问题。"②

在从乡村向城市输纳财货与劳力的过程中，里甲制发挥着基本的组织

---

① 参见氏著《一条鞭法的名称》《一条鞭法》《明代一条鞭法的争论》《释一条鞭法》《明代一条鞭法的论战》《明代一条鞭法年表》《明代江西一条鞭法推行之经过》等文章。
② 梁方仲：《论明代里甲法和均徭法的关系》，载氏著《明代赋役制度》，中华书局 2008 年，第 471—472 页。

人民的作用,征收对象与方法的任何变化自然都会影响到其组织模式的变化。对此,梁氏首先澄清了明初里甲制的结构,先后写有《明代的黄册》(1936)、《明代的户帖》(1943)、《明代黄册考》(1950)等论文,就明代黄册的产生、作用、内容与格式、编造、申解的手续、保管的人员等都作了仔细考证。根据从日本得到的嘉靖德化县里甲清册原件,梁方仲认为"每甲十户就是一村",是一个地区最小的供役单位,里甲在户籍上的编制是以"居处相邻近"这一因素为原则的。在编定里甲户籍后,按照十甲轮年的方法供应里甲正役,以"丁粮多寡"这一财产因素划分户等以佥派杂役。至于轮役的方法,在明初"事简里均"的情况下,是由应役之甲的甲首协助里长率领其他九户来完成整个里的支应,与里长同为"最低级的半公职人员",后来赋役繁重,甲首之职主要负责一里赋役的编派,则值年应役的一甲十户就都被称为甲首了。

这一制度设计将中国的乡村社会主观地设想为"无数分散的自给自足的小单位",通过严格的人身控制,建构起赋役催征的"合理"秩序,梁氏将之形象地形容为"画地为牢"。他认为明清时代的中国已处于封建时代开始解体的晚期,土地买卖频繁,商业资本日渐发达,外国银货大量涌入,"随着社会经济的发达,财富日渐集中于少数人的手里,社会分工日趋精细,原自给自足的里甲编制日趋解体,所以赋役制度亦不得不变"。因此,"一条鞭法的设立,只是企图将这个正在解体过程中的原有封建社会结构加以适当调整。为了解决财政经济上的困难,政府不得不承认既成的社会事实,它只好将作为地方自给自足经济的基础的职业世袭制度扬弃了"。同时,赋役纳银的普遍流行则预示着政府行为已与商品市场和劳动力市场发生着更加深刻的关系。①

在这些论述中,梁氏试图在明清社会生活的复杂变动与赋役制度变革的内在逻辑之间建构起一系列宏大的关联。随着商业化进程的加剧,乡村社会发生着持续的阶层分化,各个社会阶层的经济自主性日渐增强,他们从自身的利害状况出发,会选择更有利于自己的方式与政府发生关系;后者已不能看作同质的"编户齐民"了,遂在控制方法上作出转变。这一方面体现在以"一条鞭法"为中心的赋役简化、合并与纳银的举措中,另一方

---

① 梁方仲:《明代一条鞭法年表》,载氏著《明代赋役制度》,中华书局2008年,第246—261、471—472页。

面则体现在里甲制的"解体"中。

所谓里甲制的"解体",在梁氏看来,主要是指十甲轮役制的逐渐取消和基于身份支配的废弛。对于前者,在《明代十段锦法》和《论明代里甲法和均徭法的关系》两文中,梁氏通过对均徭法的不同发展阶段的梳理,说明了里甲在组织人户应役中所发生的转变——里甲杂役的编佥经过了里长按黄册户等高低临时佥派到按新的均徭文册十年轮派,再到十甲通融均派,汇入条鞭,不再与轮役发生关系,其转变的意义在于"由往日的对人税今转为对物税,且由属人主义改为属地主义了"。而对于后者,则主要集中在对粮长制度的研究中。明初粮长多为一方殷实大户,最初的制度设计也是希望能在粮长和里甲间形成一种有序的层级支配关系。但随着明代身份性地主——"豪绅大户"群体的膨胀,他们滥用优免逃避赋役,容纳他人诡寄田土,造成赋役不均、粮长收税困难的局面,粮长遂不再成为地方权势者营求的目标,而成为中户甚至下户共同面对的沉重负担,变成已经败坏的里甲体系中的一个职役名目了。

必须指出的是,即使在一条鞭法完成以后,相关的乡村社会组织依然不可或缺。地方政府将赋役折银、合并后摊入全县田土,将每个人户的应纳税额纂入由单,其用意都是为了实现对纳税人直接的个别的控制。但这是不可能的,白银只是简化了赋役支付手段,却无法锻造出有效的组织模式,以让广大乡村世界的每一个人成为政府可以直接面对的债务人。如何合理地组织征收,依然是地方政府与社会不得不面对的问题。在原有里甲体制"解体"的同时,地方政府到底借助了哪些力量来重建这一控制体系呢?对此,梁方仲的研究并未直接涉及,但细绎其"属人主义"与"属地主义"之意,我们似可以将这种控制方式的转变理解为从过去虚拟的人格化控制转变为现实的地域控制,它体现在赋役征收标准与方法的转变中,也应该能够体现在对基层行政组织的建构中,这需要我们对制度运行的实态与相关社会关系的内容作出更深入的研究。

二、相关议题的展开

在梁方仲之后,以一条鞭法为中心的研究继续深入开展,与之相关的对基层行政组织演变的研究则逐渐逸出制度研究的框架,出现了一种力图对相关社会关系进行综合把握的尝试。研究多以一定区域为主,或涉及各类制度运行间的相互关系,或涉及某种社会关系类型在其中的表现形态,但所得出的结论往往相互矛盾,且多有晦暗不明之处。

1. 一条鞭法研究的继续深入

在明代一条鞭法的研究中,唐文基、伍丹戈都对江南田赋均平过程作了详细梳理。田赋改革早于徭役,最初发生在财赋重地江南,是为了解决官田重赋引发的负担不均、逋赋严重的问题。改革从周忱的"平米法"开始,通过调整耗米和金花银的分配,在不改变原有科则的前提下,尽可能缩小官民田之间负担的悬殊。改革经历过长期的反复、停顿,甚至倒退,其间江南各地在做法上相互援引借鉴,又各具特色,逐步实现了官民田一则起科,"计亩均输"的目的。而越到后期,我们越能看到,这种田则划一的做法实际上也内含了整顿徭役的用意。①

江南以外地区,徭役负担相对要重于田赋,其改革多自均徭始。唐文基较详细地叙述了均徭法的实行过程和编佥方法,讨论了不同地区力役折银的价格问题及均徭负担状况,认为一些均徭项目在各地价格悬殊是因为"力役折银价格不是取决于劳动力的价格,而首先是取决于某项杂役本身是重差抑或轻差。……此外力役折银价格还包含着服役者到达服役地区的盘缠费用"。② 樊树志特注重从江南农业商品化日渐发达的角度论述一条鞭法征银的背景,同时对后来的均田均役亦有所论及。③ 伍跃指出明初的"均工夫"之役所采用的"按田派夫"的方法是针对江南等地土地占有不平均的状况而提出的,这一原则影响到后来江南水利的派役方法,且与后来的"摊丁入地"有相似之处。④ 李长弓考察了明代驿传之役"唯粮是论"的一元化编佥标准和从永充到轮充再到纳银的变化过程,这些都是与里甲差役不同的地方。⑤ 他特别指出这种"唯粮是论"的编佥标准与当时赋役制度变革的密切关系:"由于唯粮是论,驿传役的佥派与田赋的征收结成或保持了密切的关系,可以迅速地实现赋役合一,而成为一种纯粹的财产税。

---

① 唐文基:《明代赋役制度史》,中国社会科学出版社1991年,第二章;伍丹戈:《明代土地制度和赋役制度的发展》,福建人民出版社1982年。
② 唐文基:《明代赋役制度史》,中国社会科学出版社1991年,第240页。
③ 樊树志:《一条鞭法的由来与发展——试论役法变革》,《明史研究论丛(第一辑)》,江苏人民出版社1982年,第124—144页。
④ 伍跃:《均工夫役浅析》,《北京大学学报(哲学社会科学版)》1984年第1期。
⑤ 李长弓:《试论明代驿传役由永充向轮充的转化》,《中国社会经济史研究》1987年第2期;《明代驿传役"银差说"商榷》,《中国史研究》1988年第1期;《试论明代驿传役编佥"唯粮是论"》,《华中师范大学学报(哲学社会科学版)》1988年第4期。近期相似的研究还有高寿仙《明前期驿递夫役佥派方式初探》(《东岳论丛》1999年第1期),纪慧娟、宗韵《明代驿递夫役佥派方式之变化》(《安徽师范大学学报(人文社会科学版)》2003年第1期),刘文鹏、乐嘉辉《明末清初的驿传差役制度变革——从几则地方志的材料谈起》(《中国地方志》2004年第6期)。

而其他徭役要实现赋税合一,则要按丁、粮或产的比例分摊折算,自是困难、复杂也迟缓得多。"①

袁良义在《清一条鞭法》中研究了清代一条鞭法的继续推行和摊丁入地的过程。除了赋役的继续合并之外,清代的一条鞭法的特点是将里甲、四差折银通过"裁、充、归、摊"的方式纳入起运和存留的各个项目之中,其中大部分被划入起运,只有极少一部分归于地方存留。他考查了明中期以来丁银中差役的成分逐渐加重的过程及其金派标准的不同类型:按丁派役、丁粮兼派、丁从地起、摊丁入地。在清代一条鞭法继续推行的背景下,"摊丁入地"逐渐成为主流。

除袁良义的研究外,郭松义在《论"摊丁入地"》中考查了清代摊丁入亩实行的背景,说明清代摊丁入地最初是为了解决丁银征不足额而采取的权宜之计,此后因为编审丁银在北方严重加重了农民负担,在南方则因商业化程度提高、人口流动频繁,编审事实上无法有效施行。他详细考察了各地在摊丁范围、标准等方面的异同和一些特殊情况,全面而系统地说明了清代摊丁入地的全过程。② 史志宏通过获鹿县编审册对比了丁银在摊丁入亩前后的变化,说明了摊丁入亩之后丁银负担随田地占有的多寡而变化的实际情况,这自然是有利于小土地所有者的。③ 樊树志对摊丁入地的研究则更注重明末清初江南均田均役与摊丁入地的前后继承关系。④ 刘志伟通过广东府的个案说明丁银在一条鞭法施行过程中逐步产生的过程,这一过程也是"丁"变为单纯的征税单位的过程,认为摊丁入地是对早已形成的丁银的进一步合并。⑤

何平的研究侧重于讨论在一条鞭法完成后清代定额化赋税制度的形成及特点,由此导致的清代"不完全财政"体制的后果等内容。他根据直隶正定府的赋役全书分析了清代该地的田赋结构和赋额变化,自乾隆朝始,"各州县的赋税征额便长期稳定在同一水平,波动较小"。在地方征收组织方面,他对清代的均田均役、顺庄法的施行以及宗族组织的征税职能也有所涉

---

① 李长弓:《试论明代驿传役编金"唯粮是论"》,《华中师范大学学报(哲学社会科学版)》1988年第4期。
② 郭松义:《论"摊丁入地"》,《清史论丛》第2辑,中华书局1982年。
③ 史志宏:《从获鹿县审册看清代前期的土地集中和摊丁入地改革》,《河北大学学报(哲学社会科学版)》1984年第1期。
④ 樊树志:《"摊丁入地"的由来与发展》,《复旦学报(社会科学版)》1984年第4期。
⑤ 刘志伟:《广东摊丁入地新论》,《中国经济史研究》1989年第1期。

及。由于中央与地方收入划分比例失衡,额外征求在所难免。魏光奇研究了清代直隶地区在一条鞭法后差役征发的情况。各县情况殊为杂乱,有按特定户籍供应者,有按里甲摊派者,有按村庄摊派者,有按全县地亩摊派者,各地这种游离于经制收入之外的私派方法颇类似于明中叶后的情况,但一直为社会舆论所诟病,这不得不引起人们对一条鞭法与地方财政关系的进一步思考;直至清末,这些差徭名目多汇入地方财政清理的办法中,成为清末民初州县财政的重要组成部分。① 周保明研究了一条鞭法后地方吏役工食银数额的确定和发放情况,指出工食银数额的微小和固定使清代的职役雇募徒有其表,无法适应物价上涨的社会条件,也不能杜绝法外勒索。②

2. 基层行政组织研究的展开及面临的问题

对于在各地一条鞭法实施过程中,相关基层行政组织发生怎样的变化,则是一个更加复杂的问题。它涉及明后期以来里甲制的运行实态及里甲与保甲的关系等方面,且与各地复杂多样的聚落分布形态及社会结合方式的多样化选择密切相关。下面就大致分区域作一简要评述。

一种被普遍接受的观点认为,随着一条鞭法和摊丁入亩的逐渐完成,里甲失去了编审人丁和组织人户征发徭役的必要性,基层行政组织遂经历了由里甲制逐渐向保甲制过渡的过程,后者在人口编查、治安乃至赋役催征方面承担了越来越重要的职能。在对华北地区的研究中,王福明将由数个村落组成的乡保组织看作保甲制下"保"的扩大,"保、里在许多职能上混为一体,使保的单位超出村界,而成为一行政区划"。但里甲组织并未因上述职能的混合而消失,作为赋税征收单位的里社仍然必不可少,其对所属村落也同样是按照一定的地域划分的,这又该如何解释呢?袁良义、孙海泉同样是从清代保甲功能的不断拓展来立论,从编查保甲烟户以为滚催依据到保甲在地方治安、赈济、钱粮催征等职能方面发挥的作用,来进一步说明这一替代过程。③

---

① 魏光奇:《清代直隶的差徭》,《清史研究》2000 年第 8 期。
② 周保明:《清代地方吏役工食银考论》,《中国社会经济史研究》2009 年第 3 期。
③ 袁良义:《清一条鞭法》,北京大学出版社 1995 年,第 26—39 页;孙海泉:《清朝前期的里甲与保甲》,《中国社会科学院研究生院学报》1990 年第 5 期;孙海泉:《清代保甲组织结构分析》,《河北学刊》1992 年第 1 期;孙海泉:《论清代从里甲到保甲的演变》,《中国史研究》1994 年第 2 期;孙海泉:《清代中叶直隶地区乡村管理体制——兼论清代国家与基层社会的关系》,《中国社会科学》2003 年第 3 期;孙海泉:《清代赋役制度变革后的地方基层组织》,《河北学刊》2004 年第 6 期。

但魏光奇完全不同意保的扩大这种看法。他以清中期直隶地区的方志材料为基础,认为随着赋役制度改革的完成,"里社制度赖以维系的户籍、居所和田产所在地三者的统一日益遭到破坏"。为此,各地里社制度作了方式不一的调整,作为其中的一种,以对自然村的划分为原则的乡地组织日渐推行,执行原来里社的职能,它与原有里社组织的关系颇为复杂:有些地方在一定时期两者并驾齐驱,在有些地方乡地则"一枝独秀",还有些地方是对原有里社进行一定的改造之后,"以里社之'旧瓶'装乡地之'新酒'"。但无论如何,乡地组织与以维持治安为基本职能的保甲组织从来就不是一回事,"乡地与保甲的真正联系在于,当各级官府为维持治安而需要建立保甲及联庄、团练等制度时,要将之作为一项'官差'通过乡地组织自上而下推行,但乡地组织本身却绝不等于保甲、联庄和团练"。①

从组织的基本特征来看,保甲与里甲有着很大的不同。前者以村落为中心,"以家联保",旨在加强村落内部邻里之间的凝聚力,其牌、甲、保的编制虽有明确的人户限制,但在实际编排中总是可以灵活调整以适应村落的不同规模。而里甲组织是联合多个村落以形成的赋役催征体系,见年之甲要负责一里之内其他各甲的钱粮征收和差役供应,土地的买卖,人口的流动要在各里、甲间随时推收开除以作为赋役分配的依据,它以对村落间关系的把握为重点。当里甲制编户与轮役的基本功能都丧失之后,旨在把握村落间关系的"乡级组织"又是如何实现的呢?这是上述争论的焦点问题。对此,张研认为,清中期以后的基层行政组织是以保甲为主,向综合性职能发展,"更多的地区打乱了各种单一职能形式的编组,依照本地的传统,间或采用各种单一职能形式编组中的名称,组成本地基层社会行政组织的系列(保、甲、都、图、地、保、里、社、场、圩、屯有不同的排列组合),这正是由于赋役征收、治安防卫等单一方面的行政管理逐渐趋于简约一致的原因。有些学者不了解这一点,见到一些地区基层社会行政组织系列的不同名称,便以为保甲之外仍存在里社等乡地组织,其实不符合实际。清中期以后,即便确有里社等名称,也不是原来意义上的里社组织了。非但里社,甚至保甲,也不是原来意义上的保甲,而是具有综合性职能的基层社会行政组织"。② 但这种行使综合性职能的组织究竟是如何形成的?又如何

---

① 魏光奇:《清代直隶的里社与乡地》,《中国史研究》2000年第1期。
② 张研:《清代中后期中国基层社会组织的纵横依赖与相互联系》,《清史研究》2000年第2期。

来理解所谓"本地的传统"?

虽然具体观点截然相反,但上述争论的一个共同特征是将清代地方政府的编审活动局限在人丁编审这一个方面,将人丁编审的取消视作里甲组织功能完结的标志,进而将清代基层行政组织的形成看作一条鞭法完成后的一个自然结果。这种单一的解释模式制约了对乡地组织形成原因的深入探讨。

在对华南和东南地区的研究中,学者多不再把明后期以来的里甲组织简单地看作一个衰落的过程。刘志伟的《在国家与社会之间——明清广东里甲赋役制度研究》是对赋役制度进行区域研究的一部力作。他力图通过对户籍、赋役制度的区域研究,间接呈现出传统社会关系再组织的一些基本特点。他利用家谱资料描述了明初广东颁发户帖,招抚流亡,编土著族群入籍,变"化外之民"为"编户齐民"的过程。[①] 他指出在明代的里甲制度下,户的含义是一定人口和财产的结合体,明代田赋的征收名义上是就田问粮,实际上是以黄册登记的户作为征收对象的等级征收制,不能简单等同于现代意义上的土地税,而两者之间的日渐疏离则标志着里甲制度的破坏。[②] 他考查了明清广东地区赋役制度和里甲制度的演变,说明了赋役制度的演变如何导致里甲编成由人户转向田地的过程。里甲编制重点的转移使得官方登记的"户"的性质发生了变化。它从一个结合了人丁事产的征税单位转变为由多个纳税人共同支配的税额登记单位,成为当地宗族社会与地方政府发生关系的媒介。他利用族谱资料说明,在实际征收中,清代图甲制下"总户——子户"的关系已与明初"里长——甲首"那种鲜明的隶属关系截然不同:总户与子户可能属于一个家族,也可能是多个家族的联合,存在着子户——总户——甲——图——官府的征收流程;子户自封投柜的做法也不鲜见,政府层级化的行政规范要求与地方社会的地缘、血缘、合约关系交错混杂在一起;相应地,社会成员的身份地位也是建立在自身土地财产和对民间组织的隶属关系的基础上,而不像过去那样是建立在编户齐民对王朝的人身隶属关系上了。这一制度演进与地域社会内部山区与沙田的开发及商业化过程中社会身份的分化和再组织同步发生,相互

---

① 刘志伟:《在国家与社会之间——明清广东里甲赋役制度研究》,中山大学出版社1997年,第36—45页。
② 刘志伟:《在国家与社会之间——明清广东里甲赋役制度研究》,中山大学出版社1997年,第9、75—76页。

关联。

陈支平着重利用地方文书考查了明清福建、徽州等地区户籍重构与赋役征收的特点。他指出明初福建户籍登记就存在着大量瞒报的情况。大家族共用一个户名的情况在福建也非常普遍:"里甲户籍实际上变成了民间向政府纳税应役的一种代号而已,政府册籍中登记的名字,或者根本没有其人,或者已经去世几十年以至数百年。他们的子孙依然沿用着祖先的名字。因为这些所谓户名的作用,仅在于与地方政府产生赋税徭役的联系,是否真实姓名并不重要。"① 在对徽州文书的研究中,陈支平同样发现了土地买卖者与户名不符、户籍私相授受、户名延续数百年不变的情况,在总户和子户内部也存在着对税粮的内部分配。郑振满也做了相似的研究,指出明清福建地区赋税定额化的实质是宗族包税的合法化,而"明中叶以后按丁摊派的差役负担,实际上仍是按里甲户籍平均分摊的"。② 这提醒我们注意明清赋役制度改革在既有的地方社会结构中展开的特殊形态。

上述研究极大地突破了完全以一条鞭法为中心来解释基层行政组织演变的模式,造成一种从地方社会关系的本位加以阐释的新角度。在这一视角下,从户籍的开立到纳税负担的分配,基层行政组织的功能不再只是行政权力向下控制的手段,同时也是血缘群体表达身份认同、建构地域社会身份性支配秩序的仪式过程。③

但另一方面,社会关系的样式本身当然是复杂多样的,在一定地域内,将居住在村落里的人结合起来的方式也可以有多种类型。上述以宗族势力的分化与组合构成的图甲体系是否具有地域整合的一面?我们是否还能发现其他类型的社会因素在起作用?它与所在的乡村基层社会结构究竟是怎样的关系?对此,上述研究模式并未予以充分回答。从刘志伟所举的例子中可以看到,甲内宗族关系所维系的人户似乎并不在一个连续的地域范围内,而一个较大的宗族也可以在不同的聚落立户。④ 而据日本学者

---

① 陈支平:《民间文书与明清赋役史研究》,黄山书社2004年,第32页。
② 郑振满:《明清福建的里甲户籍与家族组织》,《中国社会经济史研究》1989年第2期。
③ 相关研究参见贺喜《编户齐民与身份认同——明前期海南里甲制度的推行与地方社会之转变》(《中国社会科学》2006年第6期),麦思杰《开户立籍与田产之争——以明清时期黄姚社会变迁为中心》(《中国农史》2008年第3期),刘永华、郑榕《清初中国东南地区的粮户归宗改革——来自闽南的例证》(《中国经济史研究》2008年第4期)。
④ 刘志伟:《在国家与社会之间——明清广东地区里甲赋役制度与乡村社会》,中国人民大学出版社2010年,第205—210页。

片山刚所举的例子,不管是创立新图,还是在已有之图中,集结于同一甲的族人具有谱系和地缘的相近性:首先是同族之内谱系相近且同属一自然乡者相集结,其次是远房同族之间且同属同一自然乡者相集结。① 而根据郑振满对清代福建"粮户归宗"改革的考察,沿海散居宗族的"合户"行为让地域远隔、并无关系的同姓家族拼合了起来。②

比较上述研究,除了宗族类型的差异以外,各项赋役改革措施对相关社会群体的行为亦预设了不同的选择空间。而在对徽州地区的相关研究中,除了对里甲家族化承充的讨论外,对明清时期相关赋役改革对基层行政组织演变所起的作用也出现了较为深入的探讨。栾成显利用徽州文书和嘉靖《太仓州志》说明这种以编户为原则的图有时会将一个自然村落分属于几个图,每图的圩数大小不一,但在以人户为原则的同时亦顾及到地域的因素。③ 同时他特别注意到自明后期以来的土地丈量中,出现了以图为单位登记田土,与原有里甲体系的范围重合的特点。夏维中、王裕明在考察明末清初徽州的土地丈量时,也注意到丈量人役的组织以里排为单位的事实。④ 汪庆元对徽州休宁"均图"鱼鳞图册的研究则向我们展示了在"均图"这一行政操作下,图的面积和四至大致确定,地方政府通过调整贫图和富图的人户来均差,而人户可因为土地买卖或差役调整灵活进出各图。这样做的结果是,使图的地域性越发明晰,而保甲长也在图甲体制中轮充产生。⑤

在江南地区的社会整合的模式中,扩展的血缘关系的维系相对薄弱,而商业化的发展造成了社会阶层新的分化,且出现了城与乡的分离,其基层控制组织的演变会涉及更多的因素。对此,吴滔以苏州地区为中心,研究了以市镇为代表的地方市场体系与以里甲制为主的地方行政系统之间的关系,认为虽然明清时代一系列的赋役变革使里甲制的形态发生了很大变化,但并未为市镇的管辖区域划出合理空间,市镇的坐落依然要清楚地标明属于何"都"何"区",以便纳粮当差。随着商品经济的发展,市镇对周

---

① [日]片山刚:《华南地方社会与宗族——清代珠江三角洲的地缘社会、血缘社会、图甲制》,载森正夫等编《明清时代史的基本问题》,商务印书馆2013年,第423—429页。
② 郑振满:《明清福建家族组织与社会变迁》,中国人民大学出版社2009年,第144—146页。
③ 栾成显:《明代黄册研究》,中国社会科学出版社2007年,第255—264页。
④ 夏维中、王裕明:《也论明末清初徽州地区土地丈量与里制的关系》,《南京大学学报(哲学·人文科学·社会科学)》2002年第4期。
⑤ 汪庆元:《清初徽州的"均图"鱼鳞册研究》,《清史研究》2009年第2期。

边乡村的统摄力增强,但它更多的是借助巡检司等行政组织或借助地方公共事业的运作来表明自己的管辖权。至清后期,以市镇为中心的"厂域"划分最初只是一种专注于赈济的临时性举措,为饥民就食的方便,在对所属图分的调整中逐渐清理了插花地带来的障碍,逐渐发展为一种被普遍认可的地域划分方式。太平天国战后,厂董的职责又扩大到丈量、水利、义塾等诸多领域。这些都表明了以市镇商人与士绅为中心的权力网络逐渐填补了城居地主离去后留下的管理空白。与过去基于地主与农民的依附关系不同,这一以"镇董""厂董"为中心的权力网络建基于自身的财富、声望和地方政府的委任,其权势的强弱直接影响着厂域的大小。清末地方自治时厂镇合流的过程就是这一权力网络与地方行政干预相互调试的过程,来自历史记忆的反复强化和管理者对资源与分配关系的权衡是厂界建构的重要因素。它不仅与商业化的进程相关,还与城乡间权力多元力格局的大变动有着千丝万缕的互动关系。[①]

大约是受到日本学者滨岛敦俊对明清江南均田均役研究的影响,学者们一般认为明清时期江浙、广东等地的均田均役改革纯粹以额定亩数编排里甲,在取消了编户内涵的同时也不再具备地域整合的特征。但如果这一认识符合历史事实,其后以一定地域的村落为控制对象的"顺庄法"的展开就变得无法理解了。

不论就形态还是变化而言,传统中国的基层行政组织总是被放在乡村社会的后面进行描述。它力图按照人户聚居的自然形态调整区划,准确把握土地与人口的流动,使分化中的社会阶层能够按照各自的经济与社会地位合理地组织起来,完成赋役向上的供应。但现实的过程总是在不同利益主体的动态关系中实现的,他们考量自身利害得失,往往倾向于通过个别的私人关系来解决这一负担,由此产生的胥吏包揽网络满足了这一需求,也使正在形成中的都保乡役体系不再是对现实地域关系的有序把握。作为对上述状况的改进措施,南宋经界与差役调整试图在清理土地关系的基础上,将更多样的社会关系包容进都保组织之中,通过更富弹性的设计把握其变动。所谓都的地域性应被理解为州县行政对如何实现自身行为合理化的一种表述,其实现的程度取决于对社会分化与流动的动态把握,也

---

① 吴滔:《清代江南市镇与农村关系的空间透视——以苏州地区为中心》,上海古籍出版社2010年。

与组织方式的改进密切相关。作为一种有用的行政经验,将不定期的土地丈量与定期的乡役重组结合起来的做法被继承了下来,从宋代都保制向明代里甲制的演变不过是在更细化的单位里重演了这一进程。

明清基层行政组织的运行涉及国家与社会关系中多个层面的复杂互动。从行政控制的角度看,其基本功能是要将乡村社会组织成一个有序的赋役输纳体系,它不会因赋役征收标准与对象的变化而自动形成,因此对其研究就不能只局限在一条鞭法改革的脉络之中,而应涉及均田均役、土地丈量、保甲等多重行政操作的交互作用。在不同时期和地区,其作用的程度与侧重很不一致。其次,当进入细化的区域研究时,基层行政组织的运行在很大程度上又可以被视作不同社会群体自我选择的结果,人户不再被当作实现功能的手段,他们会从自身的利害状况出发,在行政规限与地方习俗、惯例间寻找最有利的组织方式,同样在相关组织的形态演进中留下了深刻的印记。在现实生活中将人与人结合起来的关系类型有多少种,就会有多少不同类型的组织模式,它可以是支配性的,也可以是非支配性的。不论是对赋役制度还是相关基层行政组织的研究,都应以对社会关系的综合把握和对社会结构的整体呈现为目的继续深入下去。

第七章　宋代儿童观念与童蒙教育

童年是人生起步阶段,但长期未进入史学视野。1962 年法国学者菲力浦·阿利埃斯《儿童的世纪:旧制度下的儿童和家庭生活》一书提出人类迟至近代才产生儿童观念,此前对于儿童和成人的差异并无清晰认识。此项惊世骇俗之论吸引了史学界对儿童群体前所未有的关注,是为儿童史开山之作。如今半个多世纪过去,儿童史进程的建构性和复杂性已得到较多的发掘。① 受到西方启发,中国港台学者熊秉真②、周愚文③等于 20 世纪 90 年代导夫先路,大陆学者王子今④、金滢坤⑤等继而于本世纪初全面开展中国儿童史研究。迄今为止,在儿童的养育、医疗、教育、游戏、习俗等多方面,研究均有成果。但由于起步较晚,目前无论对于各个断代还是整体历史变迁,学界对于儿童历史面貌的认识仍较模糊。本节选取宋代这一中国儿童史上承前启后的关键阶段作为探讨时段,适当作前后梳理,以期尽可能地折射出中国儿童史的整体进程。

中国古代在唐代之前,教育和选拔体系覆盖面窄且封闭性强,有机会进入存世文献的主要是贵族儿童。宋代始建立从中央到州县完备的官立小学教育体系,私立小学体系则除了传统的启蒙功能外,发展出主要由理学家建设而成的伦理教育,奠定了宋以下儿童教育的基本面貌。此时科举制度同样是覆盖面广和开放性强,导致儿童作为家庭和宗族的接班人,无论出身贵庶,皆受到来自成人世界的空前关注。这种科考选拔与伦理礼仪教育向普通儿童覆盖的新兴趋势,可以概括为"考下庶童"和"理(礼)下庶童"。由于宋代教育与选拔机制的不少因子传承至今,所以宋代的儿童观念与童蒙教育,其内核中的不少成分也为今天所沿袭。

---

① 俞金尧:《西方儿童史研究四十年》,载刘东主编《中国学术》第八辑,商务印书馆 2001 年。
② 熊秉真:《童年忆往:中国孩子的历史》,麦田出版股份有限公司 2000 年。
③ 周愚文:《宋代儿童的生活与教育》,台湾师大书苑有限公司 1996 年。
④ 王子今:《汉代儿童生活》,三秦出版社 2012 年。
⑤ 金滢坤:《童蒙文化研究)》第一卷,人民出版社 2016 年。

第一节 宋人的儿童观

宋代之前儿童史史料奇缺,彼时人们如何看待儿童,难以把握全貌。自宋代始,儿童活动记载方可谓丰富,勾勒时人儿童观概貌方始可能。由于儿童进入学人的视野较晚,尽管今天对于古代儿童的教育、医疗、生活等已有一些研究,但尚缺乏对于中国古代儿童观的全面、深入梳理,宋人儿童观的专门研究更是付之阙如。正因为认知上的缺失,反过来又制约了对于古代儿童教育等方面的深入认识。本节拟对宋人儿童观专作梳理,进而对熊秉真教授影响较大的"近世幼教文化两大路线之争"说进行辨析。

一、宛如成人:宋代的模范儿童

宋人夸奖儿童,最常见的说法是"如成人""若成人""宛如成人""俨若成人"等。如:

> (赵玄佑)亦既免怀,未尝好弄。虽在稚齿,宛如成人。雅尚文史,尤嗜笔札。①
>
> (周谔)生而秀颖,十岁如成人。十四入太学,力学勤苦,登元丰二年进士第。②
>
> (董仲永)幼而端谨,不为儿嬉事,便若成人。父母待之不与诸子等,特所钟爱。③
>
> (李楠)幼迟重,寡言笑,已如成人。稍长自力学问,两举于礼部不中第,初无怼色,曰:"吾知治吾事尔,得失何预焉?"……公天资近道。④
>
> (叶份)幼修谨,不好弄。居父母丧,哀毁如成人。金紫公爱特异,尝抚之曰:"大吾门其此儿乎?"及长,种学绩文,遇事穷核根源,不为口耳学。⑤

---

① 杨亿:《故周王墓志铭》,《武夷新集》卷一一,《宋集珍本丛刊》本。
② 周谔:《四休堂诗集》附小传,载陈思《两宋名贤小集》卷九二,《宋集珍本丛刊》本。
③ 曹勋:《董太尉墓志》,《松隐文集》卷三六,《宋集珍本丛刊》本。
④ 林之奇:《李和伯行状》,《拙斋文集》卷一八,《宋集珍本丛刊》本。
⑤ 李弥逊:《龙图阁直学士右通奉大夫致仕叶公墓志铭》,《筠溪集》卷二四,《文渊阁四库全书》本。

类似老成持重的"好孩子",宋人笔下俯拾皆是,可谓宋代模范儿童。林之奇撰李楠行状,至有"天资近道"之评。尤其李弥逊笔下的叶份,更是堪称宋代模范儿童的标准像,因为其包罗了这类儿童的各项品质,具体可归纳为四项:聪颖、至孝、好学、稳重。

宋以前零星的对于优秀儿童的褒扬,也是这类小大人的形象,但又有差异。最早被表扬为像成人的孩子,是《三国志》中的神童曹冲:

> 邓哀王冲,字仓舒。少聪察岐嶷,生五六岁,智意所及,有若成人之智。时孙权曾致巨象,太祖欲知其斤重,访之群下,咸莫能出其理。冲曰:"置象大船之上,而刻其水痕所至,称物以载。"①

这就是著名的"曹冲称象"典故出处。文中说曹冲"有若成人",并不像宋代同类文献包含多元品质,而是纯粹赞誉曹冲之智。类似聪慧儿童,还有北齐文襄帝高澄,"敏悟过人……年十二,神情俊爽,便若成人。神武试问以时事得失,辨析无不中理,自是军国筹策皆预之";②以及隋燕王杨倓,"敏慧好读书,尤重儒素,造次所及,有若成人"。③ 三人的共同特点,是均为宗室成员。总体而言,以"若成人"赞誉神童并不多见于文献,且所体现的思维方式也并不包含太多文化特质。

南北朝以降文献中出现了一类新型小大人,更具中国传统特色。首先是《世说新语》:

> (羊)长和兄弟五人,幼孤。祜来哭,见长和哀容举止,宛若成人,乃叹曰:"从兄不亡矣。"④

从此以后,这类守丧表现"宛若成人"的小大人,在史籍记载中不绝如缕。如:

---

① 《三国志》,中华书局1982年,第580页。
② 《北齐书》,中华书局1972年,第31页。
③ 《隋书》,中华书局1973年,第1438页。
④ 刘义庆:《世说新语笺疏》,中华书局1983年,第423页。

（陶季直）五岁丧母，哀若成人。①

（袁）聿修七岁遭丧，居处礼度，有若成人。九岁州辟主簿，性深沉有鉴识，清净寡欲，与物无竞。②

（裴）侠幼而聪慧，有异常童。年十三遭父忧，哀毁有若成人。③

（张九皋）早岁丁太常府君忧，孺慕衔哀，荣棘无怙，毁能达礼，志若成人。④

这类儿童的特征是幼年居丧守礼，提前达到了儒家在礼仪方面对于世人的预期。由于记载相对较多，长期延续，且具备浓郁的儒家理想化色彩，可以视作宋代以前的模范儿童。

宋之前以"若成人"赞誉的儿童对象，以第一类早慧神童最早，以第二类居丧守礼的儿童为多。此即宋代模范儿童四大品质之二聪颖、至孝的来历。而另两大品质，即好学与稳重，在宋以前也已能看到一些端倪。好学如前述隋杨佟"敏慧好读书，尤重儒素"，稳重如前述袁聿修"性深沉有鉴识，清净寡欲，与物无竞"。但这类记载并不多见，而且不同于聪明、至孝二品质，这两类品质与宋代相比时代差异较为突出。

先就好学品质来说，宋代时代特征体现在两大方面，即科考功名指向和儒家践履指向。科考功名指向，指宋人对于儿童好学的叙述，往往以其科考成功为归宿，如前举周谞之例。儒家践履指向，指此类儿童所好之学是儒学，且以践履为归宿。如前举李楠之例。这两类指向均由宋代肇端，而为前代如隋朝杨佟等所无。

而另一品质即稳重，在四大品质中最具时代特征。稳重被视作宋代儿童的优秀品质，最著名的例子就是六岁的赵伯琮因不戏猫而在与赵伯浩的皇储之争中胜出，最终登基成为南宋第二位皇帝孝宗。高宗淘汰伸足戏猫的赵伯浩，理由是"此子轻易乃尔，安能任重"，一旁"拱立如故"的赵伯琮因而得任天下之重。⑤

前举五位宋代模范儿童，有三位被称赞说"不好弄"或"未尝好弄""不

---

① 《梁书》，中华书局1983年，第761页。
② 《北齐书》，中华书局1972年，第564页。
③ 《周书》，中华书局1971年，第618页。
④ 萧昕：《长史张公神道碑》，载董诰等《全唐文》，上海古籍出版社1990年，第1591页。
⑤ 李心传：《建炎以来系年要录》，中华书局2013年，第1112页。

为儿嬉事"。这种稳重端庄的儿童,宋人笔下相当常见:

> (王任)字叔重,承事之次子。弱不好弄,励志在学。①
>
> (赵令赫)幼而秀颖,自异于群儿中。或戏之则正色俨然,笑语不妄。记识敏悟,四岁受《孝经》,六岁通《论语》,七岁能为二韵诗。丧父,哀毁如成人。②
>
> (徐积)自儿童不为嬉戏,寡言笑,庄毅如成人。父罗城君卒,先生始三岁,晨昏匐匍床下,求其父甚哀……十五岁奉母自陕右归楚,昼治生,夜读书达旦。③
>
> (胡宪)幼不好弄,而天资粹美夙成,凝然庄重,见者改容。④
>
> (曾耆年)离襁褓不好弄,所亲惟笔床书卷。甫数岁出就外傅,俨如成人。与其仲弟延年月相策励,期于克绍。而高邮复能力贫博延儒硕以训启之,洎长果联贡礼部。⑤

从上引可见,这种"不好弄"的稳重品质,与宋代模范儿童的另三项品质即聪颖、至孝、好学尤其是末项往往关联,所以也呈现出科考功名与儒家践履两个指向。鉴于科考内容的儒学本色,尤其在宋代经历由诗赋向经义的转型之后,可将这两种指向视作儒学理论与实践两翼。

若将宋代模范儿童的"不好弄"与前述北齐袁聿修幼年"深沉"比较,可以发现二者虽有联系,但差异也很明显,因为后者具体表现是"清净寡欲,与物无竞",这显然是一种玄学化的表述。

第一个被誉为"不好弄"的儿童,是春秋时的公子夷吾,未来的晋惠公。《左传》载:

> 秦伯谓郤芮曰:"公子谁恃?"对曰:"臣闻'亡人无党,有党必有雠'。夷吾弱不好弄,能斗不过。长亦不改,不识其他。"⑥

---

① 吕陶:《知渝州王叔重墓志铭》,《净德集》卷二三,中华书局 1985 年,第 258 页。
② 范祖禹:《赠蔡州观察使汝南侯墓志铭》,《太史范公文集》卷五二,《宋集珍本丛刊》本。
③ 王资深:《待制王公撰行状》,载徐积《节孝先生文集》之《事实一卷》附,《宋集珍本丛刊》本。
④ 林之奇:《胡宪行状》,《拙斋文集》卷一八,《宋集珍本丛刊》本。
⑤ 卫泾:《曾耆年墓志铭》,《后乐集》卷一八,《文渊阁四库全书》本。
⑥ 《春秋左传注》,中华书局 1990 年,第 331 页。

《国语》对此番问答的记载稍有出入:

> 穆公问冀芮曰:"公子谁恃于晋?"对曰:"臣闻之,亡人无党,有党必有雠。夷吾之少也,不好弄戏,不过所复,怒不及色。及其长也弗改。故出亡无怨于国,而众安之。"①

以上即"弱不好弄"与"不好弄戏"词源出处。两种文献对于公子夷吾的"不好弄"都采用正面肯定的叙述方式,并将其作为谚语"亡人无党,有党必有雠"前半句的印证,即因"不好弄"而无党无雠怨,并进而为其成年后"无怨于国,而众安之"奠定了基础。这里的"不好弄",与"能斗不过"或"不过所复,怒不及色"一样,并没有多少思想倾向,而是对于一名国君自幼即具优秀政治素质的后见式概括。且在先秦汉魏文献中,不复见于它处。

南北朝文献中,这类"不好弄"的儿童复又出现:

> (殷)礼字德嗣,弱不好弄,潜识过人。②
> 有晋征士浔阳陶渊明,南岳之幽居者也。弱不好弄,长实素心。学非称师,文取旨达。在众不失其寡,处言愈见其默。③
> (褚陶)弱不好弄,清淡闲默,以坟典自娱。④
> (萧)励弱不好弄,喜愠不行于色。性率俭,而器度宽裕。左右尝将羹正胸萌翻之,颜色不异,徐呼更衣。⑤
> (封隆之)神体秀异,志识闲爽。幼体成人,弱不好弄。⑥

这一时期"不好弄"几无例外表达为"弱不好弄",应是受到汉魏以下尤其是西晋杜预之后左传学崛起的影响。⑦ 尽管文本表达各有侧重,或言伦

---
① 《国语》,上海古籍出版社1998年,第313页。
② 《三国志》,中华书局1982年,第1229页。
③ 颜延年:《靖节征士诔并序》,载陶渊明撰、袁行霈笺注《陶渊明集笺注》,中华书局2011年,第415页。
④ 刘义庆:《世说新语笺疏》,中华书局1983年,第431页。
⑤ 《南史》,中华书局1975年,第1262页。
⑥ 严可均:《全北齐文》,商务印书馆1999年,第40页。
⑦ 沈玉成、刘宁:《春秋左传学史稿》,江苏古籍出版社1992年,第129—149页。

鉴,或言静默,或言恬淡,或言风度,但皆与前述袁聿修的"性深沉有鉴识,清净寡欲,与物无竞"一样,染有显著的玄学印记。"弱不好弄"一词,从春秋时期对一位内向国君政治天赋的偶发性描述,至此被发挥成为南北朝名士们风姿天纵的常态表述。

隋唐仍然延续了这种玄化的表达方式,如《隋书·刘焯传》:"焯犀额龟背,望高视远。聪敏沈深,弱不好弄。"①但这一时期"弱不好弄"一词开始被更多地用于儒学志业之上:

> (宋思礼)弱不好弄,长而能贤。趋庭闻诗礼之风,亢宗勗曾闵之行。②
>
> (梁待宾)弱不好弄,卓尔不群。九岁明诗,七龄通易。③
>
> 臣门地衰薄,生长江湖。志在为儒,弱不好弄。研求近代,寒苦莫甚于斯。④

唐代三教并重,儒学逐渐复苏,"弱不好弄"一词开始具备了儒学指向。但总体来说,这种表述在唐代只是零星出现。

至宋代,根据前举之例,可以发现这一时期"不好弄"已成为常用语,并演变出"幼不好弄""不为嬉戏""离襁褓不好弄"等多种表述,且均具有显著的儒学指向,这显然与宋代的儒学复兴运动密不可分。但值得注意的是,这种"不好弄"的性质,从起初对儿童优秀禀赋的赞誉,到南宋演变成了理学家规训蒙童的要求。首先明确提出这项要求的,是朱熹的《童蒙须知》:

> 凡喧哄争斗之处不可近,无益之事不可为(谓如赌博、笼养、打球、踢球、放风禽等事)。⑤

将"笼养、打球、踢球、放风禽等事"与"赌博"并列为"无益之事",这种在今

---

① 《隋书》,中华书局1973年,第1719页。
② 骆宾王:《骆临海集笺注》,陈熙晋笺注,上海古籍出版社1985年,第208页。
③ 杨炯:《杨炯集》,中华书局1980年,第86页。
④ 卢肇:《进海潮赋状》,《文标集》卷中,《豫章丛书》本。
⑤ 朱熹:《朱子全书》,朱杰人等主编,上海古籍出版社、安徽教育出版社2010年,第13册,第375页。

人看来极为不近情理的主张,与"弱不好弄"自然有渊源,也切合朱熹主静持敬的修身思路。朱熹主静思想主要来自周敦颐,后者《太极图说》"圣人定之以中正仁义而主静"①是"主静"一词语之所出。朱熹持敬思想主要来自程颐,后者在作为经筵官教育幼年哲宗时,曾以"方春发生,不可无故摧折"②为由阻止哲宗折柳。进一步追溯的话,程颐持敬的思路,应受到其太学老师胡瑗的影响。胡瑗教学以礼法严备著称,"为法严而信,为道久而尊",所以在湖州州学所创学规被太学取为法式;同时又注重身正为范,弟子心悦诚服之余,"言谈举止,遇之不问可知为先生弟子"③,可谓宋代道学气象先声。④ 从胡瑗、程颐延续而下的持敬思路与周敦颐主静思想,在朱熹这里汇聚成儿童游戏无益的观念,并在科举社会的时代背景下,最终在宋元之际被总结为"勤有功,戏无益"⑤而载入童蒙经典《三字经》,对后世产生巨大而深远的影响。

二、理想与现实:礼下庶童时代的童趣

以上叙述容易给读者一个印象,即宋代是一个抑制童心的时代。但只要变换视角,所见就大为不同。已有研究表明,宋代恰恰是童趣诗创作的壮大时期。宋以前童趣诗罕见,而宋代童趣诗现存共计400首。⑥ 同时宋代又"是婴戏图最成熟的时期,是婴戏图发展的黄金时期"。婴戏图诞生于初唐,但直至宋代才发展成熟并达到艺术顶峰,为以后的元明清所远不及。⑦ 这种矛盾现象,折射出宋人儿童观具有多层次的丰富意蕴。

与"宛如成人"一样,童趣诗与婴戏图也是儿童观的产物。一方面是"不好弄",一方面是童戏之趣,反差鲜明。观念主体上,"宛如成人"的表述者与童趣诗作者同属士大夫群体,而婴戏图也从宋代开始出现宫廷外画家,创作除延续前代生育文化母题外,在牧牛图、闹学图等题材上体现出文

---

① 周敦颐:《周敦颐集》,中华书局1990年,第6页。
② 程颢、程颐:《二程集》,中华书局1981年,第342页。
③ 欧阳修:《欧阳修集编年笺注》,李之亮笺注,巴蜀书社2008年,第1册,第341页。
④ 周扬波:《胡瑗历史地位再评价——师道演进视野下的考察》,《浙江师范大学学报(社会科学版)》2016年第3期。
⑤ 陆林:《三字经辑刊》,安徽教育出版社1994年,第9页。
⑥ 李丹:《宋代童趣诗研究》,西南大学硕士论文,第4页。
⑦ 曹慧:《透视与反思:晚清之前婴戏图中的儿童观》,山东师范大学硕士论文,2015年,第4、17页。

人趣味。① 既然三者具有相当多的交集,则这样的反差只能从层次分别上来理解。以下从理想与现实两个层面来考察。

1. 理想层面:礼下庶童

宋之前儿童"如成人",不论其内涵差异如何,都只是来自成人世界的主观肯定,成人们并未规模性地付诸行动,去形塑儿童使其宛如成人。宋代儿童观与前代的最显著差异,是其明确的儒家指向,尤其是儒家践履指向,这显然是宋代儒学复兴运动的产物。宋代成人开始规模性地努力规训儿童为模范儿童,但儿童践履难以像成人那样主动修养心性,所以其着眼点在于"洒扫应对进退"②等外在礼仪规范。礼仪文化从宋代开始由士大夫向庶民推广,这方面学界已多有论述,或名为"礼制下移"③,或称为"新礼教运动"④,本质上即"礼下庶人"。而从儿童史的视角观照,则可概括为"礼下庶童"。具体表现为三个方面。

(1) 冠礼

冠礼是唯一针对儿童的礼仪,在中国古代标志着童年的结束和成年的开始。宋代冠礼的倡导者和实践者都不算多,但却具有转折性的关键意义。冠礼盛于先秦两汉,南北朝以下衰微,经宋儒重倡后,宋元明时期一定程度上复行于世。⑤ 关于宋代冠礼的倡行情况,陈成国已有专门梳理。⑥ 值得注意的是,作为宋代第一份产生重要影响的冠礼文本,司马光《书仪》卷二《冠仪》将《小戴礼记》经典性的"男子二十,冠而字"⑦,改造成了"男子年十二至二十皆可冠"⑧,年龄层次大幅下移。陈成国分析司马光定下限十二岁的依据,是《左传》记鲁襄公年十二接受冠礼。但天子诸侯受礼不可与常人等同,像宋代行冠礼的最低年龄纪录,是大中祥符八年(1015)六岁的皇太子赵祯(1010—1063,即未来的宋仁宗)加冠,这是宋真宗希望通过皇太子"加冠监国"使热衷干政的刘皇后适时还政。所以旧题

---

① 胡懿勋:《中国古代人物画女性与儿童图像谱系研究》,东南大学博士论文,2005年,第149—153页。
② 吕本中:《童蒙训》,商务印书馆1937年,第10页。
③ 王美华:《礼制下移与唐宋基层社会》,中国社会科学出版社2015年,第2页。
④ 惠吉兴:《宋代礼学研究》,河北大学出版社2011年,第165—166页。
⑤ 彭勇:《明代皇室冠礼述评》,《北京联合大学学报(人文社会科学版)》2010年第2期。
⑥ 陈成国:《中国礼制史·宋辽金夏卷》,湖南教育出版社2001年,第268—282页。
⑦ 《礼记译解》,中华书局2001年,第17页。
⑧ 司马光:《司马氏书仪》,中华书局1985年,第19页。

朱子的《家礼》在部分采纳司马光冠仪后,将行冠礼年龄下限改为十五而上限相同。① 但不论下限是十二还是十五,宋代家长对于子弟及冠的心理预期都会大幅提前,所谓"自汝总角,爰迨今兹"②,从而会对儿童言行作出较前代更早的教导和暗示。另外,由于行冠礼时及冠者"兄弟俱在",则"弃尔幼志,顺尔成德"③的整个过程对幼弟们来说不啻是自己未来冠礼的预演,从而使得他们对于自身言行会提前作出合乎成人礼节的要求。

(2) 家祭礼

宋代是家礼开始"变古适今"的时代④,在家礼冠、婚、丧、祭四大种类中,祭礼是儿童角色重要性仅次于冠礼的。因为婚礼和丧礼尽管也有儿童参加,但其特定主题限定了儿童的参与度。而家祭既是对于逝去祖先的祭祀,同时更有"敬宗收族"的功能。"敬宗"的方向是尊崇过往的祖先,"收族"则是面向子弟,儿童自然是其中需要提撕的重要对象。在两宋从家庙祭到影堂祭到祠堂祭的转变过程中,家祭规模由祭祀直系祖先到"祭及旁亲"乃至同族"共庙",背后是"敬宗收族"观念的不断强化。⑤ 苏轼为孙子苏符所写《求婚启》说:"先辈之爱女第十四小娘子,禀粹德门,教成家庙。"⑥可见时人是将家庙视作低龄族人的受教之地,这种教育不可能是指系统的知识教育,而只能是指家祭对子弟的礼仪训练。家庙尚且如此,影堂和祠堂的功能则更加丰富。宋代是中国家训史由成熟走向鼎盛的转折时期⑦,家训是族中长辈对子弟的规训,指向性与祠堂类似,所以祠堂是家训的主要实施场所。如金溪三陆(陆九韶、陆九龄、陆九渊)所在的金溪陆氏义门家族,"九韶以训戒之辞编为韵语,清晨家长率众子弟谒先词,击鼓诵其辞"。⑧ 家祭场所是培育家族认同意识最重要的场所,而这种意识的薪火传承,正是通过儿童在家祭场合的耳濡目染所完成。

(3) 其他礼仪

对于儿童来说,其他礼仪可以分为参与性和旁观性的。参与性礼仪主

---

① 陈戍国:《中国礼制史·宋辽金夏卷》,湖南教育出版社 2001 年,271 页。
② 彭龟年:《邹道乡公冠子文》,《永乐大典》,中华书局 1986 年,第 9 册,第 9 205 页。
③ 司马光:《司马氏书仪》,中华书局 1985 年,第 22 页。
④ 王美华:《承古、远古与变古适今:唐宋时期的家礼演变》,《辽宁大学学报(哲学社会科学版)》2013 年第 4 期。
⑤ 赵旭:《唐宋时期私家祖考祭祀礼制考论》,《中国史研究》2008 年第 3 期。
⑥ 苏轼:《苏轼文集》,中华书局 1986 年,第 1 371 页。
⑦ 朱明勋:《中国家训史论稿》,巴蜀书社 2008 年,第 146 页。
⑧ 《宋史》,中华书局 1985 年,第 12 897、12 882 页。

要指家礼中另两类即婚礼和丧礼,尽管参与度低于前两类,但儿童仍是不可或缺的角色,并在其中完成了"洒扫应对进退"的训练。参与性礼仪指乡饮酒礼、学礼乃至国家祀典等。宋代这些礼仪逐渐从封闭走向开放①,规模也随之日趋庞大。如南宋乡饮酒礼人数可多达"千余人"②乃至"三千余人"③,其中自然不乏喜爱热闹的儿童身影,如南宋金坛县学乡饮酒礼,"合邑之士,无少长咸在"。④ 这种场合开放的目的是为推广风教,儿童正是其重要的宣教对象。

需要指出的是,宋代礼教的推动者,理学家虽是主力,但并非全部。姚永辉统计出宋代仪礼文本的编纂者共有42位⑤,其中至少许洞、孙日用、杜衍、胡瑗、司马光、范祖禹、袁采、叶梦得、赵鼎9人不属于理学系统。固然宋代礼教实践的深度与广度皆不如明清,但"礼下庶人"与"礼下庶童"已然在观念层面形成时代共识,这正是宋代"宛如成人"这种成人本位儿童观产生的时代土壤。

2. 现实层面:童戏之趣

尽管宋代礼教运动影响深远,但具体到本朝来说理论影响远大于实践。"礼下庶童"也好,由此导致的"宛如成人"的模范儿童也好,主要是士大夫心目中的理想状态。

游戏是儿童天性,完全"弱不好弄"的儿童并不存在,只能认为是叙述者心中理想状态的表述。而前述看来最为极端的"戏无益"观念,现实中又能否完全贯彻呢?朱熹自己在写给陈亮的信中这样描述其长子朱塾的童年:

> 此子自幼秀慧,生一两月,见文书即喜笑咿鸣如诵读状。小儿戏事见必学,学必能,然已能辄弃去。后来得亲师友,意甚望之。⑥

---

① 王美华:《唐宋时期乡饮酒礼演变探析》,《中国史研究》2011年第2期。
② 《景定严州续志》卷三,《宋元方志丛刊》本。
③ 《宝庆四明志》卷二,《宋元方志丛刊》本。
④ 刘宰:《漫塘文集》卷一九,《宋集珍本丛刊》本。
⑤ 姚永辉:《从"偏向经注"到"实用仪注":〈司马书仪〉与〈家礼〉之比较——兼论两宋私修士庶仪典的演变》,《孔子研究》2014年第2期。
⑥ 朱熹:《朱子全书》,朱杰人等主编,上海古籍出版社、安徽教育出版社2010年,第25册,第4780页。

可见朱熹并不完全反对童戏,只是认为读书高于游戏。朱塾这样好学甚于好弄的儿童,应该才是"弱不好弄"者的真实模样。朱熹说"无益之事不可为",仅列举赌博、笼养、打球、踢球、放风禽数项,或有其具体考虑,但不宜视作朱熹反对童戏,否则这句话应表达为"不可嬉游"。至于《三字经》中的"戏无益"与"勤有功"相连,也只是一种价值比较后朝向"理想状态"的引诱。

其实宋学尤其理学是具备欣赏童趣的理论基础的。儒学至宋而孟子性善说确立为人性论主流,"人之初,性本善"至宋元之际作为《三字经》首句传诵天下。同时,宋学尤其是理学拓展了儒学中的宇宙论,以《易传·系辞传》"生生之谓易""天地之大德曰生"为基础,发展出来阐释宇宙生机的"生生之学"。① 而在"儒道互补"文化心理结构成熟的宋代②,道家赤子含德、任真率性、天人合一等思维也会使得宋人更能正视儿童天性。

现存400首宋代童趣诗,从题材上可分为游戏(98首)、放牧(90首)、采摘(60首)、学习(40首)、其他(田间劳作、穿衣打扮、恶作剧等,112首),分别占比24.5%、22.5%、15%、10%、28%。涉及诗人200人,尽管人均创作仅2首,但也出现了3位创作量10首以上的高产者,分别是杨万里40首,陆游31首,范成大17首;其他创作较多者尚有周必大、楼钥、张镃、赵蕃、刘克庄等人。③ 这些诗人多数与理学有渊源,其中尤以杨万里最为突出。杨万里学术上师事张九成、张浚而与张栻相友④,所著《诚斋易传》"大旨本程氏"。⑤ 作为宋代最能欣赏童趣的诗人,他的笔下有"儿童急走追黄蝶,飞入菜花无处寻"⑥的顽皮天真,也有"童子柳阴眠正着,一牛吃过柳阴西"⑦的马虎可爱;既有"日长睡起无情思,闲看儿童捉柳花"⑧的淡然旁观,更有"也思日涉随儿戏,一径唯看蚁得通"⑨的不老童心。但同一个杨万里,在为人写墓志时又说,"世珍弱不好弄,从群儿遨,习弦诵之声,父异其

---

① 向世陵:《易之"生"意与理学的生生之学》,《周易研究》2007年第4期。
② 李泽厚:《美的历程》,文物出版社1981年,第49页。
③ 李丹:《宋代童趣诗研究》,西南大学硕士论文,第7,22页。
④ 张玖青:《杨万里思想研究》,中国社会科学出版社2013年,第26页。
⑤ 《钦定四库全书总目》,中华书局1997年,第23页。
⑥ 杨万里:《杨万里集笺校》,中华书局2007年,第1728页。
⑦ 杨万里:《杨万里集笺校》,中华书局2007年,第1749页。
⑧ 杨万里:《杨万里集笺校》,中华书局2007年,第189页。
⑨ 杨万里:《杨万里集笺校》,中华书局2007年,第1028页。

俊"①,"东老结发不好弄,不妄言笑,入小学日诵数千言"。② 陆游、周必大、楼钥、刘克庄等都有类似情况。这一矛盾至此已可理解,宋代士大夫的儿童观应区分理想和现实两个层面,在"礼下庶童"时代思潮下发展出理想化的成人本位儿童观,而现实层面却又能顺应童心欣赏童趣。

至于艺术成就空前绝后的宋代婴戏图,尽管开始出现文人趣味,但作者主要是画院和民间两大画工群体;题材涉及庭戏、百子、时节、村童、牧牛、母子、杂役、童仆、货郎,画中儿童所属阶层上至宫廷下至村野,涵盖面较童趣诗更为宽广。总体来说,更能彰显宋人现实层面的儿童观,即正视童心、肯定童趣。

三、"幼教文化两大路线"之辨

熊秉真认为,"程朱理学与陆王心学,毫无疑问是近世幼教文化上的两大路线之争",理由是前者"主澹静,恶嬉戏,重管束",而后者"强调自由、自然,鼓励舒畅、活动,与反对拘束体罚"。③ 此说影响较大,多为引用。但这一结论与前述考察有偏差,宋人包括理学家对于童心并非一味抑制。而且宋代朱陆虽有学术之争,但并未涉及幼教,即使退一步将此"争"字理解为"分歧",二家有何分歧亦需检讨。进而延伸的朱学与王学之差异,自然也有重新审视的必要。

陆九渊并未留下关于童蒙的只言片语,所幸朱熹曾引用其五兄陆九龄的言论:

> 陆子寿言:"古者教小子弟,自能言能食,即有教,以至洒扫应对之类,皆有所习,故长大则易语。今人自小即教做对,稍大即教作虚诞之文,皆坏其性质。某当思欲做一小学规,使人自小教之便有法,如此亦须有益。"先生曰:"只做禅苑清规样做,亦自好。"④

可见朱熹与陆九龄二人关于幼教所见略同,注重"洒扫应对"即礼仪教育,而反对过早进行应试教育。这是一次氛围融洽的对话,朱熹提议模仿禅林清规制作小学学规,并未遭到陆九龄明显反对。

---

① 杨万里:《杨万里集笺校》,中华书局2007年,第5005页。
② 杨万里:《杨万里集笺校》,中华书局2007年,第5031页。
③ 熊秉真:《童年忆往:中国孩子的历史》,麦田出版股份有限公司2000年,第134—135页。
④ 朱熹:《朱子全书》,朱杰人等主编,上海古籍出版社、安徽教育出版社2010年,14册270页。

陆九渊,字子静,教学思路上亦主静,常教弟子静坐。① 陆九渊的童年形象,因其弟子为师所撰行状、年谱而有所保留。高足杨简撰《象山先生行状》云:"先生幼不戏弄,静重如成人。"②此言又被另二位弟子袁燮、傅子云编《陆九渊年谱》时采纳:"先生三岁,幼不戏弄……先生四岁,静重如成人。"③行状还记载了陆九渊"常自扫洒林下""侍亲会嘉礼""恶无礼者"等童年守礼的举止。陆九渊为兄九龄作行状,言其"生而颖悟,能步趋则,容止有法……十岁丁母忧,居丧哀毁如成人"。④ 九渊长子伯微,"年才十三,严重如成人"。⑤ 九渊得意门生杨简也是"入小学,便俨立若成人。书堂去巷陌隔牖间一纸,凡邀戏事呼噪过门,听若无有"。⑥ 可知在童蒙理念上,陆学与朱学无甚差别。

再来看王阳明的童蒙观念,熊秉真的立论主要依据其《训蒙大意示教读刘伯颂等》一文:

> 古之教者,教以人伦。后世记诵词章之习起,而先王之教亡。今教童子,惟当以孝弟忠信礼义廉耻为专务。其栽培涵养之方,则宜诱之歌诗以发其志意,导之习礼以肃其威仪,讽之读书以开其知觉。今人往往以歌诗习礼为不切时务,此皆末俗庸鄙之见,乌足以知古人立教之意哉!
>
> 大抵童子之情,乐嬉游而惮拘检,如草木之始萌芽,舒畅之则条达,摧挠之则衰痿。今教童子,必使其趋向鼓舞,中心喜悦,则其进自不能已。譬之时雨春风,霑被卉木,莫不萌动发越,自然日长月化;若冰霜剥落,则生意萧索,日就枯槁矣。故凡诱之歌诗者,非但发其志意而已,亦以泄其跳号呼啸于咏歌,宣其幽抑结滞于音节也;导之习礼者,非但肃其威仪而已,亦所以周旋揖让而动荡其血脉,拜起屈伸而固束其筋骸也;讽之读书者,非但开其知觉而已,亦所以沈潜反复而存其

---

① 陆九渊说"学者能常闭目亦佳"(《陆九渊集》卷三五《语录下》)。朱熹说陆学"不读书,不求义理,只静坐澄心"(《朱子语类》卷五二)。
② 陆九渊:《陆九渊集》,中华书局1980年,第388页。
③ 陆九渊:《陆九渊集》,中华书局1980年,第481页。
④ 陆九渊:《陆九渊集》,中华书局1980年,第313页。
⑤ 魏了翁:《陆伯微墓志铭》,《重校鹤山先生大全文集》卷七三,《宋集珍本丛刊》本。
⑥ 钱时:《宝谟阁学士正奉大夫慈湖先生行状》,载杨简《慈湖先生遗书抄》卷一八附录,《宋集珍本丛刊》本。

心,抑扬讽诵以宣其志也。凡此皆所以顺导其志意;调理其性情,潜消其鄙吝,默化其粗顽,日使之渐于礼义而不苦其难,入于中和而不知其故。是盖先王立教之微意也。

若近世之训蒙稚者,日惟督以句读课仿,责其检束,而不知导之以礼,求其聪明,而不知养之以善;鞭挞绳缚,若待拘囚。彼视学舍如囹狱而不肯入,视师长如寇仇而不欲见,窥避掩覆以遂其嬉游,设诈饰诡以肆其顽鄙,偷薄庸劣,日趋下流。是盖驱之于恶而求其为善也,何可得乎?①

此篇言论革命性之处,在于首次正面指出儿童天性"乐嬉游而惮拘检",其童蒙理念因而发展为"必使其趋向鼓舞,中心喜悦",如同舒畅草木之芽。但其立论的批判面,文中明言是"后世记诵词章之习",原因是其"日惟督以句读课仿,责其检束"。为此王阳明给出的对策,是"诱之歌诗以发其志意,导之习礼以肃其威仪,讽之读书以开其知觉"。

诵诗习礼读书这一童蒙策略并不新鲜,如前所述正是程朱主张。而且程朱主张礼教为先的潜在批判对象,也正是宋代日炽的场屋举业。朱熹邀陆九渊讲学白鹿洞书院,主题正是辨明二者轻重本末的"君子小人喻义利"。②前引陆九龄批判的"今人自小即教做对,稍大即教作虚诞之文"也正是科考举业。所以陆王之学幼教观念的起点和对策均与程朱无殊,二者差异只在于过程性的思路上,王学承认儿童嬉游天性并主张诱导,而程朱侧重树立规范主静持敬,但这是否足以构成"近世幼教文化上的两大路线之争"呢?

首先,程朱之学主静持敬,并不必然导致对待儿童"责其检束",更不必是"若待拘囚"。熊秉真在引用王阳明上文时评述:"过去中国所有谈幼教或人生哲学的论述中,从来未尝把'教育'与'快乐'并列。"③此言大谬。乐是中国传统思想中一大要素,故李泽厚特别拈出此字,将中国传统文化概括为"乐感文化"。④ 教育文化自然亦在其列。程朱主静思想源自周敦

---

① 王守仁:《王阳明全集》,上海古籍出版社1992年,第87页。
② 《宋史》,中华书局1985年,第12 882页。
③ 熊秉真:《童年忆往:中国孩子的历史》,麦田出版股份有限公司2000年,第202页。
④ 李泽厚:《中国思想史论》(上),安徽文艺出版社1999年,第310页。

颐,周敦颐教导二程时"每令寻孔颜乐处"。① 程朱持敬思想,如前所述来自胡瑗。胡瑗在太学,曾以"颜子所好何学论"为题试程颐。② 胡瑗的教学方法是"严条约以身先之"③,"治学校虽规矩备设而不尽用焉,以德教为主"④,所以弟子从学毫无苦态,"中心悦而诚服之"⑤,"醇厚和易之气,一望可知"。⑥ 具体到童蒙观念来说,程朱与王阳明惊人相似。《二程集》中载:

> 教人未见意趣,必不乐学。欲且教之歌舞,如古诗三百篇,皆古人作之。如《关雎》之类,正家之始,故用之乡人,用之邦国,日使人闻之。此等诗,其言简奥,今人未易晓。别欲作诗,略言教童子洒扫应对事长之节,令朝夕歌之,似当有助。⑦

此段话《二程集》中未明言出自谁口,朱熹《小学》引用时标明是"伊川程先生曰"⑧,清人王炳在《近思录》校勘记中则断为"明道先生语"。⑨ 这段话不但明确将教育与快乐相连,且主旨与王阳明《训蒙大意》一文大体相同,差异仅在于未如王氏正面承认"童子之情,乐嬉游而惮拘检",并有"舒畅之则条达"之明确意识。但王阳明之言与朱学关系有脉络可寻。《近思录》收有程颢"忧子弟之轻俊者,只教以经学念书,不得令作文字。子弟凡百玩好,皆夺志"一语,朱熹再传弟子叶采为之注云:

> 志轻才俊者,惮于检束,而乐于驰逞。使之习经念书,则心平气定,使作文字,则得以用其才而长其轻俊矣。⑩

此言应即王阳明"乐嬉游而惮拘检"语之所出。二人差异仍在于对待少儿

---

① 程颢、程颐:《二程集》,中华书局1981年,第16页。
② 朱熹:《朱子全书》,朱杰人等主编,上海古籍出版社、安徽教育出版社2010年,12册961页。
③ 蔡襄:《蔡襄集》,上海古籍出版社1996年,第576页。
④ 吕希哲:《吕氏杂记》,《全宋笔记》,大象出版社2003年,第1编第10册,第266页。
⑤ 李廌:《师友谈记》,中华书局2002年,第36页。
⑥ 邵伯温:《邵氏闻见录》,中华书局1983年,第80页。
⑦ 程颢、程颐:《二程集》,中华书局1981年,第21页。
⑧ 朱熹:《朱子全书》,朱杰人等主编,上海古籍出版社、安徽教育出版社2010年,13册434页。
⑨ 朱熹、吕祖谦:《近思录集释》,岳麓书社2010年,第879页。
⑩ 朱熹、吕祖谦:《近思录集释》,岳麓书社2010年,第874页。

"驰逗"或"嬉游"态度一反一正,共同点是都不主张"检束""拘检",而主张诱导其习经守礼。朱学一脉在童蒙实践上于诱导一途也作了不少有益探索。如朱熹高足陈淳为三岁儿子所作《训蒙雅言》《启蒙初训》,及为私塾弟子所作《小学诗礼》等系列韵语体蒙书,是后来同类读物发展和提高的基础,对《三字经》有着直接影响。①《三字经》作为中国蒙学第一经典,是因为文字和音韵最为适合儿童接受。作者虽然尚存争议,但从内容上看属于朱学一脉并无疑义。凡此种种,都与王阳明诵诗习礼读书的理念殊途同归。对儿童动辄检束乃至体罚,只是朱学末流而已。

其次,王学尽管正视儿童天性,但实质仍为成人本位。理论上正面肯定儿童天性,一扫长期视儿童为蒙昧的成见,近世史上王阳明确为第一人。但陆王之学与程朱之学其实异脉同源,均出于思孟之学。后者在唐宋之际的崛起②,确立了性善说这一近世人性论基调。这为王阳明心学肯定儿童天性提供了理论前提,同禀性善说的程朱之学则将重心放在了外围的闲邪存诚一路。二者尽管内外路向不同,但如前所述殊途同归,目标都是呵护善性自幼至壮成长为德性。所以尽管王阳明正面指出儿童"乐嬉游而惮拘检",但其童蒙思路也并非是任其嬉游。从王氏"窥避掩覆以遂其嬉游,设诈饰诡以肆其顽鄙,偷薄庸劣,日趋下流"一言可见,他认为儿童纯粹的嬉游只会导致庸劣下流。只有通过相对动态、"嬉游"式地诵诗习礼读书,才能诱导儿童成为合乎道德的小大人。阳明后学中李贽、罗汝芳分别拈出"童心""赤子之心"作为自己体系中的核心,但二人学说均旨在召唤他们心目中成人缺失的美好天性,只是孟子"大人者,不失其赤子之心者也"③的延伸发挥,无一意在为儿童代言,对童蒙教育影响有限。明清蒙学理念,受朱学影响多而王学影响少,目前仅见清人王筠《教童子法》是唯一宗主阳明学派者。④ 而王筠继承阳明的"诱"与"鼓舞"之教学法,与"读书虽不如嬉戏乐,然书中得有乐趣,亦相从矣"的学习观⑤,与前述程朱教学并无本质差异。王学与程朱的童蒙观,并无尖锐纷争,只是继承和发展的关系。

---

① 徐梓:《蒙学读物的历史透视》,湖北教育出版社1996年,第91—92、107—108页。
② 徐洪兴:《思想的转型——理学发生过程研究》,上海人民出版社1996年,第92—137页。
③ 《孟子译注》,中华书局2010年,174页。
④ 陈涵郊:《晚明至清中叶训蒙理念的探讨》,台湾师范大学,2011年,第118页。
⑤ 王筠:《教童子法》,载徐梓、王雪梅编《蒙学辑要·蒙学要义》,山西教育出版社1992年,第185、179页。

第三,近世幼教文化两大路线之争是德育与举业之争。唐宋以下童蒙领域最大的变化除"礼下庶童"外,就是"考下庶童",即科举考试从阶层和年龄两个维度向下影响儿童。具体体现在三个方面。一是童子举的诞生与发展。童子举是专为儿童设置的科考,与其他科目一样没有阶层限制。其诞生于唐初,至宋发展到高峰,元明演变为童子荐举,入清方始绝迹。① 童子举在唐五代既已产生较大社会影响,并因伪滥请托之风而屡次停废。② 自宋至今童子举不断受到揠苗助长之类的批评,宋代饶州甚至出现类似产业化的"神童"训练,不过客观上童子举也促进了向学之风的普及。③ 二是幼教举业内容的增加。汉代蒙学以字学为重,至唐宋蒙学与科举接轨,宋以下涌现出大量的举业教材,明清则全社会应试教育倾向较任何朝代都严重。④ 三是入学与科考年龄的下移。关于小学入学年龄,宋以前至少有八、十、十三、十五岁4种说法,至北宋初采十岁之说,后改八岁,南宋以八岁为准。⑤ 这一标准作为下限基本为明清沿袭。至于科考年龄,从初设始就未设下限。至明清,未通过初级考试者不论年龄大小一律称为"童生",这正是科举社会应试氛围下移的体现。"考下庶童"的举业,与"礼下庶童"的德育,二者从唐中叶新儒家崛起始理念即大相径庭,虽在宋元之际完成"科举理学化"⑥,但科举的功利本质与新儒家的德育理想始终纠缠纷争相持千年。举业对童年的渗透无声而又深刻,而包括程朱陆王在内的新儒家阵营对此则一直持同仇敌忾的批判立场。前述程朱陆(包括陆九龄)王等人各项教育理念的提出,基本都以批判科考为前提。在科举社会中成长的理学家们并不从根本上否定科举,而是着眼于批判举业功利性对道德的侵蚀。程颐对举业的看法是"不患妨功,惟患夺志",所以他对弟子学业的安排是"一月之中,十日为举业,余日足可为学"。⑦ 陆九渊也承认对于举业"今为士者固不能免此"的现状,要在"当辨其志",这正是他应朱熹之邀到白鹿洞书院讲《论语》"君子喻于义,小人喻于利"一章的主旨。朱熹则径从童蒙上立论,指出"今人初生,稍有知识,此心便恁霎霎地去了。

---

① 刘钰琳:《论童子举》,重庆师范大学硕士论文,2011年,第7—27页。
② 金滢坤:《唐五代童子科与儿童教育》,《西北师范大学学报(社会科学版)》2002年第4期。
③ 祖慧、周佳:《关于宋代童子科的几个问题》,《中国史研究》2005年第4期。
④ 田建荣:《试论古代蒙养教育与科举》,《考试研究》2009年第1期。
⑤ 周愚文:《宋代儿童的生活与教育》,台湾师大书苑有限公司1996年,第118—119页。
⑥ 吴铮强:《科举理学化:均田制崩溃以来的君民社会》,上海辞书出版社2008年,第252页。
⑦ 朱熹、吕祖谦:《近思录集释》,岳麓书社2010年,第634页。

干名逐利,浸浸不已,其去圣贤日以益远,岂不深可痛惜"。① 至于王阳明,前已述及,其《训蒙大意》一文,正是针对"后世记诵词章之习起,而先王之教亡"的科举社会通病而发。所以程朱和陆王的差异只是同一阵营的内部矛盾,双方关于幼教的起点、策略和目标都类同,不能构成"两大路线之争"。对峙千年的举业之学,才是他们共同的强劲对手。

综上所述,在"人之初,性本善"确立为主流人性论的宋代,人们观照儿童仍是成人本位的视角。宋人好以"宛如成人"之类语词称赞模范儿童,典型的模范儿童通常包括聪颖、稳重、至孝、好学四项品质。其中"弱不好弄"的稳重品质尤具时代特征,是宋代童蒙观念中"戏无益"思想的前身和基础。熊秉真以是否尊重儿童天性为依据,提出程朱理学与陆王心学构成近世幼教文化上的两大路线之争,却忽视了王学童蒙观同样是成人本位,而程朱亦有顺应童心的现实层面。二者童蒙观的起点、策略与目标都相当一致,而他们同仇敌忾联手抵制的是举业对于德育的侵蚀。举业与德育的博弈纠缠千年,构成近世幼教文化两大路线之争,并演变为今日应试教育与素质教育之间的顽强角力。

第二节　从蒙书看宋代童蒙教育

蒙书是童蒙文化基本载体,它们的质量和数量,决定了其时童蒙文化的水准,也决定着整个时代的文化高度。其从内容到形式的变化,也是童蒙文化乃至整体文化变迁最直观的体现。蒙书入宋而乍显井喷之势,因此不乏学者关注。作出较为全面研究的有李裕民《唐宋蒙学书系年考证与研究》、潘伟娜《宋代新编蒙书初探》二作。前者考出唐宋蒙书数量分别是唐代 8 种,五代 1 种,北宋 15 种,南宋 63 种,并对每部读物的系年和存佚逐一作了考证。② 作者考证方法具有一定启发性,但由于旨在揭示唐宋国民素质变迁,在结论较易确立的情形下,未使用目录学方法深入梳理蒙书,致使遗珠颇多。后者在较为充分地梳理学术史之后,增以己力统计出宋代蒙书多达 111 种,并分伦理道德、历史知识、博物、其他四类探讨。③ 但作为一

---

① 朱熹:《朱子全书》,朱杰人等主编,上海古籍出版社、安徽教育出版社 2010 年,18 册 3 758 页。
② 李裕民:《唐宋蒙学书系年考证与研究》,见包伟民、刘后滨编《唐宋历史评论》(第三辑),社会科学文献出版社 2017 年,第 126—160 页。
③ 潘伟娜:《宋代新编蒙书初探》,四川大学硕士论文,2005 年,第 51—54 页。

篇硕士论文，既有不少遗漏，又有很多错误。其中误收异代作品14种（唐9种，五代之前2种，元2种，明1种），非蒙书24种，重复收入4种，故实际统计宋代蒙书仅得69种，且未考证蒙书系年和存佚。其对蒙书的分类，也不尽切合宋代的时代特征。本节拟对宋代蒙书的数量作进一步统计，在此基础上作分类探讨，并在知识社会史视野下考察宋代蒙书，以期勾勒出相关的文化演变轨迹。

一、宋代蒙书的数量和分类

笔者以目录学方法入手，通过梳理《崇文总目》《郡斋读书志》《遂初堂书目》《直斋书录解题》《通志·艺文略》《宋史·艺文志》《钦定四库全书总目》等重要相关书目，并结合"中国基本古籍库""《全宋文》全文检索系统"等数据库检索，共得两宋蒙书144种，其中北宋29种，南宋115种。这些书尚存世53种。①

关于蒙书的分类，目前学界习惯于以体裁和内容来区分。张志公《蒙学书目》作为第一份全面搜罗的蒙学书目，就以三、百、千、急就篇、蒙求、小学等体裁为主，兼顾思想教育、历史、各科知识、对类等内容作分类。② 徐梓《蒙学读物的历史透视》作为目前研究蒙书史最为全面的著作，则采用内容分类的方法，认为隋唐五代是过渡期，此前蒙书以识字课本为主，此后则可分为综合、伦理道德、性理经学、历史知识、韵对、诗歌、故事图画、识字、其他等类蒙书。③ 当前关于蒙书分类，包括宋代蒙书分类在内，基本都在张氏、徐氏框架影响之下。这种分类框架，从形式覆盖到内容，固然有其效能，但并不能完全揭示蒙书的性质和价值。置于知识社会史视野下观察，蒙书出现和兴盛皆出于历代社会需求的驱动，所以本节在借鉴前述框架基础上，选择功能视角，将宋代蒙书分为识字、科考、伦理、专门四大类型。

识字类蒙书在宋代虽已不像唐之前占主要地位，但依然承担着最基础的童蒙功能。除了沿用前代传下的字书如《急就篇》《千字文》等外，宋代出现不少这些书的仿作、习作和续作，如《州名急就章》《姓氏急就篇》《补

---

① 周扬波：《知识社会史视野下的宋代蒙书》，《厦门大学学报（哲学社会科学版）》2018年第2期。
② 张志公：《传统语文教育教材论——暨蒙学书目和书影》，中华书局2013年，第29—30、169页。
③ 徐梓：《蒙学读物的历史透视》，湖北教育出版社1996年，"目录"，第Ⅰ、Ⅱ页。

注急就篇》《百体书千文》《续千文》(侍其玮、刘绍佑各1种)和《重续千文》《叙古千文》(胡寅、吕氏各1种)等。另有创自汉魏的"杂字"一类①,由于长期只用于民间基层识字启蒙,且数量有限,未必像《急就篇》《千字文》一样形成经典文本传入宋代,但宋代也出现了这一类型的新作,目前可以断代于宋的有《四言杂字》《新编对相四言》等4种以上,其中《四言杂字》还与《孝经》《尔雅》同被西夏翻译引进②,可见其当时流行程度。张志公认为杂字入宋后始大量出现,宋元以下不可胜数③,虽是基于明清民间大量流行史实的推论,考虑到宋代俗书存世不易,其判断应该近于史实。宋代出现的新型字书是《百家姓》,因其易于记诵和切合日常的特点,很快成为与《千字文》齐名的蒙书,并出现了《千姓编》这样的仿作。

科考类蒙书是宋代蒙书大宗,却被学界忽视。唐代已出现"针对常科试策……引经史为训"的科考应试蒙书《兔园策府》,以及与科举相关的经书摘抄类蒙书《新集文词九经抄》、类书类蒙书《杂抄》等。④ 但这些书无论从形式到内容,其实都不像是为童蒙而作之书,目前认定其为蒙书的共同依据,是敦煌文书中发现"学士郎""学仕郎"等当地官学、寺学学生的抄写落款。⑤ 这些科考读物转型为蒙书,以《兔园策府》最典型。吕思勉考证该书流传情况后指出:"士夫之尚此书,初盖以供对策之用……村童无意科名,本无须乎诵此。然俚儒何知,但见名公贵人讽之,则亦以之教学童矣。"⑥概而言之,唐代具备科考功能的蒙书,其设定读者本来并非儿童,存在一个成人读物受众低龄化的过程。科举对宋代社会的影响远过于唐,就儿童群体来说,他们学习的科举指向性远较前代明确。周愚文通过对宋代儿童教育的研究表明,唐代所无而宋代始设的官立小学,其课程设置及变迁与科考内容相匹配;私学除识字扫盲外,主要就是培养为科考做准备的举子。⑦ 宋代科考读物之丰富,几可覆盖科考所有环节和范围。首先是出现了童子科的专门读物《曾神童对属》,作者曾子戤是南宋抚州籍童子科

---

① 李国庆:《杂字类函自序——蒙学读物杂字及其版本知见录》,《杂字类函》,学苑出版社2009年,第2页。
② 《宋史》卷四八五《外国一·夏国上》,中华书局1977年,第13995页。
③ 张志公:《传统语文教育教材论——暨蒙学书目和书影》,中华书局2013年,第29—30页。
④ 郑阿财、朱凤玉:《敦煌蒙书研究》,甘肃教育出版社第263页。
⑤ 郑阿财、朱凤玉:《敦煌蒙书研究》,甘肃教育出版社第287页。
⑥ 吕思勉:《隋唐五代史》,上海古籍出版社1984年,第1116页。
⑦ 周愚文:《宋代儿童的生活与教育》,台湾师大书苑有限公司1996年,第126、166页。

登第者,著此书传授"属辞比事"①的成功经验。其次出现了《训蒙省题诗》《省题诗》两部拟试著作,专门应对存在于科举各环节的省题诗试。前者以"训蒙"命名,后者序言明言"此诗幼学之所从事"②,可定性为蒙书无疑。实际上宋代省题诗真题和拟作专辑宋代至少还有五六部③,只是多已亡佚不易定性罢了。第三是时文类蒙书,如吕祖谦《古文关键》作为"标抹注释,以教初学"④的蒙书,其实质是"实为论文而作,不关讲学"⑤的时文评点著作;而《圣宋名贤四六丛珠》虽是儿童也读的"兔园册子",其实旨在为词科举子提供四六文写作的故事和范本。⑥ 第四是类书类蒙书。吕祖谦作为应试教育高手,还著有多部类书如《东莱制度详说》《诗律武库》,前者"采辑事类以备答策,本家塾私课之本"⑦,后者乃"吕氏家塾手校《武库》一帙,用是为诗战之具"⑧,分别是类编掌故以备场屋策与诗赋考试的类书,因皆家塾课本,故定性为蒙书。宋代官私所刻科考读物除了时文类就是类书类,两大种类数量皆"充栋汗牛"。其中《诗律武库》这样事类诗赋的类书相对特殊,更多是《东莱制度详说》这样应对论策的类编经史的类书。⑨ 可定性为蒙书的尚有《小学绀珠》《仕途经史类对》,前者可据书名判断,后者采用的是"集经史故实为四言对,每四句为一韵"的蒙求体。祝尚书判断说"宋人所编类书,基本上都是科举用书"⑩,这些"充栋汗牛"的类书,如《群书考索》《永嘉八面锋》《群书会元截江网》等,其中出现像唐代《兔园策府》那样向普通儿童下移覆盖的情况,势所难免。第五是蒙求体。这和类书有交集,比如前述《仕途经史类对》,但作为蒙书一大体裁应独立对待。已有学者注意到蒙求体是在唐代科举应试环境下问世,但不认为它是直接相关的科考读物,只是一种教育中强化历史掌故学习的蒙书。⑪ 这

---

① 曾丰:《〈曾神童对属〉序》,《搏斋先生缘督集》卷一八,清钞本,第15页。
② 欧阳守道:《〈省题诗〉序》,《巽斋文集》卷一〇,《文渊阁四库全书》,集部第1 183册,第582页。
③ 周兴禄:《宋代科举解试、省试诗文献考论》,《贵州大学学报(社会科学版)》2010年第2期。
④ 陈振孙:《直斋书录解题》,徐小蛮、顾美华点校,上海古籍出版社1987年,第451页。
⑤ 纪昀:《钦定四库全书总目》,四库全书研究所整理,中华书局1997年,第2 618页。
⑥ 施懿超:《宋四六研究略述》,《文学遗产》2004年2期。
⑦ 纪昀:《钦定四库全书总目》,四库全书研究所整理,中华书局1997年,第1 781页。
⑧ 吕祖谦:《吕祖谦全集》,黄灵庚等主编,浙江古籍出版社2008年,第16册,第348页。
⑨ 祝尚书:《宋代科举与文学》,中华书局2008年,第406页。
⑩ 祝尚书:《宋代科举与文学》,中华书局2008年,第409页。
⑪ 池小芳:《中国古代小学教育研究》,上海教育出版社1998年,第260页。

种判断或可成立,毕竟唐代科举的社会影响远逊于后世,但纵观本文所统计59种宋代蒙求体蒙书,除了唐代李翰《蒙求》的续作和补注外,分别涉及两汉、三国、东西晋、南朝、唐、宋等断代史以及左传、通鉴、孝悌、性理、名物、事类等领域,其分化精细程度远为唐代同类所不及,而与科考内容变迁相适应,书虽多不存而无法判断其与科考具体关系,但推测多数与科考有关应不为过。其中《仕途经史类对》看书名就是科考用书,而其作者竟然还是僧人释道蒙,可见宋代科举入人之深、化人之广。

伦理类蒙书,在宋代蒙书中一直颇受瞩目,但普遍将其简单等同于理学著作。其实理学宗师朱熹对小学和大学之别有清晰的认识:"小学是直理会那事,大学是穷究那理。"①主张童蒙阶段只需学习具体规范而非抽象性理,其依据是:"古者初年入小学,只是教之以事,如礼乐射御书数及孝弟忠信之事。自十六七入大学,然后教之以理,如致知、格物及所以为忠信孝弟者。"②吕本中同样认为:"后生学问,且须理会曲礼、少仪、礼仪等学,洒扫应对进退之事,及先理会尔雅训诂等文字,然后可以语上,下学而上达……不如此,则是躐等犯分陵节,终不能成。"③基于这样的复古主张,朱熹的《童蒙须知》《小学》,重点都在"洒扫应对进退之节、爱亲敬长隆师亲友之道"④,而吕祖谦《少仪外传》也是"杂引前哲之懿行嘉言,兼及于立身行己、应世居官之道"。⑤ 朱熹之前的蒙书,仅有邵雍《训蒙诗》是传播性理的理学蒙书。其他可考伦理类蒙书,都将训蒙重点放在"事"即言行规范上。如俞观能《孝悌类鉴》:"取经史孝悌事,成四言韵语。"⑥吕本中《童蒙训》:"即畴昔所闻见者辑为是编……书之所载,自立身行己、读书取友、抚世酬物、仕州县立朝廷,纲条本末,皆有稽据。"⑦包括朱熹门人李宗思所作《尊幼仪训》,程端蒙、董铢《程董二先生学则》,也都是规训儿童言行之书。

---

① 朱熹:《朱子全书》,朱杰人等主编,上海古籍出版社、安徽教育出版社2010年,第14册,第269页。
② 朱熹:《朱子全书》,朱杰人等主编,上海古籍出版社、安徽教育出版社2010年,第14册,第268页。
③ 吕本中:《童蒙训》,民国陶氏《托跋廛丛刻》本,卷上,第14页。
④ 朱熹:《朱子全书》,朱杰人等主编,上海古籍出版社、安徽教育出版社2010年,第13册,第393页。
⑤ 纪昀:《钦定四库全书总目》,四库全书研究所整理,中华书局1997年,第1 213页。
⑥ 晁公武:《郡斋读书志校证》,孙猛校证,上海古籍出版社1990年,第675页。
⑦ 吕本中:《童蒙训》,民国陶氏《托跋廛丛刻》本,卷上,"跋"。

但有趣的是,朱熹本人另外又创作有《训蒙绝句》:"始于天,而以事天终焉。"①虽然其创作初衷本非训蒙,而是"病中默诵《四书》,随所思记以绝句",但是"后以代训蒙者五言七言之读"②,实际仍是违背了自己不以性理授童的蒙学思想。既有朱子示范在先,此后则有程端蒙《性理字训》,陈淳《训蒙雅言》《启蒙初诵》,彭龟年《止堂训蒙》,牟少真《发蒙中庸大学俗解》,黎自昭《性理蒙求》,饶鲁《训蒙理诗》,王柏《伊洛精义》等,都属于提前向儿童传授大学性理知识的蒙书。由于这些著作基本出现在理学影响明显增长的南宋后期,所以不能简单理解为理学家们教育上的急于求成,还应该和科场中理学影响力的提升相关。本人在上节中,将宋代士人成规模地以礼仪规训普通儿童的新兴现象,概括为"礼下庶童",将科举从阶层和年龄两个维度向普通儿童覆盖概括为"考下庶童"。那么这种在"礼下庶童"和"考下庶童"双股力量推动下,提前向儿童传授本被视作大学阶段性理知识的潮流,可称为"理下庶童"。

专门类蒙书,指针对特定儿童群体专门创作的蒙书。这方面最早应推五代的道家蒙求体读物《仙苑编珠》③,至宋而显繁荣之势。仅佛家的《释氏蒙求》就涌现出 3 部,尚有《尼蒙求》1 部。道家有《群仙蒙求》1 部,医家则有《本草蒙求》《历代名医蒙求》2 部。另有《训女蒙求》1 部,作为首部教育女童的蒙书,既属于伦理类,亦可属于专门类。这些书均属四言对韵的蒙求体,可见蒙求体在宋代影响之大。最奇特的是南宋初期还出现了一类触犯法律的蒙书,"江西州县有舍席为教书夫子者,聚集儿童授予非圣之书,有如四言杂字,名类非一,方言俚鄙,皆词讼语"④,绍兴十三年(1143)因尚书度支员外郎林大声上奏而敕令禁习。⑤ 这种四言杂字体蒙书因教习词讼而遭禁,显示童蒙领域若偏离教化会招致朝廷干涉,这也是此类干涉见诸记载最早一例。

二、以《三字经》为样本的纵向考察

以上论述了宋代蒙书总量和分类等概况,为体现宋代蒙书新变,以下

---

① 徐经孙:《黄季清注朱文公训蒙诗跋》,《宋学士徐文惠公存稿》卷三,明万历四十二年刻本,第 9 页。
② 朱熹:《朱子全书》,朱杰人等主编,上海古籍出版社、安徽教育出版社 2010 年,第 26 册,第 5 页。
③ 李裕民:《唐宋蒙学书系年考证与研究》,见包伟民、刘后滨编《唐宋历史评论》(第三辑),社会科学文献出版社 2017 年,第 132 页。
④ 徐松:《宋会要辑稿》,刘琳等校点,上海古籍出版社 2014 年,第 8 378 页。
⑤ 徐松:《宋会要辑稿》,刘琳等校点,上海古籍出版社 2014 年,第 8 406 页。

将从纵向的知识社会史视野考察蒙书变迁。为获得以小见大的效果,选择《三字经》作为样本,考察其各项内容在蒙书史上的史源,以期揭示历代蒙书变迁的轨迹。之所以选择《三字经》,是因为它在宋代蒙书中综合性最强,成就最高,对后世影响最大,奠定了后世蒙书的框架;而且它在宋代成书又最晚①,可视为蒙书史上承前启后的理想考察样本。

《三字经》版本众多,出于接近宋代原貌的考虑,这里选择现存最早的明中期赵南星注本。全文依序可以分为前劝学、名物、学问、后劝学四部分,所谓前劝学、后劝学,是由于全文首尾都是劝学内容,为行文方便而加以区别。《三字经》全文内容在蒙书史上可追溯最远的,是前劝学中的"亲师友,习礼仪"一句,来自战国时代的《管子·弟子职》:"先生既息,各就其友,相切相磋,各长其仪。"②其次是后劝学中的"扬名声,显父母。光于前,裕于后",可追溯至秦汉之际的《孝经》:"立身行道,扬名于后世,以显父母,孝之终也。"③然后是名物中的"稻粱菽,麦黍稷",可追溯至西汉史游《急就篇》——"稻黍秫稷粟麻秔"。④ 往后则是南朝梁周兴嗣《千字文》中的"龙师火帝,鸟官人皇。始制文字,乃服衣裳。推位让国,有虞陶唐。吊民伐罪,周发殷汤"⑤,可对应《三字经》学问部分史学开场几句——"自羲农,至黄帝。号三皇,居上世。唐有虞,号二帝。相揖逊,称盛世。夏有禹,商有汤。周文武,称三王",应可视作其前身。可以看出,尽管唐以前蒙书以字书为主,但先秦的学礼、两汉的孝道、汉魏六朝的名物,仍通过历代蒙书传承,如披沙沥金一般被筛选进宋末的《三字经》。

由于唐以前存世蒙书少,目前《三字经》更多的来历可以从唐代蒙书中找到。敦煌写本类书《杂抄》,以"何名三皇?伏羲、神农、黄帝"这样的问答体形式,涵括了"三皇、九经、三才、五谷、五德、五行、三光、六畜、四时"等内容。郑阿财、朱凤玉已指出与《三字经》名物相关部分一致。⑥ 其实,五谷答为"房芒角穗散",并不同。文末回答:"论经史何人修撰制注?"

---

① 《三字经》成书年代虽有宋末元初、明、南宋中期、北宋前期几种说法,但学界基本认同是宋末元初。见宫丽艳、刘经纬《近年来〈三字经〉研究述评》,《宁波大学学报(教育科学版)》2013年第2期。
② 《管子校注》,黎翔凤校注,中华书局2004年,第1162页。
③ 《孝经注疏》,李学勤主编,北京大学出版社1999年,第4页。
④ 史游:《急就篇》,岳麓书社1989年,第10页。
⑤ 周兴嗣:《千字文释义》,汪啸尹释义,清徐士业刻《徐氏三种》本,第10页。
⑥ 郑阿财、朱凤玉:《敦煌蒙书研究》,甘肃教育出版社2002年,第182、188、193页。

而开列的25种书目,涵盖经史子集四部,与《三字经》学问部分重合度较高;"辨古人留教迹"中提到了《三字经》前劝学部分的孟母三迁;"辨金藏论法"中的"赐子千金,不如教子一艺"则是《三字经》"人遗子,金满籯。我教子,唯一经"的前身。① 与《杂抄》性质类似的敦煌写本类书《孔子备问书》,也以问答体的方式介绍了"三纲、五行、四时、五谷、六畜、三皇、三王",基本与《三字经》内容吻合。其中,"何谓三皇?伏羲一,神农二,祝融三"略有差异;"何谓五谷?粟麦稻黍豆是也"②虽亦略异,但较《杂抄》更近于《三字经》。可以判断,《三字经》名物部分,大体是综合继承自《杂抄》和《孔子备问书》。敦煌写本另有历史启蒙读物《古贤集》,其中"匡衡凿壁偷光学,专锥刺股有苏秦。孙景悬头犹恐睡……车胤聚萤而映雪"③,与《三字经》后劝学部分四条典故相同。而李翰《蒙求》中"匡衡凿壁……孙康映雪,车胤聚萤……韦贤满籯……温舒截蒲……黄香扇枕……蔡琰辨琴……孔融让果"④,与《三字经》八条典故相同。虽因创作时间与《古贤集》相近无法确定孰者更早,但鉴于《蒙求》的巨大影响力,可判断它是《三字经》相关八典的直接来源。与唐之前相比,经唐代蒙书渗透进《三字经》的内容,增添了许多应试和励志的气息。这些被吸收的内容成了《三字经》名物的主要成分,但在《杂抄》《孔子备问书》《蒙求》中只占很小比例;南朝的《千字文》、汉代的《急就篇》也比《三字经》多出了地理、物产、职官、法律、宫室、养生、姓氏等名目。《三字经》的应试指向,决定了其内容涵盖范围在"包括品类,错综古今,详其意趣"⑤方面,远不如唐及之前的蒙书广泛,这也是宋以下蒙书的基本格局。

尽管《三字经》存在诸多借鉴痕迹,但它拥有两个卓然挺出的崭新特征。其一,它是第一部三言韵文体长篇蒙书,成功地以更易为儿童接受的灵动节奏,取代了《千字文》以来四言体在蒙书中占据的垄断性优势。当然刘子健已指出,《三字经》从三言韵文形式,到包括以"人之初,性本善"为首的性理内容,都明显受陈淳《启蒙初诵》影响⑥,但扩充这种体裁和题

---

① 郑阿财、朱凤玉:《敦煌蒙书研究》,甘肃教育出版社2002年,第169—177页。
② 郑阿财、朱凤玉:《敦煌蒙书研究》,甘肃教育出版社2002年,第196—213、257—258页。
③ 郑阿财、朱凤玉:《敦煌蒙书研究》,甘肃教育出版社2002年,第257—258页。
④ 李翰:《补注蒙求》,徐子光补注,明万历元年刻本,第1—54页。
⑤ 史游:《急就篇》,岳麓书社1989年,"叙"第1页。
⑥ 刘子健:《比〈三字经〉更早的南宋启蒙书》,《两宋史研究汇编》,联经出版公司1987年,第303页。

材并发扬光大者,莫过于《三字经》。其二,《三字经》成功描绘了一幅前所未见的儿童群像。《三字经》中出现的人物较多,其学问部分中的经、史、子涉及大量成人,这是因为该书的科考属性本身属于成人世界,此可暂置不论;在作者可调控的前后劝学两部分共选用历史人物33人,其中明确以儿童形象出现者9人(孟子、黄香、孔融、项橐、祖莹、李泌、蔡琰、谢道韫、刘晏),比例貌似不高,但却是蒙书史上第一个鲜明而立体的儿童群体。唐代蒙书出现儿童最多的是《蒙求》,宽泛统计也就是前述8个典故,但彼此既无内容和顺序上的联系,又淹没在全书592个典故当中,其儿童形象完全面目不清。宋代蒙书由于主要仍以经史及前贤往行训蒙,其中儿童形象亦难得一见。但到理学家撰写蒙书后可偶一见之,如吕本中《童蒙训》提及幼年吕公著、少年吕希哲;朱熹《小学》有少年孟子、江革、王祥数条;最集中的当推吕祖谦《诗律武库》,首列《庆诞》《幼敏》2门集中讲述幼儿典故,尤其《幼敏》31条神童典故①,是宋代蒙书史上出现最早的神童故事集,但2门相加在全书32门中也只占零头。这样发展到宋末的《三字经》出现,即可看出33人中9名儿童已是当时最为突出的儿童群像。

而且9童只是保守估计,《三字经》作者默认或传递给受众的儿童形象,明显不止此数。以著名的"如映雪"典故人物孙康为例,今天给人的印象是典型的幼学楷模。②该典直接出处,应是唐李延寿《南史·范云传》附传:"孙伯翳,太原人,晋秘书监盛之玄孙。曾祖放,晋国子博士、长沙太守。父康,起部郎。贫,常映雪读书。清介,交游不杂。"③但尚可上溯史源,南齐任昉载于《文选》的《为萧扬州荐士表》云:"至乃集萤映雪,编蒲缉柳。"唐李善注引佚名《孙氏世谱》云:"孙康家贫,常映雪读书,清介交游不杂。"④又唐徐坚《初学记》卷二《天部下·雪第二》所引孔思尚《宋齐语》记载近似,唯"清介"为"清淡"。⑤《孙氏世谱》与《宋齐语》后皆亡佚,且影响远不及《南史》,故可确定后者为"孙康映雪"典故主要源头,可以看出史源并未提供孙康幼学形象。而且唐代之前孙康应该还不算勤学楷模,除任昉

---

① 吕祖谦:《吕祖谦全集》,黄灵庚等主编,浙江古籍出版社2008年,第16册,第1—25页。
② 当下不可胜数的《三字经》各版本中,孙康都是如此形象。目前《三字经》最佳注本当推傅璇琮主编、《三字经》修订工程编审委员会修订本,该条注文是:"晋朝人孙康小时候家贫好学……"(人民教育出版社2008年,第90页)
③ 《南史》卷五七,中华书局1975年,第1420页。
④ 萧统:《文选》,上海古籍出版社1986年,第1745页。
⑤ 徐坚:《初学记》,中华书局1962年,第28页。

外仅见隋代《颜氏家训》提及的,"古人勤学,有握锥投斧,照雪聚萤"。① 唐代此典故主要依靠类书传播,有趣的是基本都将之分属于物候的雪类。除前述《初学记》外,尚有《艺文类聚》卷二《天部下》之"雪",《岁华纪丽》卷四《雪》,《白氏六帖》卷一《雪第十二》,仅有《白氏六帖》另将其及聚萤、刺股、编蒲、父子籯金等又列于卷二六《勤学第二一》中。进入宋代,出现了三个新变化。一是类书虽仍是该典重要传播载体,但除北宋初期类书如李昉《太平御览》卷一二《天部十二》"雪"、吴淑《事类赋》卷三天部《雪赋》外,基本都将其列于学习门类。如叶廷珪《海录碎事》卷一八《文学部上·博学门》、谢维新《事类备要》卷四三《儒业门》"习学"、潘自牧《记纂渊海》卷一五〇《问学部一》。唐代《白氏六帖》的勤学门下尚有学而时习之、学而为己、欲罢不能、忘倦诸条目,而宋代类书如祝尚书所说由于基本都是科考用书,学习门类之下汇聚的都是学而优则仕的成功者,其实也暗示了孙康映雪的功利前景。二是孙康被明确赋予了苦读改变命运的成功者形象。南宋徐子光注《蒙求》"孙康映雪",擅改引文云:"《孙氏世录》曰:康家贫无油,常映雪读书。少小清介,交游不杂。后至御史大夫。"②《南史》只说孙康是起部郎,又《隋书·经籍志》载"宋征南长史孙康集十卷"③,未知是否一人。而《宋书》卷五《文帝本纪》载景平二年(424)"长兼尚书左丞德阳县侯臣孙康"④,如此高位以南朝人之重家世不可能忽略不提,定非一人。刘宋不设御史大夫,而南朝尚书左丞兼掌纠弹⑤,孙康任御史大夫之"伪职"似可溯源至此。三是孙康被赋予了儿童形象。从史源看孙康映雪似是成年事迹,至少未明言幼学。而上述徐子光却在"清介"前擅加了"少小"二字。至元代佚名《氏族大全》卷五"孙"条,将徐子光行文顺序略作调整:"孙康幼清介,常映雪读书,后为御史大夫。"⑥一位自幼苦读终致高位的成功者形象就此定型,在之后的科举社会中辗转盛传,直至今日仍不绝。

经上述梳理,孙康映雪在《三字经》问世时被默认为幼学形象应无问

---

① 颜之推:《颜氏家训集解》,王利器集解,中华书局1993年,第198页。
② 李翰:《补注蒙求》,徐子光补注,明万历元年刻本,第36页。
③ 《隋书》卷三五《经籍志》,中华书局1973年,第1072页。
④ 《宋书》卷五,中华书局1974年,第72页。
⑤ 祝总斌:《魏晋南北朝尚书左丞纠弹职掌考——兼论左丞与御史中丞的分工》,《文史》第32辑。
⑥ 佚名:《氏族大全》卷五,《文渊阁四库全书》,子部第952册,第173页。

题,而这在《三字经》中具备典型性。特制"《三字经》幼学形象表"(见表5),以直观彰显该书的儿童群像。此处幼学取广义,将黄香、孔融孝悌事迹亦纳于内。除了明显的成年事迹如朱买臣负薪、苏秦刺股不取外,类似孙康这样史载年龄模糊的情况,均视作幼学形象。而窦燕山的五子,韦贤"唯一经"所教四子,更是自然而然的幼学形象。

表5 《三字经》幼学形象表

《三字经》原文	蒙书史溯源	原始出处
子不学,断机杼	宋程端蒙《性理字训》	西汉韩婴《韩诗外传》卷九
教五子,名俱扬	宋王应麟《小学绀珠》	《宋史》卷二六三《窦仪传》
香九龄,能温席	唐徐坚《初学记》卷一七《人部上·孝第四》	《东观汉记》卷一九《列传十四·黄香》
融四岁,能让梨	唐李瀚《蒙求》	《世说新语》上卷《言语第二》南朝梁刘孝标注引《融别传》
昔仲尼,师项橐	《三字经》	《战国策》卷七《秦五》
披蒲编	唐徐坚《初学记》卷二一《文部·纸第七》	《汉书》卷五一《路温舒传》
如囊萤	唐李瀚《蒙求》	南朝宋檀道鸾《续晋阳秋》
如映雪	唐徐坚《初学记》卷二《天部下·雪第二》	《初学记》引孔思尚《宋齐语》
莹八岁,能咏诗	《三字经》	《魏书》卷八二《祖莹传》
泌七岁,能赋棋	吕祖谦《诗律武库》卷二《幼敏门》	唐李繁《邺侯外传》
蔡文姬,能辩琴	唐李瀚《蒙求》	东汉佚名《蔡琰别传》
谢道韫,能咏吟	《三字经》	《世说新语》上卷《言语第二》
举神童,作正字	吕祖谦《诗律武库》卷二《幼敏门》	《旧唐书》卷一二三《刘晏传》
人遗子,金满籝。我教子,唯一经	唐李瀚《蒙求》	《汉书》卷七三《韦贤传》

这样统计下来,《三字经》中儿童形象多达21个,占33人的三分之二。

当然以今拟古,其实塾师村夫将苏秦甚至朱买臣事迹都讲成幼学苦读改变命运也不奇怪。其实纠缠于比例多少意义有限,重要的是《三字经》彰显出强烈的儿童意识,即其以儿童为受众的清晰定位,并集中采用儿童事迹作为童蒙素材。在蒙书史上它首次成功描绘了一幅鲜明而立体的儿童群像,这可以视作宋代蒙书经千年积累而实现的巨大突破。① 明清出现的诸多考虑儿童特性的读物,诸如《养正图解》《小儿语》《教童子法》等,均应置于此脉络下理解。

可以确认,国人至晚到宋末已具备了较为清晰的"儿童观念",这种观念"对应于一种对儿童特殊性的意识,这种特殊性可以将儿童与成人做基本的区分"。② 当然,对于这种观念的诞生也不能过于乐观。李弘祺认为,南宋1266年出于考虑"息奔竞,以保幼稚良心"废止童子科,结合理学家推崇人性本善,以及南宋慈幼局的制度化,"可知宋代确实是发现了'童年'的时代"。③"儿童的发现"一般公认归功于法国思想家卢梭,而他的贡献是发现儿童的特性,反对成人以自己意志代替儿童,尊重儿童区别于成人的不同需要。④ 根据前述梳理,可以明确宋人虽已具备"儿童观念",但远不具备"发现"儿童的资格。科考并未远离宋代儿童,"考下庶童"才是大势所趋。结合具备理想色彩的"礼下庶童",两股力量共同交织成"理下庶童"。这是宋以下童蒙教育的基本面貌,而其教学手段之优劣,端赖"儿童观念"之强弱。

---

① 放眼蒙书之外,宋之前儿童群像亦罕见,南朝稍例外,集中体现在《世说新语》"夙慧""捷悟""言语"等,其原因可另作讨论,但其受众定位是成人而不在儿童,意义不可同日而语。
② [法]菲力浦·阿利埃斯:《儿童的世纪:旧制度下的儿童和家庭生活》,沈坚译,北京大学出版社2013年,第192页。
③ 李弘祺:《学以为己:传统中国的教育》,香港中文大学出版社2012年,第268页。
④ 陈永明主编:《儿童学概论》,北京大学出版社2013年,第54页。

第八章 明清江南市镇的空间形塑与城乡关系的转变

"城"与"乡"是人类社会的两种基本聚落形态,两者之间的关系是中国社会史的一个基本问题。自唐中晚期开始,逐渐出现了一批介乎"城""乡"之间,被称为"市"或"镇"的聚落。这样的市镇聚落,经宋元的发展,至明清时期大量涌现,遍及全国,而尤其集中于长江下游的江南地区。明清市镇如何形成,市镇的出现对中国的城乡关系产生怎样的影响,成为一个有趣的历史问题。

明清江南市镇与城乡关系问题,涉及面相当多。除了空间层面(城和乡具有空间异质性)以外,还涉及人群的流动和制度问题。本章着重对城乡关系空间层面的思索,偶尔也会涉及人群和制度等层面。本章分成三个部分,首先是对原有研究范式的回顾并结合自己的研究历程进行反思;其次是根据自身的研究心得,讨论探索市镇空间形塑机制的路径;最后,以南翔镇作为例子,对以上问题加以展开。

第一节 市镇研究范式反思

在中国社会经济史研究中,有很多日本学术研究传统的影响。日本学者的一个重要的话题是唐宋变革以后(在日本学者的话语中是"近世"以后)的国家构成。日本学者大致分成两派。一派比较突出皇权,主要观点认为国家政权非常强有力,所以它主要侧重研究皇权和编户的关系,简单说就是官民关系。另一派学者比较注重宋以后地主和佃农的关系。他们认为,宋以后土地制度出现重大转变,即大土地所有制的发展,具体说来,就是后人概括的"不抑兼并、不立田制"。① 在后一派学者看来,汉唐时期实行的是一种授田制,即由国家授予一家一户若干土地,它建立在土地国有的基础之上,"均田制"即是其代表。但是宋代以后,不再实行这样的制

---

① 官民关系的研究以森正夫为代表,地主和佃农关系的研究以田中正俊为代表。

度，地主兼并土地不再受限制。中国古代文人如黄宗羲等人，对宋以后"不抑兼并、不立田制"的做法有很多批判。由此引发很多日本学者认为，宋以后封建政权的作用没有汉唐时期那么具有强制性。他们从阶级矛盾和阶级斗争着眼，认为宋以后地主和佃农的关系变得非常重要，国家的主要社会关系主要通过"主佃关系"来反映。到了明清时期，主佃关系发生了很大的改变，特别是在很多地方出现了"一田两主"或"一田多主"的现象。由此，主佃关系松弛，出现一些地主城居的现象；或者地主不在其土地所在之地，这种地主又称作"不在地主"。受后一种学术范式的影响，吴滔在开始关注城乡关系问题时，主要是在"城居"与"乡居"这个脉络下来思考。当时他的基本看法是，明清时期随着城镇的发展，江南地区有越来越多的"城居地主"涌现，很多乡下基本没有什么地主了，大多数地主都选择了城居。[①] 这是他当时研究江南市镇问题的一个主要切入点。后来吴滔到了中山大学，那里的学术传统更强调官民关系，于是他的想法有所调整和改变。[②]

另一个切入点是西方的研究经验。西方关于近代早期以前包括中世纪时期城乡关系的研究认为，西方社会是城乡二分的，即从人口规模与密度以及居住形态和社会异质性等角度来讲，城市和乡村完全处在不同的结构上。关于近代以后城乡关系的研究，则在城市化理论与现代化理论的支配之下。这一理论有一个目的论的预设，即现代化的一个主要指标就是城市化。所以，在西方城乡关系的理论当中，对近代早期以前的研究，常常采取的是城乡二分法。对近代以后的城乡关系研究常常聚焦从乡村到城市的单向演化，即乡村城市化这么一种目的论预设。马克斯·韦伯在论述中国传统城市时，也常常会采取城乡二分法的观点。

那么，什么是城乡二分法？简单地说，就是在近代早期以前，欧洲的城市和农村有着本质的区别。城市的房屋相对比较密集，很多人相对密集地居住在一起，从事一些跟农业不同的产业劳动，产生了与农村不同类型的社会。大多数城市是比较自治的社会单位，与领主制占优势的农村完全不

---

① 参见吴滔《清代江南市镇与农村关系的空间透视——以苏州地区为中心》，上海古籍出版社2010年。
② 在日本学者的研究传统中，两派之间虽然有比较大的争论，但并不是不可调和。日本江南研究的权威滨岛敦俊就是调和两派的重要代表。有关两派争论的具体情况，参见森正夫《明代江南土地制度研究》（江苏人民出版社2014年）及寺田隆信《山西商人研究》（山西人民出版社1986年）等著作的导言。

同,形成了完全不同的管理体制。城市为了维持市民的秩序,保证收入和生计,需要严格管理和监督。这里面有两个要点,即城乡居住密度不同和管理体制不同。以上欧洲社会科学理论具有较为严密的逻辑,对中国古代城乡关系的研究具有重要参考价值,尤其是人口密度和管理制度这两个重要维度。

马克斯·韦伯在做中国研究时,对中国城市的判断主要是用城乡二分法来进行。① 这一方法相继遭到了一些研究中国问题的学者的质疑。美国著名汉学家牟复礼通过对南京和苏州的研究,发现中国社会不像西方社会那样城乡之间有尖锐的对立,而是表现出某种连续性。城市和乡村之间是相互开放的,彼此之间没有差别明显的空间利用方式,也就很少有异质性的空间利用方式把它们截然隔绝开来。无论是南京还是苏州,城墙以内也有乡村社会的一面。牟复礼认为,城乡二分法不一定适用于中国,中国城乡之间的关系,更多表现出了城乡一体化或者延续性。② 这提示我们,研究江南市镇府的城乡关系,不能简单地照搬西方的二分法,而是应该从一个一个市镇的历史发展、从文献形成的机制入手,还原历史的本来面貌。

当然,在这个过程中,江南市镇似乎是一个特例。在明清时期,特别是16世纪以后,江南涌现了大批市镇,有数百上千之多。市镇是一种介于行政治所城市和乡村之间的特殊聚落。这种聚落的大量涌现,按照滨岛敦俊的说法,是因为16世纪中叶以后,江南三角洲,即江南地区,在经济上出现了重大变化。由于市镇的涌现,普通小农的生活空间已不再局限于自身所处的聚落,或者村社、庙社的范围内,而是扩大到了以市镇为核心的市场圈。所以,他特别关注镇城隍庙对普通社庙的统合作用。这是很有意义的研究。不过,如果将其放在西方的研究经验上,需要同时回答另外一个问题,即市镇的管理体制是不是像西方那样能够相应地催生出一种不同于村落的管理体制,或者至少跟村落的管理体制相比,是不是能有一个完全不同的新的制度设计。滨岛敦俊做过这方面的努力。比如说,在其研究当中,他将江南地区分为三层,一个是县社会,一个是村落社会,中间是镇社

---

① [德]马克斯·韦伯:《非正当性的支配——城市的类型学》,康乐等译,广西师范大学出版社2005年;[德]马克斯·韦伯:《儒教与道教》,王容芬译,商务印书馆2004年。
② [美]牟复礼:《元末明初时期南京的变迁》,载施坚雅主编《中华帝国晚期的城市》,叶光庭等译,中华书局2000年,第112—175页。Frederick W. Mote: *A Millenium of Chinese Urban History: Form, Time, and Space Concepts in Soochow*, Rice University Studies 59, no. 4 (Fall 1973): 35—65.

会。镇社会即以市镇为中心的社会。他希望通过商品经济的发展,能够真正找到市镇的独立意识,无论是人群活动层面的还是信仰层面的。① 不过他关于市镇的管理层面的专题研究,还不是特别充分。有关这一点,北京大学的赵世瑜教授做了开拓性的尝试,虽然他不专门从事江南研究,但他敏锐地捕捉到,江南市镇在形成过程中,管理体制出现了一些变化。具体来说,明初朱元璋设立的管理体制是一种以农村社会为基础的画地为牢的里甲制,是一套适应于农村的管理体制。在市镇兴起以后,很多市镇从乡村聚落脱胎而来。在其兴起之初,并没有一种对应的城市管理体制,市镇内部的各种权力关系和乡村没有很多差别。在之后很长一段时间里,国家也没有把市镇安排在一个与乡村不同的管理体制当中。但是市镇产生以后,它显示出了与乡村的较大不同。市镇的出现,打破了原来只有城市和农村的体制。这个城市指的是行政治所城市,像县城、府城、省城,乃至首都等各级行政管理层级。明代一开始的管理体制,只有城市和乡村两种管理模式,市镇的管理模式没有专门建立起来。在这种情况下,帝国及其自身的统治方式就遇到了一些新问题。② 另外,科大卫在其主编的《中国历史上的城市与乡村关系》(Town and Country in China: Identity and Perception)论文集中,对江南市镇有个案的研究,他同样认为,江南市镇没有足够的空间制造出城乡分离的概念。

科大卫关注中西学术间的对话,他运用的概念和分析框架,立足于西方的人文社会科学理论,但同时能够结合中国实际。他发现江南市镇出现以后,没有制造出城乡分离的观念,反而像牟复礼概括的那样,呈现出城乡一体的状况。在明清时期,江南市镇和乡村之间存在共同的体制,影响着人们的日常生活,而且城乡是用一种类似的方式来与国家发生关系的。这里就涉及上述第一派日本学者的观点,即强调国家与编户之间的关系。从这个层面上来讲,城镇里的编户、乡村里的编户跟国家发生的是一种类似的关系,而不是城镇跟乡村有很大的差别。不过,科大卫也发现,并不是说在中国历史上没有城乡分隔的可能性,他认为,20世纪中叶以来实施的严格的户籍制度,就大大加强了城乡之间的紧张关系,特别是农村户口和城

---

① [日]滨岛敦俊:《明清江南城隍考——商品经济的发展与农民信仰》,《中国社会经济史研究》1991年第1期。
② 赵世瑜、孙冰:《市镇权力关系与江南社会变迁——以近世浙江湖州双林镇为例》,《近代史研究》2003年第2期。

市户口执行得异常严格并缺乏流动性的时代,城乡之间的关系不是一般性紧张。但是,这种情况还是跟西方不一样,西方可以说是城乡分离的另外一种表现形式,户籍制度则是一种中国特色。①

由于很多中国特色的制度安排也同样可以造成一种跟西方类似的城乡分割的现象,这就提示我们从源头上去找城乡关系转变的机制。正像赵世瑜教授所指出的,很多市镇都是从乡村发展而来,所以"乡村如何变成市镇"便成为一个合理的切入点。关于市镇的形成,传统的观点一般把它概括成三个直接原因。一个是认为,农村聚落由于商品经济发达所促成。但这本身是一个现象而已,我们需要追问,商品经济为什么会发达起来?为什么有的农村聚落可以变成市镇,另外一些农村聚落还是农村聚落?第二个是说有一些官僚世家聚居,由此变成市镇。其实这也不是一个特别有说服力的观点,也仅停留在现象层面上。因为江南以外的很多地方,也有官僚世家聚居,但并没有出现市镇。它同样经不起反事实推理。还有第三种从时间脉络上讲,是说唐宋时期的很多军镇,还有宋代的很多草市到明清时候就变成市镇了。这样的现象固然是有的,但是明清时期还有很多新出现的市镇,跟唐宋时期的军镇、草市是没有直接关联的。

唐宋时期的军镇和草市到底跟明清时期的市镇有什么关系呢?以往的观点都没有完全解答这个问题。从空间层面上来讲,我们现在对很多市镇的认知常常受到相关文本表述的制约,大多数是从一个文本的成型时期或者历史上某一刻的现状着眼,看不到市镇历史的真正流变。近年来,通过大量市镇的现场考察和文本的阅读、比勘,我们发现市镇的空间格局并非一成不变,它本身处于不断变化之中,有可能是随时间的推移市镇中心发生了改变,也有可能是历史上很多市镇由几个小的市镇合并、拼合而成,这背后存在不同时空上的复杂的历史过程。无论是市镇的布局还是市镇的结构,都是在不同的时空交织当中层层累加的结果,所以不能把它看成一个静止的形态。很多对市镇研究的传统观点,是对市镇格局做一种简单的概括,常常说这个市镇是"一字形""十字形""丁字形",或者"井字形"等形状,但是这些形状,特别是"井字形"的形成,有可能就是从"一字形"开始的,甚至还有"井字形"内部重心上的转移。这是我们在考虑市镇空间成型过程中尤其要注意的。因此

---

① David Faure, Tao Tao Liu, *Town and Country in China: Identity and Perception*, New York: Palgrave Macmillan, 2001.

需要采取的研究途径是探讨市镇形成之前更早的聚落形态,同时关注从农村聚落变成市镇聚落的转变的制度机制,以及官僚世家聚居怎么样变成市镇,等等。进而言之,唐宋时期的市镇和明清时期的市镇,它们兴起的机制有没有异同?这些是研究者需要关注的主要问题。

第二节 探索市镇空间形塑机制的路径

探索市镇形成的机制,首先可以从文献学入手,也许可以称这样的课题为"前市镇志时代的研究"。我们现在能够看到的明清时期的市镇志很多,但这些市镇志的成书年代,基本上是清代乾嘉时期以后,此前成书的市镇志的数量相对比较少。比如嘉定南翔镇的《南翔镇志》,即成书于嘉庆年间。在这种情况下,这些市镇志中记载清中叶以前江南市镇的情况,以及当事人对此前历史的回忆,其实不能直接拿来作为印证清初乃至更早的明代甚至宋元时期的历史事实。我们最近发现,"前市镇志时代"的诸多文献,关于市镇的形成和起源有各自不同的说法,因此,我们要留意挖掘"前市镇志时代"文献的不同的说法。今人在看市镇志时,常常会不加反思地接受乾嘉以后形成的市镇志当中的种种说法。其实我们只要把这些说法剥离出来,依靠之前的比如说明代或者宋代的一些府县志或者碑刻材料,甚至一些考古材料,就能够把"前市镇志时代"所形成的很多不同的说法梳理清楚。这背后对应的是具体市镇的人群活动权力关系,以及与市镇兴起有关的人群的实践路径和策略。而在相对晚出的市镇志文本编纂当中,有自身的一套权力话语。比如说南翔镇,就要将"因寺成镇"作为它的权力话语,它不是要反映一个它想表达的那个年代(萧梁)就可能已经出现的历史事实,而是后人刻意的层累和建构。换句话说,我们与其把它当作一个历史事实,不如把它当作一个市镇志成书年代的一种权力话语的体现。由此我们对江南市镇研究时间线索的一般归纳,就不能简单地都总结为"唐宋元草市到明代中叶以后专业市镇的形成"这样一个简单的发展模式。之所以会出现这样的发展模式,是因为"前市镇志时代"的很多文本在清中叶定本的过程中,都会变得很整齐划一。我们要知道背后其实没有那么整齐划一,要结合背后的社会变迁加以理解。

第二,是通过机制解释和历史重构,探讨市镇和乡村结构的演变历程。明中叶以后,市镇在江南地区大量涌现,表现出与乡村不同的特征。需要关注的重点是市镇管理机制。就这一点来讲,西方的研究经验具有一定的启示。西方的城乡二分法研究,特别关注城市和乡村管理机制的不同。而我们在研究江南市镇时,也不能忽视这个维度。明初,朱元璋的设计是一种以乡村为中心的基层管理体制,当市镇出现以后,有没有出现一个与乡村管理体制不同的另外的体制呢?我们发现是有的,它就是以市镇的公共事业为中心的地方运作机制,特别是慈善事业。明清交替之际,它的运作机制逐步形成。① 20余年来,很多学者都在关注明清时期的慈善事业,却没正面回答城市和乡村管理机制问题。另外,在清末民初时,市镇逐步地在追溯它的固有区域,即将市镇周边的农村,哪些属于市镇,哪些是市镇范围以外的,弄清楚。简单地讲,这就是我们现在耳熟能详的"镇管村"体制是如何形成的问题。"镇管村"体制并不存在于洪武体制之中,当时没有哪个镇说要管哪些村,都是统一用"都图里甲"这样的体制来管理。正是在市镇这种聚落的形成过程中,"镇管村"的体制逐步形成。至20世纪初,由于晚清自治运动的推动,"镇管村"体制最终确立起来。② 通过研究明中叶以来市镇与乡村聚落兴起的机制和市镇区域形成的过程,可以更多地发掘市镇起源、市镇区域形成等复杂的制度变化和社会运作机制。

第三个路径是考虑人和环境的因素,重点考察制度变迁的社会影响,以及人群、资本在江南城乡开发和聚落拓展中的能动作用。从市镇与乡村空间的对比演变的角度,来重新审视明清时代城乡聚落等级与民间信仰等级之间的关系,是滨岛敦俊一直关注的问题。③ 我们则希望能够揭示出城乡界限的模糊性以及生活在当中的人群的多层化关系。从人和地区开发的角度,或者从生态的角度,将市镇的空间布局和空间范围,在时间尺度上落实到具体的地域社会,落实到具体的人群。

我们看一下江南的地形地貌。江南三角洲(太湖地区)的地形是一个碟形盆地。太湖周边地区的海拔平均是1米,老的冈身地区(即旧海岸线附近)的海拔平均是2米,历史时期新成陆的海岸线是海拔3米左右。这种格局由自然地理因素与人类活动因素共同导致。具体地说,是太湖低洼

---

① 参见吴滔《清代江南市镇与农村关系的空间透视——以苏州地区为中心》(上海古籍出版社2010年)第三章,吴滔、佐藤仁史《嘉定县事——14至20世纪江南地域社会史研究》(广东人民出版社2014年)第四章。
② 参见吴滔《清代江南市镇与农村关系的空间透视——以苏州地区为中心》,上海古籍出版社2010年,第二章。
③ [日]滨岛敦俊:《明清江南农村社会与民间信仰》,朱海滨译,厦门大学出版社2008年。

地区的排水问题和海潮倒灌以及长江泥沙堆积的问题,共同造就了太湖周边地区的地势比较低洼,越靠近长江、东海,地势越高。旧海岸线在历史上有一个专门的词汇叫"冈身",谭其骧先生对之有专门研究。这种微地貌的差别,是研究江南问题时不能绕开的一个环境底色,也是理解明清时期很多社会经济的变化——包括市镇兴起——的一个重要前提。谢湜教授曾专门研究这一专题,并提出了太湖以东地区存在"高乡"和"低乡"的差别。[1] 不过,我们在最近的研究中发现,江南地区特别是东太湖地区的情况比高乡与低乡的二元格局更加复杂。

高乡与低乡这个说法,更多的是在苏州的常熟县经常出现。冈身以外的地区,在常熟县称作高乡,而冈身以内的地区(盐铁塘以内)称作低乡。在苏州的其他属县,比如说吴县、长洲、吴江,则从来不会有低乡的概念,因为他们都在太湖周边海拔平均1米的地区,按照常熟的标准都算是低乡。常熟县由于地跨冈身,所以会有高、低乡之别。高乡和低乡是相对而言的,没有高乡的县份不会出现这类地理概念。在松江府,也不叫高乡与低乡,而是习惯性地称为东乡、中乡和西乡;西乡性质上类似于低乡,中乡类似于高乡,东乡特指在明清以后浦东地区随着泥沙的淤积在南汇嘴这个地方成陆的一片新的土地。而这类新涨出来的土地在常熟可能没有,或者很少。所以,太湖地区的微地貌是很复杂的。这种微地貌的差异其实很小,也就差一两米,但江南是水乡泽国,水总是往低处流。在这种情况下,不同的微地貌,它的出产及种植结构也有很大的不同。所以,我们探索市场发育和市镇的空间拓展时,需要以此为出发点。事实也证明,明清时期很多赋役财政的改革都与此有关。比如在明代宣德正统年间,周忱在苏州、松江等地所推行的改革,针对冈身地区、高乡、东乡采取的一些特殊制度,跟低乡有很大的不同。像嘉定县就相当于常熟的高乡地区,适于种棉,不适合种水稻。所以,周忱针对这里特定的生态条件,实施了折布政策,于是造成了嘉定有很多棉织业市镇的兴起。与苏州和松江相类似,湖州地区也分为东乡和西乡。西乡地区地处苕溪,地势比较低洼,适合种植菱角和蚕桑,水稻产量一向不高,它的税会比东乡要轻;东乡靠近乌镇、南浔一带,向来均是水稻高产区,它的税要重一些。但是在明中叶均田均役以后,高乡和低乡的赋役水平,松江府中乡和西乡的赋役水平,还

---

[1] 谢湜:《高乡与低乡:11—16世纪江南区域历史地理研究》,生活・读书・新知三联书店2015年。

有浙江湖州的东乡和西乡的赋役水平在逐渐地拉近,最终趋于一致。每一次变化都会对应着江南当地的一些经济上的变化,进而引起市场结构的改变,这和市镇发育有着直接而密切的关联。①

除地形地貌之外,更需要注重的是市场发育的机制。例如,赋役改革对市镇起源的影响主要体现在改折上。在苏州府,表现为折银和折布。周忱改革时,苏州府的四个属县——常熟、吴江、吴县和长洲——的部分实物税粮被折成金花银,另外三个县——嘉定、太仓、昆山——则折成棉布,这种折纳制度会直接或间接引发地方的专业化分工。有的地区以从事粮食业为主,有的地区以从事棉业为主,大量专业化市镇应运而生。② 除了大量折银、折布外,明中叶以后的赋税改革又使赋税等则较明初有很大不同,进而使这里的商品经济和市场发展迎来一个新的契机。另外,在嘉湖地区和苏州南部的吴江县,丝绸采买制度的逐渐流行使丝绸的生产从苏州、湖州和杭州等城市下放到嘉湖和吴江这一带的城镇里。

第三节　南翔之"因寺成镇"——江南市镇形塑的一个例子

南翔镇整体上是一个十字港的格局,北边是横沥,南边是上槎浦,西边是封家浜,东边是走马塘。这四条河交接于镇中心的太平桥。在四条河流中,横沥和上槎浦是南翔的市河,又称作"市心横沥"。③ 在南翔的历史发展过程中,跟三个寺庙的关系一直纠缠不清,其中最重要的是南翔寺,另外,还有元朝建立的大德万寿寺和万安寺。在清中叶,即《南翔镇志》编撰的时代,商业比较发达的地区主要分布在横沥和封家浜、走马塘两岸,在南翔寺南边的地方也形成了一个商店比较集中的地带(见下图)。

不过,关于南翔镇形成的故事版本,一直说南翔镇的兴起跟南翔寺有紧密关系。同时,按照现在流行的说法,南翔寺是南朝梁天监年间建立。所以,今天南翔镇打的旅游口号是"千年古镇"。不过,通过阅读文献可以发现,这个说法值得质疑。首先,位于南翔寺山门两侧的南翔镇双塔两边

---

① 吴滔、佐藤仁史:《嘉定县事——14至20世纪江南地域社会史研究》,广东人民出版社2014年,第一章。
② 吴滔、佐藤仁史:《嘉定县事——14至20世纪江南地域社会史研究》,广东人民出版社2014年,第二章。
③ 民国《嘉定县续志》卷四《水利志·治迹》。

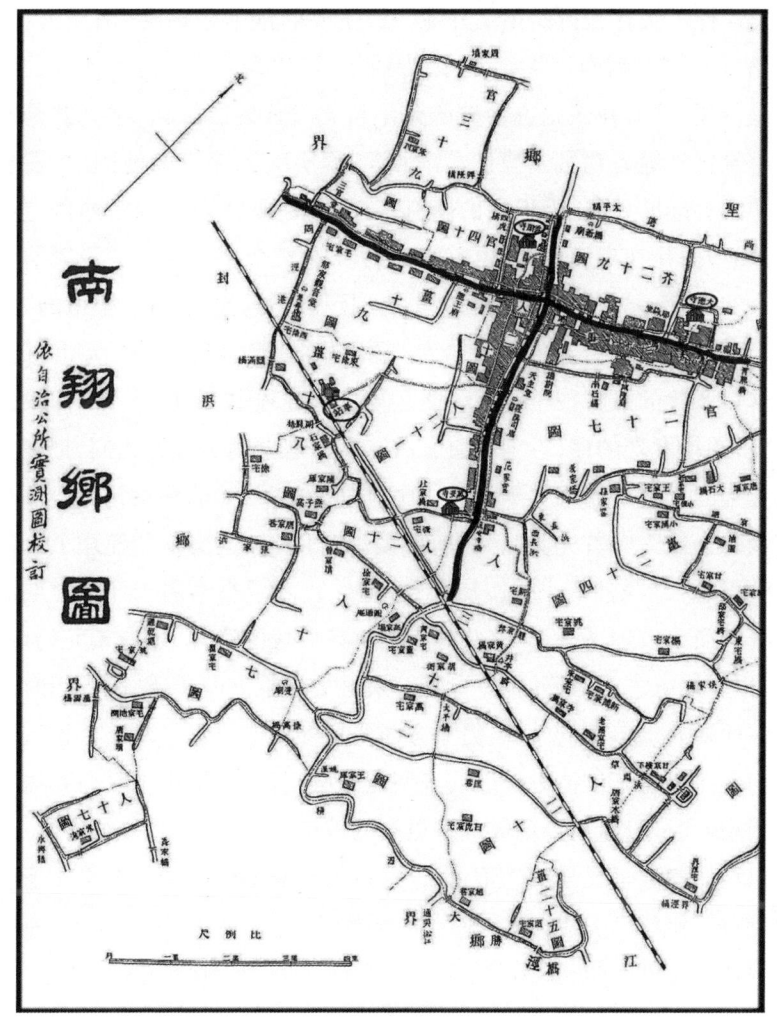

南翔乡图

有两口井,井沿上刻有一行字,大致说是"大明国直隶苏州府嘉定县依仁乡十二都寓居十三都信女某某助银壹两",它落款是弘治十四年十月重建。当然可以认为,它建造的年代可能比弘治十四年更早,但是到底能不能早到梁代,则是值得推敲的问题。我们在现场可以看到,被认为是明清时造的这两个塔的塔基,基本上跟两口井处在同样的海拔基准线上。从这个角度上来讲,梁朝井的提法就值得怀疑。现在很多的文物部门,也以历史文献作为断代的证据之一,但是有时为了某种目的,过分依靠后世形成的历史文献,而不是依据更接近实物发掘时代的历史文献,就会形成误导。他们常常把历史文献当中一些后人建构的史料当作信史来使用,比如,梁朝井就是这样。为什么说是梁朝井呢？最主要的依据是嘉庆《南翔镇志》里讲："萧梁时建白鹤南翔寺于此，因寺成镇，遂以名寺。"① 这个地方的历史源头是萧梁，这口井因此也会被认为是萧梁时代的。那么，梁朝井是不是在这个位置？笔者在翻阅嘉庆《南翔镇志》所附云翔寺的地图时，发现了一个非常有趣的现象：寺里面的确有一口井，但不在现今双塔两侧这两口井的地方，而是在寺庙里面，也有"梁朝井"这三个字。这至少说明清朝人跟今人的理念一样，为把南翔的历史追溯到萧梁时代，也做过类似的"文化建设"工作，把一口普通的井命名为"梁朝井"。但是现在的云翔寺好像就是在这口清代的井所在位置。可能在复建的过程中，文物考古部门没发现这口井，如果发现的话，肯定也会大做文章。这个例子告诉我们，把在历史现场看到的一些实物跟文献来进行比对时，要有足够的怀疑精神。那么我们应该怎么做呢？首先要回到"前市镇志时代"一些文献的梳理上。比如说《南翔镇志》，虽然成书于嘉庆年代，但它收入了很多唐宋元明时期的碑铭。我们简单梳理了一下，这些碑铭最早有唐代的经幢，还有宋元的碑刻。其实，很多地方志在修纂时，不可能解决这类文献上的矛盾，因为当时的作者一方面要尊重传统的文献，另一方面要另外制造出自己的一种说法。既然我们现在不能全信清中叶以后人们的想法，就必须把历史复原到唐宋元乃至明中叶时期，所以要依靠这些更早的碑记。

南翔目前存世最早的碑记，是今存古猗园中那根已经完全看不清字迹的唐乾符二年（875）的经幢。在清人孙星衍的《寰宇访碑录》里面，专门介绍了南翔寺尊胜经幢，正书"乾符二年八月"，后题"建幢主莫少卿"。② 这说明清代还能看到上面的字迹，这应该是南翔镇最早的一件文物。但它只能说明，南翔这个地方在唐代末年，有一个叫莫少卿的人捐了一个经幢，至于它到底是不是南翔寺的古物，没有过硬的证据。此外，南方的金石学在北宋时期还没有那么兴盛，那时，南翔镇的历史还处在传说阶段。目前存世的有两条重要材料。一个是有关村落的得名，北宋或者是南宋初年人康复古曾经写过《建山门并桥记》，文中说的是建佛寺的山门。因此，判断山门是哪个时代的人所建比较重要。我们确定康复古是宋人，理由何在呢？文中说"姑苏属邑，粵惟昆山"③，说明那时嘉定还没有独立建县，还属于昆

---

① 嘉庆《南翔镇志》卷一《疆里·沿革》，上海古籍出版社2003年，第1—2页。
② 孙星衍：《寰宇访碑录》卷四，嘉庆七年刻本，第28页。
③ 康复古：《建山门并桥记》，嘉庆《南翔镇志》卷一〇《杂志·寺观》，第146页。

山,嘉定建县是南宋嘉定十年的事;文中另外说昆山有一个地方叫南翔,建有佛寺,这个聚落由佛寺而得名。所以,康复古的《建山门并桥记》透露出两个重要信息,一个是它的得名跟佛寺有关,另一个是表明此地在当时可能连草市都不是,只不过是个普通聚落。

另外,更有名的是昆山人龚明之写的《中吴纪闻》。龚明之是南宋初年人。《中吴纪闻》里面也讲了南翔得名的故事,说是有两只白鹤常常会栖息在南翔寺这个地方,被认为是一种祥异,有个叫齐法师的人认为此地"可立伽蓝",就是建一个佛寺之意。两个白鹤聚集在这里的故事传播开来以后,很多施主纷纷捐款,于是就建成了南翔寺。① 按照龚明之的说法,这个寺之所以叫南翔寺,是因为有白鹤飞到这里,所以叫南翔。此外,我们也找到了当时聚落周边环境的材料。根据南宋范成大的《吴郡志》和元代任仁发的《水利集》可以看出,在南宋到元代时期,构成南翔十字港的四条河道都已经形成。② 通过对南翔成市以前历史的追溯,可以看到它确实跟南翔寺有关系,但那时南翔可能还不是市镇。因为南翔是在冈身以外的地方,它的开发时间不会特别早。冈身作为古海岸线的所在,是判断江南地区聚落起源的重要指标之一。因此有理由怀疑,在六朝时当地不一定都成陆,即便成陆,也不一定能形成聚落。

其实,元明时代的人,已经开始注意到上面提到的那个唐代经幢,并开始把南翔寺创建的年代追溯到了梁天监年间。比如,元人虞集在《万安寺记》里就讲梁天监年间,齐禅师创南翔寺。③ 另外,元末明初的姚广孝也在《南翔寺修造疏并序》一文中说,寺建于梁天监年间。④ 然而,莫少卿明明是唐代人,姚广孝在文中却把他创寺的时间错乱地放在天监前后,说他舍财创寺。所以,元明时代的人就面临一个问题,即如何把发现的经幢和传说故事编在一起。到了明中叶,赵洪范力图把齐法师一分为二,一个叫德齐,一个叫行齐。萧梁僧人德齐对应的是一个传说,说德齐是因为白鹤在此栖息而建寺。到了唐乾符年间又有一个僧人行齐,"感白鹤导募之异"。⑤ 这时候莫少卿作为施主之一,捐了经幢。赵洪范应该发现了文本

---

① 龚明之:《中吴纪闻》,载王稼句编纂《苏州文献丛钞初编》,古吴轩出版社2005年,第59页。
② 范成大:《吴郡志》卷一九,第266—267页;任仁发:《水利集》卷七,第25页。
③ 虞集:《万安寺记》,嘉庆《南翔镇志》卷一〇《杂志·寺观》,第152页。
④ 姚广孝:《南翔寺修造疏并序》,《逃虚子集·类稿》卷五《独庵稿·书题跋》,清钞本,第21页。
⑤ 赵洪范:《南翔寺免役记》,嘉庆《南翔镇志》卷一〇《杂志·寺观》,第150页。

上的矛盾,所以他把萧梁和唐代的事情连起来,梁天监的那个说法只能放在传说时代,莫少卿施助经幢则被认为是信史。另外,乾符二年(875)恰好是会昌年间唐武宗灭佛之后。这两者之间有何关联,亦值得深究。

我们已经知道宋人的那些传说,还有后来在宋元明时期人们所发现的唐代经幢,这些都可以作为复原南翔早期历史的鲜活素材。但是也有人很保守,比如嘉靖《嘉定县志》说南翔镇因寺而名,设于宋元间,"莫考其所始"。① 这是比较严谨的态度。正是在此时,南翔镇"市井鳞比,舟车纷繁,民殷富庶,甲于诸镇"。② 当然,南翔镇在明朝的发展并非一帆风顺,正德嘉靖年间,倭寇到此骚扰,烧毁很多房屋,加以当地的地痞无赖对侨居于此的徽商很不友好,导致徽商被赶跑,使该镇一度衰落。入清,南翔镇重新兴起,是嘉定地区重要的市镇,号称"银南翔"。③ 由于此地越来越重要,雍正五年(1727),专门设把总负责南翔地区防务。乾隆三十三年(1768),嘉定县丞也驻防本镇,使南翔镇政治中心的地位逐渐确立起来。正是在这一背景下,乾嘉学派著名学者钱大昕,制造了一个完整的南翔镇的历史谱系,强调南翔镇跟南翔寺的关系。他甚至没有加以考证,就讲这个镇是天监年间所建。精通金石学的他除了指出经幢是乾符年间所建之外,并没有像赵洪范一样,力图把传说和经幢两种传统加以融合,而是一再强调"寺居镇之中,镇以寺始,一寺兴废,系一镇盛衰"。④ 所谓"因寺成镇"的说法,就是把市镇的历史和佛寺的历史紧密结合在一起的一种非常有趣的历史叙述。这一说法在清朝中叶时,被人们广泛接受,并深信不疑。连一向以严谨著称的钱大昕都不能免俗。所以,把南翔捆绑于佛寺,把南翔镇的历史捆绑于佛寺的发展,就造成了佛寺跟市镇的关系越来越紧密,从而进一步整合了南翔镇在清中叶的空间一体化。⑤

当然,我们的目的并不仅仅在于要揭穿南翔寺和南翔镇背后历史事实的真伪,更重要的目的是研究"因寺成镇"现象的学术意义。在研究中,可以发现,寺庙产业在中国历史上具有相对的稳定性和延续性,无论政府怎样灭佛,怎样打压,至少在唐末以后,南翔寺的历史记载一直有延续性和稳

---

① 嘉靖《南翔镇志》卷一《疆域志·市镇》,嘉靖三十六年刻本,第16页。
② 彭定求:《留婴堂序》,嘉庆《南翔镇志》卷二《营建·坛庙》,第18页。
③ 光绪《罗店镇志》卷一《风俗》,上海社会科学院出版社2006年,第6页。
④ 钱大昕:《重修敕赐云翔寺大雄殿记》,嘉庆《南翔镇志》卷一〇《杂志·寺观》,第141页。
⑤ 吴滔、佐藤仁史:《嘉定县事——14至20世纪江南地域社会史研究》,广东人民出版社2014年,第三章。

定性,寺庙的产业虽有消长盈缩,但长期存在。而市镇内的其他民居、衙署,包括园林,却没有这样的稳定性和延续性,常常发生产业上的流转甚至废弃。所以,市镇志的编者或者某些人在建构市镇早期历史的时候,常常会不自觉地以寺庙为中心。因为只有寺庙产业最有稳定性和延续性,能提供具有相对连续性的聚落历史的线索。因此,不仅南翔如此,上海附近的法华、龙华等市镇,也有"因寺成镇"类似版本的故事。这是因为,关于聚落历史,人们能找到的早期历史资料,主要是寺庙的历史资料,只有与它相关的文本才有延续性,而其他聚落内部的建筑物,几乎不太可能在时间维度上具有可以追溯的线索。南翔镇最早的文物是唐代善士莫少卿捐的经幢,宋代文献中记载有一个建寺的传说;元明之际,这两个版本的故事逐渐融合;到了明正德前后,正式形成了经幢和传说相融合的趋势,"因寺成镇"说法初步奠定。入清以后,随着市镇空间进一步拓展并稳定下来,"因寺成镇"的说法正式出炉。

关于探索江南市镇的形成和随之而来的城乡关系的转变问题,以下略作总结。首先,可以通过人群活动(比如僧众还有徽商的活动)、赋役改革(比如南翔在周忱的赋役改革中属于交纳官布的地方)、佛教制度以及重大历史事件(比如倭乱),来揭示市镇与农村空间位置对比置换的历史过程。比如,南翔镇怎么样从一个与寺庙有关的聚落,逐渐发展成市镇的历史过程。

其次,明中叶以后,江南地区逐渐从洪武体制中解脱出来,在社会经济各层面均出现重大变化。洪武体制最大的特点是实物财政,以农业社会为基础。但是后来由于赋役改革,很多交纳物折成银或者布,再后来布亦折成银。大规模折银的趋势,意味着商品交换的需求越来越大,江南很多市镇在这个时代背景下兴起。

第三,要极力寻找"前乡镇时代"的珍贵文献,挖掘市镇形成早期的社会机制和空间形态的变化。这在南翔镇的例子中有充分体现。因此,要把古代碑铭及其相关文献作细致爬梳,才能知道市镇志编撰时代话语体系形成之前的历史,进而了解市镇形成之前农村聚落的状态。

最后,不能仅研究一个个市镇,我们要探讨市镇的形成机制和历史意义。就江南市镇的实证研究来说,至少有两个维度比较重要,一个是市镇内部空间格局的形成拓展,另外一个是环境和人群流动底色下空间尺度的研究。

第九章 明清时期的医疗与社会

近代中国的医史研究发展至今已近百年,研究者的学科构成和研究取向都经历了重要转变。其研究的不仅是医学理论与技术的演变,还有社会文化的变迁;研究者也不再限于医学内部,而扩大到以历史学为主的人文社会科学界。明清医疗史研究是中国医史研究的一个缩影,多角度审视其流变,可发现中国医史研究存在的局限性与进展的空间。

本章首先对近百年明清医疗史研究做一概览性的梳理,力图在国际医史研究的脉络中审思其历程、特征以及意义与趋向,并提倡打通学科壁垒,以跨学科的视野和理念,在医学与社会文化之间发现、思考和解决问题,创建相对独立的医史学科。这无论是对医学还是历史学的深入发展来说,都具有重要的意义。其次,选取医病关系这一颇具活力和挖掘意义的医史议题进行具体研究,力图呈现明清普通民众日常应对疾病、择医延医的样貌。

第一节 明清医疗史的趋势

中国医史是一门古老的学问,较早也比较成熟的医史文献,应该可以追溯到《史记·扁鹊仓公列传》,此后的正史也往往载有医者的传记。至唐代甘伯宗专著《名医录》,始有专门的医史著作,而后相关的著作代不绝书。[①] 传统时期的医史著作,大抵以医学人物传记的形式出现,与近代的医史研究有着较大的差别。1919年,陈邦贤将此前几年发表的文章集结增补,出版了中国第一部近代意义上的医史著作《中国医学史》,开启了中国现代医学史研究。依此而言,近代意义上的中国医史研究至今已近百年。当时及此后相当长一段时间内的医史,作为医学特别是中医学的一部分,不仅为呈现中国古代的医学技术和成就贡献良多,也对建构中国现代中医产生了重要的影响。这些研究基本以"内史"的面貌出现,但几乎未

---

① 关于中国传统时期的医史撰述,可参阅祝平一《宋明之际的医史与"儒医"》(中研院历史语言研究所集刊第77本)、范行准《名医传的探索及其流变》(载王咪咪编纂《范行准医学论文集》,学苑出版社2011年,第430—447页)。

成为历史学者关注的对象。直到20世纪80年代以来,医疗史才逐渐在史学界出现,所谓的"外史"研究日渐兴起。

一、中国医史研究中"内史"的演进和"外史"的兴起

20世纪是中国现代学术研究逐步奠基并不断发展的重要历史时期。回首百年来的中国医史研究,不难看到,虽然其不无自身演变逻辑和特征,但在中国学术不断靠拢和融入国际学术的大背景下,中国医史研究也深受以欧美医史研究为代表的国际医史研究的影响。

20世纪初,是国际医学史专业化、制度化的重要时期。此时,在德国医史学家卡尔·祖德霍夫(Karl Sudhoff)等人的努力下,医学史开始逐步成为医学院校课程的组成部分,祖德霍夫还创办了医学史领域内的一份重要刊物《祖德霍夫档案》(Sudhoffs Archiv)。此外,国际医学史学会亦在1920—1921年间产生。[1] 1925年,西格里斯特(Henry Ernest Sigerist)接替祖德霍夫担任莱比锡医疗史研究所主任,在继承前辈将医学史作为独立学科发展的同时,他转向了一种更具文化特色的研究路径,引导研究所的许多学术和教学活动避开传统主题,转向与医学相关的哲学、伦理、社会和经济问题。1932年,西格里斯特离开德国,接任美国约翰·霍普金斯医学史研究所主任一职,此时他更为明确地提倡医学史应该转向介入社会与政治的历史研究模式。[2] 20世纪40年代,西格里斯特进一步呼吁医学史要开拓新的研究视野,主张将医学置于广阔的社会情境中。他提出:"每一项医学活动都有两方面的参与者,医师与病患,或者是广义上的医学群体和社会。医学无非就是这两个群体之间的复杂关联。……这样,医学史就成了社会史。"[3]他还特别强调:"医学并非科学的分支,也永远不会是。如果医学是一门科学,那它也只能是社会科学。"[4]

---

[1] [美]约翰·伯纳姆(John Burnham)著:《什么是医学史》,颜宜葳译,北京大学出版社2010年,第3—5页。

[2] Elizabeth Fee and Theodore M. Brown, "Using Medical History to Shape a Profession:The Ideals of William Osler and Henry E. Sigerist." in Frank Huisman and John Harley Warner eds., *Locating Medicine History: the Stories and Their Meanings*, Baltimore and London: The Johns Hopkins University Press, 2006. pp.139—164.

[3] [美]朱迪斯·W.莱维特:《情境中的医学——医学史研究述评》,载余新忠、杜丽红主编《医疗、社会与文化读本》,北京大学出版社2013年,第25—40页。原文见Judith W. Leavitt, "Medicine in Context: A Review Essay of the History of Medicine," *The American Historical Review*, vol.95(5), 1990, pp. 1471—1484.

[4] Elizabeth Fee and Theodore M. Brown, "Using Medical History to Shape a Profession:The Ideals of William Osler and Henry E. Sigerist", pp.139—164.

之后,查尔斯·罗森博格(Charles E. Rosenberg)等人拓展了西格里斯特倡导的社会史研究,但是直到60年代这种研究取向还未能成为医学史研究的主流,医学史学者受到的训练仍集中在医学领域。这种情况在70年代晚期开始有很大改观,此时新一代的社会史学者以及医学人类学者开始大量介入医学史研究,医学史研究方向由技术、人物和文献等日益向社会文化延伸。随着关注非临床实践问题的年轻历史学者越来越多,传统医学史学者感到不安,指责这种研究为"没有医学的医学史",但这一趋势并没有因此停滞。80年代,随着年轻的社会史和人类学研究者的成长,他们逐渐占据了核心的科研岗位,老一代医学史家的退休也使得二者间的论争逐渐减弱,在医学史领域内历史学和医学的学科壁垒开始消解。与此同时,随着学术界语言转向和文化转向的出现,新文化史、微观史、全球史等新兴研究亦对医学史产生了很大影响。受到后现代主义和后结构主义思潮影响的学者,愈加关注有关身体与健康的文化论述与多重身份的理论思考,性别、阶级、种族被纳入到医学史研究的范畴,身体、疾病与医疗的社会文化属性,全球视野下的医学和药物知识的演变和建构,以及对现代医疗模式和体制的检讨和反省日渐成为新的研究热点。①

由此可见,20世纪以来的国际医史研究大体可分三个阶段,即初期的传统科技史研究、中期的社会史研究和80年代以来的社会文化史研究。中国医史研究尽管与此并不同步,但大体未脱离这种趋势,而具体到明清医学史的研究历程又有自身的独特性。

明清医学史作为中国医史研究重要组成部分,很大一部分仍以医学史通论性研究的形式呈现,研究议题主要集中在明清著名医家、医籍、中西医汇通等方面。陈邦贤的《中国医学史》对明清医学有简明扼要的论述。② 之后虽然有一些专论明清医家、医派的单篇论文,但是影响力较为有限。③ 比较重要的是出版于1932年,王吉民、伍连德合著的《中国医史》(History of Chinese Medicine),其涉及明清的部分主要为 The Mediaeval or

---

① Susan M. Reverby and David Rosner, "Beyond the Great Doctors" Revisited: A Generation of the "New" School History of Medicine, in Frank Huisman and John Harley Warner eds., *Locating Medicine History: the Stories and Their Meanings*, Baltimore and London: The Johns Hopkins University Press, 2006. pp.167—193.
② 陈邦贤:《中国医学史》,上海书店1984年影印商务印书馆1937年版,第173—256页。
③ 如杨焕文《论清代之医派》(《医学杂志》第38期,1927年)、严魏《清叶薛二名医交恶之由》(《光华医药杂志》第3卷第8期,1936年)。

Controversial Period（961—1800A.D.）和 The Modern or Transitional Period（1801—1936A.D.）两章。作者认为中医发展从明代开始衰落,到清代达到最低点。衰落的原因主要有两点:一是医学教育机构比唐宋时期大为减少,明清时期的太医院只是为培养御医而设,普通的医学从业者没有正规的学习机构,从业门槛不高导致医者素质下降;二是医者群体内部出现分裂,一部分医家遵从古典医学,另一部分服膺近世医学。① 这种明清医学衰落的观点直接或间接影响了之后的医史学者。

20世纪30年代到50年代是中国医学史研究渐成体系的时期,中华医史学会的成立和《医史杂志》的创办是此时的重要事件。四五十年代有关医学史的专题论文大多发表在《医史杂志》(或《中华医史杂志》《医学史与保健组织》)上,但专门论述明清医学史的论文却不多,且主要集中在几位名医。值得注意的是,范行准的《中国预防医学思想史》分成六篇,以连载的形式发表在1951—1953年的《医史杂志》上,并于1953年结集出版。② 他重点考察了明清时期对天花的预防措施,指出中国发明人痘约在明代中后期,而非传说中的11世纪,同时对牛痘传入中国的过程作了细致的论述。

20世纪六七十年代中国医学史的研究较为薄弱。进入80年代,医学史研究逐渐丰富起来,关于明清医学史的研究,不再局限于对著名医家生平及其成就的探讨。此时医学通史著作相继出版,如范行准《中国医学史略》(1986)、李经纬、程之范主编的《中国医学百科全书·医学史》(1987)、李经纬等《中国古代医学史略》(1989)等,这些著作都包括对明清医学史的论述。其中值得注意的是范行准《中国医学史略》,他仍然认为明清时期是医学的屡守时期,不过是金元医学的引申和继续,很少有独立见解。虽然此时在本草学、解剖学、预防医学、治疗学等方面都有所发展,但对整个医学思想来说,都没有起主导作用。但该书在书写方面颇具特色,打破了以陈邦贤等人为代表的按照医家、医籍、医学机构论述一朝一代的医学史,而是有侧重地阐述历代医学最为突出的成就,如书中清晰阐述了明清医学的流派,梳理了本草学和免疫学(主要是种痘技术)在此时的发展,认

---

① 王吉民、伍连德:《中国医史》,上海辞书出版社2009年,第132—177页。
② 范行准:《中国预防医学思想史》,《医史杂志》第3卷第2期,1951年;《中国预防医学思想史(二)》,《医史杂志》第3卷第3期,1951年;《中国预防医学思想史(三)》,《医史杂志》第3卷第4期,1951年;《中国预防医学思想史(四)》,《医史杂志》第4卷第3期,1952年;《中国预防医学思想史(五)》,《医史杂志》第4卷第4期,1952年;《中国预防医学思想史(六)》,《中华医史杂志》第5卷第1号,1953年;《中国预防医学思想史》,华东医务生活社1953年。

为清代医家最突出的成就集中在温病学上,故详细梳理了温病学的源流和清代诸医家在这方面的成就。① 范行准清晰的问题意识使得该书不再流于泛泛介绍历代医学的成就,并认识到社会文化对医学的影响,注意利用各类史料。

总体而言,20世纪初到七八十年代,中国医学史的研究几乎全由受过专业医学训练的人士担纲。他们对于明清医学史的研究多局限在名医、医籍、技术与病理层面,除范行准等少数人外,资料利用上也基本限于历代医籍。且早期明清医学史的研究基本是简单的史实梳理,缺少明确的问题意识,直到80年代才有所改善。医家的这种研究理路对我们认识明清医学发展过程助益良多,但是在国家和社会对疫病的应对、疫病对社会及民众心态和信仰的影响、医者和病人的关系、医者群体的身份认同等方面,可供借鉴的内容还非常有限。80年代以后,在医史学界的研究仍在继续和深入的同时,一批中外历史研究者的加入,使这一研究出现前所未有的新气象。

应该指出,疾病医疗研究在中国历史学界的兴起并非建立在对中国原有医学史研究的不满或反省的基础上。本章开头简要回顾了国际医学史在20世纪70年代开始明显转向医疗社会史研究,这种转向在一定程度上影响了中国医学史的研究,但国内对医疗社会史的关注更重要的因素在于80年代以来史学界不断反思并进行新的探索。80年代以来,大陆和台湾史学界不约而同地开始对史学研究中各自存在的"教条公式主义的困境"或"社会科学方法的贫乏"进行了反思,大家似乎都对以往研究过于侧重政治、经济、阶级斗争及外交和军事等做法表示出强烈不满,提出了"还历史以血肉",或"由'骨骼'进而增益'血肉'"这样带有普遍性的诉求。② 在这一思潮的影响下,社会群体、社会生活、社会救济、社会环境等一些过去不被注意的课题纷纷进入历史研究者的视野,极大拓展了历史研究的界域,作为社会生活重要组成部分的医疗活动也由此受到历史学者的关注。

二、从社会到生命:史学界明清医疗史研究的演进

如前所述,中国史学界的明清医疗史研究大抵始于20世纪80年代,它的出现是与中国社会史的兴起相伴而行的。此时在欧美学界,新文化史等受后现代史学影响的研究正日渐盛行。新文化史、微观史、日常生活史、

---

① 范行准:《中国医学史略》,中医古籍出版社1986年,第196—257页。
② 杜正胜:《什么是新社会史》,《新史学》第3卷第4期,1992年;常建华:《中国社会史研究十年》,《历史研究》1997年第1期。

物质文化史和全球史等新兴的史学思潮随后不断被引入中文学界并影响日盛。故中国史学界在此后的二三十年中,呈现传统史学、社会史及以新文化史为代表的新兴史学等诸种史学流派和思潮并存混杂的局面,中国医疗史作为一个新兴的研究领域,虽然与各种史学思潮、理念和方法都不无交集,不过整体而言,基本上是诸种新史学的试验场。无论在台湾还是大陆,初期的医疗史研究往往社会史的色彩较浓,稍后,则越来越多地出现了具有新文化史等新兴史学取向的研究,大体展现出了从社会史到文化史,从社会到生命的演进轨迹。

1987年,台湾学者梁其姿首先推出两篇明清医疗社会史方面的论文:《明清预防天花措施之演变》和《明清医疗组织:长江下游地区国家和民间的医疗机构》。① 梁教授长期从事明清慈善、救济事业等与医药救疗密切相关课题的研究,同时又是留法博士,深谙法国年鉴学派的学术理路与当时西方史学的趋向。可能正是因为这两方面因素的结合,使她成了中国史学界涉足医疗社会史研究的先行者。稍后,杜正胜通过对以往史学研究的反省,提出"新社会史"这一概念,并研拟了一个表现新社会史研究对象和内涵的纲目,共十二大项,其中"生命维护"一项"基本上仰赖医疗史的研究才能充实它的内容"。② 而这一理念的践行,则是在"疾病、医疗和文化"小组成立之后。

1992年以来,台湾中研院史语所一批历史学出身的学者投入医疗史研究,组成"疾病、医疗和文化"研讨小组,每年度大约举办十次讨论,主要围绕五个课题展开:对身体的认识及其文化意义、医家归类(与巫、道、儒的关系)、男女夫妇与幼幼老老的家族史、医疗文化交流问题、疾病医疗所见的大众心态。③ 这些学者几乎全无医学背景,旨在"从医疗透视文化",所以杜正胜把他们的医疗史研究称为"另类医疗史"。④ 其目的是想借医疗

---

① 陶希圣九秩荣庆祝寿论文集编辑委员会编:《国史释论——陶希圣九秩荣庆祝寿论文集》,食货出版社1987年,第239—253页; "Organized Medicine in Ming-Qing China: State and Private Medical Institutions in the Lower Yangzi Region", *Late Imperial China*, vol. 8.1, 1987, pp. 134—166。
② 杜正胜:《什么是新社会史》,《新史学》第3卷第4期,1992年;《作为社会史的医疗史——并介绍"疾病、医疗和文化"研讨小组的成果》,《新史学》第6卷第1期,1995年。
③ 杜正胜:《作为社会史的医疗史——并介绍"疾病、医疗和文化"研讨小组的成果》,《新史学》第6卷第1期,1995年。
④ 杜正胜:《另类医疗史研究20年——史家与医家对话的台湾经验》,载生命医疗史研究室主编《中国史新论——医疗史分册》,联经出版公司2015年。

史研究来认识社会面貌,把握文化特质,重点是一般的历史研究,不限于专业医学史的范围。另类医疗史涉及物质与精神的多个层次,没有一定的成法,唯随课题之发掘、资料之诠释,不断揭开文化的面貌,也深掘社会深层的心态。它与传统医学史的架构或课题有比较明显的差异,没有直接涉及关于医药经典与理论、医事制度与教育、医家典范与派别,以及诸病源候的证析等问题。①

  杜正胜在《另类医疗史研究20年》后附有"疾病、医疗和文化"讨论会历年活动的时间、主讲人、演讲主题、参与者。从1992年到1997年,一共举行了49次活动,涉及明清医疗史的演讲有7次,分别是:1993年5月,Cameron Campbell(康文林)"清末北京死亡原因研究";1994年2月,邱仲麟"不孝之孝:'割骨疗亲'现象的社会史分析";1994年7月,蒋竹山"从明清笔记小说看有关麻风病的民间疗法:'过癞'";1996年6月,雷祥麟"When Chinese Medicine Encountered the State:1900—1949";1996年11月,张嘉凤"Variolation and Vaccination(人痘与牛痘)";1997年3月,祝平一"西学、医学与儒学:一位十七世纪天主教医者的观点";1997年7月,Bridie J. Andrews(吴章)"Tuberculosis and the Assimilation of Germ Theory in China,1895—1937"。其中康文林、吴章两位为欧美学者,所以这六年中由中国台湾学者担纲的关于明清医疗史研究的演讲只有五次,而这五位演讲者都是年轻学人。他们可能是此时史语所中从事医疗史研究的核心力量,如杜正胜、李贞德、李建民、林富士等,主要从事11世纪以前的研究,所以明清医疗史的研究成果并不算丰富。此外,值得注意的是梁其姿、熊秉真两位学者在此期间虽然只是以参与者的身份参加了小组活动,没有进行演讲,但是她们对明清医疗史的研究颇具深度和新意。梁其姿《施善与教化:明清的慈善组织》追溯了明清慈善组织的渊源,描述了组织形态、主要活动,并探索了这一历史现象与明清社会经济及思想发展的关系。此外她还关注前近代中国的疾病史和女性医疗从业者。② 熊秉真从小儿科医学出

---

① 杜正胜:《医疗、社会与文化:另类医疗史的思考》,《新史学》第8卷4期,1997年。
② 梁其姿:《施善与教化:明清的慈善组织》,联经出版公司1997年;Angela Ki Che Leung, "The History of Disease in Pre-modern China," in Kenneth F. Kiple, ed., *The Cambridge History and Geography of Human Disease*. Cambridge University Press, 1993. pp. 354—362.; Angela Ki Che Leung, "Women Practicing Medicine in Pre-modern China," in Harriet T. Zurndorfer, ed., *Chinese Women in the Imperial Past: New Perspectives*. Leiden, Boston: Brill, 1999, pp. 101—134.

发书写近世的儿童史。①

随着研讨小组的壮大,1997年,"疾病、医疗和文化"讨论会蜕变为"生命医疗史"研究群。同年6月底,由史语所主办了第一次关于医疗史的国际学术研讨会,主题是"医疗与中国社会"。根据杜正胜的解释,这里的"社会"是新社会史的"社会",涵盖物质、社会和精神三层次而构成的有机整体的人群,也可以统称作"文化"。② 之后"生命医疗史研究室"又举办了一系列关于医疗史的研讨会:1998年5月,"华洋杂处:中国十九世纪医学";1998年6月,"洁净"的历史研讨会;1999年1月,"养生、医疗与宗教"研讨会;1999年6月,"健与美"的历史研讨会;2000年6月,"疾病"的历史研讨会。纵观这些会议的论文列表,以明清时代为主要研究断代的论文仍然不多,但是议题上有所突破,且有新的年轻学者加入。③

2000年以后,一些年轻学人从欧美拿到博士学位回到中国台湾执教,加上原本从事医疗史研究的年轻学者不断成长,台湾的医疗史研究进入新阶段。欧美归台的学者大多以医疗史为专业,充分吸收了20世纪90年代以来欧美医史研究的新观念和新方法④,极大地拓展了医疗史研究的广度和深度。这些学者中,一些人具有医学背景或相近知识素养,所以研究议题不再局限于社会文化,而是涉及医学知识等"内史"议题。不同于杜正胜、林富士等前辈史语所学者从事11世纪以前的研究,这些年轻学人多关注前近代的医疗史研究,明清医史研究成果日益丰富:如祝平一探讨了明清时期的医药市场、医药知识和医病关系;张哲嘉对清代宫廷医病关系进行了研究;王秀云从性别史、身体史的角度探讨了清末民初的传教士医学;李尚仁对传教医疗以及身体感进行了关注;刘士永、范燕秋关注1895—

---

① 参见熊秉真《幼幼:传统中国的襁褓之道》(联经出版公司1995年)、《安恙:近世中国儿童的疾病与健康》(联经出版公司1999年)。
② 杜正胜:《另类医疗史研究20年——史家与医家对话的台湾经验》,载生命医疗史研究室主编《中国史新论——医疗史分册》,联经出版公司2015年。
③ 涉及清代医史的论文主要有:祝平一《通贯天学、医学与儒学:王宏翰的医学原始》,张哲嘉《从同治医案论清宫脉案的性质》,王道还《论王清任的医学研究》,蒋竹山《女体与战争——以明清厌炮之术"阴门阵"为例的探讨》,李尚仁《种族、性别与疾病:十九世纪英国医学论麻风病与中国》,刘铮云《疾病、医疗与社会:史语所所藏内阁大库档案相关史料介绍》,Marta Hanson, "According to the Person, Place, and Season: A Preliminary Discussion of Medical Conceptions of Local Bodies, Seasonal Geographies, and Regional Disorders in Late Imperial China"。
④ 杜正胜:《另类医疗史研究20年——史家与医家对话的台湾经验》,载生命医疗史研究室主编《中国史新论——医疗史分册》,联经出版公司2015年。

1945年间台湾的医学史,注重对殖民现代性的反思等。

与台湾医疗社会史研究不同,20世纪八九十年代起,大陆史学界对医疗史的关注基本是个别而缺乏理论自觉的。当然,这不是说大陆史学研究者关注疾病医疗完全出于偶然,实际上,它仍然是以上所说的史学界反省的结果。因为随着历史研究对象的扩展,研究者一旦涉足社会救济、民众生活、历史人口、地理环境等课题,疾病和医疗问题便不期而至了,同时在针对以上论题开展的文献搜集中,不可避免地会遭遇疾疫之类的资料,这必然会促发部分学者开始关注这一课题。① 比如,余新忠从事清代瘟疫的研究虽受台湾相关研究启发,但最初的动力则来自在从事救荒史研究时接触到的较多疫情资料。② 所以,很长一段时间内,大陆史学界的医疗史研究基本都是在社会史的脉络下展开的。今天看来,余新忠所著《清代江南的瘟疫与社会:一项医疗社会史的研究》就是一部比较纯粹的社会史作品,所关注的是清代江南瘟疫的流行情况及其相关分析、时人对瘟疫的认识以及由此显现出清代江南社会的社会构造和演变脉络,在追寻和阐释瘟疫文化意义和反省现代医疗卫生机制等方面,缺乏自觉意识。③ 曹树基、李玉尚也是大陆较早关注医疗史研究的学者,发表了一系列关于清代鼠疫的文章,他们从鼠疫的近代疫源地的活动规律出发,在疫病对人口损失研究的基础上,对近代人类群体活动的加强与疫源地活动频繁的关系作出了研究,从而揭示了疫源地、人口与社会变迁的关系。④ 可见,与台湾医疗史的主要研究时段从中古向明清乃至近代转变不同,大陆的医疗史研究从一开始就大体在明清至近代展开。

虽然在20世纪末和21世纪初,国内史学界只有很少的研究者从事疾病医疗史的研究,但转变却已渐渐开始,尤其在晚清近代医疗史研究中出现了具有新意识的作品。杨念群是国内个别较早具有一定新文化史理念从事医疗史研究的学者,他在20世纪末推出了数篇颇具分量的医疗史论

---

① 余新忠《中国疾病、医疗史探索的过去、现实与可能》,《历史研究》2003年第4期。
② 余新忠:《清代江南疫病救疗事业探析——论清代国家和社会对瘟疫的反应》,《历史研究》2001年第6期;《清代江南瘟疫对人口之影响初探》,《中国人口科学》2001年第2期;《清人对瘟疫的认识初探——以江南地区为中心》,《中国社会历史评论》第3卷,中华书局2001年。
③ 余新忠:《清代江南的瘟疫与社会:一项医疗社会史的研究》,中国人民大学出版社2003年。
④ 曹树基、李玉尚:《鼠疫流行对近代中国社会的影响》,李玉尚、曹树基:《18—19世纪的鼠疫流行与云南社会变迁》,载复旦大学历史地理研究中心主编《自然灾害与中国社会历史结构》,复旦大学出版社2001年;李玉尚、曹树基:《咸同年间的鼠疫流行和云南人口死亡》,《清史研究》2001年第2期。

文,较为关注"地方感"和医学中的政治和文化权力等问题,又于2006年在"新史学"系列丛书中推出了《再造"病人"——中西医冲突下的空间政治(1832—1985)》一书。① 这一被视为另类的医疗史论著,对晚清至现代医疗背后的政治运作和权力关系的关注、书写上,对深描法的努力实践和不假思索地将西方视为现代标准的警惕方面,以及对中国现代化过程的复杂性的呈现等,无不展现出了明显的新文化史色彩,在当时产生了广泛的影响。

稍后,余新忠在《从社会到生命——中国疾病、医疗社会史探索的过去、现实与可能》一文中反思了之前医疗史研究中的问题,指出目前的研究无论是出发点还是归宿,其实基本是在重构历史面相和勾勒社会变迁,即使涉及生命,那也不过是道具而已,真正关注的何尝是生命,实际只是社会而已。② 以此之故,他进而倡导从身体史出发展开文化史取向的医疗史研究。在这一理念的指导下,南开大学中国社会史研究中心于2006年8月在天津召开国内首届"社会文化史视野下的中国疾病医疗史研究国际学术研讨会"。③ 之后又以这次会议的论文为基础,编辑出版了《清以来的疾病、医疗和卫生——以社会文化史为视角的探索》一书,该书收录的文章里不乏出自年轻学人之手的清代医疗史研究,如路彩霞对清末天津中医与《大公报》笔战事件的考察。④ 此外,还有其他关注新文化史研究的年轻学人也开始在医疗史的研究中引入新文化史的理念与方法,比如张仲民关于晚清卫生书籍的研究。⑤ 而胡成有关晚清卫生史的系列论文,虽然似并未特意引入新文化史的视角和理念,但凭借其扎实的史料功夫和对国际相关研究颇为深入的把握,也展现出了与国内一般研究不一样的风格以及相当

---

① 杨念群:《再造"病人"——中西医冲突下的空间政治(1832—1985)》,中国人民大学出版社2006年。
② 余新忠:《从社会到生命——中国疾病、医疗社会史探索的过去、现实与可能》,载杨念群、黄兴涛、毛丹主编《新史学:多学科对话的图景》,中国人民大学出版社2003年,第706—737页。
③ 会议综述参见王涛锴《"社会文化视野下的中国疾病医疗史"国际学术研讨会综述》,《中国史研究动态》2006年第11期。
④ 路彩霞:《中医存费问题第一次大论争——清末天津中医与〈大公报〉笔战事件考察》,载余新忠编《清以来的疾病、医疗和卫生——以社会文化史为视角的探索》,生活·读书·新知三联书店2009年,第216—233页。
⑤ 张仲民:《出版与文化政治:晚清的"卫生"书籍研究》,上海书店出版社2009年。

高的水准。① 近年,余新忠积十余年研究清代卫生史之功,推出了新著《清代卫生防疫机制及其近代演变》,意图打破社会史与文化史研究的藩篱,在较为清晰系统地呈现相关历史经验的基础上,省思卫生的现代性。②

近年来,新文化史、微观史、日常生活史、物质文化史和全球史等史学思潮对医疗史的影响日渐深入,故南开大学中国社会史研究中心在2012年举办了"日常生活史视野下中国的生命与健康国际学术研讨会"。会议论文中一些清代医疗史的研究颇具特色,如张瑞的《晚清日记中的病患体验与医患互动》,张华的《清末民初的体格检查论的兴起及其实践》,佳宏伟的《十九世纪后期东南港埠的疾病与医疗社会——基于〈海关医报〉的分析》等。③

21世纪以来,大陆明清医疗史研究成果不断涌现,但与台湾或西方的研究相比,可以较为真切地感知到以下两点在国内医疗史研究中还不太被意识到的共识:一是现代生物医学和公卫机制的进步性、正当性并非不言自明,它的不断进步将能解决人类主要甚至全部的健康问题不过是一种现代性的迷思;二是疾病和医学并不仅仅是对生物世界秩序的客观反映,人类的社会文化因素在人类疾病的命名、诊断和治疗中,从来都未曾缺席。如果能秉持这样的认知,那必然会有助于我们更深入地去思考和探究中国历史上的疾病与医疗问题,并为当今医疗卫生体制建设中引入西方的制度提供批评性视角和可资反省的历史资源。不仅如此,立足史料和中国的经验,也可以让我们从内部思考和洞察新文化史研究理念和方法的优势和不足,众多以往不被关注的历史方面(比如疾病体验、疾病概念和医疗观念的文化意涵、疾病和医疗认识背后的文化权力等)以及这些方面对认识中国社会和文化的独特价值,进而在全球历史背景中凝练出具有独特价值的中国概念和中国经验。④

三、在医学与社会文化之间:新世纪明清医疗史研究前瞻

中国历史学者介入疾病医疗史研究大约始于20世纪80年代中期,发

---

① 这些研究主要包括:《"不卫生"的华人形象:中外之间的不同讲述——以上海公共卫生为中心的观察(1860—1911)》,中研院近代史研究所集刊第56期,2007年;《检疫、种族与租界政治——1910上海鼠疫病例发现后的华洋冲突》,《近代史研究》2007年第4期。
② 余新忠:《清代卫生防疫机制及其近代演变》,北京师范大学出版社2016年。
③ 会议综述参见张瑞《日常生活史视野下中国的生命与健康国际学术研讨会综述》,《中国史研究动态》2013年第2期。
④ 详参余新忠《回到人间 聚焦健康——新世纪中国医疗史研究刍议》,《历史教学》2012年第22期。

展至今已有三十余年,出现了一些高质量的研究成果,但医疗史研究的正当性在中国史研究中仍会受到质疑。① 这种质疑并不仅限于史学界的同侪,同样来自医学出身的医史研究者,更有学者把这种医史研究称为"没有医学的医学史"。② 20年前,中国台湾医疗史研究的开创者杜正胜曾对郑金生将他们的研究视为"外史",似乎颇有些耿耿于怀,认为他们的研究"固非内史,但也不等于外史吧"。他提出了一个新的名词——另类(alternative)医学史,意思是这类研究虽还未被大众所接受,还未成为社会主流,但是带有高度尝试精神,企图寻找新的方向。③ 尽管如此,时至今日,由于医学和史学的学科壁垒而造成相互之间缺乏认同的情况依然严重,人们似乎仍更习惯于使用内史与外史这样的名称来区分医学界与史学界的医史探索。对于绝大多数医学界的研究者来说,外史的研究,根本无关医学;对于医学来说,其意义顶多不过是有利于真正的医学史研究者更好地了解医学的社会文化背景而已。而众多对疾病医疗感兴趣的历史研究者,也往往会将专业的医学知识视为自己不敢碰触的"圣地",而自觉地以"外史"自居,仅希望从与疾病医疗相关的议题切入,更好地理解历史的演变,而无意于将自己的研究与医学真正关联起来。

在学科分类日渐细密、学术研究专业化程度不断加深的今天,出现这种疏离应该不难理解,但若我们安于这一现状,那不可避免地就会出现下面这样的问题:按当下一般的理解,医疗史研究无疑属于跨学科研究,而跨学科研究正是当前学术研究中特别受到肯定的追求,以跨学科相标榜和诉求的医疗史研究,若基本还是各自为政,那跨学科的意义在哪里?跨学科又如何可能实现呢?毫无疑问,跨学科并不是要完全打破学科主体和立场,而是需要研究者以开放包容的心态,相互吸收和渗透。不同学科的研究者共同介入医史的研究,肯定是必要的,但要真正展现跨学科的意义,一方面需要促动不同学科的研究者去努力破解自身学科以外的相关学科训练不足的难题,以及对自己学科的自以为是;另一方面,应该尽可能地创建包容有不同学科背景研究者的医史研究中心,通过实际而频繁的接触交

---

① 梁其姿:《为中国医疗史研究请命(代序)》,载氏著《面对疾病:传统中国社会的医疗观念和组织》,中国人民大学出版社2012年,第3页。
② 参见廖育群《医史研究"三人行"——读梁其姿〈面对疾病〉与〈麻风〉》(《中国科技史杂志》2015年第3期)、《医者意也:认识中国传统医学》(东大图书公司2003年,第224页)。
③ 杜正胜:《医疗、社会与文化——另类医学史的思考》,《新史学》第8卷第4期,1997年。

流,来渐进式实现相互吸收和渗透,并进而通过彰显这一研究的价值和意义推动其成为一个广被接受的、具有相对独立性的学科。而要做到这些,最根本还在于需要研究者充分意识到,无论是对疾病的界定(framing)还是医学本身,即便是当代,都不只是科学和专业知识,而同时也是现代整体知识认识下形成的社会文化建构和利益博弈与协商的结果。历史上的医学,在很多方面更是如此。既然疾病的界定和医学并非只是所谓的专业知识,那么关于其形成和演变的历史,其参与整体历史演进的地位和角色等,自然就需要不同专业知识背景的研究者共同参与才能梳理清楚;即便是疾病与医学的知识和技术史,恐怕也不再是所谓的"内史"研究者的专利。这一点,其实可能并非医学如此,科学本身同样并不单纯①,而这实际上是知识本身的性质决定的。福柯(Michel Foucault)在《知识考古学》中称:

> 我们所谓的知识是由某种话语实践按其规则构成的并为某门科学的建立所不可缺少的成分整体。知识是在详述的话语实践中可以谈论的东西:这是不同的对象构成的范围,它们将获得或者不能获得科学的地位;知识,也是一个空间,在这个空间里主体可以占一席之地,以便谈论它在自己的话语中所涉及的对象;知识,还是一个陈述的并列和从属的范围,概念在这个范围中产生、消失、被使用和转换;最后,知识是由话语所提供的使用和适应的可能性确定的。有一些知识是独立于科学的,但是,不具有确定的话语实践的知识是不存在的,而每一个话语实践都可以由它所形成的知识来确定。②

由此可见,知识的形成经历了话语实践按其规则构成的这一过程,并非凭空产生,亦非生来就具备权威性和科学性。卢德米拉·乔丹诺娃(Ludmilla Jordanova)阐述得更为清晰,她认为:"知识"很难被视为一个中性词,因为其中隐含了一些经过某种方法验证的诉求,也隐含了把医学和科学实践置于认知维度最显要位置的做法。把医学知识与其实践、制度等诸如此类的

---

① 可参阅英国学者罗杰·库特(Roger Coote)的《大众科学的文化意义》(张卫良等译,商务印书馆2011年)。
② [法]米歇尔·福柯:《知识考古学》,谢强、马月译,生活·读书·新知三联书店2007年,第203页。

因素区分开来的做法，无疑是错误的。所有一切都是在社会中型塑而成的。① 因而，今天呈现在我们眼前的"知识"并不仅仅是医生习得专业技能的源头，其背后实则是社会文化发展的过程。由此而言，文史等学科出身的研究介入到被医学界的医史研究者视为"核心地带"的中医知识史研究中，特别是明清以降中医知识的演变和建构，不仅是可能的，而且完全有可能从自身的角度对于当今中医知识的认识和省思提供有益的思想资源。不仅如此，还能借此打破内外史的学科壁垒，展现跨学科的意趣和价值，并为推动未来创立相对独立的医史学找到一个可能的发展路径。

从历史学的角度而言，中国医疗史研究兴起乃是20世纪八九十年代以来出现的新动向。作为新史学的一份子，虽然目前有相当多的研究仍存在着旧瓶装新酒的问题，不过总体来看，不难发现，它作为史学界的新兴前沿性研究，在引入和践行国际新兴学术理念和方法上，明显扮演了先行者的角色。仔细梳理近二三十年来中国医疗史的研究，便不难看到，在中文学界，相当一部分对国际前沿的史学思潮，比如新文化史、日常生活史、物质文化史、微观史和全球史等的引介和实践，往往都与医疗史研究者不无相关。② 学术的生命力在于创新，医疗史未来的发展，不仅应该为医学人文的发展作出自己的贡献，同时也应在现代中国史学发展的脉络中，在引入新理念、实践新方法、探究新问题和展现新气象等方面发挥更大的作用。医疗史若能在国际学术发展的新理念的关照和指引下，在作为专业的"医学"与社会文化之间找到恰当的切入点和立足点，无论对于医学还是史学，它都将会颇受欢迎乃至不可或缺。

第二节 明清时期的医病关系

很长一段时间内，中西方医史学者的研究对象都是伟大的医生，20世纪80年代，英国学者罗伊波特（Roy Porter）提出"自下而上"地研究医学史，关注病患以及医学界边缘群体的历史，因为医疗活动的参与者并非只

---

① ［英］卢德米拉·乔丹诺娃：《医学知识的社会建构》，载余新忠、杜丽红主编《医疗、社会与文化读本》，北京大学出版社2013年，第42页。
② 这比较典型地体现在台湾学者蒋竹山的相关研究成果上：《当代史学研究的趋势、方法与实践：从新文化史到全球史》，五南图书出版股份有限公司2012年；《人参帝国：清代人参的生产、消费与医疗》，浙江大学出版社2015年。

有精英医生,还有患者、家属及其他相关群体。此后,医史学者的研究领域逐渐拓宽,西方出现了关于医患关系、非精英治疗者等研究。这种研究取向在中国医疗史领域内也得到了回应,学者们对医者心态、医者地位与身份认同、医病关系、边缘医者群体等问题进行了探讨。本节即从疾病的应对方式、择医与看病方式两个主要方面对明清时期的医病关系作一简要讨论。

一、明清时期疾病的应对方式

一个人,无论什么地位、什么身份,生病总是不可避免的。应对疾病的方式,固然各个人、各个家庭、各个阶层各不相同,但一个时代总的来说,都会有一些自己的特点。综合各种文献,明清时期应对疾病的方式主要有以下几种。

1. 放任不顾

受医疗资源、医疗技术、财力以及个人因素等多方面的影响,有病不治在传统时期乃是非常普遍的现象。有的限于财力无力请医诊治,比如,在河北阳原县,"富者得病,率皆延医诊治,贫者往往听其自痊自死,终身未曾服药者,约占三分之二。近年赤贫者,往往衣食皆无,更难求医疗疾矣"。① 即使是有钱人,也有或因是平常小病而不以为意,或因讳疾忌医,忽视或不愿正视自己的疾病。比如,清后期吴江的柳兆薰,常患牙痛之病,虽然特别厉害的情况下,他也会请医调治,但一般情况,往往由其自愈。据其日记记载,咸丰十年冬,他曾多次犯齿痛之疾。十一月初六,"齿痛异常,多食甜物之弊,宜自节之"。二十日,因齿痛,未能与慎兄久叙。三十日,"下午齿痛甚,风热兼蛀所致也,静养而已"。十二月初七日和十四日,又见齿痛的记载。② 可见,在十一、十二月份,他曾多次牙痛,但并没有去看医生,而只是静养而已。又如,西门庆在丧命前一个多月,就感觉到腰腿疼,下面这段他和其妻月娘的对话表现了他对自己疾病的不以为意和任其自然的态度:

> 西门庆道:"也罢,留雪姐在家里,你每四个去罢。明日薛太监请我去看春,我也赖待去。这两日春气发也怎的,只害腰腿疼。"月娘道:

---

① 民国《阳原县志》,见丁世良、赵放主编《中国地方志民俗资料汇编·华北卷》,书目文献出版社1989年,第189页。
② 柳兆薰:《柳兆薰日记》,见《太平天国史料专辑》(《中华文史论丛》增刊),第153—159页。

"你腰腿疼,只怕是痰火,问任医官讨两服药吃不是,只顾挨着怎的?"西门庆道:"不妨事,由他,一发过了这两日吃,心净些。"①

这样一些现象就是在当今社会也常常可以看到。值得指出的是,除此之外,当时还存在"有病不治,常得中医"的认识以及医药资源不够普及等情况,也制约着病人及其家属对疾病采取必要措施。"有病不治,常得中医"一语首见于《汉书·艺文志》,其云:

> 经方者,本草石之寒温,量疾病之浅深,假药味之滋,因气感之宜,辩五苦六辛,致水火之齐,以通闭解结,反之于平。及失其宜者,以热益热,以寒增寒,精气内伤,不见于外,是所独失也。故谚曰:"有病不治,常得中医。"②

其意思大概是说,由于中医的治疗讲究虚实寒热,如果治疗过程中,判断失误,就不但不利于疾病痊愈,而且还会加重疾病。这样的说法,一直为后世所引用,明清时期也仍然如此。不过,人们在引用时,也掺入了一些新的内容,如在医疗资源日趋普及的过程中,由于仅仅依靠记诵一些"汤头歌诀"之类的入门书而加入医生队伍的人数不断加增③,一些儒者就往往以此来攻击那些俗医、庸医。比如,明代的张宁尝言:"古之医不三世,不服其药,又言有病不治,常得中医,皆所以防医药不精之弊。"④清初杭州的柴绍炳指出:"语曰:有病不治,常得中医。与委粗工妄治,无宁卧而守之,邪去寻愈。"⑤另外,也有人将有病不治理解为不服药,对此,清代福建的梁章钜论道:

> "有病不治,常得中医",此古谚也,见《汉书·艺文志》。今人言不服药为中医,即本此。谢梅庄(济世)曰:医良则相,庸则匠。不窥二经志奥旨,合四家之异同,彻五运六气之理,审七表八里九道之形,

---

① 齐烟、汝梅点校:《新刻绣像批评金瓶梅》,齐鲁书社1989年,第78回,第1117页。
② 《汉书》卷三〇《艺文志》,中华书局点校本,第1778页。
③ 对此,可参阅余新忠《清代江南的瘟疫与社会——一项医疗社会史的研究》,中国人民大学出版社2003年,第306—308页。
④ 张宁:《方洲集》卷一九《恒斋说》,《文渊阁四库全书》本。
⑤ 柴绍炳:《柴省轩外集》卷末,《四库全书存目丛书》,集部第210册,第468页。

参苓毒于硝磺,刀圭利于斧钺,是故学医者须秉上智,患病者宁得中医。①

虽然这些说法不同,但表达的含义与前面基本是一致的。这种思想的存在,肯定对时人应对疾病产生一定的影响。此外,虽然明清时期医药资源的社会化程度大大加深,但医疗资源分布颇不均衡,医疗资源不足的现象仍然普遍存在。就是在社会经济和文化处于领先地位的江南地区,医疗资源匮乏的问题也颇为严重。道咸年间,无锡的余治曾指出:

> 世之最苦者,莫如贫病,而贫病之苦又莫如乡村,缘乡人艰于财而俭于用,即有病亦未肯遽就医。且知医者鲜,即有稍涉医道者,亦在集场,其离集场较远之家,欲就医,惮于行,欲请医,更乏资,是以穷乡非病至沈重不肯延医。迨医至而病已无可救。若欲易医,尤为难得。且集场药店,药多不全,非桃僵李代,即霉烂不堪,方既不对其证,药又不能道地,纵早延医,亦难济事。况以沈疴,而冀一剂即奏奇功,岂可得乎?……城中虽不乏贫病,但只艰于吃药,尚不艰于求医……②

长洲监生顾监仁一家居蠡口村落,道光二十六年监仁父亲患疟痢,"势甚危险,乡居无医可延,计无所出,遂沥血书院,愿以身代"。③ 咸丰十年,嘉兴濮院的沈梓之妻避难乡间,产后瞿疾,"乡间无医药可求,口中喃喃,惟以长毛至为言",最终去世。④ 徐子默在论吊脚痧的治疗时也谈及,城市只是"夜深之际,求治亦难",而穷乡僻壤之间,往往"延医不及"。⑤ 以上所指的这些地区,基本都是江南中心地区的乡村,若在其他地区,情况必然更糟。比如,在河北阳原县,民国二十年后,仍没有西医,"中医亦不能遍村皆

---

① 梁章钜:《退庵随笔》卷一二,见陶御风、朱邦闲、洪丕谟辑《历代笔记医事别录》,天津科学技术出版社1988年,第224页。
② 余治:《得一录》卷三《各乡施诊施药说》,第33—34页。
③ 民国《黄棣志》卷四《人物》,乡镇志专辑,第七册,第616页。
④ 沈梓:《避寇日记》卷一,见太平天国博物馆编《太平天国史料丛编简辑》第四册,中华书局1963年,第45页。
⑤ 徐子默:《吊脚痧方论·总论》,见《陈修园医学七十二种》第四册,上海书店1988年,第1961页。

有"。① 不用说,医疗资源的不足,必然会限制人们应对疾病的行动。

2. 求神拜佛等民俗疗法

受现实、经济和社会风俗等多种因素的影响②,采用对神灵的祈禳等民俗疗法来应对疾病乃是当时普通采用的方式。笔者曾对清代江南地区的这种行为做过探讨,发现这种现象极为普遍,不仅存在于乡民之中,就是在一些绅富家庭,也同样存在。其中,祈禳是民俗疗法的主要方式,这类活动尽管各地不尽相同,不过当事人一般都需通过中介,比如巫、道或神灵等才能完成。总的来说是大同小异,不外乎请、求和送三种主要形式。请,就是请巫觋或僧道到家里驱鬼邪;求,是为祈求神灵保佑;送,即将瘟神疫鬼送走。当然,这三种形式在具体活动中往往合在一起举行,其目的就在于借助各种仪式将疫鬼病邪驱逐出病人之身和家门。除此之外,还有帖符念咒、求乩仙方、"冲喜"和"叫魂"等。符咒是当时盛行的与鬼神致疫观念相连的疗疾及避疫行为,在祈禳活动中,符咒是巫道常用之物。除此之外,民间还常常自行使用符咒来治病或避疫。清初昆山的龚炜曾指出:

> 吴中大疫,民居多粘"籨、籨、籨"三字于门首,云驱邪也。不知创自何人? 按大事记:嘉靖三十六年,妖人马祖,剪楮为兵以骇众,各户多悬"蘴、蘴、籨、蘻"四字压之,字形相似,出道藏,亦未详音义。此等字,大约如《酉阳杂俎》所载覃字之类。③

从这一记载来看,这种符咒法至少明代就已出现,而到清代似乎已比较固定。除了贴于门上,还有将这些写于黄纸之上,焚化冲服的方法。符之外又有咒,咒的内容千奇百怪,亦多不解之处。如,当时夏秋之季疟疾普遍流行,社会上常流传一些祛疟咒,比如在苏州流传的《祛疟鬼咒》云:"'一曰疟埋迦醯迦,二曰疟坠帝药迦,三曰疟怛唎药迦,四曰疟特托迦。'不计数,不住口,持一昼夜,疟鬼远避。"④

---

① 民国《阳原县志》,见丁世良、赵放主编《中国地方志民俗资料汇编·华北卷》,书目文献出版社 1989 年,第 189 页。
② 有关因素,可参阅余新忠《清代江南的瘟疫与社会——一项医疗社会史的研究》,中国人民大学出版社 2003 年,第 280—281 页。
③ 龚炜:《巢林笔谈·续编》卷上,钱炳寰整理,中华书局 1981 年,第 196 页。
④ 诸人获:《坚瓠七集》卷四,《历代笔记小说大观》,江苏广陵古籍刻印社 1984 年,第 15 册,第 239 页。

求乩仙方是指用扶乩、降童之类法来求取治病的药方,有时亦称神方。关于扶乩,晚清上海的毛祥麟言:

> 乩仙之说,未识始於何时。唐宋犹罕见,大抵盛于是前朝。其有传符籙者,每至深宵人静,焚符诵咒,神即降乩,叩休咎,往往有验。今时则大都以神道设教,不施符咒,惟设坛诵经,为人治病,不言祸福,造语多道善,因而集捐,言作种种善事。①

"冲喜"一般是"聘来娶者乘病迎娶到家"②,也有的地方把"卑幼亲戚引寿板酌献"叫"冲喜"。③ "叫魂",则是人们认为生病是因为失了魂魄,四处把它招呼回来,所以"叫魂"④又名"叫喜"。⑤ 具体做法,据现代人的调查,是这样的:

> 夜间由一人提灯笼在外间叫"某某,屋里来!"另一个人答应:"回来了!"或由患者在床上回答。受惊得病者须用三个人叫魂,一人抱其家烟囱,一人持秤杆,一人背一只竹篓箕,由持秤者呼,其余二人应。边呼边应,从受惊之处一直走到家里,才算把魂叫回来了。⑥

当然,这类现象绝不可能只出现在江南地区,在其他地区也同样普遍存在,比如在河北蔚州,"民信巫鬼,遇有疾病,辄延巫医,击鼓迎神,以祈福佑"。⑦ 这类记载在各地的地方志中可谓随处可见。此外,在小说等一些文献中,也往往得到证明。比如,李瓶儿在多方医治未见效后,吴月娘就建议西门庆请道士祈禳,立即为西门庆所采纳:

---

① 毛祥麟:《墨余录》卷六《乩仙有验有不验》,上海古籍出版社1985年,第92页。
② 同治《安吉县志》卷七《风俗·四礼俗尚》。
③ 民国《双林镇志》卷一五《风俗》,乡镇志专辑,第22册上,第557页。
④ 民国《双林镇志》卷一五《风俗》,乡镇志专辑,第22册上,第557页;光绪《川沙厅志》卷一《疆域·风俗》,第一册,第73页。
⑤ 毛祥麟:《墨余录》卷九《巫觋》,第140页。
⑥ 浙江民俗学会编:《浙江风俗简志·湖州篇》,浙江人民出版社1986年,第360页。有关以上更详细的论述可参阅余新忠《清代江南的瘟疫与社会——一项医疗社会史的研究》,中国人民大学出版社2003年,第190—192、272—278页。
⑦ 光绪《蔚州志》,见丁世良、赵放主编《中国地方志民俗资料汇编·华北卷》,书目文献出版社1989年,第142页。

吴月娘道:"你也省可与他药吃。他饮食先阻住了,肚腹中有甚么儿,只是拿药淘碌他。前者,那吴神仙算他三九上有血光之灾,今年却不整二十七岁了。你还使人寻这吴神仙去,叫替他打算算那禄马数上如何。只怕犯着甚么星辰,替他禳保禳保。"西门庆听了,旋差人拿帖儿往周守备府里问去。①

3. 自我疗治

自我诊治,大概也是当时普通民众经常采用的办法。在现代各地农村,往往都流传有众多的单验方,比如在杭州及其郊县,"感冒咳嗽,民间常用梨子蒸贝母、冰糖,或用麦芽糖蒸鸡蛋"。② 小儿百日咳的单方有:"1.土牛膝1—2两,捣汁,调入奶内服。2.马齿苋3两,冰糖1两,水煎,每日分三次服。"③湖州,"发烧,喝淡竹叶汤或芦根汤。山区多取前者,水乡多取后者,就地取材"。④ 这类单验方不胜枚举,而且,"大都世代相传,家喻户晓"。⑤ 这些单验方一般具有验、廉、便的特点,所以,易于在民间推广。对此,清代名医徐大椿曾说过:"土人皆有极效之方,皆宜评审访察,若恃己之能、执己之见,治竟无功,反为主人所笑矣。"⑥实际上,当时人即使在求医诊治的同时,也会采用一些民间土方自疗。比如柳兆薰的二子有吐血之疾,屡屡请医服药,然只是屡止屡犯,于是有乡人告知金水草和陈酒冲服,他在求神签被告知可服后,便让其子"姑试饮之"。⑦ 不仅如此,一些有一定文化水准者,往往懂一些医道,有时也会开方自疗。比如清初上海的姚廷遴患痢疾后,服医生所开之方无效,而按自己处方服药反而见效。对此,他在《历年记》中记叙道:

又疫痢盛行,遍地患病。余自六月二十起泻痢……初时用杜行胡先生药几帖,竟不见效,归时自赎药,亦竟不效。余因想时刻要出恭

---

① 齐烟、汝梅点校:《新刻绣像批评金瓶梅》,齐鲁书社1989年,第61、822页。
② 浙江民俗学会编:《浙江风俗简志·杭州市区篇》,浙江人民出版社1986年,第37页。
③ 浙江民俗学会编:《浙江风俗简志·杭州市郊篇》,浙江人民出版社1986年,第79页。
④ 浙江民俗学会编:《浙江风俗简志·湖州篇》,浙江人民出版社1986年,第359页。
⑤ 浙江民俗学会编:《浙江风俗简志·杭州市区篇》,浙江人民出版社1986年,第37页。
⑥ 徐大椿:《医学源流论》卷下《五方异治论》,见曹炳章校刊《中国医学大成》,中国中医古籍出版社1995年,第九册,第802页。
⑦ 柳兆薰:《柳兆薰日记》,见《太平天国史料专辑》(《中华文史论丛》增刊),第199页。

者,因大便不爽快,正所所谓里急后故也,余竟用当归、泽泻、黄芩、木通四味煎服。只一帖,腹中宿粪泻出,适意异常。①

制售膏丹丸散的成药店自宋代出现后,到明清时期,特别是清代,不断兴盛。当时生产各类成药的药店遍布各地,特别是在清中后期的上海、苏州、杭州等中心城市,可谓店铺林立。② 这些成药往往成为一些人和家庭常备之物,以用于救急或常见病。有些慈善机构和家族还常常分送此类药物,比如阮元为杭州普济堂所定的规程其中一条为:"施贫民疟痢、伤寒、疮疥时瘟丸药膏丹。"③绍兴安昌光绪十年所定的《徐氏义仓规条》规定:

　一、御暑蕉扇、痧药、治泻,凡丸散三物,定于端午后备送,至中秋节止。
　一、舍药修合伤科膏丹并止血补伤七厘散、颠狗毒蛇咬良药,随时施送,不拘本族外姓,一概均给。④

这些成药简单易用,而且也比较容易获得,所以能够常常被人们用于自我疗治。比如,同治元年八月初二日,上海的王萃元携家逃难,当日晚二更时分,其表弟张月樵"骤起霍乱,势颇不轻。幸带有痧暑等药,接连服下,渐渐见效"。⑤ 下面这则故事,虽非自救,但也说明当时用丸药等自疗是普通而且可行的:

　(广西陈桂舫)述:前年随其父由河南归,路过洞庭,因风不利留泊。船不下数百,适有流民小舟十数只,舟中人多死于病。桂舫舟中带有药丸(如霍香六合之类),投之辄效,于是求药者不一而足。后药所剩无几,有不能遍给之势,其父曰:"药原所以救人,勒而不与,非义也。"乃倾所有给之,计活者已数十人次。⑥

---

① 姚廷遴:《历年记》,载《清代日记汇抄》,上海人民出版社 1982 年,第 127—128 页。
② 余新忠:《清代江南的瘟疫与社会———一项医疗社会史的研究》,中国人民大学出版社 2003 年,第 312—313 页。
③ 陈康祺:《郎潜纪闻初笔二笔三笔》(上),《初笔》卷一〇,中华书局 1984 年,第 218 页。
④ [日]多贺秋五郎:《宗谱の研究・资料篇》,东洋文库 1960 年,第 554 页。
⑤ 王萃元:《周星纪事》卷下,上海古籍出版社 1989 年,第 54 页。
⑥ 梁恭辰:《池上草堂笔记・劝戒近录》卷四《施药得报》,咸丰元年刊本,第 18 页。

另外,像西门庆,感到腰腿疼后,吴月娘让他看医生,他并未听从。等到月娘她们都出门做客后,"猛然想起任医官与他的延寿丹",于是就去找奶娘如意儿挤了人乳吃了。①

除了用药,刮痧等物理疗法也是当时比较常用的自疗方式。比如,长沙的杨寿恩在同治六年六月二十九日夜里,"忽发痧症,当经提拿,始愈。"②清初嘉兴的王庭云:"吾乡挑痧之法盛行矣,先是乡人有粪秽感痧,利用钱物蘸油而刮,及此多用挑。"③清后期绍兴的张鲁峰则指出:

> 乃近二十年来治痧之术盛行,无论老幼男妇,冬寒夏暑,遇有心痛腹痛,肝胃气痛,以及感冒发热吐泻等病,率皆名之曰痧,辄用力针刺舌下,与两臂等处之血,谓之放痧,间亦有得愈者,哄然同声,以为神技,遍行城乡。故寒热不节之时,民间之得免刺剟者鲜矣。④

这些都表明,当时自我疗治现象是普遍存在的,而且手法还相当丰富。

另外,就是求医诊治,这显然是一种更为常见和普遍的疾病应对举措。关于当时求医诊治的情况,我们将在下一部分论述。

二、择医与看病方式

生病后,求医诊治,首先面临的问题便是医生的选择。当然,在一些医疗资源比较缺乏的地区,由于没有医生或者仅有一个医生,这一问题或许并不存在。一般来说,一个家庭的社会经济地位越高,当地的医疗资源越丰富,可供选择的余地也越大。蒋竹山通过对祁彪佳及其家人就医行为的分析认为,祁彪佳在地方主持公议以及他与四周的文人墨客常常往来,为其累积了深厚的人脉及声誉,这些为他及其家人就医提供了极大方便。同时,"若将祁彪佳的例子放在整个明代医学转变的大环境来看,明代医者数量的激增以及他们习医管道的多元化,在在为医疗市场提供了许多选择"。蒋氏还通过祁彪佳的例子指出,地方绅士延请医生的方式主要有两种:一是医生自荐,即医者本身就是祁彪佳的朋友,主动前往协助;二是他荐,由

---

① 齐烟、汝梅点校:《新刻绣像批评金瓶梅》,齐鲁书社1989年,第78回,第1 120页。
② 杨寿恩:《坦园日记》卷五《长沙日记》,第224页。
③ 王庭:《痧胀玉衡序》,见郭志邃著、刘玉书点校《痧胀玉衡·序》,人民卫生出版社1995年,第5页。
④ 张鲁峰:《香曷塘医话》,见曹炳章校刊《中国医学大成》,中国中医古籍出版社1995年,第8册,第639页。

朋友等推荐。① 这两种方式，在其他场合肯定也是存在的，但对大多数人来说，由于缺乏祁彪佳这样的人气，作为朋友的医生自荐的情况可能比较少。医生的选择，或自选，或为他人——亲友推荐。清代名医徐大椿曾在《病家论》中对当时几种延医的方式提出了批评，实际上反映了当时延医的一般方式。他说：

> 天下之病，误于医家者固多；误于病家者，尤多。医家而误，易良医可也；病家而误，其弊不可胜穷。有不问医之高下，即延以治病，其误一也；有以耳为目，闻人誉某医，即信为真，不考其实其，误二也；有平日相熟之人，务取其便，又虑别延他人，觉情面有亏，其人又叨任不辞，古人所谓以性命当人情，其误三也；有远方邪人，假称名医，高谈阔论，不复详察，信其欺妄，其误四也；有因至亲密友或势位之人荐引一人，情分难却，勉强延请，其误五也……②

上面这段话透露的选择医生的方式有：有医就请、根据传闻、相熟之医、铃串等医自荐、亲友荐举。其中第一种情况属于请医的态度不够审慎；第二种根据传闻延请，这种传闻的来源也应不外乎亲友或邻舍等人。所以归结起来，主要的方式应有三种，即延请平日熟识之医、由亲友邻舍荐举以及铃串等医自荐。这几种情况，在当时的文献中均不难找到例证。比如，在《金瓶梅》中，李瓶儿自生了孩子后，下身一直有些不干净。一日，她对西门庆说了，"西门庆见他掉下泪来，便道：'我去请任医官来，看你脉息，吃些丸药，管就好了。'便叫书童写个帖儿，去请任医官来。书童依命去了"。③ 看病后，李瓶儿的病逐渐好转，但自其子官哥死后，病情又转趋严重，下身淋漓不止，请任医官看过几次，亦全然不见好转，慌得西门庆又请"大街口胡太医来瞧。胡太医说是气冲血管，热入血室，亦取将药来。吃下去，如石沉大海一般"。这就让西门庆越发心焦，这时，他手下的伙计韩道国便向他推荐了一个妇科医生赵龙岗。对此，书中写道：

---

① 蒋竹山：《从〈祁彪佳日记〉看晚明江南士人的日常生活史——以医疗活动为例》，未刊稿。
② 徐大椿：《医学源流论》卷下《病家论》，见曹炳章校刊《中国医学大成》，中国中医古籍出版社1995年，第九册，第817页。
③ 齐烟、汝梅点校：《新刻绣像批评金瓶梅》，齐鲁书社1989年，第54回，第710页。

韩道国说:"东门外住的一个看妇人科的赵太医,指下明白,极看得好。前岁,小媳妇月经不通,是他看来。老爹请他来看看六娘,管情就好哩。"西门庆听了,就使琴童和王经两个叠骑着头口,往门外请赵太医去了。

不过,就在赵太医尚未请到之时,官哥以前定亲结成的乔亲家前来问候亲家母,又向西门庆举荐了何医生,西门庆也都应了。

乔大户道:"咱县门前住的何老人,大小方脉俱精。他儿子何歧轩,见今上了个冠带医士。亲家何不请他来看看亲家母?"西门庆道:"既是好,等赵龙岗来,来过再请他来看看。"乔大户道:"亲家,依我愚见,不如先请了何老人来,再等赵龙岗来,叫他两个细讲一讲,就论出病原来了。然后下药,无有不效之理。"西门庆道:"亲家说的是。"一面使玳安拿拜帖儿和乔通去请。①

从中我们可以很清楚地看到前两种选择医生的情形。至于第三种铃串等医自荐的情况,《金瓶梅》中亦可见到,不过所疗的非一般所谓的疾病。在第49回中,西门庆曾去一寺庙中拜会方丈,见到一个长相奇特的云游和尚,便内心思量他当是一个"有手段的高僧",便向他打探姓名。连问三声后,那和尚应道:"你问我怎的?贫僧行不更名,坐不改姓,乃西域天竺国密松林齐腰峰寒庭寺下来的胡僧,云游至此,施药济人。官人,你叫我有甚话说?"西门庆道:"你既是施药济人,我问你求些滋补的药儿,你有也没有?"胡僧道:"我有,我有。"后来,该僧便去了西门庆家,最后给了他一些春药而去。② 虽然最初是西门庆主动跟他打的招呼,但他回话的方式与自荐也无甚区别。

这类例子在其他资料中也常可看到。比如,明初永乐年间兵部尚书钱塘方宾的从子,年幼得眼病,在里医、邑医和郡医均医治无效的情况下,于是将他带到"众医之所萃"的南京,"春坊中允于公以陈氏(德中)荐治之,不数月而愈"。③ 在《畏斋日记》中,詹元相家附近主要的医生有季清、汪野

---

① 齐烟、汝梅点校:《新刻绣像批评金瓶梅》,齐鲁书社1989年,第61回,第816—819页。
② 齐烟、汝梅点校:《新刻绣像批评金瓶梅》,齐鲁书社1989年,第49回,第635—639页。
③ 王洪:《毅斋集》卷五《赠御医陈德中序》,《文渊阁四库全书》本。

公、汪仍月、汪为上等人,不过他的妻子几次生病,都是请的汪仍月。① 又如,康熙二十年七月初,姚廷遴病疟疾,"起初寒热,忽凉,隔两日复寒热,因而方知是三疟,久不能愈。至八月初又泻痢,一昼夜无次数,初五日方好。然疟疾如故,形消骨立,面有黑色,而气血虚极矣。……九月初十日,在邑归家,承三林塘烟铺乔右梁荐,有一走方者医疟,据云已立效数人,何不要他一看。因而买其药而归……"②另外,我们在史料中,还发现有通过求签方式选择医生的情况。比如,同治元年二月初六日开始,柳兆薰的二儿咳血之疾发作,第二天,他"命内人大士前求二儿签,服药为上,医则严惕安可用"。于是便托人往同川去请严惕安前来诊治。③

选定了医生以后,接下来的问题自然是看医生的方式。蒋竹山从祁彪佳的例子中看到了四种延医模式:亲自前往、委托朋友延请、同朋友一道邀请、仆人延请。④ 若仅就延请的模式而言,这四种模式应该已涵盖得非常全面了,我们在文献中看到的也不外乎此。在这四种模式中,作为有地位的家庭,若非延请非常有名的医生,比如像祁彪佳个案中的张介宾,一般不会亲自出面。像在《金瓶梅》中,西门庆请医生,几乎全是让手下的小厮前往延请。不过,就整体而言,社会上有地位的人毕竟是少数,至于平民百姓,看医生,若不是上了年纪和得了重病,前往医生家中求诊应是非常普遍的现象。像柳兆薰这样的地方富户,在咸丰十年,他的二儿柳应奎病情还不太严重的时候,都是赴医生家中诊治。比如,闰三月初七日,"二儿日上不甚安适,命至芦墟徐若然处调治"。十八日,"饭后率奎儿至芦川徐石然处诊脉,处方用大补、消痰、降气诸品"。⑤ 咸丰十一年八月,柳兆薰的齿痛不断加重,以致不能安寝。不得已,他于初六日,"舟至芦川,就医陈骈生",但骈生未在家,只好由其徒许公医治而回。⑥ 不过,若是妇人,则往往会延请医生来家治疗。《畏斋日记》作者詹元相跟柳兆薰一样是地方上的一个秀才,但似乎不及柳家富裕,他的内子生病,均未外出就诊:一次是医生汪仍月正好来他们村出诊,顺便就治;另一次,专门派轿去接。⑦ 若是普

---

① 詹元相:《畏斋日记》,载《清史资料》第四辑,第198、225页。
② 姚廷遴:《历年记》,载《清代日记汇抄》,上海人民出版社1982年,第114页。
③ 柳兆薰:《柳兆薰日记》,见《太平天国史料专辑》(《中华文史论丛》增刊),第238—239页。
④ 蒋竹山:《从〈祁彪佳日记〉看晚明江南士人的日常生活史——以医疗活动为例》,未刊稿。
⑤ 柳兆薰:《柳兆薰日记》,见《太平天国史料专辑》(《中华文史论丛》增刊),第108、111页。
⑥ 柳兆薰:《柳兆薰日记》,见《太平天国史料专辑》(《中华文史论丛》增刊),第205页。
⑦ 詹元相:《畏斋日记》,载《清史资料》第四辑,第198、225页。

通家庭,为节省费用,赴医家诊治自然就更多了。这一点,从一些医生的传记中亦不难看出,比如杭州儒医吴安业:

> 同治初,避地海陵东北乡,广施药膏。下河数百里间,为庄者千五百有奇,咸居湫隘卑湿地,而又时为寒暑所侵,内而心腹之患,外而头面身体皮肤之疾,远近就者日且一二百人,或三四百人,有舁有负,有扶掖提携,病者或倚,或蹲,或立,或跂呼,呻吟塞于前,待膏之救迫甚水火。安业每辰起以次侧耳听述病因,视颜色,指部位,分别给膏;不半日而毕,重且危者至三四易,皆已脱然。自来医家未有若是之简捷也。①

从当时的史料来看,在坐诊和出诊并存的情况下,医生为了方便病人就诊,一般也会形成一定的规律,比如上午在家坐诊,下午出诊。乾隆年间震泽的医生全锦就是如此:

> 乾隆二十一年,岁饥,民疫踵门者日数十辈,(全锦)耳听目视手切,未尝厌倦。午后赴病家诊治……②

医生的这种外出赴诊,既有受请而往的,也有在疫灾流行之时,免费送诊的情况。比如:

> 钱维岳,字清时……精医理,从学者皆精其业,尝纠内外各科设局小茅山,送诊施药,历久不倦。乾隆六十年,岁大饥,西仓煮粥为赈,病者枕藉于道,亲往遍诊,散给药饵,赖以活者甚众。③
> 周毓亲,字兰友,精医术,凡值岁荒疫行,自负药囊,沿途就治,远近德之。乾隆戊子年,授医学训科。④

咸同年间无锡的余治还呼吁社会上的善人与医生开展送医下乡活动,

---

① 民国《杭州府志》卷一五〇《人物·艺术》。
② 民国《震泽县志续》卷五《艺能》。
③ 光绪《武进阳湖县志》卷二六《人物·艺术》。
④ 民国《高淳县志》卷二〇《列传·艺术》。

以解决贫民和乡村医药资源不足的问题。他说：

> 宜于天灾流行之时，倩医士，随带咀片，沿乡施诊施药，并略携引药之物。不必设厂，厂费既繁，且与集场之开药店挂医牌，无甚区别，纵医药俱全，而不取利，究不能恤其庐远及零丁病卧之人。可仿古药箱之法，遇病即诊，诊后即照方给药，医一家再至一家，行一村再至一村，临去时，告以所住之处，俾可寻访。设遇重病，暂留一二日。或转至其地，病人多处，添医办理，且可互相斟酌其方，期于尽善。惟心虽期于普济，而总以救得一人，是一人功德。医无回生之术，而宜存割股之心，以仁心行仁政，乃不负施诊施药之本意。医士及随人盘缠，自应酌带，或遇次贫之家，一宿一餐，固不为扰，但总不可贪哺啜，而尤不可分文受谢，致滋弊端。此事在天灾疫疠之时最宜行之。即平时每月赴乡查探一二次，以方便事。城中虽不乏贫病，但只艰于吃药，尚不艰于求医，故敢以乡村为劝。凡以医为业者，能于贫户不计谢金，且早到无误，或以经验良方刊布，亦阴德也。①

除了以上这些诊治方式以外，还有就是赴医药局诊疗。医药局最早在宋代以"惠民药局"等形式出现，是一种官方的慈善机构，主要为穷苦无依者提供免费的医药，但这一官方的事业自明以后，非但未见发展，反而日渐式微。取而代之的是民间举办的各种医药局不断兴起，特别是在清中后期的江南地区，不但数量激增，而且在内涵上，比如经费来源、救疗功能和慈善色彩等，也出现了若干重要的改变。初时，依靠稳定而具有灵活性的经费来源（比如丝捐、铺捐等），并通过收取号金的方式尽可能减少资金缺口，由纯粹的慈善机构逐步向经常、普遍地以诊治疫病为主要目的的方向发展。② 早期的一些医药局大多是在发生瘟疫时举办的临时性慈善机构。比如，康熙二十四年（1685），上元江宁大疫，上元的杜宏"立医社，施丸散，乡人赖以存活"。③ 又如，"乾隆二十年己亥，吴下奇荒，丙子春，复遭大

---

① 余治：《得一录》卷三《各乡施诊施药说》，第34—34页。
② Angela Ki Che Leung, "Organized Medicine in Ming-Qing China: State and Private Medical Institutions in the Lower Yangzi Region", *Late Imperial China* vol. 8. 1, 1987；梁其姿：《宋元明的地方医疗资源初探》，《中国社会历史评论》第3卷，中华书局2001年；余新忠：《清代江南疫病救疗事业探析——论清代国家与社会对瘟疫的反应》，《历史研究》2001年第6期。
③ 嘉庆《新修江宁府志》卷三六《敦行》。

疫……知府赵公酉,设局圆(玄)庙观,招名医二十五人更番视病"。① 这些机构一般都免费施诊,而且施诊对象亦为贫民,作为医药的影响面相对较小。清代中后期以后,一些日常医疗机构开始增多,而且有的还不再完全免费,要收取一定的号金,即挂号费。比如川沙医药局:

> 光绪中叶,本城发起设局施医,只取号金。局设邑庙头门,期分三六九日,各科略备,一切杂费,均由自给。二十二年,至元善堂成立,经董陆应梅等,禀定章程,此事遂归善堂承办。每年六七两月,延请内外科二人,针灸、眼科、幼科各一人,来堂施诊,事毕由堂资谢,不取病家分文,并给贫病药票,令向各药铺取药。间有病巨不能到堂者,三里以内,亦得报堂请诊。②

另外,像宝山真如施医局,"凡来局诊治者每号收取号金三十文"。③ 杭州的一医局,"不收看封,只要挂号钱廿八文"。④ 这些医药机构,在由纯粹的慈善机构逐步向经常、普遍地以诊治疫病为主要目的的设施演进的过程中,在民众求医看病生活中的影响也必然增加,同时让更多的人在自家和医家以外的地方得到了疾病的诊疗。

关于诊治的方式,虽然从扁鹊开始就确立了"望闻问切"的基本原则,但这种诊治模式的完备实际是元明以后的事,特别是问诊之法,到元明时才确立比较完备的规范,实际上,这也是明清时期医案著作日趋兴盛的基础。⑤ 从文献来看,当时的诊治,正规医生一般这几项都会用到,特别是问与切尤为必需;在诊疗之后,一般还会向病人或家属告知病因以及治疗原则与措施。比如,柳兆薰之奎儿病情转剧,延请同川的严惕安前来诊治:

> 一茶后,余书病原告之,诊脉极详细。据云心血亏虚已甚,吐血粉红色,血虚阴亏之象也。病须抚元治外,或不足以见速效,用台参须、西洋参、北沙参为君,川贝、十大功劳叶和汤诸品为臣,服之胸中不涨,

---

① 同治《苏州府志》卷一四九《杂记》。
② 民国《川沙县志》卷一〇《卫生志》。
③ 民国《(宝山)真如志》卷四《救恤志》,"乡镇志专辑",第三册,第244页。
④ 不著撰人:《杭俗怡情碎锦》,"中国方志丛书·华中地方",第526号,第24页。
⑤ 贾得道:《中国医学史略》,山西人民出版社1979年,第206页。

胃纳渐加，自可奏功也。①

如若是给妇人看病，则又会多一层禁忌，《金瓶梅》中有一段有关任医官给李瓶儿看病的描述，颇为形象细腻，兹转录于下：

> 不多时，书童通报任医官到，西门庆慌忙出迎，和应伯爵厮见，三人依次而坐。书童递上茶来吃了，任医官便动问："府上是那一位贵恙？"西门庆道："就是第六个小妾，身子有些不好，劳老先生仔细一看。"任医官道："莫不就是前日得哥儿的么？"西门庆道："正是。不知怎么生起病来。"任医官道："且待学生进去看看。"说毕，西门庆陪任医官进到李瓶儿屋里，就床前坐下。叫丫头把帐儿轻轻揭开一缝，先放出李瓶儿的右手来，用帕儿包着，搁在书上。任医官道："且待脉息定着。"定了一回，然后把三个指头按在脉上，自家低着头，细玩脉息，多时才放下。李瓶儿在帐缝里慢慢的缩了进去。不一时，又把帕儿包着左手，捧将出来，搁在书上，任医官也如此看了。看完了，便向西门庆道："老夫人两手脉都看了，却斗胆要瞧瞧气色。"西门道："通家朋友，但看何妨。"就教揭起帐儿。任医官一看，只见：脸上桃花红绽色，眉尖柳叶翠含颦。那任医官略看了两眼，便对西门庆说："夫人尊颜，学生已是望见了。大约没有甚事，还要问个病源，才是个望、闻、问、切。"西门庆就唤奶子。只见如意儿打扮的花花哨哨走过来，向任医官道个万福，把李瓶儿那口燥唇干、睡炕不稳的病症，细细说了一遍。那任医官即便起身，打个恭儿道："老先生，若是这等，学生保的没事。大凡以下人家，他形神粗卤，气血强旺，可以随分下药，就差了些，也不打紧的。如宅上这样大家，夫人这样柔弱的形躯，怎容得一毫儿差池！正是药差指下，延祸四肢。以此望、闻、问、切，一件儿少不得的。前日，王吏部的夫人也有些病症，看来却与夫人相似。学生诊了脉，问了病源，看了气色，心下就明白得紧。到家查了古方，参以已见，把那热者凉之，虚者补之，停停当当，不消三四剂药儿，登时好了。……"②

---

① 柳兆薰：《柳兆薰日记》，见《太平天国史料专辑》(《中华文史论丛》增刊)，第239页。

② 齐烟、汝梅点校：《新刻绣像批评金瓶梅》，齐鲁书社1989年，第54回，第710—711页。

从这段描述中,可以看到当时比较典型的诊治全过程。当时不少人,主要是有一定文化修养者,大多对医理了解一二,往往会根据医者诊后对疾病的解释来判断该医生是否值得信任,是否应该采用他的治疗方案。比如柳兆薰在请严惕安诊治二儿时,听完他的解释,觉得,"持论整(正)本清源之至,甚佩,名不虚传"。① 西门庆同时请来了赵太医和何医官。赵太医诊说完毕后,"西门庆见他满口胡说,因是韩伙计举保来,不好嚣他,称二钱银子,也不送,就打发他去了"。他决定采用何医官的治疗:"封白金一两,使玳安拿盒儿讨将药来,晚夕与李瓶儿吃了。"② 这种情况也存在于祁彪佳的案例中。在祁家,时有数位医生同时为一个病人诊治的现象,"通常只会选用医术较高者所开之药方,而其他医者则纯粹诊脉,提供病况"。③ 当然,最终检验某医生是否可靠的还是疗效,因疗效不佳而中途改换医生似乎是经常的事。西门庆为李瓶儿治病,至少换过四个医生。又如,同治七年五月,长沙杨寿恩的母亲得疾,先于初八日延87岁的吴医前来诊治,但"因肝脉长大有力,误以舌强头晕为肝扰所致,连服柔肝息风之剂,并不见功"。于是又于十二日,"延向医诊之。……投苍术等搜利之品,稍觉减轻。向名萧春,乃道士也"。④ 徐大椿在谈论医家之误时,曾谈道:"又或病势方转,未收全功,病者正疑见效太迟,忽而逸言蜂起,中道变更,又换他医,遂至危笃,反咎前人,其误八也。"⑤ 见医无效而中途换医,乃人之常情,虽然徐的批评从理论上是不错的,但病重人急,作为缺乏专业医学知识的普通人,又怎么可能耐心等待一个并无保证的疗效呢?从这一批评中,大概可以看出当时中途更换医者现象的普遍性,这也至少从一个侧面反映了医疗资源日趋丰富的事实。

从以上论述可以看出,当时的医疗活动大多发生在家庭空间之中,在中上层社会,更是如此。不过,随着医药局的不断兴起,在医药局这样的公共空间中求医诊治的现象呈现了日渐增长的趋势,尽管总体上仍不占主要地位。

综合以上,明清时期因为受医疗资源、医疗技术、财力以及社会风俗等

---

① 柳兆薰:《柳兆薰日记》,见《太平天国史料专辑》(《中华文史论丛》(增刊),第239—240页。
② 齐烟、汝梅点校:《新刻绣像批评金瓶梅》,齐鲁书社1989年,第61回,第818—822页。
③ 蒋竹山:《从〈祁彪佳日记〉看晚明江南士人的日常生活史——以医疗活动为例》,未刊稿。
④ 杨寿恩:《坦园日记》卷六《长沙日记》,第277—278页。
⑤ 徐大椿:《医学源流论》卷下,载曹炳章主编《中国医学大成》,第九册,第818页。

多方面的影响,放任不顾、求神拜佛、自我疗治等都是当时普通民众经常采用的应对疾病的方式。生病后,如果要求医诊治,则要择医。归结起来,求医的主要方式有三种,即延请平日熟识之医,由亲友邻舍荐举以及铃串等医自荐。选定了医生以后,延医便成了主要问题,其模式主要为:亲自前往、委托朋友延请、同朋友一道邀请、仆人延请。由此可见,自下而上地重新审视明清医病关系,可发掘民众应对疾病、求医择医的不同方面,多维度地丰富了明清民众日常生活研究的样貌。

第十章　民俗变迁与近代社会转型

民俗是社会史研究的重要议题。民俗作为普遍认同的生活模式，对社会大众的意识和行为起到一定的支配作用，能够对社会发展产生举足轻重的影响，因此也蕴藏着中国社会变迁的丰富历史信息。本章通过婚礼、致意礼以及饮茶习俗等日常礼俗的变动，考察近代中国社会转型的内容和特点，并透视礼俗变动所体现的全球化趋势、国家与社会关系和思想文化观念变迁。

第一节　全球化与近代民俗变迁

开埠通商带来的舶来新奇事物、"文明"生活方式首先在上海、天津、北京等大都市传播、蔓延。民众在生活方式上有了更多的选择，生活习俗也受到了舶来文化潜移默化的影响，不论是饮食习惯还是日常交际习俗方面都出现了西化的倾向。

一、饮茶习惯的"洋场化"与物质文化的全球化

在饮食文化的"西化"潮流中，最引人瞩目的是，被视为中国传统文化精髓的饮茶方式也不可避免地出现"洋场化"的倾向，从茶具到冲泡方式乃至饮茶空间都出现了"西化"的趋势。周作人曾抱怨："只可惜近来太是洋场化。""洋场化"风尚的种种主要表现，恰好与其情有独钟的传统饮茶方式的诸多要素，如茶具须是"素雅的陶瓷"，茶叶以及用水讲究"清泉绿茶"，空间上以"瓦屋纸窗"为佳①，形成了鲜明的对立。

1. 西式茶具频繁地出现在茶叶广告图像中

这主要包括有把茶杯和玻璃杯两种。近代茶叶广告图像中的有把杯，也被称作"红茶杯"，是英国下午茶文化的标志性茶具，与中国茶具器型存在着明显差异。事实上在考古出土的唐代杯器中，已经出现了类似红茶杯的茶具，如浙江临安县水邱氏墓出土的"白釉带盏托把杯"，杯身呈现"敞

---

① 周作人：《喝茶》，《语丝》1924年第7期。

口、深腹、圈足"等典型的唐代造型,而杯腹的环形把手很可能是源于对粟特文化中典型杯器——带把银杯造型的模仿,这也被视作中外文化交流、东西方文明交融在唐代达到一个顶峰的典型代表。① 然而有把红茶杯在中国的真正流行要到晚清以后,英国红茶文化成了影响中国茶具款型变化的主要因素。

  关于有把红茶杯的起源存在着两种说法。一说为威廉·乌克斯(William Ukers)在《茶叶全书》中提出的。据说最初在17世纪中国茶具传入欧洲时,欧洲人"仿制中国茶杯及茶托,初亦制成如中国小巧之形状"。后来在饮茶风气盛行的英国,由于受到本国酒乳饮用习惯的影响,茶具开始悄然发生变化。一是容量上的变化。由于"英国饮酒及酒乳,多用大杯,其大小与双柄酒乳杯相等,嗣后即制成一种容量较大之茶碟"。一是造型上的变化。"茶与酒乳同为热饮品,英国人开始装柄于茶碟之上",因此,他认定"有柄茶杯亦显然惟西方之发明"。② 另一种说法为池宗宪所提出。他虽然也认同有把茶杯主要是适应英国红茶文化的产物,杯柄实际上起到了帮助刻度的作用,但是对于有把茶杯的文化渊源问题,他的观点与乌克斯有所不同:"西方模仿日本茶碗的口径所注入茶汤的容量",而日本茶碗形制容量又来源于"向中国习得的茶盏外观,与烧结后的容量"。③ 不过无论哪种观点更接近历史事实,有把茶杯作为西式茶具的典型代表是毋庸置疑的。

  相对于有把茶杯有些暧昧不清的起源,玻璃杯则为纯正的舶来品。正如陶瓷是中国文化的物质象征,玻璃也被视作西方文明的重要文化符号。世界上第一块玻璃可能起源于五千年前的美索不达米亚平原,后来经由阿拉伯人传播到世界各地。由于制作工艺复杂,稀少昂贵,最初曾作为珍贵的装饰品用于点缀王冠,也曾因神奇的光线折射作用被视作人神沟通的神秘媒介而广泛运用于教堂装潢,后来又作为啤酒、葡萄酒的最佳盛器与欧洲的酒文化发展史结下了不解之缘。经过漫长岁月的工艺改进,直到19世纪末,才真正转变为可以由压、吹、拉等工艺成形并进行雕刻、研磨、腐蚀的普通制品。玻璃制品传入中国后,也经历了从奢侈品到日用品的转变。清朝咸丰年间,玻璃还被奉为珍宝,王韬曾经在与朋友曹友石"抵掌剧谈,

---

① 池宗宪:《茶杯》,生活·读书·新知三联书店2010年,第52页。
② [美]威廉·乌克斯:《茶叶全书》,中国茶叶研究社译,开明书店1949年,第174页。
③ 池宗宪:《茶杯》,生活·读书·新知三联书店2010年,第169页。

颇恨相见之晚"的情况下,将"晶杯洋皂"作为贵重的礼物来回馈"其昔日诊视之劳,药石之费",并在日记中特别加以记录。①

1932 至 1933 年是天津正兴德与元兴两大茶庄投放广告最为密集的时期。根据对这些广告的整理统计,出现茶具的广告图像为 27 则(相同内容重复刊登的按 1 则计算),除了两则广告由于角度问题比如有其他物体遮挡或是原图比较模糊等原因,无法辨清茶杯全貌之外,其余可以确定茶杯款型的 25 则广告中,有 17 则广告出现了西式有把茶杯,有 2 则广告出现了玻璃茶杯,有 1 则广告同时展示了西式有把茶杯和中式无把茶杯,展示的是传统无把茶杯的仅有 5 则。而使用人群的多样化,也可以看作西式茶具被广泛使用的一个重要指标。从这一时期茶叶广告所设定的使用西式茶具的人物形象来看,以戴着瓜皮帽、穿着长袍马褂的绅士和梳着齐刘海、盘着发髻的少妇为代表的传统人物形象出现的比例,与以西装革履的时尚男士和梳着齐耳短发、穿着新式旗袍的摩登女郎为代表的"新潮人物"相比较而言,并不算太低。

事实上早在 1915 年,李莆田就在《提倡国货辨》中对西式餐具在中国的普遍流行提出了批评:外国饭馆用的倒不一定就是外国餐具,而"本国饭馆所用的器具"反而"可是常常有外国货,如碗盏等类,那是最显明的"。② 这种情况的出现既有内因也有外因。中国作为曾经最为发达的制瓷大国,到了近代以后却由于墨守成规、因循守旧,无论在艺术品位还是产品质量上都趋于保守和衰落;加之闭关锁国政策被强行打破,中国被迫融入世界经济体系,其他国家尤其是日本的陶瓷业日益崛起所带来的激烈竞争,更加剧了中国陶瓷业的困顿,中国人引以为荣的陶瓷文化也在此时走向了没落。③ 而西方国家趁机在倾销"洋瓷"的过程中,将西式餐具杯器的款式形制及其附带的文化内涵、价值理念如西餐文化、咖啡馆文化、红茶文化传到了中国,并作为"现代""文明"的生活方式的有机组成部分很快被中国人接纳。民族工业为了迎合市场需要,也开始大量生产西式餐具,大大加快了西式餐具从"奢侈性消费品""时尚性消费品"到"日用性消费品"④的转化过程,使得一时间从西餐馆到中餐馆乃至平常人家到处都充

---

① 方行、汤志钧整理:《王韬日记》,中华书局 1987 年,第 94 页。
② 李莆田:《提倡国货辨》,《社会教育星期报》第 7 号,1915 年 9 月 20 日。
③ 王子怡:《中日陶瓷茶器文化比较研究》,人民出版社 2010 年,第 229 页。
④ 李长莉:《晚清"洋货"消费形象及符号意义的演变》,《城市史研究》第 29 辑,2013 年。

斥着西式餐饮用具。惠罗公司在《申报》《大公报》刊登的诸如"新到最新瓷器大菜用具""新到德国最细洁瓷器六人用茶具,共有茶壶一只,咖啡壶一只,茶杯连碟六套,点心盆六只,糖罐牛奶壶等共二十二件"①"价廉物美之素色玻璃热水杯,英国名厂所精制"②之类的广告,所推荐的显然都是作为日用的西式餐饮器皿。

正如李莆田略带讥讽的评论——"现在我们中国用这路器具,不考察中国饭菜合宜不合宜,也要用西洋式的碟子,不但在桌子上放四个碟子,就放满了,而且用筷子去夹,用匙去舀,也很不方便",西式茶具的使用也存在着同样的问题。从当时茶叶广告图像来看,除了红茶广告之外,在"黄山花苞茶"③"兰花薰大方"④等几乎所有茶叶品类的广告中都可以窥见有把红茶杯的形象。这可能是由于时人对茶具的选择更多的是考虑其方便性(有把杯可以避免传统茶杯烫手的问题)以及作为一种舶来品所代表的时尚品位,对于传统茶道讲求的根据茶叶不同特质、对水温不同要求等,来选择不同茶具的原则几乎完全弃之不顾了。

2. 冲泡方式深受西式饮茶法的影响

首先是有别于传统的"清饮法"的"混饮法"。虽然传统市民茶文化中亦有在茶中添加佐料的饮茶方式,但是茶叶的天然"真香",即因自身品种习性差异以及在生长过程和环境(包括土壤、水源、周边植被)中所汲取养分不同而形成的独具特色的芳香气质,也包括制作和烹点手法水平高低对茶叶本身香气的发挥与保真程度,始终是传统茶道品评茶叶的最核心标准。"茶有真香,无容矫揉。炒造时,草气既去,香气方全,在炒造得法耳。烹点之时,所谓'坐久不知香在室,开窗时有蝶飞来'。如是光景,此茶之真香也。少加造作,便失本真。"⑤不过,到了20世纪二三十年代,在上海、天津等现代都市中,受到西方尤其是英式茶文化的影响,"柠檬泡茶""块砂糖泡红茶"等"混饮法"却摇身一变成为摩登的饮茶方式,特别是在"各

---

① 《申报》1933年9月13日,本埠增刊。
② 《大公报》1932年10月10日,第5版。
③ 《北洋画报》1932年12月1日元兴茶庄的广告中,一位梳着齐刘海、盘着发髻的少妇正端着一只有把茶杯品尝"黄山花苞茶"。
④ 《北洋画报》1932年8月18日元兴茶庄"兰花薰大方"广告中,单人沙发与落地灯之间的茶几上摆放着一只盛着热茶的有把茶杯。
⑤ 黄龙德:《茶说·四之香》,载朱自振、沈冬梅、增勤编著《中国古代茶书集成》,上海文化出版社2010年,第416页。

娱乐场所,诸位女招待兜售之茶,据说以这两种为大宗"。① 据张堂恒介绍,柠檬茶是英国特有的一种饮茶方式,具体冲泡方法是"每人用一调羹茶叶和半只小柠檬。先把柠檬汁挤在一只小杯子里,加上一点开水,倒入一把放好茶叶的热茶壶里。过四分钟后,用开水冲□一茶壶。再过三分钟后,便可冲在另外放有柠檬片的茶杯里饮用"。②

在饮茶时加牛奶更是不少人认同的饮茶方式:"饮茶时加牛奶是有充分理由的。"这是因为,在时人看来,牛奶含有的"乳酪(cheese),它和茶叶中的丹宁混合后",不但不会妨碍对茶味的体会,反而可以提升口感,"使茶的滋味变得甜润而浓厚";更何况这种混饮方式还有化解茶叶副作用的特殊功效:"使丹宁不会伤害口腔和胃壁。"③

"混饮"之风的盛行,促使传统的中国茶号积极开发复合型茶饮料,以迎合当时消费者的口味变化。如北京张一元茶庄在20世纪20年代中叶发明了一种"果茶",即"以六安之香片,不加熏窨,而以各种果汁,照撮油时遍洒于茶内",共推出白梨、白杏、香蕉、柠檬、菠萝、葡萄等六种口味。

其次是与"热饮法"截然不同的"冷饮法"。传统饮茶方式以热饮为主,尤其是传统文人茶道在冲泡茶叶的过程中特别讲究火候水温。备受茶人推崇的"蟹眼""松风",所描绘的正是火候适宜的烹茶沸水所表现出来的"形""声"之美:"蟹眼已过鱼眼生,飕飕欲作松风鸣。"④

到了晚清以后,冰激凌、汽水等舶来冷食逐渐在国内各大都市普及,对以"热饮"为尚的传统茶道产生了不小的影响。一篇署名风风的文章曾经详尽描绘了北平咖啡馆中冰激凌上市以来一扫冬日之冷落,"生气勃勃,座上客常满,杯中'凌'不空"的繁荣景象。尚是农历三月初"桃花尚未放蕊,节气较诸昔年,似更晚矣"的时节,可是对于交际场中的"摩登者流"似乎并没有天气冷热的概念,"抢先提早心理"战胜了"迟迟其来之春神",冰激凌早已上市,"且利市十倍"。作者脚刚迈进各大咖啡馆,"其茶房喊菠萝,唤柠檬,呼寇寇者,触耳可闻",放眼望去,"摩登男女,嚼雪餐冰,图口腹之愉快,忘却身上尚穿皮大衣者,比比皆是"。⑤ 冷饮作为一种标榜"摩登"的

---

① "元兴茶庄特刊",《天津商报画刊》1932年9月20日。
② 张堂恒:《茶话》,《西风》第77期,1945年。
③ 张堂恒:《茶话》,《西风》第77期,1945年。
④ 苏轼:《试院煎茶》,《苏轼诗集》,中华书局1982年,第370页。
⑤ 风风:《由冰激凌谈到北平的咖啡馆》,《北洋画报》1943年4月6日。

饮食方式开始渗透到中国人的饮茶习惯中。上海汪裕泰茶号在1933年《申报》上刊登的卢仝牌祁门红茶广告中就推荐了"冷饮"并加糖"混饮"的饮茶方式："此茶热饮固佳，而冷饮乃别有风味。窗明几净，煮茗俟冷，徐徐啜之，凉沁心脾。加糖少许，尤为甘美。暑季用此，任何饮料，俱不及也。"①而张堂恒在介绍了柠檬茶的冲泡方式之后，也特别提到柠檬茶还可以"冷饮"："这种柠檬茶在夏天冰过后是一种消暑的最好的饮料。或等它完全冷却，然后在每只茶杯里放一小块冰，把它冲入饮用。"②

3. 饮茶空间的拓展

在传统士大夫所钟情的山野、林泉、园圃，以及市民所热衷的茶馆、茶摊之外，出现了"洋吃茶铺子"这样一种全新的饮茶消费空间。所谓的洋吃茶铺子包括咖啡馆、饮冰屋等西式消费场所。洋吃茶铺子的出现不仅仅意味着饮茶消费场所类型的增加，更在以下几个方面对传统茶消费文化产生了重要的影响：

一是店中除了提供咖啡、麦酒、汽水、冰激凌、可乐等西式口味的饮料之外，也提供与中国传统口味接近的茶饮料，主要为红茶。以红茶为主的消费结构，对于像北京这样长久以来花茶消费一统天下的城市而言，更是具有打破传统茶叶消费格局的特别意义。

二是上文探讨的以有把红茶杯为典型代表的西式茶具的普及，以混饮法、冷饮法为特色的西式饮茶方式的流行，很可能最早就是从这些洋吃茶铺子的示范影响下开始的。

三是成为具有都市特征的饮茶风尚产生、发展的重要舞台。近代以来，随着城市空间的急剧膨胀，城乡鸿沟的日益加深，传统文人所向往的田园生活已经越来越不具备现实存在的物质基础和可能性，传统"文人茶"所赖以发展的带有自然美学特征的消费空间——山林、园圃，也越来越像是一种难以企及的"空中楼阁"。茶馆、茶摊又因为属于中下层民众聚集的低档消费场所而难以获得对饮茶风尚具有决定性影响力的上流社会的垂青，所以也无法成为引领现代都市饮茶风尚的平台。洋吃茶铺子凭借"茶味美、点心美、地方美、人色美"，成为集中展示现代都市文明的重要场

---

① 《申报》1933年8月20日，第13版。
② 张堂恒：《茶话》，《西风》第77期，1945年。

所。与传统茶馆、茶摊的混乱、嘈杂,常常成为街头纠纷、冲突的中心①相比,这里不但提供"香甜清润"的茶、"腴美芳洁"的冷热点心和品质上乘的味觉享受,而且营造了"明窗净几,布置非常精雅"的舒适的消费环境,以"香闺淑媛、豪阔绅商"为主的消费群体也使之始终笼罩在一种"温文尔雅"的气氛中,从而对具有一定经济实力的中上层消费者形成了较强的诱惑力。②尤其是"文艺趣味的朋友"(现代都市中的新式文人),对于吃茶屋有着一种特殊的"魅悦"。据一位作者自述,"二年来的吃茶却时常到静安寺霞飞路的洋吃茶铺子里去"。在他看来,尽管茶的味道会随着不同场合因人而异,然而,洋吃茶铺子作为新式文人品味"都市人生的享受的一种趣"的重要空间,却已经成为一种共识。③

有别于电灯、电话、洋房、交谊舞等西方时尚对中国消费市场的正向辐射,20世纪上半叶沿海都市茶叶消费所出现的"洋场化"风尚,实际上体现了西方对中国的一种"文化反哺"。中国茶在全球物资以及文化大交流格局的形成过程中所发挥的举足轻重的作用,使其成为向西方世界展示中国传统文化魅力的重要象征符号,乃至奠定中国文化在世界地位的主要基石。在中国现代都市新贵所热衷的英式茶文化的故乡,有一位散文家威廉·亨脱曾经感叹:"一切不提,他们(中国人)的茶却应该受到我们的感谢。"对中国茶杯的品读不但改变了他对中国文化的偏见:"在他们中间,的确有许多比我们从使馆人员的记载以及磁器上他们的自传式的绘画中所幻想到的更有意义,更有诗意的生活;这是最有可能性的一个假想。一个像他们那样地有文化的,古而且大的国家,在生活的艺术这方面,决不会像我们的沾沾自喜之心所误引我们去想象的那么样落后的。如果说他们的瞧不起我们乃是一种野蛮,那么,也许我们的瞧不起他们,反而是一种更大的野蛮。"而且更为重要的是,在他看来,茶"这样一种多么奇怪的东西,一个东方最远的国度(如果没有茶,这国度就永没有人会知道),与我们的一切生活习惯全不相同",却促使英国的日常生活习惯、风俗礼仪产生了意义极为深远的转变。正如近代以来中国传统饮食消费经受了西方的饮食

---

① 1925年的北京《晨报》就曾经刊登了一则两位茶客因为议论时事而发生争执并最终酿成一场流血斗殴事件的新闻。王笛在《茶馆》有关章节列举的成都茶馆中的纠纷、冲突案例更是不胜枚举。
② 沙利文茶室广告,《良友》第35期,1929年。
③ 佚名:《吃茶趣味讲座》,《独立漫画》1935年第6期。

文化包括口味偏好、宴饮礼仪的强有力挑战，中国茶文化传入西方之初，英国传统的酒文化也曾遭遇了巨大的冲击："忽然给了我们一种日常生活的习惯，改变了我们每天早餐的姿态。英国的一切上流社会，都取消了会酒和肉类，或其他酒类，而改喝中国的饮料，并且家家都得买一套画着那些荒唐的景致的磁器！"这种从膳食结构到器物风尚乃至文化惯习的全面改变甚至被上升到具有推动英国文化从骑马时代向马车时代演进、从野蛮向工业文明进化的划时代意义的高度："我们且不要看轻这种对于一个民族之风俗史上的改变，它是比风尚之改变更有意义的。而且，无疑地是有一些好的目的的。我们要注意到，自从喝茶的风气传来以后，以及一种多安坐机会的生活方式之发展。那种吃冷牛肉及大碗冷酒的早餐方式的确是一种骑马民族的生活。而喝茶的时代却是格外的有室内的趣味，这是给你坐着看书的时候。这是坐马车的人，或是纺纱厂或蒸汽机厂里的工业家的生活了。"①

西方饮茶习惯在不断吸收、消化中国茶文化的过程中逐渐形成从茶具形制、冲泡方式、口味调配乃至空间布置、饮茶礼仪等方方面面都自成体系的文化传统。如英国茶文化在器物层面为适应以红茶为主的消费结构以及与牛奶、糖等的混合饮用方式，形成了有把茶杯、梨形茶壶等特色鲜明的茶具器型以及茶匙、糖罐、奶盅等配套器皿；在习俗层面形成了以"优雅""时尚"形象深入人心的下午茶文化，超越了原先单纯为了适应早餐与社交晚餐之间过于漫长的间隔时间而形成的一种饮食习惯，演变成为一种社交方式，并在发展过程中逐渐形成了对流程、礼节等要求都非常精细、规范的礼仪文化：如在时间上，正统的下午茶以四点为准；在服装上，在下午茶刚刚兴起的维多利亚时代要求女性穿有很多花边的宽松款式的"茶袍"，男性穿燕尾服；在布置方面，三层瓷制点心盘、鲜花、音乐、纯白蕾丝桌布和杯垫都是必不可少的。②

当19世纪西方用坚船利炮强行打开中国大门时，他们已经不再是那些广为流传的西方人喝茶笑话中可笑、愚昧的形象了："曾听人讲洋话，说西洋人喝茶，把茶叶加水煮沸，滤去茶汁，单吃茶叶，吃了咂舌道：'好是好，可惜苦些。'""茶叶初到英国，英国人不知道怎么吃法，的确吃茶叶渣子，

---

① ［英］威廉·亨脱：《谈喝茶》，施蛰存译，《万象》1934年。
② 马晓俐：《多维视角下的英国茶文化研究》，浙江大学出版社2010年。

还拌些黄油和盐,敷在面包上同吃。什么妙味,简直不敢尝试。"①在洋货倾销与中国人崇洋消费心态的共同推动下,西方茶文化随着各种西式茶具轻而易举地席卷了中国开埠城市的饮茶生活,并迅速成为引领饮茶时尚的风向标。

正如朱英、李长莉等许多学者已经指出的,崇洋是近代以来中国消费文化的"变革趋向"。② 这种倾向在较早受到"欧风美雨"侵袭的都市中表现得尤为明显。不但舶来品、洋时尚大行其道,在饮茶这样一种土生土长的消费习惯中,也深深渗透着西方时尚文化的影响。除了在偏好西式茶具以及西式饮茶方式、洋吃茶铺子广泛流行等消费风尚中明确显示了崇洋倾向,在饮茶文化进行"现代性"建构的过程中对包括西装、沙发、交谊舞等诸多西方生活方式元素的借助与运用,也清晰地折射出了当时国人普遍认同的"西方的等同于现代的"消费理念。这种与当时所极力弘扬的民族主义背道而驰的"崇洋消费主义",时至今日仍然受到不少学者的批评和指摘。

不过,如果换一个角度来看,在主动或被动地融入世界经济文化体系的过程中,西方物质文化的传播与影响已是不可避免。更何况在 16 世纪就已经拉开序幕的全球化进程中,资源的配置、商品的流通乃至文化的流行逐渐打破了国界的限制。这也是在当时的国货运动中如从原料、技术、款式等标准上,常常无法完全划清国货与洋货界线这一难题产生的根源之一。国货运动所追求的"人人使用纯粹国货"的愿景更像是一种理想的真空状态。即便是以国货为营销主题的广告,也无法完全剔除西式物质时尚的蛛丝马迹。正兴德广告中的摩登女郎"服装国产的丝品,饮的绿竹商标茶",与脚上象征舶来时尚的高跟鞋,以及背后倚靠的西式沙发所形成的悖谬,恰恰是民族主义与崇洋消费主义"共存于一身"的反讽现象的集中体现。在民族主义话语盛行的 20 世纪初,这位女郎理所当然会被视作号称提倡国货,实为洋货消费主力军③的伪国货运动分子的真实写照。然而从全球历史的角度来看,这位女郎是否也可以成为中国现代都市消费市场正

---

① 杨绛:《喝茶》,载陈斌编著《吃茶去》,辽宁教育出版社 2011 年,第 49 页。
② 朱英:《近代商业发展与消费习俗变迁》,《江苏社会科学》2000 年第 1 期;李长莉:《中国人的生活方式:从传统到近代》,四川人民出版社 2008 年。
③ 周石峰:《阶层、性别与空间:民国时期崇洋消费文化的生成与传播》,《贵州社会科学》2013 年第 10 期。

在逐渐融入全球化进程的典型例证?

二、致意礼的近代转型与身体语言的全球化

致意礼主要指的是在日常相见、聚会以及婚丧活动、公私祭仪等场合,通过跪拜、屈膝、拱手、作揖、脱帽、鞠躬、握手、颔首等特定的身体动作和姿势,向对方传达尊敬、亲热等各种情感和心意的方式。中国传统致意礼仪陆续出现过跪拜、作揖、请安("屈膝")、拱手等多种形式。进入近代社会以后,在中外多方面因素的影响下,逐渐出现了以鞠躬取代跪拜、以握手取代作揖的趋势,此外还有脱帽礼、颔首礼等。

1. 鞠躬礼

虽然在中国传统礼书中也有关于鞠躬的记载,但从现有文献的描述来看,鞠躬一般不作为一种独立的礼仪,而主要包含了以下两种意涵。一是表示下级面对上级应时刻保持的身体状态。《仪礼》指出臣"执圭入门"过程中必须一直保持"鞠躬焉"的身体姿态与"如恐失之"的心理状态。① 《周礼订义》认为,"臣之见君"时应通过"鞠躬屏气"来表示对君主至尊地位的服从。可以说,在这些礼书中所描述或者说所规定的"鞠躬",与其说是一种礼仪动作,不如说是一种在君主(上级)面前刻意"表演"的身体姿态,通过让身体时刻处在弯曲的紧张状态,来表白对君权的崇敬、对政务的慎重以及作为臣子(下级)的谦恭等多种心态,这与完成使命,卸下臣属身份,步出庙门之后"如舒雁"的放松状态形成了鲜明的对比。"鞠躬"成为"事上"的一种标准姿态,甚至成为象征臣属身份的一种符号。侯②这一级别所执的圭,称为"躬圭",就被设计成为"以躬形为瑑饰",可以说是对"鞠躬以事上"③身份属性的一种物化。二是作为行跪拜礼过程中的一种准备动作。比如《明集礼》中大量的跪拜礼都是以"鞠躬——拜——兴(——平身)"为基本程序的。④ 因此,鞠躬礼在近代中国流行之初,是被视为一种西式礼仪的。1915 年《大中华》杂志曾经将"鞠躬与握手"列为中国人"不可不知其大略焉"的"西人会见时所行之最普通礼节"。

西方鞠躬礼第一次引起中国人的强烈关注,很可能是从马戛尔尼使华开始的。此后很长一段时间,一直到阿美士德使华团,在觐见皇帝时是遵

---

① 贾公彦:《仪礼注疏》卷二四,《十三经注疏》本,中华书局 1980 年,第 1 073 页。
② 据《周礼》《尚书》等文献,似应为"伯"。
③ 叶时:《礼经会元》卷三下《瑞节》,《文渊阁四库全书》本,第 92 册,第 123 页。
④ 参见徐一夔《明集礼》,《文渊阁四库全书》本,第 649—650 册。

从中国的三跪九拜礼还是采用西方的鞠躬礼,始终是中英两国外交交涉过程中最大的分歧之一。这其中固然是缘于清朝与英国关于国家主权与外交关系的话语体系大相径庭,同时反映了两国不但在礼俗形式上迥乎不同,而且在对礼俗文化内涵的理解上存在巨大隔阂。据王开玺研究,从1868年开始,尽管仍有不少臣子慷慨陈词、激烈反对,但是在李鸿章、左宗棠等人的推动下,清廷在觐见礼仪问题上有了让步的趋势。1873年,同治帝接受了外国使节以"鞠躬""作揖"为行礼方式的觐见。到了1898年戊戌变法,光绪皇帝甚至开始主动考虑外交礼仪与国际接轨的问题,在接见德国亨利亲王时,不但允许其行脱帽鞠躬礼,后来还进一步给予了"赐坐"的"优待"。① 而何伟亚(James Hevia)认为,在1901年义和团起事失败后,除割地赔款外,西方国家将强迫清政府接受以鞠躬礼为主要表达形式的欧美外交礼仪,作为解决义和团事件的条件之一,这场"礼仪之争"才真正画上了句号。② 1912年中华民国成立,北洋政府所颁布的礼制,将鞠躬礼正式定为社会通行的问候礼仪即"人民相见礼",从而使鞠躬礼从外交礼仪演变成为一种日常生活礼仪。此后,鞠躬礼通行于行政机关、大中小学、社交场合以及国家庆典中,成为中国近代社会礼仪的核心形式,逐渐获得了认同。文字是对社会风俗的固化。"鞠躬"一词在书面文字中,逐渐取代传统的"再拜""顿首"等,作为向他人致敬的表述方式,大量、频繁地出现在当时的书信、报纸、杂志上。在一些向读者、消费者拜年的报刊或商业广告中常出现某某商店"鞠躬"或"携同仁鞠躬"等表达方式。这也印证了鞠躬礼正在日渐成为社会认同的致意礼节。1925年,一位署名弄潮儿的作者在《鞠躬主义》一文中还将"鞠躬"称为一种时髦,所以声称自己要顺应时尚潮流,"大胆"创造出一个"鞠躬主义"的时髦新词来取代"未免太不时髦"的旧词汇"作揖主义"。③ 到20世纪40年代,这项所谓的"新礼貌"已经俨然成为中国特有的礼仪形式,如《妇女新运》杂志就将中国的"鞠躬",与美国的"握手"、法国的"拥抱"并列为"各国礼仪"。④

2. 脱帽礼

"脱帽"礼在中国历史上同样有过相关记载,也被称作"免冠"。与鞠

---

① 王开玺:《戊戌时期清廷觐见礼仪的改革》,《北京社会科学》1999年第3期。
② [美]何伟亚著:《怀柔远人:马嘎尔尼使华的中英礼仪冲突》,邓常春译,社会科学文献出版社2002年。
③ 弄潮儿:《鞠躬主义》,《潮潮周刊》1926年第4期。
④ 《各国礼仪》,《妇女新运》第4卷第4期,1942年。

躬相同,免冠礼也不作为一种独立的礼仪。"冠"作为人体最重要的部分——头的装饰物,在服饰体系中至为重要。在传统社会,冠礼作为一种成人礼,赋予成年男子以社会身份与社会责任。从此,冠就成为他一生中在重要场合须臾不可离的饰物。朱熹曾经向学生描述了一位堪为"前辈礼仪"典范的"某大卿",最核心的一个细节便是这位大卿"初见以衫帽。及宴,亦衫帽"。即便是"五盏"过后"歇坐"时,虽然有人"请解衫带,著背子",其仍"不移帽"直至终席。① 由此可见,"帽"已经成为一种礼法纲纪至尊至严的象征,甚至是拼了生命也要保护好的珍贵之物。在司马光的《涑水纪闻》中记述了这样一个故事。被视为仕学典范的宋代宰相杜衍在幼年时深受祖父的怜爱,有一次祖父摘了帽子之后让杜衍拿在手里。不巧遇上山洪来袭,家人四散逃开。杜衍的姑姑伸过来一根竿子,让他握住竿子跟着自己逃命,结果杜衍一手抓住竿子,一手拿着帽子,在水里漂流了很久才得以活命。获救的时候大家意外地发现帽子竟然一点儿都没有弄湿。② 可见杜衍在逃命的时候仍然不忘奋力保护祖父的帽子不被濡湿,这恐怕与其自幼耳濡目染"冠"事关礼体的重要性不无关系。

在上古时代,"免冠"是作为对有罪之人一种侮辱性的惩罚措施。《周礼·司圜》:"凡害人者,弗使冠饰而加明刑焉。"③后来逐渐演变成为下级向上级请罪的一种方式。如汉昭帝时大将军霍光因担心遭遇政敌攻讦不敢入内,被宣召后连忙以免冠顿首的方式表示请罪;汉昭帝允许他重新"冠",则明确表示了不会加罪于他。④ 据朱家溍考证,清朝皇帝与臣子密谈结束后,臣子要行跪安之礼;如果说错了话,就在跪拜之外,多加一个摘帽的动作,表示认错。⑤《红楼梦》中也有类似的描述。贾政斥责家仆李贵没有尽到督促宝玉念书的职责时,"吓得李贵忙双膝跪下,摘了帽子,碰头有声"。⑥ 也正因为如此,臣子在进谏之前,往往以"免冠"来向君主剖白斗胆冒犯的惶恐心情,但似乎也可以视作是他们表明为了道义不惜"得罪"君主、不惧失去官位的大义凛然姿态的一种身体表演程式。总而言之,在传统社会,冠是融身份、权利与义务等多重社会属性为一体,内涵极为丰富

---

① 黎靖德编:《朱子语类》卷九〇,中华书局 1986 年,第 2317 页。
② 司马光:《涑水纪闻》卷一〇,中华书局 1989 年,第 184 页。
③ 贾公彦:《周礼注疏》卷三六,《十三经注疏》本,中华书局 1980 年,第 882 页。
④ 王钦若:宋本《册府元龟》卷一四九《帝王部·辨谤》,中华书局 1988 年,第 256 页。
⑤ 朱家溍:《清代礼俗杂谈》,载氏著《什刹海梦忆》,江苏文艺出版社 2006 年,第 67 页。
⑥ 曹雪芹:《红楼梦》,人民文学出版社 1996 年,第 131 页。

的象征符号。特别是乌纱帽，对于传统社会"学而优则仕"的士大夫阶层而言，具有不言而喻的重要性，被摘掉乌纱帽意味着政治生命的终结，而为保住乌纱帽常常与许多扭曲灵魂的行为联系在一起。因而，如果说在"冠"与"免冠"之间患得患失，象征着一种自觉或不自觉投身于体制内生活的符号性行为，并在正统意识形态中得到了深切关注的话，那么"脱帽"则可以看作是对礼法神圣性的一种消解，对不拘一格、超凡脱俗人生态度的一种呈现。如杜甫认为，书法家张旭能够留下"挥毫落纸如云烟"的草书佳作，就缘于他三杯之后敢于"脱帽露顶王公前"的豪放洒脱。① "脱帽"还常与"呼啸"等背离正统礼俗的行为方式联系在一起。如宋代书法家黄庭坚常有"人以为仙"的脱俗之举，有一次曾经"约同社友剧饮于南雪亭梅花下，衣皆白。既而尽去宽衣，脱帽呼啸"。② 而西方脱帽礼的意涵大相径庭。据称西方脱帽礼首先流行于中古时代骑士生活中。当时的骑士终日身着铠甲，面覆深盔，相见时如果不摘下护面，就很难辨认出对方是谁，因此摘下盔甲成了打招呼的首要步骤。尤其是在集会的时候，更是把盔甲弃之一旁，表示参加集会者彼此相亲相爱，自己身处安全区域，不需要凭借武装来保护自己。脱去盔甲可以看作是彼此之间信任和诚意的一种表示。这一礼节流传到平民中间，渐渐形成了见面脱帽问候的社会礼俗。由此可见，脱帽这一在中西礼俗文化中非常相似的身体动作，包含的语义却完全是南辕北辙的，因此当脱帽礼被引进中国之后，与其赖以存在的物质基础——西式呢帽和草帽被国人"一视同仁"地当作一种外来礼俗文化，常常在西式礼仪指南中加以重点介绍。尽管在实际行礼过程中常出现"有的举手摸一下帽的边缘以代替脱帽的，有的仅举手招呼，根本连摸帽边的手续都省了去的，更有人入礼堂或办公室内依然戴着这顶西洋式帽子的"等各种不得要领或过于随意的情形③，但无论如何，脱帽礼的确在中国得到了较为迅速和普遍的流行。到1937年左右，上自留学生，下至汽车夫，不少人都养成了"脱帽"致意的礼仪习惯："苏小姐汽车夫向他脱帽"，方鸿渐"隔了柜脱帽问讯"。④

---

① 杜甫：《饮中八仙歌》，载仇兆鳌《杜诗详注》卷二，《文渊阁四库全书》本，第1070册，第129页。
② 周密：《齐东野语》卷四，中华书局1983年，第70页。
③ 高柳桥：《三民主义文化运动与礼俗建设》，《地方建设》第1卷第6期，1941年，第11页。
④ 钱锺书：《围城》，人民文学出版社2007年，第99、303页。

3. 握手礼

握手礼刚刚传入中国时,曾经陷入一场外来与本土的热烈讨论。虽然多数人认为相比起来,鞠躬尚存"中华的本色",握手礼则"纯是'欧化'"①,但也有一些期刊援引马援与公孙述"握手如平生欢"的典故,认为握手礼"古已有之"。② 事实上,通过对传统文献中"握手"的梳理,可以发现握手更偏向于作为一种情感表达方式,用于表达久别重逢的狂喜、依依惜别的不舍、心心相印的亲密等,而非某种特定礼节。③

相对于鞠躬礼和脱帽礼在中国的较快流行,握手礼在中国的推行则没有那么一帆风顺。孙麟昌、林语堂、沁芳等文人都曾经撰文对握手礼所带来的种种不便进行逐一非难。甚至就连以引领潮流为办刊宗旨和特色的《北洋画报》也曾经刊文批评握手礼。声称"西方文明,我能了解,西方习俗,我也很多赞成,外国哲学美术都还不错,甚至外国香水丝袜以及战舰,我都承认比中国货强"的林语堂,更把握手斥为西人"最可笑的""野蛮习惯"。④ 由此可见,国人对于握手礼表现出了较为强烈的抗拒心理。最初,握手仅仅被视为外交场合一种策略性的礼仪方式,因此在是否将握手定为通行相见礼问题上当时仍是顾虑重重:"现大总统延见外宾,亦常握手。然与外宾交际则可,若骤定为礼,行于国中,未免少见多怪。"⑤不过,在一些上流人士中,握手礼开始渐渐普及。从小说《围城》中大量关于握手礼的描述来看,至迟到了 20 世纪 30 年代后期,在知识界,握手已经是一种日常生活中的常见礼节。

从饮食习惯到相见礼俗,这些生活世界中最基本的民俗事象对外来文化因素的汲取与整合,恰恰是近代中国社会或主动或被动融入全球化进程的缩影。

---

① 黄华节:《古俗稽古》,《黄钟》第 4 卷第 9 期,1934 年。
② 孙麟昌:《握手商榷》,《机联会刊》第 120 期,1935 年;沁芳:《作揖与握手》,《新中华》1936 年第 4 期;大白:《握手礼》,《北洋画报》第 31 卷第 1 524 期,1937 年。
③ 梁满仓撰文多篇对中国古代执手礼进行了探讨。笔者认为将执手作为一种正式礼节需要商榷。从梁文所引证的文献可以看出,执手的相关记载多出现于史书、小说、诗歌等,而礼书却从未将执手作为一种正式礼节。参见梁满仓《先秦两汉执手礼及其情感内涵》(《社会科学》2014 年第 4 期)、《从魏晋南北朝执手礼看礼文化的传承与更新》(《江西社会科学》2015 年第 3 期)。
④ 语堂:《说握手》,《论语》第 72 期,1935 年。
⑤ 《相见礼附说明书》,《东方杂志》第 12 卷第 8 期,1915 年。

三、近代民俗变迁中全球化与民族主义的冲突与纠缠

俗话说,"十里不同风,百里不同俗"。民俗的差异,原本是一种基于不同的地理环境和人文语境的客观、自然的存在,完全可以互不干涉,各从所好。因此还有另一句古话,"入乡随俗"。这既可以看作一种进入陌生领域的策略性选择,也可以演绎成为对其他类型礼俗文化存在合理性的尊重。然而从古至今,几乎所有的文化尤其是以国家政权作为后盾的文化,都表现出一种无法抑制的扩张冲动。这种扩张往往是在"大一统""标准化"的名义下进行的。在他们的解释体系里,礼仪统一是国家/民族精神统一的重要表征,否则甚至会威胁到国体的尊严:"如果民间各种公私仪节,都是随意所好,各自为政。……这显然是精神上已极不统一。在友邦人士看来,更有失国体的尊严。"①这种冲动甚至会伴随着政治、军事上的扩张超出国家版图,如清廷通过各种手段强迫习惯了五拜三叩的安南履行三跪九拜礼。②

在传统中国,这种文化大一统与标准化打的是"天下大同"的旗号,而在全球化时代,西方国家往往是以"现代文明"作为最高意识形态,把"现代文明"当作评判其他文明体系的最高标准。西方国家对于中国传统跪拜礼的排斥,很重要的因素之一是出于对中国政治文化的消极评价。③

1840 年以来一次次沉重的军事打击,终于击碎了一些人头脑中"天朝上国""道出于一"的刻板思维。"开眼看世界"逐渐成为思想界的一种风尚甚至是一种指导性思路,引导一部分人逐渐改变斥西学为"奇巧淫技"的成见,将西学提升到西方之"道"的层面,并承认其与中国"道"同样具有修齐治平的价值。④ 几乎所有曾与中国价值体系产生过剧烈冲突的西方知识、理念和习俗,都被纳入了重新审视和评估的范畴。其中就包括西方的礼仪习惯。

交际尤其是国际性交际被视作文明时代的重要标志,以别于小国寡民、老死不相往来的传统社会。而交际中所需的礼仪规范就成为新时代必备的新知识。许多报纸杂志都刊登译介文章普及西方礼俗知识,涵盖了宴

---

① 邱培豪:《改革礼俗的几个根本问题》,《服务月刊》第 6 卷第 1 期,1942 年。
② 牛军凯:《三跪九拜与五拜三叩:清朝与安南的礼仪之争》,《南洋问题研究》2005 年第 1 期。
③ [美]何伟亚著:《怀柔远人:马嘎尔尼使华的中英礼仪冲突》,邓常春译,社会科学文献出版社 2015 年。
④ 罗志田:《道出于二:过渡时代的新旧与中西》,《读书》2013 年第 6 期。

客、下午家集(下午茶)、舞会、登临会集(登山活动)、觐见、访问、通话等方方面面。《大中华》就以连续十余期、每期十余页的较大容量连载《泰西礼仪指南》。《中华周刊》"社交礼仪问答"栏目旨在向国人介绍"近人情且适用于中国人"的西方礼俗知识,以改变"民国以来,中国人接受的西方文明已经很多了,但是每每不注意其伴随的礼节"的状况。除此之外,介绍西式礼俗的书籍也层出不穷,如《欧美礼俗》《欧西礼貌》《西洋礼俗》①等。礼仪从传统时代伦理道德的载体,蜕变为一种生活知识和技能。是否能够体现行礼者的眼界、见识以及应变能力,取代了是否能够展现出尽善尽美的道德境界,成为礼仪评价体系的主要内容。历史上曾经流传过许多李鸿章在外交场合闹笑话的传说,如喝洗手水、手抓烤鸡等。几乎每个故事都有截然相反的两种笔法:一种是丑化李鸿章,将其塑造成愚昧无知、滑稽可笑的小丑;一种是抬高李鸿章,将其塑造成不卑不亢、从容应变的机智人物,甚至是大大折服了洋人并从此在西方创立新式礼俗的英雄人物。这些人物类型的塑造手法,可以说与绝大多数民间故事如出一辙。如在洗手水的故事中,"正面"版本说李鸿章用勺子舀起洗手水之后并没有送入口中,而是随机应变地把水浇到手上,显得非常落落大方、雍容得体,让一旁的德国前首相俾斯麦看了以后赞叹不已,也模仿起李鸿章用勺子舀水洗手。在手抓烤鸡的故事中,"正面"版本的传说是英国贵族发现比起自己用刀叉切烤鸡以致烤鸡在盘子里滑来滑去的狼狈状,李鸿章用手直接抓起烤鸡吃,既方便又优雅,便纷纷模仿,从此英国形成了特别规定吃烤鸡不使用刀叉的餐桌礼仪。这些传说的真伪难以考辨,但是却向我们确切地传递了一个信息,那就是礼仪属性从道德化到知识化的转变。编撰传说的主旨无论是出于讽刺还是歌颂,双方关注的焦点都不在于李鸿章的"礼貌"及其折射出来的"道德"境界,而在于其"见识"水平。负面的传说讽刺了其缺乏"见识"的可笑,正面的传说则通过刻画其卓越的应变能力以及不卑不亢、宠辱不惊的气度弥补了其"见识"的不足。

西方礼俗知识挟带着某种暴力气息对中国传统礼俗体系的冲击,使得近代中国进入了历史上另一个"礼崩乐坏"的时代。在中西礼仪文化的竞争中,中国由于在政治、军事上处于劣势,同时也导致了文化话语权的沦陷。从晚清朝廷接受鞠躬礼作为外交通行礼仪开始,就意味着中国民众不

---

① 吴光杰:《欧美礼俗》,商务印书馆 1934 年;穆超:《西洋礼俗》,文信书局 1945 年。

得不接受西方国家对自己身体的"规训"。这对于素来自称"礼仪之邦"、以拥有自足完备的礼仪体系为傲,并将"礼"抬到了"国教"至高地位的中国,不啻为一个严峻的挑战。

在是否应该接受礼仪上的"全球标准化"这一问题上,全球化与民族化这两种路径和取向既对立又纠缠。"全面吸收西方礼俗,打造一个全新的礼仪之邦"与"中国仍然是礼仪之邦",两种论调并行不悖。

礼俗"全球标准化"的赞成者致力于将中国人的身体塑造成熟练掌握西式礼仪的姿态,体现出对取得西方认同的狂热渴望。以鞠躬礼取代跪拜礼在某种程度上可以看作 1840 年以来国人心灵遭受重创之后的一种身体反应。尽管随着中西文化交流的深入,有相当一部分西方人对中国的磕头礼进行了全新的认识,并提出了比较宽厚的看法,然而中西接触初期西方人关于中国跪拜礼的尖刻批评,已经成为一部分中国人反观中国礼仪的一面镜子——"及世界大同,出而应酬,免为列强匿笑,则磕头如捣,厥状堪怜,苟有膝行踣请之羞,难逃掩消盗铃之耳"①,从而对其造成了沉重的心理负担。直到 1938 年,"外国人常常说,中国人真笨,在新礼貌中,连脱帽鞠躬都不会"②的耻辱阴影仍然保留在一部分国人心中。西方礼俗挟"现代文明"大旗以自重,反衬着中式礼俗的落后可笑。《北洋画报》曾以漫画的形式对传统礼仪中千姿百态的身体形象进行了嘲弄,最刻薄的莫过于将下蹲请安比拟成被视为污秽的另一个身体动作"出恭"。③ 在不少小说戏剧中,也或明或暗地对传统礼仪进行嘲弄。如《茶馆》里宋恩子嘲笑互相行请安礼的茶馆掌柜王利发和茶客松二爷:"这是怎么啦?民国多少年了,怎么还请安?你们不会鞠躬吗?"④何剑魂在"原子时代"的语境下加以观照的三跪九叩首礼,"完全是由于君主时代参见皇帝变化抄袭而来"的,并被斥为"不人道的"。⑤

民族化的支持者则采纳了至今仍似曾相识的"西方有的,中国早就有"的话语逻辑。不少学者有意识地从中国传统中挖掘新式礼仪的渊源。在刘绍宽的辨析文章中保留了当时人的一种看法。这一看法援引皇侃对

---

① 热庐:《请废新年小启》,《繁华杂志》1914 年第 5 期。
② 张培初:《谈礼貌》,《红茶》1938 年第 3 期。
③ 《北洋画报》1935 年 1 月 1 日。
④ 老舍:《龙须沟茶馆》,人民文学出版社 1985 年,第 114 页。
⑤ 何剑魂:《改革祭祠礼节刍议》,《新运导报》1947 年第 2 期。

《聘礼》中"鞠"字的训诂,认为鞠有曲身之意,说明古代已有鞠躬之礼,因此现在时兴的鞠躬礼,实际上是对古礼的承袭。① 而看似"现代最时髦的"握手礼,在一些人看来,也是"中国从前早就有了"。② 西方礼俗的追随者虽然在身体上对西式礼俗亦步亦趋地遵从和模仿,精神上却出于维护民族尊严的迫切心情。礼仪不仅仅是一个人的"身体"和"体面"问题,更是一个"国体"问题。

"西方有的,中国早就有"的逻辑表现出的恰恰是在全球化(西方化)的视角下对自身文化的重新审视和定位,可以看作企图以一种"另类"方式获得西方认同的努力。正如罗志田指出的,不妨也可以看作一种变相的"趋新"。③ 不过,当时也有人企图超越全球化与民族性的话语方式,试图从更为客观中立的立场评判中西文化礼俗,并重新认识中国传统礼仪的价值。中西礼仪践行过程中身体经验的对比成了他们的重要论据。刘绍宽在对书信简牍行文中以"鞠躬"取代"拜"进行辩驳的过程中,对鞠躬、拜、作揖等各种礼仪的身体姿势进行了考证。首先,他对"拜"进行了重新解释,认为"拜"并非单纯指"跪拜",而是"跪立皆可用之",因此没有必要全盘否定"拜"礼的合理性和存在价值。其次,他对"鞠躬"的正确含义提出了自己的看法,认为某些人把"鞠躬"当作古礼实际上是对经典文献的一种误读,因此今人用鞠躬取代拜礼,完全是一种"名为袭古,实戾古矣"的错误做法。最后,他认为比起错误地"假用鞠躬两字,郢书燕说",倒不如采纳"作揖"这一与传统"肃拜"礼最接近的,同时也是今人相遇常行之礼,"所胜多矣"。④

在握手礼与作揖礼之间的选择上,中国知识分子更试图建立与西方礼仪地位对等的身体话语体系,那就是将中国传统拱手礼、作揖礼称为"自己握手"礼,将西式握手礼称作"与对方握手"礼,并在"卫生""简便"等有利于身体的近代礼仪标准下,权衡二者的利弊,从中发掘中国传统礼仪的文化竞争力。不少文人在"自己握手"礼的优势方面形成了共识:一是卫生,二是简便。

林语堂在列举反对握手、赞成拱手礼的几大原因时,首先提到的就是

---

① 刘绍宽:《鞠躬易拜义》,《华国月刊》第2卷第10期,1925年。
② 孙麟昌:《握手商榷》,《机联会刊》第120期,1935年。
③ 罗志田:《道出于二:过渡时代的新旧与中西》,《读书》2013年第6期。
④ 刘绍宽:《鞠躬易拜义》,《华国月刊》第2卷第10期,1925年。

拱手礼"由医学上卫生上讲比拉手文明,这是谁也不能否认的"。① 孙麟昌也把"实在是又简便,又卫生"列为实行拱手礼"何乐而不为"的两大主要理由。他认为,"在交际场中,不必向多数人一一地周旋"的情况下,拱手礼"可以省却许多麻烦,和许多时间"。② 沁芳将作揖礼作为"中国好的东西"之一,奉为"社交上最好的利器"。其重要原因之一同样是"作揖是我国固有的文化,用为社交相见之礼……是再方便没有了",尤其是在面对蜂拥而至的宾客不"麻烦",面对不便握手的女宾不"局促"。他以平社社友何君在中南海招待宾客为例,对作揖与握手两种行礼方式中身体状态进行了比较。一个是客人"像蜂一般地拥到居仁堂,然后再鱼贯而入"时主人一一握手接待的忙乱以及面对女宾的"局促";一个是"只消待客人全部在大厅中坐定以后……对大众上下左右一拱手便得","遇到女宾时,不至于感到进退两难,而一样的能以礼招待"的"从容"。这两种身体感受的对比,使他"实感到握手真不如作揖来得合理"。③

由此可以看到,随着西式行礼方式在中国的流行与普及,对国人的改变正在悄然由"身"深入到"心"。从马戛尔尼来华开始,中国从被动到主动卷入礼仪文化全球化,这逐渐成为传统礼仪文化发展的全新元素与主要动力之一,不但从异质文化的视角为传统礼仪文化的自我审视提供了一个全新的视点,更使得传统礼仪文化从思维方式到命题结构都发生了重大突破:一方面,逐步养成了中西双向互动的思维习惯,打破了传统礼仪文化发展数千年来以"礼仪之邦""怀柔远人"单向思维为基点的话语体系;另一方面,从这一时期起直到今天,如何应对中西礼仪文化的冲突、竞争与融合,在礼仪文化发展中日益成为"礼教""礼治"之外另一个全新的话语重心。

同时,在思想碰撞与话语竞争中流露出来的剑拔弩张的情绪在礼仪实践方案的设想中亦表现得相对和缓,更多的是对如何调和中西礼仪的探索,如中式空间与西式空间曾经被设想成为分别实行中西不同礼俗文化的场所。《欧西礼貌》一书对餐桌礼仪进行了这样的设计:国人在国内宴请西方人时,可以"完全依照中国习惯,而置欧西礼俗于不顾",这也是向西

---

① 语堂:《说握手》,《论语》第72期,1935年。
② 孙麟昌:《握手商榷》,《机联会刊》第120期,1935年。
③ 沁芳:《作揖与握手》,《新中华》1936年第4期。

方人展现中国文化的一个重要渠道,可以满足大多数西方人"一睹中国习惯"的要求,故而"极为合理";如若做客于西方人家中,则"适用西人习惯",以使宾主双方"均感舒适"。①

空间的装潢风格确实有可能对行礼方式产生潜移默化的影响。民初文人丁子良就观察到了一个令他深感"憎恶"的现象:在以"半坐半躺汽褥椅"为坐具的西式客厅中,主人"每见客至,多不起立",身体的松弛不但使人呈现出一种"倨傲状态",而且长此以往还会导致身体出现缺陷——"其脊骨必日见弯曲如伛偻,于身体之姿势上甚不雅观"。在他看来,不同于球房茶肆等可以放松身心的游乐场所,客厅作为"礼客之地",应充分展现"庄重大样"之气象;尤其是在坐具方面,旧式的太师椅在人们履行待客之礼过程中,有助于塑造"竖起脊梁骨,使身躯无欹斜之病"的身体形象,从而给人留下"仪容肃穆"的印象。② 不过,依据空间限定行礼方式的选择,这种设想也只是一种理想。中西不同体系的礼俗文化混融于同一空间已经成为一种普遍现象。"民间各种公私仪节,都是随意所好,各自为政。年老守旧的喜欢作揖,行跪拜礼,时髦小伙子却喜欢握手鞠躬,甚至拥抱接吻,居然可以同时地表演着。"③"现今社会人士,于相见进退之间,彼此行礼,漫无标准,有行旧礼者,有行西礼者,纷然杂出。"④小说中孙柔嘉无视夫家在祭桌前铺上红毯的暗示,"直挺挺踏上毯子,毫无下拜的趋势,鸿渐跟她并肩三鞠躬完事"⑤,正是试图通过空间装潢来引导身体对礼仪的完成的一个典型失败案例。

如果说对致意礼的讨论还只是文化之争,对吃茶问题的讨论则上升到了政治意识形态的论争。

20世纪上半叶,在民族危机日益加深的时代背景下,从不同视角思考民族命运,从不同方向寻求救国途径,是这一时期政治思潮、思想流派异彩纷呈的主要原因。现代都市为各种政治"共同体"的形成提供了社会基础与活动空间,日益发达的公共媒体为形形色色的政治言论提供了交流、交锋的平台。在都市文化空间中生长起来的饮茶文化也不可避免地卷入了

---

① Earl and Kathanine Willmott 著:《欧西礼貌》,凌楚珣译,西南印书局1944年,第18页。
② 丁子良:《正俗》,《社会教育星期报》,第374号。
③ 邱培豪:《改革礼俗的几个根本问题》,《服务月刊》第6卷第1期,1946年。
④ 重庆国民政府内政部编:《礼制草案》,出版地、出版年不详,第33页。
⑤ 钱锺书:《围城》,人民文学出版社2007年,第297页。

政治论争的漩涡。

"吃茶"问题因20世纪30年代文艺界一场关于如何为明代小品文定位的空前激烈、旷日持久的论争而被推上了风口浪尖。林语堂、周作人等人极力推崇明代小品文的"幽默""个人的笔调"等文风，并将其代表公安派、竟陵派的成就和价值提高到五四以来新文学运动的始祖的至高地位。而鲁迅、阿英等人则对借明人小品文倡导的闲适、幽默的文风进行了批评，也反对将明人小品文与五四新文学运动混为一谈。①在明人小品文刻印成风、关于小品文论争风起云涌的1934年，恰逢自称"苦茶上人"的周作人五十大寿，刊登在《人间世》的周作人自寿诗中将"吃苦茶"与"听谈鬼""学画蛇""玩骨董""种胡麻"等传统士大夫的"闲适"作派列为自己的志趣，表达了"讽世"的心态，这一论调更是引起了轩然大波。②无论是自由主义知识分子遥相呼应的和诗，还是左翼文人群起攻之的抨击，都将"吃茶"作为主要着眼点。"吃茶文学"一时间成为"闲适"派的主要标签，也是左翼文人抨击矛头集中所在。

如廖沫沙在和诗中写有"误尽苍生欲谁责"，并明确归咎于"清谈娓娓一杯茶"。③阿英除撰写《读〈狂言〉》《清谈误国与道学误国》《嘿与谦》等一系列反对过分推崇小品文的文章之外，还撰写了一篇《吃茶文学论》，专门针对徐志摩、孙福熙、周作人等人的"吃茶"论进行批评；不仅嘲弄在吃茶文学代表人物徐志摩已经死于"风不知向那方面吹"，其"吃茶论"已经成为全集的佚稿，孙福熙的吃茶杂志早已难以为继的情况下，"不断的国内外炮火，竟然没有把周作人的茶庵、茶壶和茶碗打碎"，还特别引用了芥川龙之介20年代游上海时对茶客的讥讽，再次对"不仅有'寄沉痛于苦茶者'，也有厌腻中国茶，而提倡吃外国茶"的知识阶层发出了"康南海式的感叹：'呜呼！吾欲无言！'"④署名何萧的文章则将周作人自寿诗中的"吃苦茶"与不久前盛行于文坛的"国家事，管他娘"的论调进行了比较，指出"表面虽有形式的差异，内容的成分是相同的"，都是"麻醉自己"，以逃避"行将崩溃的社会"的消极行为。⑤

---

① 李圣华：《20世纪明代散文研究述论》，《中州学刊》2004年第3期。
② 林分份：《周作人"五十自寿诗"事件重探》，《鲁迅研究月刊》2010年第11期。
③ 埜容(廖沫沙笔名)：《人间何世》，申报副刊《自由谈》1934年4月14日。
④ 阿英：《吃茶文学论》，载陈斌编著《吃茶去》，辽宁教育出版社2011年，第72—73页。
⑤ 何萧：《不管和吃茶》，《新社会半月刊》第7卷第2期。

虽然对"吃茶文学"的抨击不至于撼动茶叶消费风气、打击茶叶市场销售,然而茶商出于扩大营销的利益驱动,在有意识地迎合"民族主义化"消费风尚,为茶叶消费贴上"爱国主义"标签的过程中,不自觉地充当了为"吃茶"重新建构政治文化内涵并对其文化合法性加以"正名"的角色。

一方面,通过广告宣传以及对国货展览活动的积极参与,彰显茶叶的"国货"属性,将茶叶消费与爱国行为联系在一起。正兴德茶庄广告通过塑造一位"服装国产的丝品,饮的绿竹商标茶"的新女性形象,来向消费者凸显所售茶叶的"国货"属性。九一八事变一周年时,元兴茶庄广告通过将双篮牌茶叶塑造成"优秀国货"形象,在特殊时期——国难期间赋予饮茶消费以"纪念国庆""提倡国货""消极救国"的特殊意义:"同胞们!我们在这国难期中来纪念国庆,应以卧薪尝胆的精神努力救国,提倡国货就是消极救国的良法。双十节是中华民国的国庆纪念,双篮茶是中华民国的优秀国货。"①

1934 年在北京太庙举行了铁道沿线出产展览会。正兴德茶庄在广告中将参加此次展览会的收获——"荷承踊跃参观,每日四五万人,并售品出乎意料,亦极忙碌"——归功于"社会人士之爱护国产,至为密切关心"。这次展览会的成功使得正兴德开拓业务的信心倍增,打算"以全副精神致力于研究,改正推销目的向华南南洋欧美各地",因此随即呼吁消费者给予"以切实之指示",并指出这是一种"应国产复兴,出洋日增,为国家争光"的行为,从而向消费者传递了对茶叶营销活动的支持意味着对国货的"爱护""复兴"的消费理念。

另一方面,利用中华民国"国庆日"的特殊时机,策划推出了"国庆茶"的概念消费。元兴茶庄在 1934 年推出了"国庆声中,国庆茶"的促销活动,并将促销场所从总店、支店拓展到了河北省国货展览会、青年会国货展览会等。在 1935 年"国庆茶"的广告中,则赋予饮茶消费以"纪念国庆日""追悼先烈士""点缀良辰""努力救国""提倡国货""安慰身心"及弘扬"国家思想"、表达"伤感而悲痛"②等诸多功能,使性质、层次、程度各异的爱国主义情感体验与实践活动都通过饮茶这一共同行为得到了承载和体现。正兴德茶庄也在广告中呼吁同胞通过购买茶叶来实现"欢迎国庆,民族自

---

① 《大公报》1932 年 10 月 10 日,第 2 版。
② 《大公报》1935 年 10 月 10 日,第 6 版。

助,勿忘救灾,欢迎繁荣市面,勿忘救灾"的目标。①

各大茶商借助"国货运动"的浪潮,扩大了自身的知名度,同时也使得饮茶消费融入了当时"民族主义""爱国主义"的主流话语与时代思潮。在民族主义热情高涨的时代背景下,以"国庆茶"为噱头的营销策划取得了较大的成功,通过向消费者灌输"国庆声中,国庆茶"的消费意识与消费习惯,同时给予"高等花茶,美术罐装"的实惠②,的确在一定程度上有效地刺激了茶叶消费。据元兴茶庄自称,在1934年双十节期间,"未及一日,总支店竟将四万余罐完全售罄,销路之速出,出所意料",因此,不但当年的"国庆茶"促销活动一直持续到双十节后,"二批现已装成",持续进行"原价无限制的大售卖"活动③,而且在接下来的1935年、1936年的双十节,将国庆茶"大奉赠"活动作为一种节日营销惯例。

然而,这种彰显茶叶"国货"内涵的宣传策略,却未扭转左翼文人对饮茶行为的强烈反感。五十自寿诗中的"苦茶"论不仅仅像周作人自述的那样给他带来了"被一班人骂了一整年"的严重后果,实际上到了1940年,当他担任伪职的消息传出,围绕"品茶是否能够救亡"这一主题的争论再次卷土重来。针对"品茶救亡"论,马浪等文人撰文进行了辩驳。在文中他不无嘲讽地提到后方的一些文人不但视品茶为"十足道地的名士雅事",而且鼓吹"茶叶又是十足道地的国产",因此饮茶有"保持国权不使外溢"的重大功能。随后马浪以当时已沦为汉奸,受到"皇军"宠幸的最知名的品茶名士周作人为反面典型,讥讽其"在处于'天恩浩荡'之下,大约还是品茶",以驳斥品茶可以救国的言论。在对这些品茶名士进行了尽情嘲讽之后,马浪在文末又通过自嘲的手法再次对品茶救亡论表达了强烈的"惊诧"与质疑:"原来品茶还可有买救亡帽子之副作用,实在不胜钦佩。不过,品茶原是消遣时间的,现在竟能救亡,的确使人惊诧。想来是我不是名士,谈不上品茶,遂不能知其中三昧。"④

吃茶与爱国、吃茶与救亡到底是一种怎样的关系,成为当时民族主义论争持续关注的一个焦点。茶商强调茶叶的"国货"特征,自由主义知识分子赋予饮茶行为以"讽世"寓意,但都有意无意地回避了饮茶行为背后

---

① 《大公报》1935年10月10日,第5版。
② 《北洋画报》1934年10月11日。
③ 《北洋画报》1934年10月18日。
④ 马浪:《论"品茶救亡"》,《胜利周刊》第62期,1940年。

所隐藏的避世思想。以马浪为代表的左翼文人对饮茶行为的认知已经超出了其作为国货的物质层面,直指饮茶行为包含的消极文化因素正在销蚀民族斗志,从而把国货运动的思想推到了"用国货是否就是真爱国"一个更高的思考起点。实际上,茶商在广告中也间接承认了饮茶虽然可以表达爱国之心,但充其量不过是一种"消极救国"的方式,对于实现民族自救的贡献极其有限。在民族危机深重的时代,迫切需要国人拿出更为切实的救亡行动,只有从文化、心性上对国民加以彻底改造,才能真正赢得救亡运动的胜利。阿英、何萧、马浪等左翼文人正是从这一意义上激烈地反对当时的吃茶文学与品茶文化。

第二节　民俗改良与社会启蒙

随着对传统中国的革新从器物层面深入到精神层面,民俗作为民族精神文明的基本层面,对其改良也日益受到国家层面和有识之士的关注。1927年北伐成功以后,在南北走向统一、国民党逐步确立"训政"体制、政治统治开始步入正轨的背景下,早在辛亥革命成功、君主专制垮台以后就备受关注却因随之而来的军阀混战未能切实开展的社会风俗改良运动,此时又重新提上了日程,并与国家政治生活紧密挂钩。如婚俗改良从一开始就被提升到"礼制一端,关系綦重"的高度,后来又作为"新生活运动"的一面旗帜,受到了政府机构以及社会团体的特别重视。正是因为婚俗改良的社会意义不仅仅局限于对个人或家庭(家族)婚俗行为的整顿与改良,所以同时还担当起了教化民众的社会使命。当时社会的主流价值观被融入婚俗改良的基本精神,并在婚礼这样的民俗行为中反复展示,最大程度地发挥主流价值观对民众的示范与导向作用。而社会礼仪包括相见礼的确立也被视为推行国家政治意识形态的主要媒介,因此,从北洋政府到南京政府多次草拟修订的礼制方案中都将之列为一项重要内容。北洋政府在颁布相见礼的同时,特别对相关条例进行了详尽解读。南京国民政府所倡导的新生活运动,提出要实现"三民主义的礼俗制度化",以确保新式礼俗及其承载的"三民主义"意识形态在日常生活中的贯彻。本节以国民政府的婚俗改良和相见礼规训为例,探察这一时期民俗改良的社会启蒙意义及其收效。

一、旧婚俗的整改与新婚俗的示范:现代都市婚俗改良的主要举措

天津市作为得风气之先的现代都市,在婚俗改良过程中表现较为主动积极。

首先是在报纸杂志上发表大量抨击旧式婚俗的言论,试图通过社会舆论来遏制旧式婚俗的沿袭。在批评中所分析的旧婚俗危害集中在以下几方面。一是"奢华婚制"不但耗费很多时间和精力,而且在经济上"徒增无谓之负担,极背简单朴素之本旨",造成"一般平民非常感到痛苦"。① 动辄数百元的婚礼费用相当于1927年一户从家主到主妇甚至儿童都必须参加劳动的手艺工人家庭十个月内职业收入与非职业收入总和的一到数倍②,而对于那些没有固定职业和收入来源的底层家庭而言,更不啻为一个沉重的负担。二是对满清仪仗的沿用不但有悖于时代精神,"十足流露封建意味,殊予人以不快感觉"③,在一定程度上对新政权认同形成了妨害。此外,随着城市发展,声势浩大的婚礼仪仗与日益拥挤的交通状况也产生了冲突,"本市居民向来对殡葬嫁娶,多沿用旧俗。富有的人家,不论喜丧事,所用的仪仗,以多为盛,往往排列的行列塞途,对交通的阻碍影响很大"。④

其次是通过行政手段对红白赁货铺进行整改,试图从货源上切断旧式婚俗的存续途径。早在1928年10月,天津社会局第三科科长张光斗和科员张朝栋就开始着手婚俗改良的准备工作,一方面"调查天津市各喜白赁货铺",一方面"与某君讨论取缔及改良办法"⑤,从此拉开了南京国民政府时期天津婚俗改良的序幕。随后在1929年3月,天津市社会局拟定了一份现行婚丧礼草案并呈请国民政府鉴核,又在同年5月先于国民政府拟妥并施行有关婚丧仪仗的暂行规定,还表示等到国民政府正式颁布礼制时即刻废止。此后,天津市社会局又先后在1935年6月颁布"婚丧仪仗暂行办法",在1937年4月颁布"天津市婚丧仪仗暂行办法实施细则",后因红白赁货铺的反对,在同年5月重新修订颁布了"婚丧仪仗变更办法"。同时还尝试通过捐税等经济杠杆来抑制旧式婚俗的奢侈消费行为,推出了"天津

---

① 《婚丧礼制尚待修正》,《益世报》1929年3月27日,第10版。
② 据冯华年《民国十六年至十七年天津手艺工人家庭生活调查之分析》,这类家庭在他们调查的十个月内,职业收入与非职业收入的总和最高为279.4元,最低为130.2元。(《经济统计季刊》第1卷第3期,1932年)
③ 《津市社会局修订婚丧仪仗办法》,《益世报》1935年6月28日,第5版。
④ 《婚丧仪仗不许走大街》,《益世报》1948年5月7日,第5版。
⑤ 《社会局开始整顿风化》,《益世报》1928年10月28日,第2版。

市征收婚丧仪仗慈善捐办法"。

最后是由社会团体发起举办集团结婚等活动,对新婚俗的推行起到引导与示范作用。继上海、北平在1935年元旦举行集团结婚活动之后,天津中华基督教青年会作为一个以服务社会、改良风俗为主要宗旨之一的社会团体,仿效苏联和意大利等国的"新时代结婚的仪式",从1935年4月开始筹备天津市首届集团结婚活动,倡导"简单仪式、朴素筹备、团体作用、砥砺作用"的新婚俗。后又举办数次。这一经验被天津社会局吸收,于1937年推出了天津市第一届由政府主办的集团结婚活动,试图改变民众认为集团结婚"不方便、不阔绰"的"旧式观念"和"错误"想法;极力推广"集团结婚这样隆重,这般阔绰,在任何一家结婚的时候是不易见到"之价值观,并表示为了方便市民参加,"随时都可以报名,逾十对以上,我们就可以举行"。①

抗战胜利以后,集团结婚活动进入了一个更加旺盛的发展时期。天津市社会局于1945年12月宣布"决定每年四季举行集团结婚四次"。《益世报》《大公报》等天津媒体曾经对1946年秋季和冬季、1947年春季等数次集团结婚活动的前期筹备以及举办盛况进行了详尽生动的报道,也对集团结婚活动影响力的扩大起到了重要的推动作用。

婚俗改良从一开始就被提升到"礼制一端,关系綦重"的高度,后来又作为"新生活运动"的一面旗帜,受到了政府机构以及社会团体的特别重视。集团结婚活动得到了极大的普及和推广,逐渐成为社会大众认同的婚礼形式。

最初天津青年会举办第一次集团结婚活动时,参加者寥寥,虽然"宣布开始报名后,索取章程者,纷至沓来","而报名参加者殊少",远远低于主办方的预期。"该会原定本届集团结婚,新婚夫妇最多不得超过十对;但截至五月十五日报名截止时,报名而合格者,不过八对。嗣该会宣布,在截止报名后,仍可接洽,始将十对之数凑足,乃开始筹备。"②结果到了活动当天,由于其中一位新人告病未能出席,仅剩九对,仍然不足十对。不过虽然参加者无几,观礼者却非常踊跃:"事先所发观礼证,凡千数百份,临时仍感不敷分配,被阻礼堂以外之观礼者,倍加礼堂内之观众,统在三千人以上。"

---

① 《津集团结婚昨举行嘉礼》,《益世报》1937年5月23日,第5版。
② 《青年会主办集团结婚今日举行》,《大公报》1935年6月15日,第6版。

"礼堂内楼上下即患人满,人声嘈杂,汗气如蒸。"①虽然这些人大多是来看热闹的,甚至主要是冲着"看新娘"来的,但是无疑提高了集团结婚活动的人气,对其推广起到了重要作用。参加集团结婚活动渐渐为社会大众所接受,从最初的不足十对,到1937年社会局主办首届集团结婚的14对,到1946年秋季集团结婚的55对,参加人数有了显著增长。而到了1947年春季,报名登记者更是达到了80对之多,经过审核准许参加者也达到了66对,甚至传言"因参加人数之踊跃,或将举行春季第二次集团婚礼"。② 这可以称得上是国民政府时期天津婚俗改良最显著的成果之一。

二、崇尚俭约与爱用国货:婚俗改良作为社会教化的载体

国民政府时期的婚俗改良具有重要的社会意义,在于它不是仅限于对个人或家庭(家族)婚俗行为的整顿与改良,同时还担当起了教化民众的社会使命。当时社会的主流价值观被融入婚俗改良的基本精神,并在婚礼这样的民俗行为中反复展示,最大程度地发挥了主流价值观对民众的示范与导向作用。

崇尚俭约是这一时期婚俗改良的核心精神之一。早在20世纪10年代,天津名流林墨青就发起了崇俭会,并在他自己主办的《社会教育星期报》中大力宣传该会的宗旨。进入30年代,在国民政府训政时期大力推进的新生活运动中,朴素俭约也是当局极力倡导的主流价值取向。天津的"奢华婚制"不但加剧了下层家庭的经济困境,从理念上也有悖于新生活运动的基本精神,婚俗改良便成为倡导俭约风气的突破口。

首先体现在旧婚俗的整改中。一方面是本着"简单朴素"的主旨,通过行政手段对婚礼仪仗的数量和形式加以简化。如1935年颁布的婚丧仪仗暂行办法明确规定了在婚礼中允许使用的仪仗,包括"长方红旗一面,中缀'喜'字""红色高脚牌,中书'婚礼'二金字",以及花篮、吹手、乐队、马车、汽车、彩舆等,而以往浩浩荡荡、遮天蔽日的旌旗、銮驾、顶翎都在禁止之列。1937年颁布的施行细则更对婚礼仪仗的执事人及乐队或吹手人数进行了限定。另一方面是通过捐税等经济杠杆来对婚俗消费行为加以引导。如1935年天津市颁布了"征收婚丧仪仗慈善捐办法",规定"凡居民举行婚丧典礼时,应于事前按照本办法,向公安局填写声请书,缴纳慈善

---

① 《首次集团结婚昨盛大举行典礼》,《益世报》1935年6月16日,第5版。
② 《人比春风暖 结褵待花开 集团结婚今日举行》,《大公报》1947年4月8日,第5版。

捐",主要依据仪仗队伍的规模来划分不同的缴纳标准,规定婚礼仪仗人数在五十名以下免捐,超过五十名按照"五十人以上至八十人""八十人以上至一百二十人""一百二十人以上至一百六十人""一百六十人至二百人""二百人以上"等不同档次缴纳捐税。此外,还规定婚礼仪仗经过市街时,必须持有证明已经缴纳捐税的执照,以备沿途警察随时查核,如有瞒报人数的要按照应纳金额加倍处罚。① 这项规定显然是试图促进筹备婚礼的个人或家庭在仪仗数量与档次的选择上多一个捐税成本的顾虑,以期对婚礼仪仗的奢靡之风起到一定的抑制作用。

其次,通过举办集团结婚活动等推广新婚俗的实践,从方方面面极力示范"简单朴素"的婚俗原则。一是在仪仗方面以简单庄严为最高原则。如1935年天津青年会主办的首届集团结婚活动使用的礼车,"殊不似普通结婚汽车之花花绿绿,仅在车顶系红色绸带,似是十字披红"。② 二是在服饰方面选用朴素、价格低廉的礼服。如1935年集团结婚活动中,新郎就选用了"价值低廉之蓝色绸绐长袍,青色马褂,白色裤,黑皮鞋",而新娘礼服本着"色以素雅为上"的原则,最后确定为"米色印度绸长衫,白色乔其纱头纱"。③ 三是拒绝人情往来的繁文缛节。如1935年青年会集团结婚活动预先拟定的章程中明确表示,"不代收任何礼品"。④ 而在1946年秋季集团结婚活动中,"台上的唯一礼品是警察局李汉元局长所赠的鲜花篮"。⑤

除了"俭约","国货"也成为婚俗改良运动中引人瞩目的关键词之一。20世纪上半叶掀起了数次国货运动浪潮,各大主要城市先后成立了不少维持国货组织,通过举办国货展览会、打造国货广告等多种渠道普及国货消费意识,"中国人要消费中国货"成为当时国人消费行为选择的主流价值取向。同一时期的婚俗改良自然也成了国货运动的重要阵地。对婚礼吉服"民族属性"的规定可以说是对当时的国货运动进行了一次积极的配合。如1935年青年会集团结婚活动章程规定,"结婚时新郎须穿中国常礼服,袍褂衣料限用国产"⑥,并建议在东马路好华绸布商店定制。短短一条

---

① 《津市社会局修订婚丧仪仗办法》,《益世报》1935年6月28日,第5版。
② 《首次集团结婚昨盛大举行典礼》,《益世报》1935年6月16日,第5版。
③ 《青年会主办集团结婚今日举行》,《大公报》1935年6月15日,第6版。
④ 《青年会举办集团结婚》,《益世报》1935年4月4日,第5版。
⑤ 《集团结婚大礼完成》,《大公报》1946年9月30日,第5版。
⑥ 《青年会举办集团结婚》,《益世报》1935年4月4日,第5版。

章程,却包含了丰富的"民族运动"信息。如果说布料上选用国货,显示的是一种"经济上的支持",那么款式上限定为"中国常礼服"则反映了一种通过塑造"民族化形象"来进一步强化国货运动与民族运动联系的意图。① 主办方建议的商店名号"好华"也表现出一种强烈的民族情感。1937年天津社会局主办的第一届官办集团结婚活动同样汲取了民办集团结婚活动支持国货的传统,规定"吉服颜色样式,新郎蓝袍、黑褂、黑鞋、白草帽,新娘粉红色长袍、黑鞋、白头纱,质料任意选用,惟一限用国货"。②

这一时期的天津婚俗改良运动汲取了崇尚俭约、倡用国货等在当时受到热切关注的主流价值观,意图给时人留下富有"新时代"精神与"新生活"气息的良好印象,从而有助于其获得更多的社会认同与号召力,取得更显著的成效。

三、熟人与陌生人:婚俗改良与公民社会的培育

"熟人社会"是传统中国人在处理社会关系、生活空间、礼数践行以及情感认同等问题时的一个重要社交圈。传统婚礼不仅是两位新人生活结合的开始,在通常情况下也是联姻家庭(家族)之间及其亲友在内的"熟人"圈一次强化家族凝聚力以及情感纽带的重要场合与时机。而集团结婚活动与传统婚礼的分野,就在于突破了传统婚礼的"熟人"社会范畴,将之推向一个"陌生人"时代。新婚夫妇与操办他们终身大事的工作人员常常是素不相识。一般婚礼都是由联姻家庭的双方家长主婚,由亲友中有社会名望者证婚,由同辈或晚辈担任傧相、花童等,如1937年的几场名人婚礼中,艺术界名人杨镇与余炳巽的"伴郎学仁、伴娘学纯及散花牵纱者,均为新郎之侄儿侄女"。③ 严范孙之孙严伯符与出身书香世家的姚菊生的"主婚人为严季聪、姚品侯……伴郎严仁驹、伴娘严仁梅,均系伯符之昆玉"。④ 严家另一对新人严仁颖与李若兰的"伴郎严仁驹、伴娘李珠兰,均为新人之弟若妹"。严家这两场婚礼有一个共同的证婚人,那就是同严范孙一起办学的世交挚友、南开校长张伯苓,媒体称他"几乎为严府上的固定者"。⑤ 而集团结婚活动的引导员、傧相、花童通常由在校师生或者公职人

---

① [美]葛凯(Karl Gerth)著:《制造中国:消费文化与民族国家的创建》,黄振萍译,北京大学出版社2007年。
② 《集团结婚 新夫妇吉服 一律用国货》,《大公报》1937年5月5日,第6版。
③ 《记杨余婚礼》,《语美画刊》第2卷第12期,1937年。
④ 《严姚婚礼记》,《语美画刊》第2卷第21期,1937年。
⑤ 《严李婚礼志盛》,《语美画刊》第2卷第5期,1937年。

员担任。如1935年青年会集团结婚活动便聘请了大生助产学校女生刘学浚、培才学校教员罗治英两位女士承担在婚礼前引导新娘休息、在婚礼上提灯引导新婚夫妇步入礼堂上台等工作；1946年社会局主办的秋季集团结婚活动则由社会局徐铭、刘文前二人任男傧相，金舜瑛、袁哲怡二位小姐任女傧相等。观众更是"陌生"的。在1935年青年会集团结婚活动中，"印备观礼证一千份，除新婚夫妇每对给予观礼证三十份外，余者均送该会会员与各机关团体"。典礼当日，礼堂台下"椅座最前两排，规定为新婚夫妇家长与介绍人席，此外可随便入座，不加限制"。① 除此之外，还有更多"无观礼证者，则被拒门外，群在宁园游廊下远瞩"，人数统在三千人以上。"陌生人"在观众中的比例远远超过了"熟人"。而在1946年秋季集团结婚活动中，证婚人杜建时副市长在致辞中更是把这个"陌生人"群体扩大到了"全体天津市民"的范畴："最后代表天津市一百八十万市民祝此五十五对贤夫妇花好、月圆、人寿、多福、多寿、多子孙。"②

当然，这些所谓的"陌生人"绝非毫无关联的一群"乌合之众"，而是由国家机关与社会团体精心组织的。自1840年以来，有志之士从方方面面对中华民族屡遭侵略、主权不断丧失的多舛命运中进行了痛苦反思，其中很重要的一点就是对国人"自私"的劣根性的反思，从精英知识分子群体到国家统治集团一直在进行培育"公共"意识、建设"团体"生活的努力。在这一思想背景下集团结婚活动被视作"最富'团体'意义"的活动形式，让人们从中看到了"改善团体生活之可能"与"促进团体进步的力量"。③ 因此，集团结婚活动把要求新婚夫妇超越"'娶妻生子的自私主义'、承担起"社会集团生活的责任"、缔结成"社会直接与夫妇发生合作的关系"视为"最大目的"④，并期望他们通过这种"团体"关系进一步实现"砥砺作用"。1935年青年会集团结婚活动中证婚人商震市长的致辞特别阐述了"砥砺作用"的内涵，即包括"个体砥砺"与"配偶砥砺"。前者指的是鼓励参加集团结婚的新人个体之间在"人格""知识""职业""乐群"及"进步"诸观念下的"竞争"心理。后者指的是鼓励每对夫妇通过互相比较，激发他们"合作努力"，在经营永久爱情、促进家庭美满方面争求先进的"竞争"心理。而这种"砥砺作

---

① 《青年会主办集团结婚今日举行》，《大公报》1935年6月15日，第6版。
② 《集团结婚大礼完成》，《大公报》1946年9月30日，第5版。
③ 《证婚人商震演词》，《益世报》1935年6月16日，第5版。
④ 《庆祝十双伉俪》，《新天津画报》1935年6月16日，第1版。

用"反过来又是为了强化"团体"成员的互相认同,促进"团体"成员共同荣誉感的形成——"拥护集团的尊严,不要做破坏的分子"。①

既然集团结婚是一种"公共集体活动",那么"公共道德"就成为最受看重的品行。《语美画刊》对 1937 年社会局首届集团结婚活动的花絮报道,内容可分为"趣事"与"感人事迹"两个部分。在"感人事迹"的讲述中,几乎全都是对"公共道德"的褒扬:"提灯引导,南开女中邹小姐,因职务所限,特于当日下午请正课假一小时,牺牲不小。指导员吴秋尘君,傧相包轻第女士是日未用早点,十时即赴宁园指导演礼,枵腹从公,至堪钦佩……第十一对新娘王淑敏急公好义,个人化装完毕,复助化装员为列位新娘化装,请之再三,始就坐休息。"②

由市长、副市长担任证婚人,由公安局乐队负责奏乐,由社会局职员担任傧相,由国民学校学生担任拉纱花童等,这些公共资源在婚礼中的运用使集团结婚活动庄严隆重。但因婚礼承办方与新婚夫妇素不相识,又引发了不少趣事。如在 1946 年秋季集团结婚活动中,"因只有社会局的二位伴郎与伴娘,他们怕认错了人,弄成了'乱点鸳鸯谱',所以都让新夫妇在行礼前看对不对,新夫妇都笑了,观客们也笑了"。③而这些无伤大雅的"笑料",成为集团结婚活动中"最精彩的一幕",最为新人们与观众们所"喜闻乐见",因此事实上也成为集团结婚活动聚集人气、扩大影响力、赢得社会认同的主要"噱头"之一。

如果说婚俗改良中对俭约与国货的提倡只是从生活方面对国民性的改造,那么集团结婚活动对团体生活与砥砺心理的倡导则反映了以"新时代""新生活"为标榜的社会改革中一个更为宏伟的目标,即打破传统"熟人"社会陈陈相因、盘根错节又各自为营、排斥异己的人情关系网络,在广阔的"陌生人群"中建构起具有普遍性的社会认同、合作与秩序,从而催生现代"公民"社会与"公共"观念的真正萌芽。

四、强权者与家长:"国家"在婚俗改良运动中的双重形象

南京国民政府在建立之初,即把礼制建设视为巩固政权的重要途径。而礼制建设的核心宗旨实际上就是培养民众对现行政权忠诚与服从的道德观。婚俗改良运动作为礼制建设的重要组成部分,也承担起了强化政治

---

① 《证婚人商震演词》,《益世报》1935 年 6 月 16 日,第 5 版。
② 《集团结婚花絮》,《语美画刊》第 2 卷第 13 期,1937 年。
③ 《集团结婚大礼完成》,《大公报》1946 年 9 月 30 日,第 5 版。

认同与确立国家权威的使命。

政治文化符号是政治认同与国家权威意识的重要载体。1929年天津市社会局第一次颁布婚丧仪仗修正办法，就明确规定禁止使用包括銮驾、顶翎、红缨帽、龙旗、五色旗在内的带有"旧政权"色彩的仪仗，代之以青天白日旗、党花等象征"新政权"的文化符号。如果说对仪仗数量的规定是对"奢华婚制"的一种矫正，那么对婚俗中"满清仪仗"的明令禁止则反映了政府机构通过社会风俗的改良来消除"旧政权"影响、确立民众对"新政权"的认同与服从的思路。而1935年新颁布的婚丧仪仗使用规范又发生了微妙的变化，象征国民政府政权的党国旗也被列入了禁用之列，只有在集团结婚典礼上才能得以合法使用。这显然是考虑到不分场合滥用党国旗也有可能造成对国家权威的一种亵渎，只有明确规定使用党国旗的禁忌，才能有效地激发民众对国家权威的敬畏之心。

确立国家权威的另一途径是借助证件的约束力。作为国家权力的物化，证件是国家机器对民众行为加以约束和规范的方式和依据。除了传统婚俗中同样必备的用以证明婚姻关系真实性与合法性的"婚书"之外，在婚俗改良运动中还推出了用以证明婚俗行为合法性的证件，即在依法收取慈善捐后准许婚礼仪仗队伍经过市街的"通行执照"。这反映了天津市当局试图通过颁发执照的办法来确保婚丧仪仗使用规范的有效执行，从而维护国家机器的权威性。

除了作为强势的管理者，"国家"还试图通过扮演温情脉脉的"家长"来操控民众的婚俗行为。如果说在传统社会中将君主称作"君父"，将官员称作"父母官"，还只是一种将君民（官民）视为父子的隐喻关系的话，那么在集团结婚活动中，政府官员对于婚礼上的父母角色则实现了一种实质上的置换。典礼上处处是他们"像是自己家里办了喜事，忙乱得在台上来回走动"的身影以及"充满着家长般慈祥的微笑"的面容。[①] 而真正的父母只能坐在台下充当无所事事的"观客"。在集团结婚活动举办之初，这样的婚礼形式显然很难让人理解，尤其是对于那些把子女含辛茹苦养育成人并把儿女婚事视作人生最大一桩心愿的传统父母而言简直无法接受，甚至引发了让人哭笑不得的尴尬场面："举行典礼时，一老妪欲登坛参观，自谓主婚人，众劝其至礼坛下参观，妪大呼：'我们家娶媳妇儿，不许我看？'强

---

① 《秋季集团结婚盛况空前》，《益世报》1946年9月13日，第5版。

之，不得已，乃怏怏而下。"①

国民政府时期"国家"在婚俗改良过程中扮演的角色再次充分表明国家权力的"向下渗透性"是现代国家的一个重要特征。在传统社会，君主被赋予的"天下、国家、社稷、宗庙"的称呼表明了以君主为国家形象的真实性，"天高皇帝远"却反映了以君主为首的中央政权对于县以下地方社会权力的缺失与抽象性。而在现代民主国家，虽然只能借助国旗、国徽等文化符号来建构一个抽象的国家形象，但是国家机器却可以通过强势的管理与温情的引导这两种"软硬兼施"的方式，对更为微观的社会组织包括家族或家庭的行为进行切实有效的渗透和干预。

五、民俗改良的局限性及原因

应该说，天津市社会局在婚俗改良运动中表现出了相当积极主动且持之以恒的态度，不但三令五申、多次修订婚丧仪仗使用规范，而且借助社会力量的支持，如吸收青年会举办集团结婚活动的经验，加强新婚俗的导向与示范作用。但是这种"双管齐下"的改良方式所取得的成效却是相当有限的。

经济利益是重要的阻挠因素。红白赁货铺是婚俗改良过程中首当其冲的利益集团。1937年天津市婚丧仪仗暂行办法以及实施细则一经颁布，就引起了红白赁货商的"大形恐慌"，"纷纷向该商公会建议，呈请修改"。婚丧仪仗暂行办法及实施细则几乎每一项规定都对红白赁货商造成了沉重的打击，如弃用满清样式的执事衣帽将迫使赁货商花费较大的资金成本更换服饰，对旗帜及高脚牌数目的限制会大大减少赁货商的经济收入等。此外，在不能很好地解决贫民生计出路的情况下，提倡俭约与体恤民艰有时会表现为一种悖论。对奢侈消费行为的禁绝可能导致贫民生路的断绝，从而背离了倡导俭约以救济民生的初衷。1937年红白赁货商反对婚丧仪仗实施细则的理由之一就是限制执事人数"事关贫民生计"，最终迫使社会局不得不作出部分让步，如"为体恤商艰"，准许陆续更换执事人员服装，为照顾贫民生计，考虑呈请市政府核示有关执事人数的限制规定，但是对于旗帜及高脚牌数目的限制规定要求"应毋庸议"。② 这种从货源上斩断旧婚俗存续途径的方式从执行伊始就遭到了挫折，再加上多数民众

---

① 《集团结婚花絮》，《语美画刊》第2卷第13期，1937年。
② 《婚丧仪仗变更办法》，《益世报》1937年5月11日，第5版。

对传统婚礼仪仗的市场需求依然存在,这就导致了"满清仪仗"与"奢华婚制"在天津婚俗中长期顽固地存在。

如果说"满清仪仗"还有可能逐渐被一些时髦新奇的"现代仪仗"如汽车、花童等取代,那么"奢华婚制"背后所掩藏的炫耀、攀比心理则很难根除。传统婚俗中的奢侈消费行为,最主要的社会心理根源就在于把婚礼视为难得一次展示家族(家庭)经济实力与社会地位的机会,从而不惜一切、倾尽所有也要讲面子、摆排场。然而,在婚俗改良的过程中,不论是对旧婚俗的整顿与改良还是新婚俗的导向与示范,都未能从根本上纠正传统婚俗中的这一痼疾。经天津市政府多年努力,奢靡之风依然屡禁不止。直到1948年,"本市居民向来对婚葬嫁娶,多沿用旧俗。富有的人家,不论喜丧事,所用的仪仗,以多为盛"的情况仍然困扰着天津当局。① 甚至在集团结婚这一新婚俗的倡导过程中,又出现了另一种形式的炫耀、攀比。一位名为喆夫的作者早在集团结婚习俗传入天津之前,就给这一活动泼了冷水。他通过对北京、上海等城市集团结婚活动的观察发现,很多参加者来自财力殷实的家庭,因此参加集团结婚活动并不都是出于节约婚礼经济成本的考虑,而更多的是因为"'风头'与'市长证婚'"可以满足年轻人好奇、虚荣的心理。作者担心这样的心态注定了集团结婚活动对于树立新婚俗的效果非常有限。当"市长证婚"走到了司空见惯的阶段,不复有新鲜感,不能再作为炫耀资本,还是"花轿大礼"能够显示公子哥儿的"谱儿",而那时集团结婚"也许不久又爽快地送回意大利去了呵"。②

虽然集团结婚活动未能如喆夫预言在中国难以为继,反而是愈演愈烈,但是他所针砭的炫耀心理却的确在集团结婚活动中通过各种形式滋生表现出来。如以"集团结婚"为噱头的化妆品广告便从侧面反映了新人之间某种微妙的攀比心理:"当你参加集团结婚的时候,来宾极多,少不得要交头接耳的批评某对情侣漂亮,某对夫妇丑怪,大众视线集中在你们的身上,这是多么耀光的事。"而广告中对新人们的建议是,"集团结婚以前应有的准备:避免当场批评你面貌的丑怪,莫若事先研究好美容的对策"③,这既是对新人攀比心理的一种有意识的迎合,也是诱导新人进行额外消费的一种手段。

---

① 《婚丧仪仗不许走大街》,《益世报》1948年5月7日,第5版。
② 喆夫:《谈"集团结婚"》,《新天津画报》1934年12月16日,第2版。
③ "芙蓉霜、芙蓉蜜广告",《天津游艺画刊》第9卷第10期第100号,1944年。

更为重要的是,这一时期的婚俗改良主要还是着眼于婚俗形式的变革,对于婚俗的实质内容即婚姻观念的根本革新并未给予应有的重视。因此,不但旧式婚俗大行其道,就是在新式婚俗中也暗藏着不少"旧式观念"。如集团结婚活动的初衷是要求打破"娶妻生子"的自私主义,可是从证婚人的致辞到新人的行为,无不表明"传宗接代"仍然被视为婚姻的主要目的。在社会局主办的历次集团结婚活动中,几乎每一位证婚人都以"多子多福"祝福新人。而1937年社会局集团结婚活动更是出现了一个让人忍俊不禁的小花絮:"第六对新娘孟宪英,左手隐于纱下,细窥之,玉手握苹果二枚,栗子一双,当系取'平安立子'之意。"①

相较于"传宗接代"观念,对"旧式婚姻"的赞许与留恋是更值得注意的问题。尽管婚姻自主以及在这一理念基础上确立的现代婚姻法规已经实行一段时间,可是包办婚姻以及婚姻中夫唱妇随的家庭关系模式等仍然占据较高的比例,就连具有现代思想的教育家张伯苓都对"旧式婚姻"抱有某种赞许态度:"不自由的婚姻——就是旧式的婚姻——未必不自由,不快乐。所谓自由的婚姻——由恋爱而成功的——未必就能真自由。自由的是先恋爱后结婚,不自由的是先结婚后恋爱,我觉得后者的味也许比前者还好。"侥幸在旧式家庭中收获了融洽的夫妻感情使张伯苓对旧式婚姻抱有天然的好感,虽然他在夫妻相处之道中体现出了尊重配偶的"现代性因素",但是他却津津乐道这样一件轶事:"南开有位同事,娶了一位旧式太太,夫妻原是不大和睦的,某次听了我的讲演,我主张夫妇和美是最大的幸福,他竟因此而情如胶漆,真是一件出人意料的事。"他对夫人相夫教子、做好贤内助的嘉许(这也是他对妻子角色的一种定位与评判标准),多次盛赞旧太太相对于新式太太的优点,这些都表明了他对旧式婚姻形式的倾心以及对传统家庭关系模式的强烈认同意识。② 这就无怪乎直到1946年,在"新时代"的集团结婚活动上,还会出现这样让人捧腹之余又不得不有所警惕的一幕:"第四十二对新人蔡哲民和吕绣文,两人根本不相识,伴郎和伴娘询问了半晌才把他们引了出来。两位证婚人也禁不住笑将起来。"③这显然是旧式婚姻造成的"笑果"。社会局可能也注意到了这个问

---

① 《集团结婚花絮》,《语美画刊》第2卷第13期,1937年。
② 《张伯苓先生伉俪将举行结婚四十年纪念》,《益世报》1935年2月14日,第9版;《张伯苓氏伉俪结婚四十年纪念盛会》,《益世报》1935年2月25日,第6版。
③ 《秋季集团结婚盛况空前》,《益世报》1946年9月13日,第5版。

题,因此在次年春季集团结婚活动筹备过程中进行了更为严格的资格审核:"当局为慎重计,对身世不详,未得家长许或一方不情愿者,皆拒绝登记。"①由此可见,这一时期婚俗改良主要精力还是集中在行为习惯的矫正上,尚未真正触及思维观念的更新。综上所述,国民政府时期天津婚俗改良是由政府机构主导、社会团体参与的一次自上而下的社会风俗改良运动。天津市社会局作为主管部门借助行政法规的强制手段,在一定程度上克服了民间习俗在发展过程中惯有的惰性,不但在推动新婚俗过程中发挥了重要作用,也通过对婚俗改良实践了国家机器对社会生活方式与社会公共道德的培育,重新建构了个人与社会、民众与国家的关系。然而由于民俗毕竟是一个牵涉到经济、政治、社会心理、行为习惯等多方面因素的"大众文化体系",它的彻底变革绝非依靠行政命令在一朝一夕之间就可以完成,因此天津市当局婚俗改良运动的成果也主要局限于行政力量可以操控的集团结婚活动中。

对相见礼的规训同样存在着较大的局限。事实上,进入近代社会以来,虽然国家较为重视礼仪训练,但是其所能操控的范围多限于学校、军队等体制内空间。加之处在传统礼俗文化日趋瓦解与新式礼仪文化尚未肇基的过渡期,无论是国家律令还是社会惯习,对于社会民众的控制力都大大减弱。如北洋政府相见礼规定,在与服饰风格相协调的前提下,新式的鞠躬、握手和旧式的作揖等都被列为可供选择的行礼方式。20世纪40年代《礼制草案》表示,"规定以脱帽鞠躬或脱帽颔首为相见礼节"正是为了"藉示准则"。但是,从紧接其后的一句话"其有互相拱手或者握手者,亦听便"可以看出,《草案》拟定者似乎并不打算对新式礼仪进行强制推广。

而学校作为科层化组织较为严密的场所,在国家礼仪训练过程中成为向社会大众示范新式礼仪的重要基地。新式学生是近代历史上一个特殊而且重要的阶层群体。从国家与民族的层面而言,从清末兴办新学堂开始,新式学生就被寄托了富国强兵的深切期望。以五四运动为重要标志,新式学生又被视作要求参与政治、呼唤现代政治文明的先锋。在国民政府推行的"新生活运动"中,童子军是推行并监督民众履行三民主义礼俗文化的中坚力量。从日常生活领域而言,他们在接受新式教育的同时,也较早接触了西方的生活方式,成为效仿、传播西方时尚的重要媒介,他们的衣

---

① 《人比春风暖 结缡待花开 集团结婚今日举行》,《大公报》1947年4月8日,第5版。

着打扮、行为举止常常成为社会大众争相模仿的潮流标杆。一个典型的例子就是,传统时代的妓女为保持魅力而在妆容和衣着方面不断推陈出新,因此青楼曾经是社会时尚的策源地。然而在近代社会,有一段时间她们却以"女学生"的穿着风格作为自我形象塑造的样本。

学生的礼貌问题因此成为社会关注的焦点,甚至被认为与国家危亡有着"重大"关系。白远桐在《上海评论》上发表文章对五四以来打压学生的社会现象的讽刺和批评,也从一个侧面证明了从国家到社会都试图通过对学生身体的规训来实现新式礼仪的推行乃至民族文明的新生。有相当一部分人认为学生的礼貌问题不但对"社会所有的颓风"负有责任,"国家也要因青年的不重礼貌而要灭亡了"。他们有意或无意地放大了学生礼貌对于挽救社会颓风、实现国家复兴的作用:"这仅仅鞠躬而已,假使能够彻底改革,学生看见了先生全用磕头,跪拜,于是中国便会富强,称霸全球了。"①这种思路在国家意识形态中也有所体现。《礼制草案》特别强调学校在新式礼仪推广普及过程中的特殊重要性,并将礼仪规训的主要精力集中在学校,以期通过发挥教师和学生的榜样作用来达到引导民众的效果:"规定师生相见之礼,旨在有学校创立始基,使之彬彬有礼,蔚为风尚。"②应该说,在国家规训与集体意志的双重作用下,新式礼仪在学校这一特殊空间中的推广效果是比较明显的。不少教师和学生在行礼方式的选择上已经养成了"鞠躬"的身体习惯。如《北洋画报》的漫画就展示了乡村学生学习新式鞠躬礼的情况。《围城》中所描写的中学校长,虽然生活在"落伍""乡气"的江南小县,但他向方鸿渐行的是新式的鞠躬礼;而从孙柔嘉对方鸿渐撒娇"明天教我爸爸罚你对祖父祖母的照相三跪九叩首"可以看出,她是熟知在传统礼俗文化中祭祀祖先应该行"三跪九拜"礼的,但她在祭拜夫家祖先时却选择了新式礼制倡导的"三鞠躬礼"。也正因为如此,方鸿渐的父亲方逐翁才会对"学生"群体抱有某种偏见:"孙柔嘉礼貌是不周到,这也难怪。学校里出来的人全野蛮不懂规矩,她家里我也不清楚,看来没有家教。"③

城市与乡村往往被视为行礼方式存在明显隔阂的两大空间。《北洋画报》刊登的漫画中活灵活现地刻画了一位"刚一学会鞠躬礼"的乡村学生

---

① 《孤岛学生的礼貌问题》,《上海评论》1939—1940年第3—6期。
② 重庆国民政府内政部编:《礼制草案》,出版地、出版年不详,第34页。
③ 钱锺书:《围城》,人民文学出版社2007年,第298页。

的滑稽身姿。他不但不分场合乱行鞠躬礼,"趁你不留意,乓就来一下子",而且在行礼过程中弯腰的同时还一面抬起头来"瞪着眼瞧你还他的礼儿咧",从而扭成了令人捧腹的头翘、臀撅的奇特身姿。① 梁瑞甫把"乡下的冬烘先生"作为非难"点头弯腰不成体统,没有大拜大跪看起来大方是样"的落后典型。②

不过这恐怕出于一种由来已久的对乡村的偏见。《北洋画报》所竭力嘲弄的乡村学生虽然有些笨拙可笑,但同时也恰恰反映了新式行礼方式在乡村的推进并非毫无进展。另一方面,事实上在城市里,新式礼仪并未一统天下,磕头跪拜的传统行礼方式仍然大行其道。钱锺书笔下的方家虽然已经迁居上海都市多年,但是仍视跪拜礼为天经地义的致意礼节,并因此引发了婆媳之间的第一次罅隙。当孙柔嘉第一次拜访方家,方老太太"满以为他们俩拜完了祖先会向自己跟遯翁正式行跪见礼的",结果却因为儿子方鸿渐"全不知道这些礼节,他想一进门已经算见面了,不必多事",而没有如愿。方老太太心怀不满,不但"这顿饭吃得并不融洽",而且连本来前一天晚上翻箱倒柜找出来要给儿媳作为见面礼的首饰,"因为儿子媳妇没对自己叩头,首饰也没给他们,送他们出了门,回房向遯翁叽咕"。而当孙柔嘉和方鸿渐只是对方家祖先牌位行三鞠躬礼时,连方家年幼的孙子阿丑都能不假思索地指出孙柔嘉行礼方式不符合传统习惯:"阿丑嘴快,问父亲母亲道:'大伯伯大娘为什么不跪下去拜?'"当大人们因为这一"童言无忌"的质疑尴尬得不知所措时,阿丑和阿凶两个孩子却"抢到红毯上去跪拜",以自己的身体对传统行礼方式进行了示范,甚至担心不能率先展现自己对传统礼俗的精通而发生纠纷,"险的打架"。③ 由此可见,传统行礼方式已经通过深深镌刻在方家下一代的身体中这一途径在城市生活中得以延续和传承。

这一时期芸芸众生在行礼过程中的种种身体表现,反映了身体既不是尼采笔下纯粹由原始欲望主宰的肉体,也不是福柯反复论证的在各种复杂权力关系中接受惩戒和规训、完全失去自由的机器。诚然,国家政权不但要通过掌握与民众身体生存密切相关的生产、生活资料的分配权,更要通过礼仪训练等方式对民众的身体进行规训以及对其身体感觉加以引导,将

---

① 《北洋画报》1935年1月1日。
② 梁瑞甫:《礼法食色与社会演进》,《新东方》第1卷第9期,1940年。
③ 钱锺书:《围城》,人民文学出版社2007年,第298页。

国家意志转化为其身体本能，从而保证国家意识形态在日常生活中的贯彻。但是，民众也会从自身身体感觉、经验和诉求的角度出发，对国家礼仪体系及其包含的权力进行各种形式的选择、改造与重构。如果说现代都市婚俗的形成是民众出于经济利益等现实因素与文化心理等全面综合衡量加以选择的结果，那么相见礼的规则多是在国家与大众自身对身体控制权的互相竞争中逐步成形的。

国人对西式礼仪的接纳，主要依据的是在身体语言能够互译的前提下，是否能够减轻身体负担。对鞠躬礼与握手礼接受度的差异，正是这种社会心态的体现。

鞠躬礼初流行之际，严芙孙曾撰写了一篇很长的文章记述了他的友人赵苕狂为了"变变新花样"，在书信中以"两鞠躬"代替"再拜"向朋友致意所引起的一场有趣争执。由于赵苕狂除了向严芙孙约稿，信中同时还提到了另一位作家"禹钟"，结果引发了禹钟与严芙孙争论"两鞠躬"到底是只给严芙孙一个人的，还是禹钟与严芙孙各分一个。① 这当然是一则趣谈，但也切切实实地反映出身体是礼仪文化的核心，礼仪文化的变迁首先意味着身体的改变。由于礼仪的文化内涵必须通过身体动作的演绎才能得以展现和落实，因而在礼仪文化变迁过程中，不同行礼规范中身体动作的幅度、频率等的"换算"就成了新式礼仪推行过程中至为关键也至为令人"斤斤计较"的问题。无论是中式的跪拜，还是西式的鞠躬等礼仪动作，在某种意义上都是用身体惩戒来表达敬意的一种方式。行礼的身体成本与时间成本越大，具体而言就是在行礼过程中，身体动作越繁复，改变幅度越大（从微微点头的颔首礼到俯首弯腰的鞠躬礼，再到腰膝俱屈的跪拜礼），与致敬的对象高度落差越大（从平视对方的握手礼到以头碰地的顿首礼），完成行礼动作花费的时间越长以及重复次数越多（从一次跪拜到三跪九拜，从一鞠躬到三鞠躬），就一方面可以表明礼仪态度越虔敬，另一方面也反映出行礼者与行礼对象身份、地位的差距越大。就这一逻辑似乎可以有这样一种判断，等级制度越森严，礼节通常越繁缛，因为必须通过细致地规定行礼过程身体动作幅度的微小差异，来表明行礼对象的地位等差。也正是因为如此，从颈部到腰部再到膝盖和腿部，几乎全身扭曲的跪拜礼作为政治极端不平等的"封建"社会的象征，遭遇了以民主、平等自诩的"近代

---

① 严芙孙：《赵苕狂的两鞠躬》，《游戏世界》1925年第3期。

文明"国家的强烈抨击。①

新式礼仪相对于传统礼仪更为简捷省事,从而大大减轻了国人的身体负担,成为新式礼仪在近代中国社会迅速流行的最主要动力。不过,"简捷省事"不仅仅是西方礼仪的特征,出于减轻身体负担的本能,中国传统礼仪同样有追求简便的倾向。典型的例子就是明清以来请安礼的流行。据考证,请安礼起源于明代军队礼仪。兵士身穿甲胄时,不方便对上级行跪拜礼,因此就简化为"屈膝",后来逐渐演变成不穿甲胄时也行"屈膝"礼,并逐渐流行于民间,成为晚辈见长辈、幼见长、奴仆见主人等下对上的致意礼。② 相对于跪拜礼,请安礼显然是对身体负担的极大减轻。

进入近代社会,不少普通人对取缔跪拜礼的拥护,同样是出于简化礼仪,减轻身体负担的诉求。如在1925年的时候,一名署名心水的作者在对跪拜礼的批评中,花费了大量笔墨刻画了跪拜礼给身体造成的不适感觉,以及时间成本的消耗:

> 你看大多数仍旧喜用拜跪礼的结婚,跪了又跪,拜了又拜,跪啊!拜啊!弄得新郎的两个腰,两双腿,酸痛得不亦乐乎!至于虚耗于这种繁文缛节的宝贵时间更不算什么。③

相对于一些文化精英在抨击跪拜之礼时集中攻讦"封建""专制"带来的屈辱感,该文作者的想法恐怕才是能够代表当时社会关于跪拜之礼更为普遍的心态和想法。到了1942年,另一篇文章的作者考虑的仍主要是"卫生及施行时的便利",实际上也还是身体负担问题以及时间成本问题。在他看来,旧式跪拜礼的不妥之处仅仅在于"对于病人及孕妇,即不大相宜,年老力衰的人,更不胜其劳"。④ 而在20世纪40年代中期重庆政府拟定的《礼制草案》中劝导民众"从前跪拜礼节,概应废除"的理由同样是为求"简便易行"。⑤

---

① 在近代以前,对跪拜礼的抨击主要是天主教徒在偶像崇拜的语境中进行的。进入近代社会,跪拜礼则被作为民主平等的现代政治文明的对立物加以批判。
② 朱家溍:《清代礼俗杂谈》,载氏著《什刹海梦忆》,江苏文艺出版社2006年,第66页。
③ 心水:《礼貌要整顿一下才好!》,《生活》第3卷第47期,1927年。
④ 邱培豪:《改革礼俗的几个根本问题》,《服务月刊》第6卷第1期,1942年。
⑤ 重庆国民政府内政部编:《礼制草案》,出版地、出版年不详,第4页。

由此可见,简化行礼动作、减轻身体负担是从传统到现代日常生活礼仪演变的一条重要线索。脱帽礼传入中国后,比起跪拜礼已经大大减轻了身体负担,但仍被继续简化为"摸帽礼""举手礼":"有的举手摸一下帽的边缘以代替脱帽的,有的仅举手招呼根本连摸帽边的手续都省了去的。"①这种"简化"礼仪的社会诉求在国家礼制中也得到了体现,"简单""简便"是20世纪40年代重庆政府《礼制草案》反复强调的首要原则:"祭礼仪式,应简单严肃,繁文缛节,概不采用。""相见礼节,以谦恭为主,其仪式力求简便易行。"②简捷省事是国人接受西式鞠躬礼的重要原因之一,也是排斥握手礼的重要理由之一。"有时朋友来的太多,你要一个个与之握手,又不免太麻烦了。""戴着手套与人握手,就不可以。你必得先把手套取下来,再来进行这种礼节。与人握一回手,便免不了要将手套脱下来,随即又再戴上去,其麻烦是不待言的。"③

但是除了烦琐之外,国人对握手礼的排斥还有更深层次的文化心理原因,那就是相对于鞠躬礼、脱帽礼等与国人所熟知的传统行礼方式和礼仪思维还算是相去不远,通过身体接触来传递情感的握手礼则是最为特别和陌生的,对国人的身体和思维产生的冲击也是最大的。因此,引发了国人对身体接触禁忌的密切关注。"不洁"成为国人评价握手礼时最常见的话语模式。所谓"不洁",可以具体分为两类情况。一类是生理性的"不洁"。这种禁忌与从西方传入的卫生防疫理念有着较为密切的关系。身体接触存在传播疾病的风险,已经成为一种较为普遍的卫生常识。这也使得时人在行握手礼时不免顾虑重重。多年来,不利于身体卫生一直是握手礼批评文章的主要立论依据之一:"在大众里,总不免有患痰疾、砂眼、疹疮等传染病,互相握手,很易蔓延。"(1935年)④"与有沙眼一类传染病的人握手,我们还不免要耽一桩心事。"(1936年)⑤"行的握手礼,更容易传染病菌,亦不见得好。"(1942年)⑥林语堂更是将"卫生"作为反对握手礼的首要理由:"有时看见痨病鬼咳嗽时很卫生将手掩口,咳完即伸手与你握别。"⑦关

---

① 高柳桥:《三民主义文化运动与礼俗建设》,《地方建设》第1卷第6期,1941年。
② 重庆国民政府内政部编:《礼制草案》,出版地、出版年不详,第4页。
③ 沁芳:《作揖与握手》,《新中华》1936年第4期。
④ 孙麟昌:《握手商榷》,《机联会刊》第120期,1935年。
⑤ 沁芳:《作揖与握手》,《新中华》1936年第4期。
⑥ 邱培豪:《改革礼俗的几个根本问题》,《服务月刊》第6卷第1期,1942年。
⑦ 语堂:《说握手》,《论语》第72期,1935年。

于握手导致身体伤害的负面新闻报道也不时见诸报端。据《旅行杂志》报道，德国慕尼黑居民莱斯达夫在结婚庆典上接受朋友握手道贺时，遭遇了一位友人握手时用力过猛捏断其手骨的惨剧，并造成了"不但婚礼立时停止举行，且新郎因残废不利工作而致失业，新娘亦拟离异"，而新郎在愤恨之余与朋友反目成仇、对簿公堂等一系列严重后果。[1]

一类是精神性的"不洁"，主要来源于中国本土传统对男女接触的禁忌。随着男女社交日益普遍，握手礼使男女之间获得了身体接触的机会，这引起了一部分人的恐慌和焦虑，试图重新强调身体接触的洁净禁忌。虽然从小说、戏剧乃至正史中可以看到近代以前男女之间的交往并非现代人想象中的"老死不相往来"，但是男女接触的正常化以及合理性长期以来缺乏有力的伦理依据，确是不争的事实。即便是在家庭生活中，男女之别也被置于伦理原则的首要位置。从"男女七岁不同席"开始，家庭成员中男女之间除了通过空间上的内外之别加以区隔，还通过严格限制日常生活用品的共享来杜绝任何接触的可能，包括不共用水井，不共用寝席，除了祭祀和丧礼场所不相授器等；特别是与身体有亲密接触的四大"私亵"之物——椸（衣架）、枷（衣架）、巾、栉（梳子）等，更是不能通用，在彻底断绝男女身体通过日用品进行"间接"接触可能性方面，可以说达到了事无巨细的严密程度。正因为如此，即便进入近代社会以来，男女之间多种形式的社会交往（包括同学、同事、同志等）变得越来越普遍，传统伦理观念关于男女关系模式的认识却仍然非常单一，男女关系模式仍被设定为两个极端：极为亲密（夫妻、情侣）与几乎等同于陌生人的泛泛之交，也就是我们今天常说的，男女之间除了爱情，不存在真正纯粹的友谊。很多人对于男女之间的身体接触更是难以接受，即便承认男女之间存在多种形式的交往模式，但身体接触仅允许存在于最亲密的关系之中。因此，在不少人看来，男女之间身体一旦发生接触，引发的只能是非分的"遐想"。就连不讳于刊登女子全裸照片的《北洋画报》所发表的文章都认定：

> 但中国人是不宜于过于亲切的，过亲切了，便发生"遐想"，尤其是在男女之间。一个男子与女子握手时，常是撇开了友情，而觉到肉感。所以《礼记》上有"执女手之卷然"的话，这已可以看出我国男士

---

[1] 《握手惨剧》，《旅行杂志》第 10 卷第 12 号，1936 年。

们的风度了。①

文章的作者更是据此推测内政部规定"行握手礼时女子先伸手",醉翁之意不完全在于效仿欧美尊敬女子的风气,更是为了适应中国的国情,增加一层"防微的副作用"。② 在现实生活中,尽管男女握手已经是司空见惯的行礼方式,但是在一些人看来仍多少流露着些许局促的味道:"主人立在门边,一个一个地握手相见。我这里虽说是相见,其实他只看见我们的一只手,如果他连这一只手都没有见到时,那准是一位女社友踏进门来了,每遇到这种情形,他的握手礼便失了效力,双方都感着一点局促的样子。"③

此外,对失去身体自主权的担忧也是国人排斥握手礼的主要原因之一。不少人都提到握手引起受人掣肘的担忧。如孙麟昌就提到"与对方相握手",首先就是"要受他们的掣肘"。④ 林语堂对于因握手而受人掣肘的后果更是夸张到了无以复加的地步:

> 你把一只手交给对方,对方要握多少时,要使多少劲,都不得由你自主,一概在对方之掌握中了。最重的莫如青年会干事之握手式。他左手拍你肩膀,右手狠狠的握你一把,握了之后,第二步便是所谓的"顿",顿得你全身动摇,筋酸骨散。……顿了之后,第三步,他得意的向你微笑,呼你老林老陈,其意若曰:"现在你打算怎么了?你逃得了么?还是好好买一张什么入场券吧,入查经班吧,不然我这手定然不放。"在这种情形之下,你如是识时务之俊杰,荷包自然就掏出来了。⑤

更重要的是,如果把礼仪看作一种身体语言,那么握手礼无论是在语词(身体动作)还是语法(表达策略)上都在中国传统礼仪文化体系中找不到可以"互译"的对应点。这或许才是中国人在心理上强烈抗拒握手礼的根本原因。"自卑而尊人"是中国传统礼仪的核心要义。无论对方是尊长还是平辈,唯有向行礼对象表现出一定程度的"卑屈",才算是"尽到了礼

---

① 大白:《握手礼》,《北洋画报》1937 年 3 月 4 日。
② 大白:《握手礼》,《北洋画报》1937 年 3 月 4 日。
③ 沁芳:《作揖与握手》,《新中华》1936 年第 4 期。
④ 孙麟昌:《握手商榷》,《机联会刊》第 120 期,1935 年。
⑤ 语堂:《说握手》,《论语》第 72 期,1935 年。

节"。这种精神上的"卑屈"外化在身体上,就表现为身体不同程度的弯曲。无论是传统的跪拜、作揖还是西式的鞠躬礼、脱帽礼,都能够有效地传递行礼者内心的"卑屈"姿态,这或许是鞠躬礼、脱帽礼能在中国得到较为顺利地推广和普及的重要原因之一。而握手礼作为双方基本对等的身体动作,无法恰当地展现行礼者的"卑屈"态度,因此也就无法实现"尽到礼节"的功能。在多数中国人看来,握手只是一种亲密关系的表达方式,只适宜存在非常狭义的人际关系中,主要是挚友以及情人之间。如"握手言欢……这只限于在两个顶要好的朋友之间,可以执行"。这就造成了不少人与一面之交见面时在是否握手的问题上"颇费踌躇"的为难情状:"有些不相干的一面之识,似乎是用不着那样亲密地和他握手的。若抛下他不理,又觉得有点失礼。最难过的就是双方的手欲伸不伸的那种僵局。"又如握手"最大的功用"应该在于"情人相见"的情形下,唯有这种情况下"决没有人反对握手的"。但事实却是社会上普遍存在着由于受到中国传统伦理观念束缚而导致"见到心爱的情人,反而不敢有所表示"的窘态,这与西式礼仪所要求的"刚通姓名的一面之交,就进而与之握手"的社交习惯,形成了一种"违背人情"的明显悖谬。

由此可见,如果说西方脱帽礼还可以在中国传统已有的"免冠致歉"这样一种卑屈性文化语境中找到互相解读和"转译"的契合点,那么握手礼所蕴含的身体语言意涵(亲密接触与礼节性致意)及其发生的人际关系情境(亲密关系与更为宽泛的人际关系)几乎是背道而驰的,从而对其对话与"互译"造成了极大阻碍。

从握手礼受到国人排斥的社会心理根源也可以看出,无论礼仪形式如何改变,以身体惩戒作为表达敬意的方式这一核心价值理念并没有根本性变化。因此,新式礼仪的推广对解放国人身体的作用缓慢,更有甚者反而加深了对他们的身体惩戒功能。跪拜仍被视作"大礼",盘踞在礼仪体系的塔尖。不但乡下的冬烘先生仍认为"点头弯腰不成体统,没有大拜大跪看起来大方是样"[①],就连最具现代平等意识的学生也一度将"跪哭"作为表达现代政治诉求的一种极端手段。

这种心理催生了另外一种情形,那就是通过西式礼仪与中式礼仪叠加来强化敬意,反而加重了身体的负担。1915 年的《社会教育星期报》提到

---

① 梁瑞甫:《礼法食色与社会演进》,《新东方》第 1 卷第 9 期,1940 年。

了当时出现的一种"不讲理"的行礼方式,那就是将民国礼制中的脱帽与清朝礼制中的磕头进行嫁接衍生出来的"摘帽磕头"礼。文章作者不禁发问:"摘帽磕头是甚么礼?"在他看来,免冠叩头"是大员召见时,才行这种礼",不符合民间"寻常行礼"的习惯。事实上,正如上文提及的朱家溍考证的那样,免冠磕头礼也并非大员觐见皇帝时的常见礼仪,而是在说错话等特殊情况下才行的特殊礼仪①,实际上是通过进一步加重对身体的惩戒来表明谦卑的认罪态度。民国的老先生或许是为借用脱帽礼来加强磕头礼的虔诚程度,也可能是为了给磕头礼添加一些新式的元素。但无论如何,都是对身体负担的一种加重。

从婚俗改良到相见礼变革,无论从动机上抑或是效果方面,民众的行为、选择都与国家规训以及精英倡导的初衷相去甚远,甚至背道而驰,从反面印证了民俗是一种日常生活潜在规则与社会价值取向最诚实、最稳定的外在体现。而民俗变革范围的有限性、不平衡性,也反映了这一时期社会转型的不彻底性以及国家对社会控制力的薄弱性。

---

① 朱家溍:《清代礼俗杂谈》,载氏著《什刹海梦忆》,江苏文艺出版社 2006 年,第 67 页。

参考阅读书目

第一章

冯尔康:《中国社会史概论》,高等教育出版社2004年。

赵世瑜:《再论社会史的概念问题》,《历史研究》1999年第2期。

刘志伟、孙歌:《在历史中寻找中国:关于区域史研究认识论的对话》,东方出版中心2016年。

[法]J·勒高夫:《新史学》,载J·勒高夫等主编《新史学》,姚蒙编译,上海译文出版社1989年。

[英]埃里克·霍布斯鲍姆:《从社会史到社会的历史》,载氏著《史学家:历史神话的终结者》,马俊亚、郭英剑译,上海人民出版社2002年。

[英]彼得·伯克:《法国史学革命:年鉴学派,1929—2014年》(第二版),刘永华译,北京大学出版社2016年。

第二章

常建华:《新时期中国社会史学》,天津人民出版社2018年。

赵世瑜、邓庆平:《20世纪中国社会史研究的回顾与思考》,《历史研究》2001年第6期。

陈春声:《走向历史现场——"历史·田野丛书"总序》,载氏著《信仰与秩序:明清粤东与台湾民间神明崇拜研究》,中华书局2019年。

赵世瑜:《结构过程·礼仪标识·逆推顺述——中国历史人类学研究的三个概念》,《清华大学学报(哲学社会科学版)》2018年第1期。

杨念群:《导论:东西方思想交汇下的中国社会史研究——一个"问题史"的追溯》,载杨念群主编《空间·记忆·社会转型——"新社会史"研究论文精选集》,上海人民出版社2001年。

孙江:《阅读沉默:后现代主义、新史学与中国语境》,载孙江主编《事件·记忆·叙述》,浙江人民出版社2004年。

[德]于尔根·科卡:《社会史既是结构史又是经历史》,载氏著《社会史:理论与实践》,景德祥译,上海人民出版社2006年。

第三章

［英］彼得·伯克：《什么是文化史》，蔡玉辉译，北京大学出版社2009年。

［英］马凌诺斯基：《文化论》，费孝通译，华夏出版社2002年。

［美］露丝·本尼迪克：《文化模式》，何锡章、黄欢译，华夏出版社1987年。

［英］艾瑞克·霍布斯鲍姆：《论历史》，黄煜文译，中信出版社2015年。

蔡少卿主编：《再现过去：社会史的理论视野》，浙江人民出版社1988年。

赵世瑜：《历史人类学的旨趣——一种实践的历史学》，北京师范大学出版社2020年。

李亦园：《人类的视野》，上海文艺出版社1996年。

第四章

冀朝鼎：《中国历史上的基本经济区》，朱诗鳌译，商务印书馆2014年。

鲁西奇：《中国历史的空间结构》，广西师范大学出版社2014年。

刘超骅：《山河岁月——疆域开拓与文化的地理环境》，载邢义田主编《中国文化源与流》，黄山书社2012年。

［美］巴菲尔德：《危险的边疆：游牧帝国与中国》，袁剑译，江苏人民出版社2011年。

邹逸麟：《从地理环境角度考察我国运河的历史作用》，载氏著《椿庐史地论稿》，天津古籍出版社2005年。

韩茂莉：《中国历史地理十五讲》，北京大学出版社2015年。

施坚雅著：《中国封建社会晚期城市研究——施坚雅模式》，王旭等译，吉林教育出版社1991年。

第五章

冯尔康：《中国社会史概论》，高等教育出版社2004年。

梁庚尧：《中国社会史》，东方出版中心2016年。

周积明、宋德金主编：《中国社会史论》上、下卷，湖北教育出版社2005年。

［日］宫崎市定：《宫崎市定中国史》，焦堃、瞿柘如译，浙江人民出版社2015年。

[法]谢和耐:《中国社会史》,耿昇译,江苏人民出版社1995年。

许倬云:《中国古代社会史论》,广西师范大学出版社2006年。

许倬云:《求古编》,新星出版社2006年。

杜正胜:《"编户齐民论"的剖析》,载王健文主编《政治与权力》,中国大百科全书出版社2005年。

何兹全:《中国古代社会及其向中世社会的过渡》,商务印书馆2013年。

牟发松:《汉唐历史变迁中的社会与国家》,上海人民出版社2011年。

杨庆堃:《中国社会中的宗教》(修订版),范丽珠译,四川人民出版社2016年。

伊沛霞、姚平主编:《当代西方汉学研究集萃》(中古史卷,单国钺主编),上海古籍出版社2016年。

刘石吉主编:《中国民生的开拓》,黄山书社2012年。

金观涛、刘青峰:《开放中的变迁:再论中国社会超稳定结构》,法律出版社2010年。

高明士:《时代区分论与隋唐史教学——秦汉至隋唐为"中古"的初步看法》,载氏著《战后日本的中国史研究》,中西书局2019年。

第六章

梁方仲:《一条鞭法》,载氏著《明代赋役制度》,中华书局2008年。

梁方仲:《论明代里甲法和均徭法的关系》,载氏著《明代赋役制度》,中华书局2008年。

郭松义:《论"摊丁入地"》,《清史论丛》第2辑,中华书局1982年。

魏光奇:《清代直隶的里社与乡地》,《中国史研究》2000年第1期。

孙海泉:《清代中叶直隶地区乡村管理体制》,《中国社会科学》2003年第3期。

刘志伟:《在国家与社会之间——明清广东地区里甲赋役制度与乡村社会》,中国人民大学出版社2010年。

陈支平:《民间文书与明清赋役史研究》,黄山书社2004年。

[日]岩井茂树:《中国近代财政史研究》,付勇译,社会科学文献出版社2011年。

[日]滨岛敦俊:《围绕均田均役的实施》,载刘俊文编《日本学者研究中国史论著选译》第六卷,中华书局1993年。

第七章

俞金尧:《西方儿童史研究四十年》,载刘东主编《中国学术》第八辑,商务印书馆 2001 年。

熊秉真:《童年忆往:中国孩子的历史》,麦田出版股份有限公司 2000 年。

周愚文:《宋代儿童的生活与教育》,台湾师大书苑有限公司 1996 年。

王子今:《秦汉儿童的世界》,中华书局 2018 年。

[法]菲力浦·阿利埃斯:《儿童的世纪:旧制度下的儿童和家庭生活》,沈坚译,北京大学出版社 2013 年。

杨秀清:《敦煌石窟壁画中的古代儿童生活研究》,《敦煌学辑刊》2013 年第 1 期。

刘佳:《印象童年:明代士人的童年记忆与书写》,《中国社会历史评论》第 20 卷,2018 年。

第八章

刘石吉:《明清时代江南市镇研究》,中国社会科学出版社 1987 年。

樊树志:《江南市镇:传统的变革》,复旦大学出版社 2005 年。

[日]滨岛敦俊:《明清江南农村社会与民间信仰》,朱海滨译,厦门大学出版社 2008 年。

[日]森正夫编:《江南三角洲市镇研究》,丁韵、胡婧等译,范金民审校,江苏人民出版社 2018 年。

赵世瑜、孙冰:《市镇权力关系与江南社会变迁——以近世浙江湖州双林镇为例》,《近代史研究》2003 年第 2 期。

吴滔:《清代江南市镇与农村关系的空间透视——以苏州地区为中心》,上海古籍出版社 2010 年。

吴滔、佐藤仁史:《嘉定县事——14 至 20 世纪江南地域社会史研究》,广东人民出版社 2014 年。

[日]佐藤仁史:《近代中国的乡土意识:清末民初江南的地方精英与地域社会》,北京师范大学出版社 2017 年。

[美]林达·约翰逊主编:《帝国晚期的江南城市》,成一农译,上海人民出版社 2005 年。

范金民:《江南社会经济史研究入门》,复旦大学出版社 2012 年。

第九章

［美］约翰·伯纳姆著:《什么是医学史》,颜宜葳译,北京大学出版社2010年。

Frank Huisman and John Harley Warner eds, *Locating Medicine History: the Stories and Their Meanings*, Baltimore and London: The Johns Hopkins University Press, 2006.

余新忠、杜丽红主编:《医疗、社会与文化读本》,北京大学出版社2013年。

范行准:《中国医学史略》,中医古籍出版社1986年。

生命医疗史研究室主编:《中国史新论——医疗史分册》,联经出版公司2015年。

梁其姿:《面对疾病:传统中国社会的医疗观念和组织》,中国人民大学出版社2012年。

杨念群:《再造"病人"——中西医冲突下的空间政治(1832—1985)》,中国人民大学出版社2006年。

余新忠:《清代江南的瘟疫与社会———项医疗社会史的研究》(修订版),北京师范大学出版社2014年。

第十章

刘永华主编:《中国社会文化史读本》,北京大学出版社2011年。

复旦大学文史研究院编:《"民间"何在,谁之"信仰"》,中华书局2009年。

高丙中:《中国人的生活世界:民俗学的路径》,北京大学出版社2010年。

常建华:《旧领域与新视野:从风俗论看明清社会史研究》,《中国社会历史评论》第12卷,2011年。

李长莉、闵杰、罗检秋、左玉河、马勇:《中国近代社会生活史》,中国社会科学出版社2015年。

刘永华:《礼仪下乡:明代以降闽西四保的礼仪变革与社会转型》,生活·读书·新知三联书店2019年。

跋

　　除本书现有作者外,日本一桥大学佐藤仁史教授、苏州科技大学叶文宪教授曾参与本书的筹划、设计,并分别撰写了《民间信仰与基层社会》和《社会动乱的主要类型》两章。该两章因一些原因最终未收入本书。在此,对他们的大力支持表示由衷的感谢。常建华教授一直关心、鼓励本书的编撰,并提供修改意见和赐序,为本书增色不少。同时,他还帮忙联系出版社。本书编写完成后,组成了由南开大学常建华教授、上海社会科学院熊月之研究员、北京大学赵世瑜教授、苏州大学王卫平教授、中山大学谢湜教授等五人组成的专家组,进行审定。专家组成员不仅给出了审定意见,而且提出了增列参考阅读书目的建议,并在编者增列参考书目过程中出谋划策,充分体现出他们对于启导后学、传承学术的认真负责精神。所以,本书也凝聚着他们的心血。借此,表达编写团队对他们由衷的敬意和感谢!责任编辑董龙凯先生在本书编辑过程中体现了高度的热情和认真负责的精神,并通过高效的工作使本书在最短时间内出版。在本书即将面世之际,我代表编写团队对他表示深深的谢意!

　　本书作者或曾就读、任职于苏州科技大学及其前身苏州铁道师范学院,或现任职于苏州科技大学。本书的出版,也算是对苏州科技大学历史学科薪火相传的纪念吧。

张笑川

2020 年 6 月于姑苏

图书在版编目（CIP）数据

中国社会史导论 / 张笑川主编. — 上海：上海教育出版社, 2020.8（2023.3重印）
ISBN 978-7-5720-0024-9

Ⅰ.①中… Ⅱ.①张… Ⅲ.①社会发展史-研究-中国
Ⅳ.①K207

中国版本图书馆CIP数据核字(2020)第126221号

责任编辑　董龙凯
封面设计　陆　弦

中国社会史导论
张笑川　主编

出版发行	上海教育出版社有限公司
官　　网	www.seph.com.cn
地　　址	上海市闵行区号景路159弄C座
邮　　编	201101
印　　刷	上海展强印刷有限公司
开　　本	700×1000　1/16　印张 25.5　插页 1
字　　数	400 千字
版　　次	2020年8月第1版
印　　次	2023年3月第2次印刷
书　　号	ISBN 978-7-5720-0024-9/C·0002
定　　价	79.00 元

如发现质量问题，读者可向本社调换　电话：021-64373213